Grundlagen des Eigenkapitalersatzrechts

Europäische Hochschulschriften
Publications Universitaires Européennes
European University Studies

Reihe II
Rechtswissenschaft

Série II Series II
Droit
Law

Bd./Vol. 3133

PETER LANG
Frankfurt am Main · Berlin · Bern · Bruxelles · New York · Oxford · Wien

Oliver Schouler

Grundlagen des Eigenkapitalersatzrechts

Eine Untersuchung zur dogmatischen Legitimation der eigenkapitalähnlichen Sonderbehandlung von Gesellschafterfremdkapital in der Unternehmenskrise

PETER LANG
Europäischer Verlag der Wissenschaften

Die Deutsche Bibliothek - CIP-Einheitsaufnahme

Schouler, Oliver:

Grundlagen des Eigenkapitalersatzrechts : eine Untersuchung zur dogmatischen Legitimation der eigenkapitalähnlichen Sonderbehandlung von Gesellschafterfremdkapital in der Unternehmenskrise / Oliver Schouler. - Frankfurt am Main ; Berlin ; Bern ; Bruxelles ; New York ; Oxford ; Wien : Lang, 2001
(Europäische Hochschulschriften : Reihe 2, Rechtswissenschaft ; Bd. 3133)
Zugl.: Köln, Univ., Diss., 2000
ISBN 3-631-37766-5

D 38
ISSN 0531-7312
ISBN 3-631-37766-5

www.peterlang.de

Für Sabine

Vorwort

Die vorliegende Arbeit entstand während meiner Tätigkeit als wissenschaftlicher Mitarbeiter von Herrn Prof. Dr. Manfred Lieb am Lehrstuhl für Bürgerliches Recht, Arbeits- und Handelsrecht an der Universität zu Köln. Sie wurde im März 2000 abgeschlossen und von der Juristischen Fakultät der Universität zu Köln im Sommersemester 2000 als Dissertation angenommen. Bis Juni 2000 erschienene Literatur und Rechtsprechung wurde - in den Fußnoten - berücksichtigt; danach erschienene Literatur und Rechtsprechung nur noch vereinzelt.

Mein besonderer Dank gilt zunächst Herrn Prof. Dr. Manfred Lieb, der die Arbeit angeregt und ihr Vorankommen in vielfältiger Hinsicht gefördert hat und mir während meiner Zeit als wissenschaftlicher Mitarbeiter an seinem Lehrstuhl stets die notwendigen Freiräume zur Anfertigung der Arbeit gelassen hat.

Weiterhin möchte ich mich bei meinem ehemaligen Kollegen Philipp Böcker für seine ständige Gesprächsbereitschaft bedanken. Aus unseren Diskussionen resultierten eine Reihe wichtiger Anregungen. Darüber hinaus schulde ich all denjenigen Dank, die mir bei der Fertigstellung der Arbeit behilflich waren, insbesondere denjenigen, die die Mühen des Korrekturlesens auf sich genommen haben.

Schließlich danke ich von Herzen meinen Eltern, die mir die Möglichkeit des Studiums eröffnet und mich während dieser Zeit in jeder Hinsicht unterstützt und gefördert haben. Ohne sie wäre daher letztlich die vorliegende Arbeit nicht möglich gewesen.

Gewidmet ist die Arbeit meiner Frau Sabine, die mich als Expertin in Sachen Textverarbeitung mit Rat und Tat unterstützt hat. Vor allem aber hat sie mir während der Entstehung der Arbeit durch Aufmunterungen und großes Verständnis den notwendigen persönlichen Rückhalt gegeben.

Pulheim, im Dezember 2000

Oliver Schouler

Inhaltsverzeichnis

1. Kapitel: Einführung

§ 1 Vorbemerkungen

A. Anlaß und Gegenstand der Arbeit

Das sog. "Eigenkapitalersatzrecht", aufgrund dessen Kapitalmittel, die die Gesellschafter ihrer Gesellschaft als formelles Fremdkapital zur Verfügung gestellt haben, in einer Unternehmenskrise einer Sonderbehandlung wie haftendes Eigenkapital unterzogen werden, hat sich in Deutschland seit Beginn dieses Jahrhunderts zunächst im Wege des Richterrechts entwickelt, bevor es Anfang der 80er Jahre in §§ 32 a, 32 b GmbHG, 32 a KO[1], 3 b AnfG[2] auch eine gesetzliche Grundlage erhielt.

Die vorliegende Arbeit geht der Frage nach, welcher Rechtsgedanke die eigenkapitalähnliche Sonderbehandlung von Gesellschafterfremdmitteln in der Unternehmenskrise aufgrund der Eigenkapitalersatzregeln legitimiert und welche Zwecke die Kapitalersatzregeln verfolgen. Gegenstand der Untersuchung ist damit letztlich die Frage nach den *dogmatischen Grundlagen* und der *ratio* der Eigenkapitalersatzregeln.

In Anbetracht der langen Entwicklungsdauer und der inzwischen kaum noch überschaubaren Flut an Rechtsprechung und Literatur[3] zum Kapitalersatzrecht sowie der im Rahmen der GmbH-Novelle 1980 erfolgten Kodifikation, bestehen allerdings auf den ersten Blick berechtigte Zweifel, ob die dogmatischen Grundlagen des Eigenkapitalersatzrechts überhaupt noch ein geeignetes Thema für eine wissenschaftliche Untersuchung sind. Es stellt sich insofern nämlich die Frage, ob der Themenbereich nicht bereits vollständig erschöpft ist, ob die vielfältigen Detailprobleme noch nicht oft genug diskutiert worden sind, ob nicht schon alles gesagt ist, was man zu diesem Themenbereich sagen kann bzw. ob sich die Frage nach der dogmatischen Legitimation nicht aufgrund der gesetzlichen Regelung des Kapitalersatzrechts erübrigt hat.

Betrachtet man jedoch Rechtsprechung und Literatur zum Kapitalersatzrecht genauer, so stellt man schnell fest, daß die Frage nach dem Rechtsgrund und der

---

1 Jetzt § 135 InsO.

2 Jetzt § 6 AnfG.

3 Insofern wird bereits an dieser Stelle darauf hingewiesen, daß die Nachweise in den Fußnoten keinen Anspruch auf Vollständigkeit erheben, sondern in der Regel nur einen Ausschnitt der verfügbaren wissenschaftlichen Stellungnahmen und Rechtsprechung widerspiegeln (können).

dogmatischen Legitimation der eigenkapitalähnlichen Sonderbehandlung - und damit die "Kernfrage" des Eigenkapitalersatzrechts - nur am Rande erörtert wird. Zwar sind im Laufe der Zeit von Rechtsprechung und Rechtswissenschaft verschiedene Begründungsansätze herausgearbeitet worden, jedoch fand keiner dieser Ansätze uneingeschränkte Zustimmung.[4] Dies gilt selbst für den von der ganz überwiegenden Literatur und der ständigen Rechtsprechung zur Begründung der Sonderbehandlung herangezogenen Gedanken der "Finanzierungsfolgeverantwortung"[5], der in neuerer Zeit wieder verstärkt zum Gegenstand kontroverser Diskussionen geworden ist.[6] Trotz der bis auf wenige kritische Stimmen praktisch einhelligen Anerkennung der Kapitalersatzregeln, ist also deren eigentlicher Grundgedanke bis heute nicht abschließend geklärt.[7]

Die dogmatische Begründung des Eigenkapitalersatzrechts bzw. dessen letztlich tragender Grundgedanke bedarf jedoch aus mehreren Gründen einer genaueren Klärung:

Zunächst und vor allem kommt eine Rechts-*Ordnung*, die diesen Namen verdient, grundsätzlich nicht ohne die Legitimations- und Kontrollwirkung der Rechtsdogmatik aus, d. h., Ausdehnungen und Verschärfungen des Kapitalersatzrechts sind nur zulässig, solange sie von der dogmatischen Grundlage der Kapitalersatzregeln getragen werden.[8]

Abgesehen von dieser grundsätzlichen Erwägung stellt die eigenkapitalähnliche Sonderbehandlung von Gesellschafterfremdmitteln in der Unternehmenskrise einen Eingriff in die Privatautonomie dar und beeinträchtigt das Haftungsprivileg sowie die Finanzierungsfreiheit der Gesellschafter. Diese Belastungen

---

4 Siehe zu den einzelnen Begründungsansätzen und zu ihrer Ablehnung unten 3. Kap. § 1.

5 Dazu unten 3. Kap. § 2 E III 3.

6 Vgl. nur *Grunewald*, GmbHR 1997, 7 ff.; *Reiner*, FS Boujong (1996), S. 415, 422; *Fastrich*, FS Zöllner (1998), S. 143 ff.; *v. Gerkan*, ZGR 1997, 173 ff.; *Habersack*, ZHR 162 (1998), 201, 203 ff.

7 Vgl. nur *Koppensteiner*, AG 1998, 308, 309; *Dauner-Lieb*, DStR 1998, 609, 613; *Müller*, Ersatzkapitalregeln, S. 73; *Kaiser*, Schuldrechtliche Gebrauchsüberlassungen durch den Gesellschafter, S. 30; ähnlich auch *Fleischer*, Finanzplankredite, S. 55/56. Siehe auch *Schummer*, Eigenkapitalersatzrecht, S. 1 f., der diese Frage für das österreichische Recht im Hinblick auf die dort beabsichtigte Einführung einer den §§ 32 a, 32 b GmbHG entsprechenden Regelung untersucht.

8 So *K. Schmidt*, ZIP 1990, 69, 70; ähnlich *Gehde*, Eigenkapitalersetzende Gesellschafterleistungen, S. 62 sowie *Hildebrand*, Eigenkapitalersetzende Bankdarlehen, S. 80.

der Gesellschafter sind aber nicht beliebig möglich, sondern bedürfen einer rechtlichen Legitimation.[9]

Im übrigen ist die Frage nach der dogmatischen Legitimation und dem tragenden Grundgedanken des Eigenkapitalersatzrechts nicht nur aus rechtstheoretischer Sicht, sondern auch aus praktischen Gesichtspunkten von Bedeutung. Zunächst ist die in letzter Zeit am Kapitalersatzrecht und an seinen Ausdehnungen laut gewordene Kritik[10] hauptsächlich auf die Unklarheit bezüglich des tragenden Gedankens und der ratio der Kapitalersatzregeln zurückzuführen. Weiterhin ist das Recht der eigenkapitalersetzenden Gesellschafterleistungen nach wie vor von erheblicher praktischer Relevanz, was an der hohen Zahl veröffentlichter Entscheidungen der Obergerichte[11] sowie an der Vielzahl aktueller wissenschaftlicher Abhandlungen[12] deutlich wird. Im Hinblick darauf ist die Herausarbeitung des tragenden Gesichtspunkts vor allem für die wirtschaftsberatende Rechtspflege erforderlich, damit diese ihre Mandantschaft in meist weit in die Zukunft reichenden Finanzierungsfragen rechtssicher beraten kann.[13] So ist z. B. die Frage, auf welche Gesellschaftsformen neben der GmbH das Kapitalersatzrecht erstreckt werden kann oder welche Rechtshandlungen der Darlehensgewährung wirtschaftlich entsprechen (vgl. § 32 a Abs. 3 S. 1 GmbHG), nur auf der Grundlage der ratio der Eigenkapitalersatzregeln im Einzelfall zutreffend zu beurteilen.[14] Darüber hinaus ist die Klärung des das

---

9 Vgl. dazu unten 1. Kap. § 3 E.

10 Vgl. nur *Grunewald*, GmbHR 1997, 7 ff.; *Reiner*, FS Boujong (1996), S. 415 ff.

11 Vgl. nur aus neuerer Zeit BGH ZIP 1998, 243 ff.; BGH ZIP 1999, 65 ff.; BGH GmbHR 1999, 712 ff.; BGH ZIP 1999, 1263 ff.; BGH GmbHR 1999, 973 ff.; OLG Düsseldorf ZIP 1998, 2101 ff.; OLG Düsseldorf, ZIP 1998, 1910; OLG München GmbHR 1999, 348 ff.; OLG München GmbHR 1999, 612 ff; OLG Düsseldorf GmbHR 1999, 615 ff.; OLG Düsseldorf GmbHR 1999, 1039 ff.; OLG Düsseldorf, DStR 2000, 1833 f.; OLG Köln GmbHR 2000, 1202 ff.

12 Siehe nur *K. Müller*, DB 1998, 1117 ff.; *Habersack*, ZHR 162 (1998), 201 ff.; *Goette* ZHR 162 (1998), 223 ff.; *Kallmeyer*, GmbHR 1999, 59 ff.; *Wahlers*, GmbHR 1999, 157 ff.; *Michalski/de Vries*, NZG 1999, 181 ff.; *Haas*, DZWiR 1999, 177 ff.; *Jungmann*, ZIP 1999, 601 ff.; *K. Schmidt*, ZIP 1999, 1241 ff.; *ders.*, ZIP 1999, 1821 ff .; *Altmeppen*, NJW 1999, 2812 ff.; *Dauner-Lieb*, EWiR § 32 a GmbHG 5/99, 843 f.; *Eichele*, Kapitalerhaltungsgrundsatz, Finanzierungsverantwortung und Eigenkapitalersatzrecht, S. 1 passim (ganz abgesehen von der großen Zahl an Beiträgen zu den neu in § 32 a Abs. 3 GmbHG eingefügten Sätzen 2 und 3!).

13 So auch *Gehde*, Eigenkapitalersetzende Gesellschafterleistungen, S. 62.

14 So auch *Maier-Reimer*, FS Rowedder (1994), S. 245, 268 für die Frage des personellen Anwendungsbereichs von § 32 a GmbHG.

Kapitalersatzrecht tragenden Grundgedankens erforderlich, um den von ihm betroffenen Personen, wie z. B. GmbH-Gesellschaftern bzw. -Geschäftsführern, eine Begründung dafür bieten zu können, warum beispielsweise die nach zivilrechtlichen Kriterien eindeutig auf schuldrechtlicher Grundlage überlassene Darlehensvaluta in der Krise wie Eigenkapital behandelt wird. Weist man sie diesbezüglich auf die Finanzierungsfolgeverantwortung der Gesellschafter hin, so befriedigt sie das in der Regel nicht, zumal die daran anschließende Frage, warum der Gesellschafter eine solche Verantwortung trage, meist mit dem Hinweis endet, daß Rechtsprechung und Literatur ihm diese auferlegen, ohne daß dafür wiederum eine Begründung angegeben werden kann.

Die Frage nach der Legitimation des Eigenkapitalersatzrechts ist auch nicht etwa aufgrund der GmbH-Novelle 1980 obsolet geworden.[15] Zunächst sollte nach der Intention des Gesetzgebers mit Einführung der §§ 32 a, 32 b GmbHG im Rahmen der GmbH-Novelle 1980 den richterrechtlich entwickelten Kapitalersatzregeln eine gesetzliche Grundlage geschaffen werden.[16] Deshalb hielt sich der Gesetzgeber im Hinblick auf den tragenden Gedanken der Novellen-Regeln bzw. deren ratio bedeckt. Der knappe Hinweis darauf, daß mittels der §§ 32 a, 32 b GmbHG eine Risikoabwälzung auf die Gläubiger verhindert werden soll,[17] stellt demnach nicht mehr als einen Problemimpuls dar.[18] Aus diesem Grund ist es zur Klärung der ratio legis der §§ 32 a, 32 b GmbHG erforderlich, die ratio der zuvor entwickelten Rechtsprechungsregeln zu klären.[19]

Darüber hinaus gelten die zuvor von Rechtsprechung und Literatur herausgebildeten Kapitalersatzregeln, nach inzwischen gefestigter allgemeiner Auffassung, neben den §§ 32 a, 32 b GmbHG fort.[20] Da es für die Rechtsprechungsregeln folglich trotz der gesetzlichen Kapitalersatzregeln nach wie vor keine positivrechtliche Regelung gibt, stellt sich für diese ohne weiteres auch heute

---

15 Ebenso *Fleischer*, Finanzplankredite, S. 55; *Reiner*, FS Boujong (1996), S. 415, 420.

16 Siehe die Begründung des Regierungsentwurfs des Gesetzes betreffend die GmbH und anderer handelsrechtlicher Vorschriften (im folgenden RegE 1977), BT-Drucks. 8/1347, S. 39.

17 Vgl. Begründung des RegE 1977 BT-Drucks. 8/1347, S. 27, 39.

18 So *Hommelhoff*, ZGR 1988, 460, 489; *v. Gerkan/Hommelhoff*, Kapitalersatz im Gesellschafts- und Insolvenzrecht, Rn. 1.46, S. 23.

19 Ähnlich *Noack*, Insolvenzrecht 1996, S. 195, 200; vgl. auch Jaeger/*Henckel*, KO, § 32 a Rn. 5.

20 Siehe unten 1. Kap. § 2 B (mit Nachweisen).

noch die Frage der Legitimation.[21] Der Notwendigkeit der Legitimation der *Rechtsprechungs*regeln kann man sich auch nicht dadurch zu entziehen versuchen, daß man diese als Gewohnheitsrecht[22] ansieht: Es kann zwar durchaus gesagt werden, daß die Rechtsprechungsregeln zum Kapitalersatz im Kern allgemein anerkannt sind. Jedoch sind die Grenzen der Rechtsprechungsregeln, namentlich die im einzelnen von ihnen erfaßten Gesellschaftstypen, die einbezogenen Gesellschaftermittel sowie einzelne Rechtsfolgen der Sonderbehandlung noch umstritten.[23] Insofern ist es sehr zweifelhaft, ob man die Rechtsprechungsregeln zum Eigenkapitalersatz schon als Gewohnheitsrecht ansehen kann. Das kann allerdings hier auch dahinstehen, da selbst bei Annahme von Gewohnheitsrecht die Legitimationsgrundlage aufgedeckt werden müßte, um den zugrunde liegenden tragenden Rechtsgedanken und damit letztlich die ratio klären zu können.

Letztlich entbindet auch die scheinbar vom Gesetzgeber im Anschluß an die herrschende Meinung vorgenommene Anerkennung der Finanzierungsverantwortung als Grundgedanke des Kapitalersatzrechts im sog. "Kapitalaufnahmeerleichterungsgesetz" (KapAEG)[24] nicht von einer Klärung der Frage. Die Finanzierungsfolgeverantwortung ist nämlich ihrerseits - wie noch aufgezeigt wird - [25] entgegen einem zum Teil vermittelten Eindruck[26] kein seit jeher überkommenes allgemeines Rechtsprinzip, sondern ein Resultat der Entwicklung des Kapitalersatzrechts, eine Rechtsfortbildung, die ihrerseits einer Legitimation und Konkretisierung durch eine Rückbesinnung auf ihren Grundgedanken bedarf.[27]

---

21 Ebenso *Kreis*, Finanzierungsverantwortung, S. 26 f.

22 Zu den Anforderungen vgl. BVerfGE 28, 28; BGHZ 22, 317, 328; 37, 222.

23 Vgl. dazu unten 5. Kap. mit Nachweisen zu den jeweiligen Streitfragen.

24 Siehe die amtliche Begründung des Regierungsentwurfs des Gesetzes zur Verbesserung der Wettbewerbsfähigkeit deutscher Konzerne an Kapitalmärkten und zur Erleichterung der Aufnahme von Gesellschafterdarlehen vom 20. April 1998, BGBl. I/707, BT-Drucks. 13/7141, S. 11.

25 Unten 3. Kap. § 2 E III 3.

26 Vgl. BGHZ 90, 381, 389; *Lutter/Hommelhoff*, GmbHG, §§ 32 a/b Rn. 3; *Röhricht*, Eigenkapitalersetzende Leistungen, S. 1, 7; *Fleck*, FS Werner (1984), S. 107, 116; *Hommelhoff* in: v. Gerkan/Hommelhoff, Handbuch des Kapitalersatzrechts, Rn. 2.21 f., S. 25 f.; *Ketzer*, Eigenkapitalersetzende Aktionärsdarlehen, S. 41.

27 So deutlich *Fastrich*, FS Zöllner (1998), S. 143, 147; siehe auch *v. Gerkan*, ZGR 1997, 173, 176; *Koller*, FS Heinsius (1991), S. 357, 372.

Daher ist eine Klärung des tragenden Grundgedankens der Kapitalersatzregeln sowie der mit ihnen verfolgten Zwecke - also letztlich die Klärung von deren ratio - entgegen dem ersten Anschein nach wie vor dringend geboten.

B. Gang der Untersuchung

Im ersten Kapitel der Arbeit wird nachfolgend zunächst dargestellt, wie sich das Eigenkapitalersatzrecht entwickelt hat. Der Entstehungsgeschichte des Kapitalersatzrechts wird in der Literatur allgemein wenig Beachtung geschenkt. Allerdings ist diese wichtig, um die historischen Wurzeln der Sonderbehandlung von Gesellschafterdarlehen in der Unternehmenskrise aufzudecken. Es wird sich zeigen, daß von Anfang an der Gedanke einer bestimmten Risikoallokation zwischen Gläubigern und Gesellschaftern den eigentlich tragenden Gesichtspunkt bildete. Es sollte verhindert werden, daß die Gesellschafter diese durch bestimmte Finanzierungsmaßnahmen willkürlich zu Lasten der Gläubiger verändern. Weiterhin wird gezeigt, daß dieser Gedanke schließlich auch vom Gesetzgeber bei der Normierung des Kapitalersatzrechts im Jahr 1980 aufgegriffen wurde.

Im Anschluß daran werden kurz die Rechtsfolgen der richterrechtlichen und gesetzlichen Kapitalersatzregeln dargestellt und gezeigt, daß sie aufgrund der mit ihnen verbundenen Beeinträchtigungen von Rechtspositionen der Gesellschafter legitimationsbedürftig sind.

Im zweiten Kapitel der Arbeit wird dann nachgewiesen, daß die wertungsmäßige Grundprämisse des Kapitalersatzrechts - das Erfordernis eines gestärkten Gläubigerschutzes im Hinblick auf die mit der Fortführung der Gesellschaft in der Gesellschaftskrise anhand von Gesellschafterfremdkapital verbundene Risikosteigerung auf seiten der Gläubiger - zutrifft. Zu diesem Zweck wird zunächst nach einer kurzen Begriffsklärung aufgezeigt, welche Funktionen das Eigenkapital bei der Unternehmensfinanzierung erfüllt. Darauf aufbauend wird erläutert, welche wirtschaftlichen und steuerlichen Auswirkungen die Zufuhr von Eigen- bzw. Fremdkapital hat und welche Motive für die Gesellschafterfremdkapitalfinanzierung sprechen. Sodann wird gezeigt, daß die Fortführung der Gesellschaft in der Krise anhand von Gesellschafterfremdkapital anstelle neuen Eigenkapitals eine Risikoverlagerung zu Lasten der Gesellschaftsgläubiger zur Folge hat, hinsichtlich derer sie schutzbedürftig sind.

Im dritten und zugleich wichtigsten Kapitel der Arbeit wird dann der Frage nach dem tragenden Gedanken und der ratio der *richterrechtlichen Kapitalersatzregeln* nachgegangen. Zu diesem Zweck wird als erstes geprüft, ob die bislang erarbeiteten, auf eine unmittelbare oder analoge Anwendung allgemeiner Regeln gestützten Begründungsmodelle den Rechtsprechungsregeln eine tragfähige Legitimationsgrundlage zu bieten vermögen. Es wird gezeigt, daß keines der bislang zur Legitimation herangezogenen Modelle letztendlich der Sonderbehandlung von Gesellschafterdarlehen in der Unternehmenskrise eine überzeugende Grundlage bietet.

Im Anschluß daran wird dann untersucht, ob sich die eigenkapitalähnliche Sonderbehandlung von Gesellschafterdarlehen als gesetzesübersteigende Rechtsfortbildung rechtfertigen läßt. In diesem Zusammenhang wird insbesondere aufgezeigt, daß die Finanzierungsfolgeverantwortung der Gesellschafter entgegen verbreiteter Auffassung kein allgemeines Rechtsprinzip ist, welches die Rechtsprechungsregeln zu rechtfertigen vermag. Vielmehr wird nachgewiesen, daß die richterrechtlichen Kapitalersatzregeln eine gesetzesübersteigende Rechtsfortbildung auf der Grundlage des allgemeinen Rechtsprinzips des angemessenen Ausgleichs von Chancen und Risiken sind, und daß die Finanzierungsfolgeverantwortung der Gesellschafter das Ergebnis und nicht die Grundlage dieser Rechtsfortbildung ist.

Nach der abschließenden Klärung der Zwecke der richterrechtlichen Kapitalersatzregeln wird aufbauend darauf im vierten Kapitel untersucht, welche ratio legis die *gesetzlichen Kapitalersatzregeln* haben. Dabei wird sich zeigen, daß die richterrechtlichen und die gesetzlichen Kapitalersatzregeln letztlich die gleiche ratio haben. Nach der Klärung der ursprünglichen ratio legis der Novellen-Regeln wird dann weiterhin der Frage nachgegangen, ob das in § 32 a Abs. 3 S. 2 GmbHG eingeführte Kleinbeteiligtenprivileg bzw. das in § 32 a Abs. 3 S. 3 GmbHG eingeführte Sanierungsprivileg sich mit der ratio legis vereinbaren läßt bzw. ob diese dadurch abgeändert worden ist.

Im fünften und letzten Kapitel der Arbeit wird dann noch die praktische Relevanz der gewonnenen Ergebnisse aufgezeigt, indem auf der Grundlage der erarbeiteten ratio der Kapitalersatzregeln zu ausgewählten, noch nicht abschließend geklärten Fragen des Eigenkapitalersatzrechts Stellung genommen wird.

§ 2 Entwicklung des Eigenkapitalersatzrechts

Um das Thema der vorliegenden Arbeit verständlicher zu machen, wird im folgenden als erstes die Entwicklung des Eigenkapitalersatzrechts dargestellt.

A. Entwicklung des Kapitalersatzrechts bis zur GmbH-Novelle 1980

Schon unmittelbar nach Schaffung der Gesellschaftsform der GmbH im Jahr 1892 erkannte man, daß es aufgrund der Ausgestaltung der GmbH als juristische Person und der Verwirklichung des Trennungsprinzips in § 13 Abs. 2

GmbHG sowie der den Gesellschaftern gewährten Finanzierungsfreiheit[28] rechtlich zulässig ist, die Gesellschaft an Stelle weiteren Eigenkapitals über das gesetzliche Mindeststammkapital hinaus mit Fremdkapital von seiten Dritter und insbesondere von seiten der Gesellschafter auszustatten. Diese Möglichkeit der Finanzierung wurde dann von der Rechtspraxis auch bald als alltägliches Finanzierungsmittel genutzt,[29] was dazu führte, daß die Eigenkapitalausstattung der Gesellschaften mbH kontinuierlich zurückging und diese bis heute in großem Umfang mit Fremdkapital, namentlich mit Gesellschafterdarlehen, finanziert werden.[30] Infolge dessen reicht häufig das Eigenkapital der Gesellschaften nicht aus, ihren nach Art und Umfang der angestrebten oder tatsächlichen Geschäftstätigkeit unter Berücksichtigung der Finanzierungsmethoden bestehenden, nicht durch Kredite Dritter zu deckenden mittel- oder langfristigen Finanzbedarf zu befriedigen (sog. "Unterkapitalisierung").[31] Obwohl diese Problematik, ebenso wie die grundsätzliche Eigenkapitalschwäche deutscher Unternehmen, seit langem kritisiert und als eine der Hauptursachen für die hohe Insolvenzanfälligkeit deutscher Gesellschaften - namentlich der GmbH - angesehen wird,[32] ist die Finanzierung der Gesellschaft mit Fremdkapital von seiten

---

28 Siehe dazu noch unten 1. Kap. § 3 C.

29 Siehe schon *Feine*, Die GmbH, S. 244, 317; *Fränkel*, GmbH, S. 101 ff. Siehe weiterhin *Wiedemann*, Gesellschaftsrecht, § 10 IV 3 a, S. 568; *Lutter/Hommelhoff*, GmbHG, §§ 32 a/b Rn. 1; *Hommelhoff/Kleindiek*, FS 100 Jahre GmbHG (1992), S. 121, 423 f.; MünchHdb.GesR III/*Mayer/Vollrath*, § 50, Rn. 12.

30 Vgl. schon *Feine*, Die GmbH, S. 244, 317; *Fränkel*, GmbH, S. 101 ff.; *Fischer*, Die GmbH, S. 13, 14 f. sowie S. 160 mit einem tabellarischen Überblick über die Gesellschafterdarlehen im Jahr 1934. Siehe weiterhin *Wellkamp*, Haftung und Haftungsbeschränkung, 2. Teil A II, S. 152 sowie *Kornblum*, GmbHR 1997, 630, 634, 638, der bei einer Auswertung des Leonberger Handelsregisters aus den Jahren 1980, 1988 und 1996 festgestellt hat, daß die Mehrzahl der Gesellschaften mbH nur noch mit dem gesetzlichen Mindeststammkapital ausgestattet ist, nämlich 1980, 59,7 %, 1988 61,1 % und 1996 sogar 65,2 %. Zwar sind diese Zahlen nicht ohne weiteres repräsentativ für das gesamte Bundesgebiet, jedoch kann wohl davon ausgegangen werden, daß auch dort der Anteil nur mit dem gesetzlichen Mindeststammkapital ausgestatteter GmbH vergleichbar hoch ist.

31 *Wellkamp*, Haftung und Haftungsbeschränkung, 2. Teil A II, S. 152. Siehe zur Unterkapitalisierung Hachenburg/*Ulmer*, GmbHG, Anh. § 30 Rn. 16; *Hommelhoff* in: v. Gerkan/Hommelhoff, Handbuch des Kapitalersatzrechts, Rn. 2.30, S. 29 f.; *Weitbrecht*, Haftung bei materieller Unterkapitalisierung, S. 20 ff.

32 Siehe nur Hachenburg/*Ulmer*, GmbHG, § 32 a, b Rn. 12, Anh. § 30 Rn. 8; *v. Gerkan/Hommelhoff*, Kapitalersatz in Gesellschafts- und Insolvenzrecht, Rn. 1.1 ff., S. 1 f.; *Arbeitskreis GmbH-Reform*, Bd. 2, S. 13/14; *K. Schmidt*, JZ 1984, 771, 773. Aus

Dritter sowie von seiten der Gesellschafter in Anbetracht der Finanzierungsfreiheit legitim und wird allgemein unter wirtschaftlichen und steuerrechtlichen Aspekten als im Grundsatz sinnvolle Art der Gesellschaftsfinanzierung angesehen.[33] Allerdings setzte sich schon früh die Auffassung durch, daß die Gesellschaftsgläubiger durch die Fortführung der Gesellschaft mittels Gesellschafterfremdkapital in der Krise gefährdet werden können und daß deshalb die Gesellschafterfremdfinanzierung unter bestimmten Voraussetzungen der Einschränkung bedarf.

I. Entwicklung 1937 - 1941

Erstmalig mußte sich das Reichsgericht im Jahr 1937 mit der Problematik der Gesellschafterdarlehen im Konkurs befassen.[34] Das Gericht sah in diesem Fall die Finanzierung der Gesellschaft mit Darlehen der Gesellschafter, die das Stammkapital um das Doppelte überstiegen, als Versuch der Gesellschafter an, die eigenen Verluste gering zu halten und dadurch die Gläubiger zu schädigen. Diesem als mißbräuchlich angesehenen Verhalten begegnete das Reichsgericht mit dem Vorwurf der sittenwidrigen Schädigung gem. §§ 826, 242 BGB.[35] Diese erste Entscheidung ist erkennbar durch eine starke subjektive Komponente geprägt, die zeigt, daß das Gericht die Sonderbehandlung des Darlehens noch als Korrektur eines individuellen Fehlverhaltens in einem Einzelfall ansah. In einem weiteren Urteil aus dem Jahr 1938 hatte sich das Reichsgericht dann erneut mit der Frage der Sonderbehandlung von Gesellschafterdarlehen im Konkurs - diesmal bei einer Aktiengesellschaft - zu befassen. Dabei versagte es einem Aktionär die Berufung auf ein Erlöschen seiner Einlageforderung wegen einer Aufrechnung mit von ihm gewährten Darlehen, mit der Begründung, die Berufung auf die Aufrechnung stelle eine unzulässige Rechtsausübung dar.[36] Das Reichsgericht sah es als rechtsmißbräuchlich an, eine Kapitalgesellschaft mit einem verantwortlichen Kapital zu schaffen, das für den von vornherein

---

betriebswirtschaftlicher Sicht *Hansen*, GmbHR 1996, 327, 330; *Vormbaum*, Finanzierung, Dritter Abschnitt A IV, S. 258, 264/265.

33 Siehe nur BGHZ 76, 326, 330; Hachenburg/*Ulmer*, GmbHG, § 32 a, b Rn. 7; Scholz/*K. Schmidt*, GmbHG, §§ 32 a, 32 b Rn. 4, 7; dazu auch noch unten 2. Kap. § 2 C und 2. Kap. § 2 D.

34 RG JW 1938, 862 ff.

35 Vgl. RG JW 1938, 862, 864 f.; bestätigt in RGZ 166, 51, 57, aber unter stärkerer Betonung des Rechtsformmißbrauchs.

36 RG JW 1939, 355; der Tatbestand ist abgedruckt in RGZ 156, 23, 24.

geplanten Unternehmensumfang zu klein sei, und sodann das weiter erforderliche Kapital als Darlehen zu geben, um sich im Falle des Mißerfolgs die Gläubigerrolle zu verschaffen, weil die Gesellschafter eigentlich hinter die Gläubiger zurücktreten müßten. Daher müßten die angeblichen Darlehen als das behandelt werden, was sie in Wirklichkeit seien, nämlich Gesellschaftereinlagen.[37] Aus dieser Begründung wird deutlich, daß sich die Sicht des Reichsgerichts gewandelt hatte. Es stellte nicht mehr schwerpunktmäßig auf ein subjektives Fehlverhalten im Einzelfall ab, sondern behandelte die Problematik der Gesellschafterdarlehen als grundsätzliches Problem der Unternehmensfinanzierung.

Auch in der Literatur wurde früh die Sonderbehandlung von Gesellschafterdarlehen im Gesellschaftskonkurs erörtert,[38] insbesondere ab Mitte der 30er Jahre im Rahmen der Überlegungen zu einer Reform des GmbH-Gesetzes.[39] Die Äußerungen des rechtswissenschaftlichen Schrifttums aus dieser Zeit zeigen erstmals, daß man die Problematik der Darlehensgewährung durch Gesellschafter als Problem der Risikoverteilung zwischen Gesellschaftern und Gläubigern ansah. Die Finanzierung der GmbH in der Krise anhand von Gesellschafterdarlehen wurde als nicht zu billigender Versuch der Gesellschafter betrachtet, sich einen Vorteil gegenüber den Gesellschaftsgläubigern zu verschaffen.[40] Im - letztlich allerdings nicht umgesetzten - Entwurf des Reichsjustizmininsteriums zu einem Gesetz über Gesellschaften mit beschränkter Haftung von 1939[41] findet sich dann auch in §§ 36, 37 zum ersten Mal eine gesetzliche Regelung zur Behandlung von Gesellschafterdarlehen im Konkurs, die im Kern schon § 32 a GmbHG in der Fassung von 1980 entsprach. Im Entwurf der amtlichen Begründung wurde zur Rechtfertigung der Regelungen angeführt, daß die Gesellschafterfremdkapitalfinanzierung ein *grundsätzliches Problem der Unternehmensfinanzierung* sei, welches zu einer *Risikosteigerung* auf seiten

---

37 Vgl. RG JW 1939, 355 f.

38 Vgl. die Nachweise bei *Schubert*, Entwurf zu einem GmbHG 1939, S. 27 (Fn. 56), 31 (Fn. 79), 39, 50.

39 Vgl. nur *Klausing*, Die Neuordnung der GmbH, S. 31 ff.; *ders.*, ZAkDR 1939, 79 ff.

40 Siehe z. B. *Klausing*, Die Neuordnung der GmbH, S. 31 ff.; *ders.*, ZAkDR 1939, 79 ff. Jedoch ist die Diskussion aus dieser Zeit durch die generell ablehnende Tendenz des nationalsozialistischen Regimes im Hinblick auf Kapitalgesellschaften und das damit verbundene Haftungsprivileg geprägt und daher zum Großteil nur wenig brauchbar.

41 Zit. nach *Schubert*, Entwurf zu einem GmbHG 1939, S. 94 ff. (nachfolgend zitiert als "RJM Entwurf 1939").

der Gesellschaftsgläubiger und damit zu einer gesteigerten Schutzbedürftigkeit führe.[42]

II. Entwicklung ab 1959

Am Anfang der - zwischenzeitlich kaum noch überschaubaren - Rechtsprechung des BGH zu den eigenkapitalersetzenden Gesellschafterdarlehen stand dann die sog. "Lufttaxi-Entscheidung" aus dem Jahr 1959.[43] In diesem Fall ging es um Darlehen eines lediglich mittelbar über Treuhänder an einer GmbH beteiligten Gesellschafters, die an diesen zurückgezahlt worden waren. Im Konkurs der Gesellschaft forderte der Konkursverwalter von dem Gesellschafter die erhaltenen Rückzahlungen ein. Der BGH gab der Klage, gestützt auf eine *entsprechende Anwendung der §§ 30, 31 Abs. 1 GmbHG,* statt. Zur Begründung führte er an, daß die GmbH von Anfang an unterkapitalisiert gewesen sei. Die Behebung dieser Unterkapitalisierung mittels Gesellschafterdarlehen sei zwar nicht von vornherein unzulässig gewesen und auch eine Begleichung der Darlehensforderungen sei grundsätzlich - sofern Gläubiger nicht gefährdet würden - zulässig.[44] Allerdings sei es bei den streitgegenständlichen Darlehen nicht nur um die Deckung eines kurzfristigen Geldbedarfs, sondern um die Abwendung der Konkursantragspflicht gegangen, da die GmbH ohne die Darlehen konkursreif gewesen wäre. Sollte dieser *mit den "Darlehen" verfolgte Zweck* erreicht werden, durften die Gelder nicht als Gesellschaftsschulden erscheinen, sondern waren so zu behandeln, als seien sie Haftkapital. Zu diesem *Zweck* habe sich der Gesellschafter dann *durch die Darlehensrückforderung* und die Entgegennahme der Rückzahlungen *in Widerspruch gesetzt* und damit gegen Treu und Glauben (§ 242 BGB) verstoßen. Indem der BGH zur Begründung der Sonderbehandlung der Darlehen auf deren Zweck sowie das widersprüchliche Verhalten des Gesellschafters abstellte, löste er sich zwar endgültig von § 826 BGB, blieb aber zunächst noch bei einem zurückhaltend individualistischen Ansatz.[45]

---

42 Vgl. die Begründung des RJM Entwurf 1939 (a.a.O. 1. Kap., S. 11, Fn. 41), S. 147 ff., 163.

43 BGHZ 31, 258 ff. Siehe auch die Folgeentscheidung Lufttaxi II, BGH WM 1963, 121 f.

44 BGHZ 31, 258, 268.

45 So auch *Hommelhoff*, ZGR 1988, 460, 468 f. Vgl. auch *R. Fischer*, LM Nr. 4 zu § 2 GmbHG (Bl. 2 r) der darauf hinweist, daß der BGH den Fall BGHZ 31, 258 ff. als Sonderfall sah.

Diese Rechtsprechung des BGH stieß zum Teil auf Bedenken,[46] fand jedoch überwiegend Zustimmung.[47] Diese Zustimmung schlug sich auch in den Überlegungen zu einer "großen" GmbH-Reform ab Mitte der 60er Jahre nieder. In sämtlichen Reformentwürfen waren gesetzliche Regelungen im Hinblick auf die Behandlung von Gesellschafterdarlehen im Konkurs enthalten.[48] Dabei wurde zur *Begründung* übereinstimmend angeführt, daß *vermieden werden müsse, daß die Gesellschafter das Geschäftsrisiko der Gesellschaft auf deren Gläubiger abwälzen*, indem sie die Geschäfte statt mit haftendem Gesellschaftskapital mit Gesellschafterdarlehen finanzieren.[49]

In seiner nächsten Entscheidung[50] hielt der BGH an der entsprechenden Anwendung der §§ 30, 31 GmbHG fest, löste sich jedoch noch etwas weiter von seiner individualistischen Begründung. Ausgehend von seinem Ansatzpunkt des widersprüchlichen Verhaltens stützte sich der BGH nunmehr auf die Erwägung, daß mittels der Sonderbehandlung von Gesellschafterdarlehen "eine über das gewöhnliche Maß hinausgehende Gläubigergefährdung ausgeschaltet (werde), die darin zu sehen sei, daß der Gesellschafter entgegen dem Zweck der Kapitalaufbringungs- und Kapitalerhaltungsregeln der Gesellschaft Geldmittel entziehe, die wirtschaftlich als Kapitalgrundlage zu betrachten seien; die Gesellschafter sollten das *Risiko*, das der *Betrieb eines Unternehmens* mit unzureichender Kapitalausstattung in sich berge, *nicht willkürlich auf die Gläubiger abwälzen* dürfen. Wäre ein Dritter nach Vermögensstand und Geschäftslage der Gesellschaft nicht bereit, ihr in gleicher Höhe (wie der Gesellschafter) und zu annehmbaren Bedingungen Kredite zu geben, könne dies ein Zeichen dafür sein, daß die *Darlehensgewährung anstelle einer zusätzlichen Eigenkapital-*

---

46 Vgl. *Wolany*, Rechte und Pflichten des GmbH-Gesellschafters, S. 66 ff.; *Sonnenberger*, NJW 1969, 2033, 2034; *Hofmann*, NJW 1966, 1941 ff.; *Schönle*, GmbHR 1960, 63 ff.

47 Siehe nur *Erlinghagen*, GmbHR 1962, 169; *Wüst*, Gläubigerschutz bei der GmbH, S. 15 ff.; *Wiedemann*, Haftungsbeschränkung, S. 17 ff.; *Pleyer*, GmbHR 1960, 44 f.; *ders.*, GmbHR 1963, 206 ff.; *Lutter*, Probleme der GmbH-Reform, S. 63, 74 ff.; *Ballerstedt*, ZHR 135 (1971), 383, 392; *H. P. Westermann*, Gläubigerschutz bei der GmbH, S. 14 ff.

48 Siehe §§ 47, 48 des Referentenentwurfs eines GmbH-Gesetzes, Köln 1969, hrsg. vom Bundesministerium der Justiz (im folgenden RefE 1969) sowie §§ 49, 50 des Regierungsentwurfs 1971 (im folgenden RegE 1971), BT-Drucks. VI/3088. Einen umfassenden Überblick über die Reformdiskussion bietet *Mosthaf*, Reformen des GmbH-Rechts, S. 1 passim.

49 RefE 1969, S. 185; RegE 1971, BT-Drucks. VI/3088, S. 82.

50 BGH WM 1972, 74 ff. - "Deckenputz-Urteil".

zufuhr wirtschaftlicher Vernunft widerspreche und nur dazu dienen solle, das *eigene Risiko auf Kosten der Gläubiger gering zu halten*".[51] Diese Begründung zeigt, daß nicht mehr ein individuelles Fehlverhalten des Gesellschafters im Vordergrund stand, sondern vielmehr objektive Beurteilungskriterien.[52] Der BGH ging von einer bestimmten Risikoallokation zwischen Gesellschaftern und Gläubigern aus, die durch die Gesellschafterfremdkapitalfinanzierung in der Krise in unzulässiger Art und Weise verändert wird. Damit war dem BGH der wesentliche Schritt zur Präzisierung und Verfestigung von Grundlage und Tatbestand der eigenkapitalersetzenden Gesellschafterleistungen gelungen.[53]

In der Folgezeit bestätigte der BGH seine Rechtsprechung in mehreren Urteilen.[54] Diese rundeten das rechtstatsächliche Gesamtbild ab und zeigten die vielfältigen Probleme der Gesellschafterdarlehen auf.[55] Insbesondere übertrug er seine Rechtsprechung auf die GmbH & Co. KG[56], erstreckte sie auf zurückgezahlte Darlehenszinsen sowie die Bestellung von Bürgschaften[57] und bezog auch Darlehen, die der wirtschaftlich intakten Gesellschaft gewährt und dieser nach Eintritt der Überschuldung belassen wurden, mit in die kapitalersetzenden Leistungen ein.[58] Auch diese Rechtsprechung des BGH fand im Ergebnis in der Literatur breite Zustimmung. Lediglich die Begründungsansätze des BGH wurden zum Teil als unzureichend, insbesondere als nicht hinreichend tragfähig für die verschiedenen Fallgestaltungen angesehen. Aus diesem Grund wurden *im Schrifttum* eine *Vielzahl unterschiedlicher Begründungsansätze* für die Sonderbehandlung von Gesellschafterdarlehen herausgearbeitet.[59]

Den Abschluß dieser Entwicklungsphase bildete dann die Grundsatzentscheidung des BGH aus dem Jahre 1980.[60] In dieser faßte er zunächst seine bis dato

---

51 Vgl. BGH WM 1972, 74, 75.

52 Ebenso *Gehde*, Eigenkapitalersetzende Gesellschafterleistungen, S. 55 f.

53 Ähnlich *Hommelhoff*, ZGR 1988, 460, 471.

54 BGHZ 60, 324 ff.; 57, 171 ff.; 69, 274 ff.; 75, 334 ff.

55 So auch *Hommelhoff*, ZGR 1988, 460, 471; siehe ebenso *Gehde*, Eigenkapitalersetzende Gesellschafterleistungen, S. 56.

56 BGHZ, 60, 324 ff.; 67, 171 ff.; 69, 274 ff.

57 BGHZ 67, 171 ff.

58 BGHZ 75, 334 ff., Fallgruppe der sog. "stehengelassenen" Darlehen; siehe dazu auch noch unten 5. Kap. § 1.

59 Siehe ausführlich zu den einzelnen Begründungsansätzen unten 3. Kap. § 1.

60 BGHZ 76, 326 ff.

herausgearbeiteten Grundsätze für die Sonderbehandlung von kapitalersetzenden Gesellschafterdarlehen zusammen.[61] Vor allem aber präzisierte er den für die Gleichsetzung von Gesellschafterfremdkapital mit haftendem Eigenkapital maßgeblichen Zeitpunkt dahingehend, daß eine Konkursreife der GmbH nicht zwingend erforderlich sei. Vielmehr reiche es aus, daß die Gesellschaft *zum Zeitpunkt der Zufuhr oder Belassung von Gesellschafterfremdkapital* von *dritter Seite keinen Kredit zu marktüblichen Bedingungen* hätte erhalten können und deshalb ohne das Gesellschafterfremdkapital hätte liquidiert werden müssen.[62]

III. Zwischenergebnis

Die Entwicklung des Eigenkapitalersatzrechts bis zum Jahr 1980 ist demnach dadurch geprägt, daß der BGH im Anschluß an die Rechtsprechung des Reichsgerichts, unterstützt und begleitet von der ganz herrschenden Literatur, ausgehend von der Lufttaxi-Entscheidung, die tatbestandlichen Voraussetzungen der eigenkapitalähnlichen Sonderbehandlung von Gesellschafterdarlehen anhand des ihm jeweils zur Entscheidung vorliegenden Tatsachenmaterials präzisierte und seine Begründung abstrahierte.[63] Dadurch hat der BGH letztlich - wie noch zu zeigen ist[64] - im Wege richterlicher Rechtsfortbildung die Sonderbehandlung von Gesellschafterdarlehen in der Unternehmenskrise von der Einzelfallentscheidung, die sich am Gesellschafterverhalten orientierte, hin zu einem ungeschriebenen materiellen Finanzierungsgrundsatz fortgebildet.[65] Dessen

---

61 Vgl. BGHZ 76, 326, 329, 330.

62 Sog. "Kreditunwürdigkeit", vgl. BGHZ 76, 326, 330 f. und seitdem ständige Rechtsprechung. Zur Kreditunwürdigkeit statt aller *v. Gerkan* in: v. Gerkan/Hommelhoff, Handbuch des Kapitalersatzrechts, Rn. 3.41 ff., S. 49 ff.; *Lutter/Hommelhoff*, ZGR 1979, 31, 39; *dies.*, GmbHG, §§ 32 a/b Rn. 18 ff.; Hachenburg/*Ulmer*, GmbHG, § 32 a, b Rn. 45 f.; *Roth/Altmeppen*, GmbHG, § 32 a Rn. 10; Scholz/*K. Schmidt*, GmbHG, §§ 32 a, 32 b Rn. 41; Baumbach/Hueck/*Hueck*, GmbHG, § 32 a Rn. 43 ff.; Rowedder/*Rowedder*, GmbHG, § 32 a Rn. 19 (jeweils mit ausführlichen Nachweisen zu Rechtsprechung und Literatur).

63 Ebenso *Gehde*, Eigenkapitalersetzende Gesellschafterleistungen, S. 57; *Hommelhoff*, ZGR 1988, 461, 464/465, 466 ff.; *Beine*, Eigenkapitalersetzende Gesellschafterleistungen, S. 11 ff.; *Röhricht*, Eigenkapitalersetzende Leistungen, S. 1, 4 ff.

64 Vgl. unten 3. Kap. § 2.

65 Vgl. unten 3. Kap. § 4. Ebenso *Gehde*, Eigenkapitalersetzende Gesellschafterleistungen, S. 57; ähnlich auch *R. Fischer*, Pro GmbH, S. 137, 153 f.; *Rümker*, ZGR 1988, 494, 500 ff.; *Röhricht*, Eigenkapitalersetzende Leistungen, 1 passim; *Beine*, Eigenkapitalersetzende Gesellschafterleistungen, S. 16 ff. Nach Ansicht von *Hommelhoff*, ZGR 1988,

dogmatische Grundlage blieb allerdings weitgehend ungeklärt, da in Rechtsprechung und rechtswissenschaftlichem Schrifttum verschiedene Begründungen angeführt wurden, ohne daß im Hinblick auf den tragenden Grundgedanken bzw. die dogmatische Legitimation ein Konsens erzielt werden konnte.

B. Entwicklung ab der GmbH-Novelle 1980

Nachdem die ab Mitte der 60er Jahre zunächst angestrebte Vollreform des GmbH-Gesetzes sich nicht hatte durchsetzen können,[66] wurde dann im Rahmen der GmbH-Novelle 1980[67] die Sonderbehandlung von kapitalersetzenden Gesellschafterdarlehen gesetzlich geregelt. Dabei blieb der tragende Grundgedanke in der Gesetzesbegründung weitgehend offen. Diese erschöpfte sich im wesentlichen in dem Hinweis, daß vermieden werden müsse, daß die Gesellschafter das *Geschäftsrisiko* der Gesellschaft *auf die Gläubiger verlagern*, indem sie die Geschäfte statt mit haftendem Kapital mit Gesellschafterdarlehen finanzieren und daß daher der diesbezüglichen auf allgemeine Regeln gestützten Rechtsprechung, eine gesetzliche Grundlage geschaffen werden müsse.[68] Die tatbestandlichen Voraussetzungen der §§ 32 a, 32 b GmbHG entsprachen dabei im wesentlichen den zuvor von der Rechtsprechung erarbeiteten Anforderungen. Insbesondere wird nach ganz überwiegender Auffassung das Tatbestandsmerkmal ".... in einem Zeitpunkt, in dem ihr die Gesellschafter als ordentliche Kaufleute Eigenkapital zugeführt hätten...." nach Maßgabe des von der Rechtsprechung und Literatur herausgearbeiteten Kriteriums der "Kreditunwürdigkeit" ausgelegt.[69] Allerdings unterscheidet sich die Regelung des

---

460, 471/472 hatte der BGH damit die eigenkapitalersetzenden Gesellschafterdarlehen zu einem Rechtsinstitut erhoben (zum Begriff des Rechtsinstituts siehe *Bydlinski*, Juristische Methodenlehre, S. 13).

66 Zu den gegen den RefE 1969 und den RegE 1971 vorgebrachten Einwänden siehe nur *Ballerstedt*, ZHR 135 (1971), 383 ff. sowie *Wiethölter*, *Ulmer*, *Lutter* u.a. in: Probleme der GmbH-Reform, S. 11 passim.

67 Gesetz zur Änderung des Gesetzes betreffend die Gesellschaften mit beschränkter Haftung und anderer handelsrechtlicher Vorschriften vom 4. Juli 1980, BGBl. I, S. 836; vgl. auch den diesbezüglichen RegE 1977 mit Begründung, BT-Drucks. 8/1347, S. 38 ff. sowie den Bericht des Rechtsausschusses, BT-Drucks. 8/3908, S. 73 ff.

68 Vgl. RegE 1977, BT-Drucks. 8/1347, S. 27, 39. Auch hier zeigt sich also wieder der Gedanke einer bestimmten Risikoallokation zwischen Gesellschaftern und Gläubigern.

69 Vgl. BGHZ 76, 326, 329/330; 119, 201, 205 ff.; BGH NJW 1987, 1080, 1081; 1992, 1764, 1765; Hachenburg/*Ulmer*, GmbHG, § 32 a, b Rn. 42 ff., 46; Scholz/*K. Schmidt*, GmbHG, §§ 32 a, 32 b Rn. 38; *Lutter/Hommelhoff*, GmbHG, §§ 32 a/b Rn. 18; *Baumbach/Hueck/Hueck*, GmbHG, § 32 a Rn. 42, 43; *Häuselmann/Rümker/Westermann*,

Gesetzes in ihren Rechtsfolgen erheblich von den Rechtsprechungsgrundsätzen.[70] Im Hinblick darauf wurde bereits kurz nach Inkrafttreten der Novelle Kritik dahingehend laut, daß die Novellen-Regeln, entgegen ihrem erklärten Ziel - nämlich einer Verstärkung des Gläubigerschutzes -[71] im Falle einer ausschließlichen Geltung zu einer spürbaren Verschlechterung des nach Maßgabe der Rechtsprechungsgrundsätze in entsprechender Anwendung der §§ 30, 31 GmbHG bereits erreichten Gläubigerschutzes führen würden.[72]

Dieser Kritik schloß sich der BGH dann in einer Entscheidung aus dem Jahr 1984[73] an und entschied, daß die Rechtsprechungsgrundsätze neben den Novellen-Regeln fortgelten. Zur Begründung stellte er zum einen darauf ab, daß die Novellen-Regeln nach ihrer Entstehungsgeschichte sowie Begründung und Wortlaut keine ausschließliche Geltung beanspruchen würden, sondern vielmehr Tendenz erkennen ließen, Rechtsprechung und Rechtswissenschaft bei der Fortentwicklung des geltenden Rechts aus Gründen des wirksamen Gläubigerschutzes so wenig wie möglich zu beschränken.[74] Zum anderen würden die Novellen-Regeln, im Hinblick auf das mit ihnen angestrebte Ziel eines verbesserten Gläubigerschutzes, wesentliche Lücken aufweisen, die anhand der Rechtsprechungsgrundsätze geschlossen werden könnten. Folglich bestehe für deren Fortgeltung ein unabwendbares Bedürfnis.[75] Diese Entscheidung des BGH fand in der Literatur in der Folge praktisch einhellige Zustimmung[76] und ist seitdem

---

Finanzierung der GmbH, III 2 a, S. 67; *Lutter*, DB 1980, 1317, 1321; *Ulmer*, GmbH-Recht in der Diskussion, S. 55, 62; *Fleck*, *FS* Werner (1984), S. 107, 118 ff.; MünchHdb.GesR III/*Rümker*, § 53 Rn. 8 ff.; *K. Schmidt*, Gesellschaftsrecht, § 37 IV 2, S. 1151 ff.; *ders.*, ZGR 1980, 567, 571 f. A. A. z. B. *Ullrich*, GmbHR 1983, 133, 140 f.; zweifelnd auch *Geßler*, BB 1980, 1385, 1391, siehe auch *ders.*, ZIP 1981, 228, 230, 232. Kritisch ebenfalls *H. P. Westermann*, ZIP 1982, 379, 386 f.

70 Siehe zu den Unterschieden im einzelnen sogleich unten 1. Kap. § 3 A.

71 Vgl. amtliche Begründung zum RegE BT-Drucks. 8/1347, S. 1, 27, 38 f.

72 Zur Kritik an den Novellenregeln siehe nur *Geßler*, BB 1980, 1385, 1391; *ders.* ZIP 1981, 228, 232 ff.; *ders.*, GmbH-Recht in der Diskussion, S. 77, 78; *Ulmer*, GmbH-Recht in der Diskussion, S. 82 f.; *K. Schmidt*, ZGR 1980, 567, 572 ff.; *ders.*, ZIP 1981, 689, 691, 695 ff.; *Tillmann*, GmbHR 1981, 17, 18 f.; *Kamprad*, Gesellschafterdarlehen an die GmbH und GmbH & Co. KG, S. 47; *Hommelhoff*, Risikokapital der GmbH, S. 15, 34 ff.

73 BGHZ 90, 370 ff.

74 Vgl. BGHZ 90, 370, 376 ff.

75 Vgl. BGHZ 90, 370, 378 ff., 379/380.

76 Hachenburg/*Ulmer*, GmbHG, § 32 a, b Rn. 14; Baumbach/Hueck/*Hueck*, GmbHG, § 32 a Rn. 74; *Lutter/Hommelhoff*, GmbHG, §§ 32 a/b Rn. 10; *Roth/Altmeppen*, GmbHG, § 32 a

in ständiger Rechtsprechung bestätigt worden[77], mit der *Folge*, daß ein *zweistufiges Schutzsystem* aus Rechtsprechungsgrundsätzen und Novellen-Regeln entstand.[78]

In seiner gleichfalls aus dem Jahr 1984 stammenden "Beton- und Monierbau-Entscheidung"[79] übertrug der BGH dann, in Übereinstimmung mit der herrschenden Meinung in der Rechtswissenschaft,[80] seine für die GmbH bzw. GmbH & Co. KG entwickelten Kapitalersatzgrundsätze auf die Aktiengesellschaft.[81] Aus diesem Anlaß faßte er seine bisherigen Überlegungen zur Begründung der Sonderbehandlung von Gesellschafterdarlehen in der Unternehmenskrise[82] zusammen und *führte sie* auf einen *Kerngedanken zurück*: Die *Verantwortung des Gesellschafters für eine ordnungsmäßige Unternehmensfinanzierung,* die ihn in der Krise zwar nicht positiv verpflichte, fehlendes Kapital aus seinem Vermögen nachzuschießen, der er sich aber nicht in der

---

Rn. 40; *Hommelhoff* in: v. Gerkan/Hommelhoff, Handbuch des Kapitalersatzrechts, Rn. 1.2 f., S. 3 f.; *ders.*, ZGR 1988, 460, 478 ff.; *ders./Kleindiek*, FS 100 Jahre GmbHG (1992), S. 421, 427 ff., 432; Staudinger/*Hopt/Mülbert*, BGB, § 607 Rn. 113; *K. Schmidt*, Gesellschaftsrecht, § 37 IV 4 b, S. 1163; *Fleck*, FS Werner (1984), S. 107, 115; *Röhricht*, Eigenkapitalersetzende Leistungen, S. 1, 28/29. Siehe auch die Glosse von *K. Schmidt*, JZ 1984, 880 f. Kritisch zu dieser - nicht auf diesen Bereich beschränkten - Tendenz der Rechtsprechung, an richterrechtlichen Rechtsfortbildungen, trotz einer nachfolgenden Normierung durch den Gesetzgeber, festzuhalten bzw. diese noch auszuweiten vgl. *Lieb*, FS Gaul (1997), S. 381 ff.

77 BGHZ 95, 188, 192; 109, 55, 59 f.; 119, 201, 212 f.; BGH NJW 1985, 2719, 2720; BGH WM 1987, 284, 286; BGH NJW 1990, 1730, 1731; BGH ZIP 1992, 108, 109; OLG München GmbHR 1991, 530; OLG München GmbHR 1994, 181, 182.

78 Siehe dazu sogleich unten 1. Kap. § 3 A. Nach Ansicht von *K. Schmidt* ist das Recht des Eigenkapitalersatzes eine Rechtsfortbildungsmaterie geblieben, in die der Gesetzgeber, selbst wo er dies wollte, wenig Ruhe hineingebracht hat, vgl. NJW 2000, 2927.

79 BGHZ 90, 381 ff.

80 Siehe nur Hachenburg/*Ulmer*, GmbHG, §§ 32 a, b Rn. 11; Geßler/Hefermehl, u. a./*Hefermehl/Bungeroth*, AktG, § 57 Rn. 20, 21; GroßKomm-AktG/*Wiedemann*, § 262 Anm. 25; KölnerKomm-AktG/*Lutter*, § 57 Rn. 84 ff. Umfassend zur Übertragbarkeit der Kapitalersatzregeln auf die Aktiengesellschaft vgl. *Ketzer*, Eigenkapitalersetzende Aktionärsdarlehen, S. 1 passim.

81 Ähnlich auch schon RG JW 1939, 355 ff. Zur Frage der Übertragung der Kapitalersatzregeln auf die Aktiengesellschaft siehe auch unten, 5. Kap. § 3 C.

82 Insbesondere die Verhinderung der Abwälzung des Finanzierungsrisikos auf die Gesellschaftsgläubiger sowie das widersprüchliche Verhalten des Gesellschafters im Hinblick auf den Zweck der Kapitalzufuhr und der gesetzlichen Kapitalerhaltungsvorschriften, vgl. BGHZ 31, 258, 268 ff.; BGH WM 1972, 74 ff.; BGHZ 67, 171, 174 f.; 76, 326, 329 f.

Weise zum Nachteil der Gläubiger entziehen könne, daß er bei einer tatsächlich beabsichtigten Finanzhilfe, anstatt sie durch die objektiv gebotene Einbringung haftenden Kapitals zu leisten, auf eine andere, ihm weniger riskant erscheinende Finanzierungsform ausweiche.[83]

In der Folgezeit konkretisierte der BGH die an die Sonderbehandlung von Gesellschafterdarlehen in der Unternehmenskrise zu stellenden Anforderungen weiter. So stellte er klar, daß sich die Finanzierungsverantwortung unabhängig von subjektiven Zweckvorstellungen des Gesellschafters allein aus seiner objektiven Beteiligung an der GmbH ergebe.[84] Weiterhin weitete er den personellen Anwendungsbereich der Kapitalersatzregeln aus, indem er sie auf atypische stille Gesellschafter[85] bzw. atypische Pfandgläubiger[86] erstreckte. Eine weitere wesentliche Ausweitung des sachlichen Anwendungsbereichs des Kapitalersatzrechts nahm der BGH schließlich mit der Einbeziehung von an die Gesellschaft zur Nutzung überlassenen Wirtschaftsgütern in die kapitalersetzenden Leistungen vor.[87] Dabei arbeitete er als maßgebliches Merkmal für die Sonderbehandlung von Gebrauchsüberlassungen, in Anlehnung an das Merkmal der Kredit-

---

83 BGHZ 90, 381, 389; seitdem wird dieser Begründungsansatz in ständiger Rechtsprechung und auch von der herrschenden Literatur zur Begründung der eigenkapitalähnlichen Sonderbehandlung von Gesellschafterdarlehen sowie zur Auslegung von § 32 a GmbHG herangezogen, vgl. nur BGHZ 105, 168, 175/176; 119, 191, 196; 121, 31, 35 f.; 127, 17, 29; 127, 336, 343 ff. (m. w. Rechtsprechungsnachweisen); Hachenburg/*Ulmer*, GmbHG, § 32 a, b Rn. 8; *Lutter/Hommelhoff*, GmbHG, §§ 32 a/b Rn. 3; Baumbach/Hueck/*Hueck*, GmbHG, § 32 a Rn. 3; *Hommelhoff* in: v. Gerkan/Hommelhoff, Handbuch des Kapitalersatzrechts, Rn. 2.20 ff., S. 24 ff.; *Röhricht*, Eigenkapitalersetzende Leistungen, S. 1, 5 ff.; *Wiedemann*, FS Beusch (1993), S. 893, 909 ff. An diesem Ansatz wird in neuerer Zeit verstärkt Kritik geübt, siehe nur *Grunewald*, GmbHR 1997, 7, 9; *Reiner*, FS Boujong (1996), S. 415, 421/422. Zur Finanzierungsverantwortung und den weiteren Ansätzen zur Begründung der Sonderbehandlung der Gesellschafterdarlehen siehe eingehend unten 3. Kap., namentlich 3. Kap. § 2 E III 3.

84 Vgl. BGHZ 105, 168, 175 ff.

85 Vgl. BGHZ 106, 7 ff.

86 Vgl. BGHZ 119, 191 ff.

87 Vgl. "Lagergrundstück" I-V, BGHZ 109, 55 ff; 121, 31 ff.; 127, 1 ff.; 127, 17 ff.; BGH ZIP 1997, 1375 ff. Ihm folgend die h. L., siehe statt vieler nur Hachenburg/*Ulmer*, GmbHG, § 32 a, b Rn. 105 ff.; Baumbach/Hueck/*Hueck*, GmbHG, § 32 a Rn. 32 ff.; *Lutter/Hommelhoff*, GmbHG, §§ 32 a/b Rn. 138 ff. (m. w. N. zur Literatur und Rechtsprechung); a. A. Scholz/*K. Schmidt*, GmbHG, §§ 32 a, 32 b Rn. 121 ff., 127; *ders.*, Gesellschaftsrecht, § 37 IV 3 b, S. 1157 ff.; *ders.*, ZIP 1990, 69, 71 ff. Zur Frage, ob und inwieweit die Nutzungsüberlassung von dem Grundgedanken der Kapitalersatzregeln getragen wird, siehe eingehend unten 5. Kap. § 2.

unwürdigkeit, das Merkmal der sog. "Überlassungsunwürdigkeit" heraus, an welches je nach Sachlage (Überlassung von Standardwirtschaftsgütern bzw. speziellen Wirtschaftsgütern an die Gesellschaft) unterschiedlich strenge Anforderungen zu stellen sind.[88] In weiteren Entscheidungen konkretisierte er den zur Begründung von Gesellschafterdarlehen herausgearbeiteten Gedanken der Finanzierungsverantwortung hin zu einer Finanzierungs*folge*verantwortung, um klarzustellen, daß es nicht darum gehe, den Gesellschafter positiv zum Nachschuß von Kapital zu verpflichten, sondern nur darum, ihn am Abzug von in der Gesellschaftskrise gewährtem oder belassenem Kapital zu hindern.[89]

C. Zwischenergebnis

Die Entwicklung des Kapitalersatzrechts seit der GmbH-Novelle 1980 ist folglich zunächst durch die Ausbildung des zweistufigen Schutzsystems aus Rechtsprechungsgrundsätzen und Novellen-Regeln geprägt. Darüber hinaus hat die Rechtsprechung - auch in diesem Zeitraum weiterhin engagiert begleitet und beeinflußt von der rechtswissenschaftlichen Literatur - die Voraussetzungen für die Sonderbehandlung von Gesellschafterdarlehen noch weitergehend präzisiert und die Eigenkapitalersatzregeln zunehmend ausdifferenziert und ausgeweitet.[90] Allerdings ist festzustellen, daß auch in diesem Zeitraum die dogmatische Grundlage des Eigenkapitalersatzrechts, insbesondere des tragenden Grundgedankens, nicht weitergehend geklärt wurde. Sowohl Rechtsprechung als auch Literatur führten vielmehr ihre verschiedenen Begründungsansätze fort. Insbesondere hat die GmbH-Novelle diesbezüglich keine Klärung gebracht, da sich

---

88 BGHZ 109, 55, 61 ff.; 121, 31, 38 ff. Siehe zu diesem Merkmal Hachenburg/*Ulmer*, GmbHG, § 32 a, b Rn. 108 ff.; Baumbach/Hueck/*Hueck*, GmbHG, § 32 a Rn. 33 b ff.; *Lutter/Hommelhoff*, GmbHG, §§ 32 a/b Rn. 142 ff.; *Haas/Dittrich* in: v. Gerkan/Hommelhoff, Handbuch des Kapitalersatzrechts, Rn. 8.24 ff., S. 239 ff.; *Drygala*, Gläubigerschutz, S. 56 ff.; *Fabritius*, Überlassung von Anlagevermögen an die GmbH, S. 105 ff.

89 Vgl. BGHZ 126, 336, 344/345; 127, 17, 29; zustimmend die Literatur, vgl. nur *Roth/Altmeppen*, GmbHG, § 32 a Rn. 9; *Pape/Voigt*, DB 1996, 2113; *Röhricht*, Eigenkapitalersetzende Leistungen, S. 1, 6 f.; *Habersack*, ZHR 161 (1997), 457, 467 ff.; *Brandes*, WM 1998, 1, 7 f.; *v. Gerkan*, ZGR 1997, 173, 176 f.; *Altmeppen*, ZIP 1996, 1455.

90 Ebenso *Lutter/Hommelhoff*, GmbHG, §§ 32 a, b Rn. 1; *v. Gerkan*, ZGR 1997, 173/174; *Röhricht*, Eigenkapitalersetzende Leistungen, S. 1, 2; *K. Schmidt*, ZIP 1990, 69 f.; *Dauner-Lieb*, DStR 1998, 609 f.; *Habersack*, ZHR 1661 (1997), 457, 458 f. Kritisch zu dieser Entwicklung *Claussen*, FS Forster (1992), S. 139, 141 ff.; *ders.*, GmbHR 1994, 9 ff.; *ders.* GmbHR 1996, 316 ff.; *Grunewald*, GmbHR 1997, 7, 9 ff.

der Gesetzgeber in seiner Begründung weitestgehend auf die bereits zuvor erarbeiteten Ansätze der Rechtsprechung stützte.

D. Vorläufiger Abschluß der Entwicklung

Die zuvor skizzierte Ausweitung des Eigenkapitalersatzrechts hat sich dann ab Mitte 1994 etwas beruhigt. Zwar ist nach wie vor eine kaum zu überschauende Flut von Rechtsprechung[91] und wissenschaftlichen Beiträgen[92] zu diesem Regelungskomplex zu verzeichnen, jedoch ist nunmehr dabei eine Tendenz zur Konsolidierung des bislang Erreichten erkennbar.[93] Dennoch ist unbestreitbar, daß das Eigenkapitalersatzrecht auch auf dem bereits erreichten Stand aufgrund seiner Komplexität - zwangsläufig - unübersichtlich und in der Handhabbarkeit kompliziert geworden ist.[94] Aufgrund dessen sowie unter Berufung auf eine angebliche Sanierungsfeindlichkeit des Eigenkapitalersatzrechts ist auch in neuerer Zeit zum Teil Kritik laut geworden, die von einer Forderung nach Einschränkung und Deregulierung des Eigenkapitalersatzrechts bis hin zur Forderung nach einer völligen Abschaffung des Regelungskomplexes reicht.[95] Diesen Einwänden ist aber im Hinblick auf die zunehmende Komplizierung der Kapitalersatzregeln zu Recht entgegengehalten worden, daß die fortschreitende Ausdifferenzierung vor allem Folge des fast unerschöpflichen Ideenreichtums der Gesellschafter im Hinblick auf die Finanzierung ihrer Gesellschaften ist[96] und zum anderen die zunehmende Komplizierung eine typische - wenn auch wenig begrüßenswerte - Eigenschaft der deutschen Rechtsordnung ist.[97]

Schließlich hat dann das Kapitalersatzrecht durch Maßnahmen des Gesetzgebers mehrere Veränderungen erfahren. In diesem Zusammenhang sind als erstes die Änderungen durch die Insolvenzrechtsreform zu nennen. Zum einen wurden die für kapitalersetzende Gesellschafterdarlehen relevanten Normen des

---

91 An Urteilen aus neuerer Zeit vgl. nur die Nachweise oben 1. Kap., S. 3, Fn. 11.

92 Vgl. nur aus neuerer Zeit die Nachweise oben 1. Kap., S. 3, Fn. 12.

93 Ebenso *Hirte*, NJW 1998, 3459, 3462.

94 Vgl. nur *v. Gerkan/Hommelhoff*, Kapitalersatz im Gesellschafts- und Insolvenzrecht, Rn. 2.1, S. 43; *Grunewald*, GmbHR, 1997, 7, 9 f.

95 Zur Kritik vgl. *Claussen*, FS Forster (1992), S. 139 ff.; *ders.*, GmbHR 1994, 9 ff.; *ders.*, GmbHR 1996, 316 ff.; *Grunewald*, GmbHR 1997, 7 ff.; *Reiner*, FS Boujong (1996), S. 415, 417 ff.

96 *v. Gerkan*, Gesellschaftsrecht 1997, S. 181, 183; *Goette*, Die GmbH nach der BGH-Rechtsprechung, § 4, Rn. 6, S. 85.

97 *v. Gerkan*, Gesellschaftsrecht 1997, S. 181, 183.

Anfechtungsrechts (§ 32 a KO, § 3 b AnfG) modifiziert,[98] zum anderen wurde § 32 a GmbHG an diese modifizierten Normen angepaßt.[99] Darüber hinaus hat sich dann der Gesetzgeber im Jahr 1998 ein zweites Mal nach der GmbH-Novelle 1980 mit dem Eigenkapitalersatzrecht befaßt. Zunächst ergänzte er im Rahmen des Kapitalaufnahmeerleichterungsgesetzes § 32 a Abs. 3 GmbHG um einen Satz 2, in dem nicht geschäftsführende Gesellschafter mit einem Gesellschaftsanteil von 10 % und weniger von den Eigenkapitalersatzregeln[100] ausgenommen werden.[101] Schon im Gesetzgebungsverfahren zum Kapitalaufnahmeerleichterungsgesetz war darüber hinaus von seiten des Bundesrats angeregt worden, die Freistellungsquote auf 25 % anzuheben, was jedoch aus Gründen des Gläubigerschutzes abgelehnt worden war.[102] Eine nähere Analyse dieser Forderung zeigte zudem, daß deren Ziel eigentlich die Etablierung eines Sanierungsprivilegs war.[103] Da es für eine Berücksichtigung eines derartigen Privilegs im Rahmen des Kapitalaufnahmeerleichterungsgesetz schon zu spät war[104], wurde dieses Vorhaben kurzerhand in das Gesetzgebungsverfahren zum sog. „KonTraG“[105] eingebracht und letztlich auch umgesetzt. Mit Artikel 10 Nr. 2 KonTraG wurde dann § 32 a Abs. 3 GmbHG um einen weiteren Satz 3 ergänzt, der für den Fall eines Anteilserwerbs in der Unternehmenskrise zum Zweck der

---

98 Siehe jetzt § 135 InsO bzw. § 6 AnfG.

99 Dazu noch unten 4. Kap. § 3 A.

100 Darunter werden im folgenden, in Anlehnung an die Begründung der Neufassung des § 32 a Abs. 3 S. 2 GmbHG durch Art. 2 Nr. 1 KapAEG, soweit nicht anders gekennzeichnet, sowohl die Rechtsprechungsregeln, als auch §§ 32 a, b GmbHG verstanden (vgl. BT-Drucks. 13/7141, S. 12 sowie *Seibert*, DStR 1997, 35, 36).

101 Art. 2 Nr.1 des Kapitalaufnahmeerleichterungsgesetzes vom 20. April 1998, BGBl. I/707.

102 Vgl. BT-Drucks. 13/7141, S. 13/14.

103 Siehe *Seibert*, GmbHR 1998, 309 f.; siehe ebenso BT-Drucks. 13/9909, S. 10. Aufschlußreich ist insofern auch die Stellungnahme des Bundesrates zum dritten Finanzmarktförderungsgesetz, in welchem die Bundesregierung gebeten wird, im weiteren Verlauf des Gesetzgebungsverfahrens zum Kapitalaufnahmeerleichterungsgesetz darauf hin zu wirken, daß nach § 32 a GmbHG Fremdkapitalgeber eine Beteiligung unmittelbar oder mittelbar an der GmbH allein zum Zweck der Unternehmenssanierung eingehen können, da der Bundesrat nach einer erneuten Prüfung „nunmehr eine ausdrückliche Aufnahme eines Sanierungsprivilegs in die Regelung des § 32 a GmbHG für vorzugswürdig“ halte (vgl. BR-Drucks. 605/97, S. 47).

104 Siehe *Seibert*, GmbHR 1998, 309, 310.

105 Gesetz zur Kontrolle und Transparenz im Unternehmensbereich vom 27. April 1998, BGBl. I/786.

Sanierung bestehende Kredite und Neukredite, unabhängig vom Umfang der erworbenen Beteiligung, von den Eigenkapitalersatzregeln freistellt.[106] Mit diesen beiden Regelungen sind in das Recht der eigenkapitalersetzenden Gesellschafterleistungen zwei weitreichende Ausnahmetatbestände eingeführt worden, die im rechtswissenschaftlichen Schrifttum überwiegend kritisch aufgenommen wurden.[107]

E. Zusammenfassung

Die Entwicklung des Eigenkapitalersatzrechts ist maßgeblich geprägt durch die Rechtsprechung des BGH. Dieser hat, unterstützt und bestärkt von der Rechtswissenschaft, einen ungeschriebenen materiellen Finanzierungsgrundsatz herausgebildet. Danach ist es dem *Gesellschafter aus Gründen des Gläubigerschutzes verboten, das Finanzierungsrisiko auf außenstehende Gläubiger abzuwälzen*, indem er der Gesellschaft im Zeitpunkt der Kredit- bzw. Überlassungsunwürdigkeit Fremdmittel gewährt bzw. beläßt. Hat der Gesellschafter dies dennoch getan, so muß er sich an dieser Entscheidung dergestalt festhalten lassen, daß die gewährten/belassenen Fremdmittel haftungsrechtlich wie Eigenkapital behandelt werden. Um diesen Rechtsprechungsgrundsätzen eine gesetzliche Grundlage zu bieten, schuf der Gesetzgeber dann im Rahmen der GmbH-Novelle 1980 die §§ 32 a, 32 b GmbHG. Da der dadurch gewährte Gläubigerschutz jedoch nach ganz überwiegender Ansicht hinter dem von den Rechtsprechungsgrundsätzen gewährten Maß an Gläubigerschutz zurückblieb, hielt der BGH an seiner Rechtsprechung fest, so daß ein zweistufiges komplexes Schutzsystem entstand. Abgesehen von einigen wenigen kritischen Stimmen ist dieses heute im Grundsatz einhellig anerkannt. Mit der Einführung der §§ 32 a Abs. 3 S. 2, 3 GmbHG durch das Kapitalaufnahmeerleichterungsgesetz bzw. KonTraG hat schließlich der Gesetzgeber in dieses komplexe Schutzsystem einschneidende Ausnahmetatbestände eingefügt. Wie sich diese auf das Eigenkapitalersatzrecht auswirken, bleibt abzuwarten.

Im Grundsatz sind jedenfalls die tatbestandlichen Voraussetzungen sowie der wesentliche Umfang der Sonderbehandlung von Gesellschafterfremdmitteln heute unstreitig, wohingegen nach wie vor Unklarheit über den dieses

---

[106] Siehe § 32 a Abs. 3 S. 3 GmbHG.

[107] Zur Kritik sowie zu den aus den Neuregelungen resultierenden Fragen im Hinblick auf die ratio der Kapitalersatzregeln siehe auch noch ausführlich unten 4. Kap. § 3 B und 4. Kap. § 3 C.

Regelungssystem eigentlich tragenden Grundgedanken besteht,[108] da in Rechtsprechung und Rechtswissenschaft weiterhin verschiedene Begründungsansätze vertreten werden und auch die Gesetzesbegründungen insofern nur wenig ergiebig sind.

§ 3 Rechtsfolgen des Eigenkapitalersatzrechts

Nach dieser Darstellung der Entwicklung des Kapitalersatzrechts sollen nun zum Abschluß des ersten Kapitels noch die Rechtsfolgen der Kapitalersatzregeln dargestellt und aufgezeigt werden, daß die Kapitalersatzregeln in mehrfacher Hinsicht zu einer Beeinträchtigung von privatrechtlichen und spezifisch GmbH-rechtlichen Rechtspositionen der Gesellschafter führen und daher legitimationsbedürftig sind.

A. Eigenkapitalähnliche Sonderbehandlung des Gesellschafterfremdkapitals

Wie zuvor dargestellt wurde, ist durch Rechtsprechung und Gesetzgebung im Laufe der Zeit mit dem Eigenkapitalersatzrecht ein komplexes zweistufiges System zum Schutz der Gesellschaftsgläubiger im Hinblick auf die mit der Gesellschafterfremdkapitalfinanzierung in der Krise verbundenen Gefahren für die Gläubiger herausgebildet worden. Dieses stellt sich im einzelnen wie folgt dar:

Führen die Gesellschafter ihre Gesellschaft anhand von Gesellschafterfremdkapital weiter, obwohl diese kreditunwürdig oder sogar insolvenzreif ist, sind nach Maßgabe der Rechtsprechungsregeln die Darlehensvaluta sowie die evtl. anfallenden Darlehenszinsen etc. entsprechend § 30 Abs. 1 GmbHG - sowohl außerhalb als auch innerhalb eines Insolvenzverfahrens - *gegen eine Auszahlung* an die Gesellschafter *gesperrt, soweit und solange* die Mittel rechnerisch zum Ausgleich einer Unterbilanz oder einer darüber hinausgehenden Überschuldung erforderlich sind. Das heißt, würde nach einer Auszahlung von Darlehensmitteln an die Gesellschafter der Gesellschaft rechnerisch ein der Stammkapitalziffer entsprechendes Aktivvermögen verbleiben, so wäre die Auszahlung trotz einer eventuellen Kreditunwürdigkeit zulässig. Werden Darlehensmittel an die Gesellschafter zurückgezahlt, bevor sie durch die Beseitigung der Unterbilanz bzw. der Überschuldung entsperrt sind, so erwirbt die Gesellschaft entsprechend § 31 Abs. 1 GmbHG einen Anspruch gegen den jeweils begünstigten Gesellschafter auf Erstattung der Beträge in das Gesellschaftsvermögen. Diesen muß der Geschäftsführer bzw. kann der Konkurs- bzw. Insol-

108 Ebenso *Müller*, Ersatzkapitalregeln, S. 73.

venzverwalter geltend machen, wobei der Anspruch entsprechend § 31 Abs. 5 GmbHG in fünf Jahren ab Rückgewähr verjährt.[109]

Von diesen Rechtsfolgen der Rechtsprechungsregeln weichen die Rechtsfolgen der gesetzlichen Kapitalersatzregeln in mehrfacher Hinsicht entscheidend ab:[110]

Als erstes greift die Bindung von Gesellschafterdarlehen nach den §§ 32 a, 32 GmbHG, im Gegensatz zu den Rechsprechungsgrundsätzen, *nur im* Rahmen eines *Insolvenzverfahrens* ein. Außerhalb dieses Verfahrens können die Darlehen oder sonstigen Gesellschafterfremdmittel an die Gesellschafter zurückgewährt werden. Ein dem § 30 Abs. 1 GmbHG vergleichbares Auszahlungsverbot enthalten die gesetzlichen Kapitalersatzregeln nicht. In Betracht kommt lediglich eine Anfechtung zurückgewährter Fremdmittel durch die Gesellschaftsgläubiger nach Maßgabe des Anfechtungsgesetzes.[111] Dabei muß die Anfechtung innerhalb eines Jahres seit der anfechtbaren Handlung erfolgen.[112]

Innerhalb des Insolvenzverfahrens sind die Gesellschafter mit ihren Darlehensforderungen bzw. gleichgestellten Forderungen nur nachrangige Insolvenzgläubiger. Ihre *Fremdkapitalmittel werden* - insoweit über die Rechtsprechungsregeln hinausgehend - *in voller Höhe verstrickt* (vgl. § 32 a Abs. 1 GmbHG). Eine zuvor erfolgte Rückzahlung kann vom Insolvenzverwalter innerhalb von zwei Jahren ab der Eröffnung des Insolvenzverfahrens (siehe § 146 Abs. 1 InsO) nach Maßgabe des § 135 InsO angefochten werden, allerdings ebenfalls nur, wenn die Rückzahlung im letzten Jahr vor dem Antrag auf Eröffnung des Insolvenzverfahrens vorgenommen wurde (vgl. § 135 Nr. 2 InsO). In diesem Fall ist der Gesellschafter in vollem Umfang zur Rückgewähr verpflichtet (§ 143 Abs. 1 InsO).

---

109 Vgl. zum ganzen zusammenfassend *v. Gerkan* in: v. Gerkan/Hommelhoff, Handbuch des Kapitalersatzrechts, Rn. 3.88 ff., S. 63 ff., Rn. 3.102 ff., S. 67 ff.; Baumbach/Hueck/*Hueck*, GmbHG, § 32 a Rn. 76 ff.; *Lutter/Hommelhoff*, GmbHG, §§ 32 a/b Rn. 102 ff.; Hachenburg/*Ulmer*, GmbHG, § 32 a, b Rn. 167 ff.; zur Entsperrung kapitalersetzender Darlehen vgl. *Kurth/Delhaes*, DB 2000, 2577 ff.

110 Hachenburg/*Ulmer*, GmbHG, § 32 a, b Rn. 14, 65 ff.; Scholz/*K. Schmidt*, GmbHG, §§ 32 a, 32 b Rn. 57 ff.; *Roth/Altmeppen*, GmbHG, § 32 a Rn. 30 ff.; *Lutter/Hommelhoff*, GmbHG, §§ 32 a/b Rn. 13 ff., 91 ff.; *v. Gerkan* in: v. Gerkan/Hommelhoff, Handbuch des Kapitalersatzrechts, Rn. 3.85 ff., S. 62 f., Rn. 3.136 ff., S. 75 ff. *K. Schmidt*, Gesellschaftsrecht, § 37 IV 4, S. 1162 ff.; *Hommelhoff*, Risikokapital der GmbH, S. 15, 32 f.

111 Vgl. dazu §§ 1, 2, 6 AnfG.

112 Vgl. § 6 Abs. 1 Nr. 2 AnfG.

Somit wird der Sockelbetrag bis zur Stammkapitalziffer von den (gesellschaftsrechtlichen) Rechtsprechungsregeln in entsprechender Anwendung der §§ 30, 31 GmbHG dergestalt geschützt, daß kapitalersetzende Gesellschafterdarlehen gesperrt sind, solange und soweit sie zur Deckung der Stammkapitalziffer erforderlich sind und vom Geschäftsführer dementsprechend nicht zurückgezahlt werden dürfen (Tilgungs*verbot*). Darüber stehen - quasi als Aufbau - die etwas freieren Regeln der §§ 32 a, 32 b GmbHG, mit der Folge, daß kapitalersetzende Darlehen oberhalb der Stammkapitalziffer grundsätzlich frei sind und vom Geschäftsführer erfüllt werden müssen, solange sie nicht insolvenzverstrickt sind (Tilgungs*gebot*).[113]

Die Kapitalersatzregeln führen somit im Ergebnis zu einer *eigenkapitalähnlichen* Sonderbehandlung[114] von Gesellschafterfremdkapital in der Krise der Gesellschaft[115].

B. Beeinträchtigung der Privatautonomie

Aufgrund dieser eigenkapitalähnlichen Sonderbehandlung beeinträchtigen die Kapitalersatzregeln von Rechtsprechung und GmbH-Gesetz als erstes in zweierlei Hinsicht die Privatautonomie und damit ein Grundprinzip des Privatrechts. Zunächst stehen die Kapitalersatzregeln in Widerspruch zum *Grundsatz der Vertragsfreiheit*. Die Vertragsfreiheit ist die wichtigste Ausprägung der

---

113 Vgl. dazu insgesamt *Lutter/Hommelhoff*, GmbHG, §§ 32 a/b Rn. 10 ff.; *v. Gerkan/Hommelhoff*, Kapitalersatz in Gesellschafts- und Insolvenzrecht, Rn. 2.4 ff., S. 44 ff.; *Röhricht*, Eigenkapitalersetzende Leistungen, S. 1, 28 ff.; *Priester*, FS Döllerer (1988), S. 475, 482/483; *Hommelhoff/Kleindiek*, FS 100 Jahre GmbHG (1992), S. 421, 432 f.; ähnlich Hachenburg/*Ulmer*, GmbHG, §§ 32 a, b Rn. 18. Anders (zweispuriges bzw. duales) Schutzsystem noch *v. Gerkan*, GmbHR 1986, 218, 219.

114 Diese Bezeichnung ist m.E. der ansonsten üblichen Bezeichnung „*Umqualifizierung des Gesellschafterfremdkapitals*“ vorzuziehen. Diese kann nämlich leicht dahingehend mißverstanden werden, daß das Gesellschafterfremdkapital in der Krise der Gesellschaft tatsächlich zu Eigenkapital würde. Das ist jedoch unzutreffend, da das Fremdkapital *nur für die Dauer der Krise wie Eigenkapital behandelt wird*, seiner Rechtsnatur nach jedoch stets Fremdkapital bleibt (vgl. wie hier *Priester*, DB 1991, 1917, 1924; *Wassermeyer*, Eigenkapitalersetzende Leistungen, S. 33, 41 f., 44 f., 50; *ders.*, ZGR 1992, 639, 650 ff., 652).

115 Mit dem Begriff Krise der Gesellschaft ist dabei im Folgenden in Anlehnung an die nunmehr durch Art. 10 Nr. 1 KonTraG in § 32 a Abs. 1 GmbHG eingefügte Klammerdefinition stets der durch Rechtsprechung und Literatur umfassend ausgearbeitete Zeitpunkt der Kreditunwürdigkeit bzw. der nachfolgenden Insolvenzreife gemeint.

Privatautonomie.[116] Als Bestandteil der allgemeinen Handlungsfreiheit wird sie durch Art. 2 Abs. 1 GG verfassungsrechtlich gewährleistet.[117] Sie besagt, daß der einzelne grundsätzlich seine Rechtsbeziehungen zu einem frei von ihm gewählten Partner einvernehmlich mit diesem und verbindlich für beide selber regeln kann. Damit umfaßt die Vertragsfreiheit sowohl die Abschlußfreiheit, also die Entscheidung, ob überhaupt und mit wem der einzelne einen Vertrag abschließt, als auch die Gestaltungsfreiheit, d. h. das Recht der beiden Vertragschließenden, den Inhalt des Vertrages in beiderseitigem Einvernehmen nach ihrem freien Belieben zu bestimmen.[118] Durch die zuvor[119] im einzelnen dargestellte zwangsweise Behandlung von in der Krise gewährtem oder belassenem formalem Fremdkapital der Gesellschafter wie haftendes Eigenkapital werden allerdings für die Dauer der Krise bzw. in der Insolvenz die der Kapitalzufuhr zugrunde liegenden schuldrechtlichen Vereinbarungen zwischen Gesellschaft und Gesellschafter (z. B. Darlehens-, Miet- oder Pachtvertrag etc.) ignoriert[120] und der Vertrag im vertragstypischen Hauptpunkt abgeändert. Der für diese Verträge typische unbedingte Rückgewähranspruch geht verloren und wird durch einen (durch die Überwindung der Krise bzw. den Abschluß des Insolvenzverfahrens) bedingten Rückgewähranspruch ersetzt, der sich zudem in Anbetracht der schlechten Eigenkapitalausstattung deutscher Gesellschaften mbH in der Praxis so gut wie nie realisieren läßt. Den Parteien wird also im Ergebnis ein von ihnen so gerade nicht gewollter Vertrag "aufgedrängt". Das steht in Widerspruch zum Grundsatz der Gestaltungsfreiheit und greift damit in die Privatautonomie ein.[121]

Zum anderen wird es durch die eigenkapitalähnliche Sonderbehandlung den Parteien verwehrt, in der Krise nach Ablauf einer gewissen Überlegungsfrist[122]

---

[116] *Larenz*, Schuldrecht I, § 4, S. 41.

[117] Vgl. nur Maunz/Dürig/*Dürig*, GG, Art. 2 Abs. 1 Rn. 53; *Leibholz/Rinck/Hesselberger*, GG, Art. 2 Rn. 375 (jeweils mit weiteren Nachweisen); *Larenz*, Schuldrecht I, § 4 IV, S. 59 ff.

[118] Vgl. statt vieler *Larenz*, Schuldrecht I, § 4 S. 41 f. sowie *Flume*, Allgemeiner Teil II, § 1 8 a, S. 12 ff.

[119] 1. Kap. § 3 A, S. 23 ff.

[120] Ähnlich *Claussen*, ZHR 147 (1983), 195, 204; *Reiner*, FS Boujong (1996), S. 415, 425.

[121] So auch für das vergleichbare österreichische Recht *Schummer*, Eigenkapitalersatzrecht, S. 451 ff., 454.

[122] Vgl. zu dieser Überlegungsfrist in den Fällen des "Stehenlassens" statt vieler *v. Gerkan* in: v. Gerkan/Hommelhoff, Handbuch des Kapitalersatzrechts, Rn. 5.86 ff. (5.90),

den der Kapitalzufuhr von seiten der Gesellschafter zugrunde liegenden Vertrag durch einen neuen Vertrag aufzuheben oder zu beenden, um dann die Kapitalmittel abzuziehen bzw. als Insolvenzgläubiger am Insolvenzverfahren gleichberechtigt mit den sonstigen Gläubigern teilzunehmen. Auch dies stellt eine Einschränkung der Privatautonomie dar. Nach dieser ist es den Vertragsparteien nämlich stets gestattet, einvernehmlich einen einmal geschlossenen Vertrag durch einen späteren Vertrag aufzuheben oder ein bereits teilweise abgewickeltes Vertragsverhältnis zu beenden.[123]

C. Beeinträchtigung der Finanzierungsfreiheit

Weiterhin führt das Kapitalersatzrecht zu einer Beeinträchtigung des *Grundsatzes der* Finanzierungsfreiheit der Gesellschafter. Dieser Grundsatz besagt, daß die Gesellschafter frei entscheiden können, ob sie der Gesellschaft über das gesetzlich vorgeschriebene Mindeststammkapital hinaus überhaupt weitere Kapitalmittel zuführen (*Freiheit des "Finanzierungs-Ob"*) und in welcher Form sie ggf. weiteres Kapital zuführen (*Freiheit des "Finanzierungs-Wie"*).[124] Daher steht es den Gesellschaftern grundsätzlich frei, ihre GmbH nur mit dem gesetzlich vorgeschriebenen Mindeststammkapital auszustatten und den darüber hinausgehenden Kapitalbedarf durch Fremdkapital zu decken. Dabei ist es aufgrund der eigenen Rechtspersönlichkeit der GmbH (siehe § 13 Abs. 1 GmbHG) legitim, daß dieses Fremdkapital der Gesellschaft nicht von außenstehenden Dritten zugeführt wird, sondern von den Gesellschaftern, die der Gesellschaft dann *wie Dritte* gegenübertreten.[125]

Der Grundsatz der Finanzierungsfreiheit läßt sich zwar nicht explizit aus dem GmbH-Gesetz entnehmen, ergibt sich aber aus folgendem: Ziel der Schaffung

---

S. 152 ff. sowie - wenn auch letztlich ablehnend - Baumbach/Hueck/*Hueck*, GmbHG, § 32 a Rn. 37 (mit weiteren Nachweisen).

[123] *Larenz*, Schuldrecht I, § 4, S. 42.

[124] Vgl. zu diesem Grundsatz BGHZ 76, 326, 334/335; 81, 252, 257; 90, 381, 390; 105, 168, 175; Scholz/*Winter*, GmbHG, § 5 Rn. 18; Scholz/*K. Schmidt*, GmbHG, §§ 32 a, 32 b Rn. 4; *ders.*, ZHR 147 (1983), 165, 166; Baumbach/Hueck/*Hueck*, GmbHG, § 32 a Rn. 2; *Hommelhoff* in: v. Gerkan/Hommelhoff, Handbuch des Kapitalersatzrechts, Rn. 2.14 ff., S. 22 ff.; MünchHdb.GesR III/*Mayer/Vollrath*, § 50, Rn. 10; *Ulmer*, FS Duden (1977), S. 661, 667, 674; *Ketzer*, Eigenkapitalersetzende Aktionärsdarlehen, S. 8 f.; *Fleischer*, Finanzplankredite, S. 91.

[125] So *K. Schmidt*, Gesellschaftsrecht, § 18 III 1 b, S. 525; *Eilers/Sieger*, Die Finanzierung der GmbH, Rn. 5, 11, 36 ff.; Baumbach/Hueck/*Hueck*, GmbHG, § 13 Rn. 5 sowie auch schon *Feine*, Die GmbH, S. 249, 278, 672.

der GmbH war es, neben der Aktiengesellschaft einen neuen Gesellschaftstyp mit einer Haftungsbeschränkung für die Gesellschafter zu schaffen, der im Verhältnis zur Aktiengesellschaft im Rechtsverkehr flexibler, insbesondere flexibler zu finanzieren ist, um so allen Gesellschaftszwecken offen zu stehen.[126] Aus diesem Grund beschränkte man sich im Hinblick auf die Sicherung des unabdingbaren Mindestmaßes an Gläubigerschutz[127] darauf, im Gesetz lediglich ein Mindeststammkapital festzuschreiben und durch einige wenige Normen zu gewährleisten, daß dieses zum einen durch die Gesellschafter effektiv aufgebracht wird[128] und daß es zum anderen nicht an die Gesellschafter zurückgewährt wird[129]. Darüber hinaus sind keine Finanzierungsanforderungen im GmbH-Gesetz enthalten, so daß den Gesellschaftern ein größtmöglicher Freiraum im Hinblick auf Umfang sowie Art und Weise der Finanzierung ihrer Gesellschaft verblieb. Zudem läßt sich die Finanzierungsfreiheit der GmbH-Gesellschafter auch noch durch einen Umkehrschluß aus §§ 10 Abs. 1, 33 Abs. 1 KWG; § 2 KAGG bzw. §§ 8, 15 VAG belegen.[130] In diesen hat der Gesetzgeber - entgegen den Regelungen des GmbH-Gesetzes - für bestimmte Unternehmen aus dem Kredit- und Versicherungswesen positivrechtlich die Pflicht einer angemessenen Kapitalausstattung normiert und weitergehende Finanzierungsanforderungen aufgestellt.

Betrachtet man nun die Kapitalersatzregeln von Rechtsprechung und GmbH-Gesetz, so wird deutlich, daß sie hinsichtlich der Freiheit des "Ob" der Finanzierung unproblematisch sind. Nach einhelliger Auffassung statuieren sie näm-

---

126 Siehe Begründung des Gesetzentwurfs betreffend die GmbH, Sten. Ber. RT VIII/I (1890/92), Bd. 5, S. 3724, 3725 f., 3728 f.; Gutachten des Deutschen Handelstages, Anl. A zur Begründung des Gesetzentwurfes betreffend die GmbH, Sten. Ber. RT VIII/I (1890/92), Bd. 5, S. 3761 f., 3764 sowie Gutachten der Preußischen Handelskammern, Anl. B zur Begründung des Gesetzesentwurfes betreffend die GmbH, Sten. Ber. RT VIII/I (1890/92), Bd. 5, S. 3766 f., 3768.

127 Siehe Begründung des Gesetzentwurfs betreffend die GmbH Sten. Ber. RT VIII/I (1890/92), Bd. 5, S. 3724, 3729 f.

128 Siehe § 7 Abs. 2, 3; 8 Abs. 1, 2; 9; 19; 33 Abs. 1; 55 ff. Vgl. zu dem daraus abgeleiteten sog. "Grundsatz der realen Kapitalaufbringung" noch unten 2. Kap. § 3 A I (mit weiteren Nachweisen).

129 Siehe §§ 30 Abs. 1; 31; 33 Abs. 2; 34 Abs. 3 GmbHG. Zu dem daraus abgeleiteten "Grundsatz der nominellen Kapitalerhaltung" siehe noch unten 2. Kap. § 3 A I (mit Nachweisen).

130 Siehe dazu *Müller*, Ersatzkapitalregeln, S. 10; *Ketzer*, Eigenkapitalersetzende Aktionärsdarlehen, S. 8 f.; *Ulmer*, FS Duden (1977), S. 661, 667.

lich weder eine Pflicht zu angemessener Kapitalausstattung noch eine Pflicht zur Kapitalzufuhr in der Krise, sondern stellen es dem Gesellschafter in der Krise frei, ob er seiner GmbH über das gesetzliche Mindeststammkapital hinaus überhaupt weiteres Kapital zur Verfügung stellt, oder ob er sie ggf. liquidiert.[131] Allerdings lassen sie dem Gesellschafter in der Krise faktisch nur noch die Wahl, die Gesellschaft unter Zufuhr *neuen Eigenkapitals fortzuführen oder* sie *zu liquidieren*, wenn er nicht Gefahr laufen will, daß sein neu zugeführtes oder belassenes Fremdkapital ganz oder zumindest teilweise wie haftendes Eigenkapital behandelt wird. In der Krise wird ihm so die Möglichkeit der Gesellschafterfremdkapitalfinanzierung letztlich genommen. Dadurch wird dem Gesellschafter in der Krise faktisch die Möglichkeit der Finanzierung der Gesellschaft mit eigenem Fremdkapital abgeschnitten, wodurch es mittelbar zu einer Einschränkung der Finanzierungsfreiheit hinsichtlich des "Wie" der Gesellschaftsfinanzierung kommt.[132]

D. Beeinträchtigung des Haftungsprivilegs

Schließlich beeinträchtigt das Kapitalersatzrecht noch das sog. "Haftungsprivileg". Dem GmbH-Gesetz liegt die Vorstellung einer GmbH mit einer begrenzten Anzahl von Gesellschaftern, denen überwiegend ein Einfluß auf die Handlungen der übrigen Gesellschafter sowie die alleinige Kontrolle über deren Tätigkeit nicht in vollem Umfang möglich ist, als typischer Ausgestaltung zugrunde.[133] Um potentiellen Kapitalgebern einen Anreiz zum Einsatz von Risikokapital in einer derartigen Gesellschaft zu bieten, sah der Gesetzgeber eine *Risikoteilung* zwischen Gesellschaftern und Gläubigern als erforderlich an.[134] Zu diesem Zweck stellte er die Gesellschafter durch die Ausgestaltung der

---

131 Vgl. statt aller BGHZ 109, 55, 61; 127, 17, 23, 29 f.; Hachenburg/*Ulmer*, GmbHG, § 32 a, b Rn. 7, 8; Baumbach/Hueck/*Hueck*, GmbHG, § 32 a Rn. 3; *Hommelhoff* in: v. Gerkan/Hommelhoff, Handbuch des Kapitalersatzrechts, Rn. 2.14 ff., S. 22 ff.; *Röhricht*, Eigenkapitalersetzende Leistungen, S. 1, 6 (jeweils mit weiteren Nachweisen).

132 So ebenfalls die ganz herrschende Meinung, vgl. statt aller Hachenburg/*Ulmer*, GmbHG, §§ 32 a, b Rn. 7, 8; Baumbach/Hueck/*Hueck*, GmbHG, § 32 a Rn. 3; *Hommelhoff* in: v. Gerkan/Hommelhoff, Handbuch des Kapitalersatzrechts, Rn. 2.17, S. 23; *Röhricht*, Eigenkapitalersetzende Leistungen, S. 1, 6; Scholz/*K. Schmidt*, GmbHG, §§ 32 a, 32 b Rn. 4 (jeweils mit weiteren Nachweisen).

133 Begründung des Gesetzentwurfes betreffend die GmbH Sten. Ber. RT VIII/I (1890/92), Bd. 5, S. 3724, 3728, 3732.

134 Begründung des Gesetzentwurfes betreffend die GmbH Sten. Ber. RT VIII/I (1890/92), Bd. 5, S. 3724, 3725.

GmbH als juristische Person (siehe § 13 Abs. 1 GmbHG) und durch § 13 Abs. 2 GmbHG, wonach den Gesellschaftsgläubigern für die Verbindlichkeiten der GmbH nur das Gesellschaftsvermögen, nicht aber die Gesellschafter mit ihrem Privatvermögen haftet,[135] von einer unmittelbaren Außenhaftung frei. Zugleich verpflichtete er sie - quasi als Ausgleich -[136] zur Aufbringung und Erhaltung des Stammkapitals. Infolge dessen ist das Vermögensrisiko der Gesellschafter grundsätzlich auf die von ihnen übernommene, im Gesellschaftsvertrag festgelegte, Stammeinlage beschränkt.[137]

Die Kapitalersatzregeln beeinträchtigen diese Haftungsbeschränkung nun insofern, als sie durch die eigenkapitalähnliche Sonderbehandlung das Gesellschafterrisiko des vollständigen und endgültigen Kapitalverlusts, ab dem Eintritt der Gesellschaftskrise, über die satzungsgemäße Stammeinlage hinaus, auf Kapitalmittel erstrecken, die die Gesellschafter der GmbH gerade nicht als Risikokapital, sondern formal als Fremdkapital zur Verfügung gestellt haben. Somit kommt es zwar nicht unmittelbar zu einer Durchbrechung des Haftungsprivilegs, da die Kapitalersatzregeln nicht zu einer unbeschränkten Außenhaftung der Gesellschafter führen.[138] Allerdings wird das gesetzliche Haftungsprivileg zumindest mittelbar beeinträchtigt, indem in der Gesellschaftskrise das *Eigenkapitalrisiko* auf das Gesellschafter*fremdkapital erstreckt* wird.

---

135 § 13 Abs. 1 und Abs. 2 GmbHG stellen somit die Verwirklichung des für die Vermögens- und Haftungsverfassung der GmbH wesentlichen "*Trennungsprinzips*" dar, vgl. dazu *Lutter/Hommelhoff*, GmbHG, § 13 Rn. 1; Baumbach/Hueck/*Hueck*, GmbHG, § 13 Rn. 1, 2; Scholz/*Emmerich*, GmbHG, § 13 Rn. 2, 3; *Eilers/Sieger*, Die Finanzierung der GmbH, Rn. 36.

136 So z. B. Hachenburg/*Ulmer*, GmbHG, § 5 Rn. 6; *Lutter/Hommelhoff*, GmbHG, § 5 Rn. 1; *Lutter*, Kapital, S. 41; *ders.*, FS Riesenfeld (1983), S. 165, 167 f. die alle vom Stammkapital als "Preis" für das Haftungsprivileg sprechen.

137 Ein Privileg ist die Haftungsbeschränkung insofern, als es das gesellschaftsrechtliche Instrumentarium nicht zuläßt, prinzipiell von einer beschränkten Haftung auszugehen. Jede Haftungsbeschränkung bedarf daher, zumindest in rechtspolitischer Hinsicht, der Legitimation, vgl. *K. Schmidt*, Gesellschaftsrecht, § 18 IV 1 b, S. 537 f.; *ders.*, Stellung der OHG, S. 118; *Wiedemann*, Haftungsbeschränkung, S. 6; *Lehmann*, ZGR 1986, 345, 349 ff.; a. A. *Limbach*, Theorie und Wirklichkeit, S. 107 ff.; *Hofmann*, NJW 1966, 1941, 1944 f. Gleichzeitig sei jedoch darauf hingewiesen, daß auch ein Prinzip der unbeschränkten Haftung, wie sie die Vertreter des Ordoliberalismus im Sinne eines überpositiven Grundsatzes verstanden (siehe z. B. *Eucken*, Wirtschaftspolitik, S. 281) abzulehnen ist und die unbeschränkte Haftung nur ein Grundsatz im Sinne eines rechtspolitischen Postulats ist, vgl. *K. Schmidt*, Gesellschaftsrecht, § 18 IV 1 b, S. 538; *ders.*, Stellung der OHG, S. 102; *Wiedemann*, Haftungsbeschränkung, S. 6 f.

138 Ebenso Scholz/*K. Schmidt*, GmbHG, §§ 32 a, 32 b Rn. 14.

E. Ergebnis

Die richterrechtlichen und gesetzlichen Kapitalersatzregeln führen in der Gesellschaftskrise zu einer eigenkapitalähnlichen Sonderbehandlung des in der Krise gewährten oder belassenen formalen Gesellschafterfremdkapitals. Aufgrund dieser eigenkapitalähnlichen Sonderbehandlung kommt es auf seiten der Gesellschafter zu einer Einschränkung der Vertragsfreiheit sowie zu einer mittelbaren Beeinträchtigung der Finanzierungsfreiheit und des Haftungsprivilegs. In Anbetracht dieser für die Gesellschafter belastenden Folgen des Kapitalersatzrechts bedarf es der rechtlichen Legitimation. Das gilt insbesondere im Hinblick auf die Eingriffe in die verfassungsrechtlich garantierte Vertragsfreiheit. Diese ist nach Maßgabe von Art. 2 Abs. 1 GG nämlich nur beschränkt bzw. beschränkbar durch Normen, die von der Rechtsgütertrias des "Soweit-"Satzes, also den Rechten Dritter, den Sittengesetzen oder der verfassungsmäßigen Ordnung, gerechtfertigt werden.[139]

---

[139] Maunz/Dürig/*Dürig*, GG, Art. 2 Abs. 1 Rn. 54; *Jarass/Pieroth*, GG, Art. 2 Rn. 17; von Münch/*Kunig*, GG, Art. 2 Rn. 23; *Leibholz/Rinck/Hesselberger*, GG, Art. 2 Rn. 375.

2. Kapitel: Überprüfung der Grundprämisse - Schutzbedürfnis der Gläubiger vor der Gesellschafterfremdkapitalfinanzierung in der Krise

§ 1 Problemstellung

Geht man der Frage nach der Legitimation des Eigenkapitalersatzrechts nach, so fällt als erstes auf, daß die Finanzierung der Gesellschaft mit Fremdkapital von seiten Dritter wie auch von seiten der Gesellschafter legitim ist und allgemein unter wirtschaftlichen und steuerrechtlichen Aspekten auch als im Grundsatz sinnvolle Art der Gesellschaftsfinanzierung angesehen wird.[1] Führen die Gesellschafter allerdings die GmbH ab dem Eintritt der Kreditunwürdigkeit anhand der Zufuhr von neuem oder der Belassung von bereits gewährtem *Gesellschafterfremdkapital anstelle* der Zufuhr *neuen Eigenkapitals* in der Krise fort, wird darin eine unzulässige Risikoüberwälzung auf die Gesellschaftsgläubiger gesehen, vor der diese geschützt werden sollen.[2] Dementsprechend ist sowohl von der Rechtsprechung als auch vom Gesetzgeber als Anlaß zur Schaffung der Eigenkapitalersatzregeln übereinstimmend das Erfordernis eines diesbezüglichen gestärkten Gläubigerschutzes angeführt worden.[3] Die Eigenkapitalersatz-

---

1 BGHZ 76, 326, 330; Hachenburg/*Ulmer*, GmbHG, § 32 a, b Rn. 7; Scholz/*K. Schmidt*, GmbHG, §§ 32 a, 32 b Rn. 4, 7; Baumbach/Hueck/*Hueck*, GmbHG, § 32 a Rn. 2; *Wiedemann*, Haftungsbeschränkung, S. 5, 26; *Hommelhoff* in: v. Gerkan/Hommelhoff, Handbuch des Kapitalersatzrechts, Rn. 2.1, S. 17, Rn. 2.3, S. 17 f.; *Gehde*, Eigenkapitalersetzende Gesellschafterleistungen, S. 50 f.

2 BGHZ 31, 258, 268 f.; BGH WM 1972, 74, 75; BGHZ 90, 370, 380; 90, 381, 386 f., 388 f. sowie statt aller Scholz/*K. Schmidt*, GmbHG, §§ 32 a, 32 b Rn. 4; Hachenburg/*Ulmer*, GmbHG, § 32 a, b Rn. 8, 12; Staudinger/*Hopt/Mülbert*, BGB, § 607 Rn. 122; *Wiedemann*, Gesellschaftsrecht, § 10 IV 3, S. 566, 568 ff.; *Wüst*, Gläubigerschutz bei der GmbH, S. 6 ff., 15 ff.; *Fleck*, FS Werner (1984), S. 107, 116; *Röhricht*, Eigenkapitalersetzende Leistungen, S. 1, 6; *Goette*, DStR 1997, 2027; *ders.*, ZHR 162 (1998), 223; *Fastrich*, FS Zöllner (1998), S. 143, 147, 149 f.; *Gehde*, Eigenkapitalersetzende Gesellschafterleistungen, S. 50 f., 65 f.; *Müller*, Ersatzkapitalregeln, S. 73 ff.; *Fabritius*, Überlassung von Anlagevermögen an die GmbH, S. 66 ff. Aus betriebswirtschaftlicher Sicht siehe *Drukarczyk*, Finanzierung, 9. Kapitel, Abschnitt 3.5, S. 414 ff.

3 BGHZ 31, 258, 268 f.; BGH WM 1972, 74, 75; BGHZ 90, 370, 380; 90, 381, 386 f., 388 f.; Begründung des RegE 1977, BT-Drucks. 8/1347, S. 1, 27, 38 f. sowie schon zuvor die Begründung der verschiedenen Reformentwürfe, vgl. Entwurf RJM 1939, S. 163; RefE 1969, S. 184, 185; RefE 1971, BT-Drucks. VI/3088, S. 82. Zustimmend die praktisch einhellige Literatur vgl. nur *Arbeitskreis GmbH-Reform*, Bd. 2, S. 11 f., 13 ff. und die Nachweise zuvor in Fn. 2.

regeln basieren somit wertungsmäßig auf der Grundprämisse, daß die Gesellschafterfremdkapitalfinanzierung in der Krise zu einer Risikoverlagerung auf die Gesellschaftsgläubiger führt und daß im Hinblick darauf ein erhöhtes Schutzbedürfnis der Gläubiger besteht. Demgegenüber wird aber in der neueren Literatur zum Teil die Auffassung vertreten, die Gesellschaftsgläubiger seien diesbezüglich gar nicht schutzbedürftig bzw. durch bestehende gesetzliche Regeln bereits ausreichend geschützt und bedürften deshalb zumindest nicht des Schutzes durch das Eigenkapitalersatzrecht.[4] Würde diese Auffassung zutreffen, hätte das jedoch zur Konsequenz, daß die Grundprämisse der Kapitalersatzregeln hinfällig wäre und sie somit wertungsmäßig von vornherein keine Berechtigung hätten. Bevor der Hauptfrage der Arbeit nach der dogmatischen Legitimation bzw. dem tragenden Grundgedanken der Kapitalersatzregeln nachgegangen wird, ist es daher erforderlich zu klären, ob überhaupt die Grundprämisse der Kapitalersatzregeln zutreffend ist.

Es ist also zu untersuchen, ob mit der Fortführung der Gesellschaft in der Krise anhand der Zufuhr oder Belassung von Gesellschafterfremdkapital anstelle von Eigenkapital über die gewöhnlichen Gläubigerrisiken hinausgehende Gefahren verbunden sind, bezüglich derer die Gläubiger nicht durch anderweitige Regeln des GmbH-Gesetzes hinreichend geschützt werden.

§ 2 Kapitalersatzrecht als Problem der Gesellschaftsfinanzierung

Um untersuchen zu können, ob die Finanzierung der Gesellschaft in der Krise mittels Gesellschafterfremdkapital, die verbreitet auch unter dem Stichwort der "nominellen Unterkapitalisierung" erörtert wird,[5] tatsächlich zu einer erhöhten Gläubigergefährdung führt, ist es zunächst sinnvoll, aufzuzeigen, was unter Eigenkapital bzw. Fremdkapital zu verstehen ist, inwiefern sie sich in ihren Funktionen und Auswirkungen unterscheiden und welche Motive für eine Gesellschafterfremdkapitalfinanzierung anstelle der Zufuhr weiteren Eigenkapitals oder Fremdkapitals von dritter Seite sprechen. Denn nur wenn diesbezüglich Klarheit besteht, kann geprüft werden, ob durch die Fortführung der Gesell-

---

4 Vgl. mit unterschiedlichen Begründungen *Grunewald*, GmbHR 1997, 7, 8, 10; *Reiner*, FS Boujong (1996), S. 415, 443 ff.; *Koppensteiner*, AG 1998, 308, 313 ff.; *Schummer*, Eigenkapitalersatzrecht, S. 407 ff.

5 So z. B. Hachenburg/*Ulmer*, GmbHG, Anh. § 30 Rn. 21; Baumbach/Hueck/*Hueck*, GmbHG, § 5 Rn. 5 f.; *Ketzer*, Eigenkapitalersetzende Aktionärsdarlehen, S. 1 ff., *Müller*, Ersatzkapitalregeln, S. 3 ff.; *Wiedemann*, Haftungsbeschränkung, S. 5, 25 ff.; *Gehde*, Eigenkapitalersetzende Gesellschafterleistungen, S. 50 ff.

schaft in der Krise anhand von Gesellschafterfremdkapital anstelle von neuem Eigenkapital eine Risikoverlagerung auf die Gesellschaftsgläubiger eintritt.

A. Abgrenzung von Eigen- und Fremdkapital

In einem ersten Schritt ist daher der Frage nachzugehen, wie Eigen- und Fremdkapital abgegrenzt werden können bzw. was im Zusammenhang mit dem Eigenkapitalersatzrecht unter dem Begriff Eigen- bzw. Fremdkapital zu verstehen ist. Eine eindeutige Abgrenzung von Eigen- bzw. Fremdkapital erweist sich indes als schwierig. Als Ausgangspunkt ist festzuhalten, daß es keine von der Natur der Sache vorgegebene Abgrenzung von Eigen- bzw. Fremdkapital gibt und auch keine gesetzliche Definition des Eigenkapitalbegriffs existiert.[6] Im GmbH-Gesetz findet sich lediglich in § 32 a der Begriff des Eigenkapitals, ohne daß dieser dort definiert würde. Ansonsten verwendet das GmbH-Gesetz nur den Begriff des Stammkapitals bzw. der Stammeinlage.[7] Diese sind jedoch nicht mit dem Eigenkapital identisch, sondern stellen, als gesetzlich vorgeschriebene Mindestkapitalausstattung, nur einen Teil des Eigenkapitals dar.[8] Weiterhin findet sich der Begriff des Eigenkapitals in einigen Gesetzen (z. B. §§ 266 Abs. 3, 272 HGB; § 8 KStG; § 8 GewStG; § 10 KWG). Allerdings ist auch in diesen Vorschriften keine allgemeine Definition des Begriffs enthalten. Vielmehr erfolgt nur eine teleologische Zuordnung einzelner Kapitalmittel zum Eigen- bzw. Fremdkapital im Rahmen ihrer jeweiligen Aufgabenstellung.[9]

I. Abgrenzungskriterien in der Betriebswirtschaftslehre und Rechtswissenschaft

In Ermangelung einer Definition bzw. einer natürlichen Abgrenzung sind in der betriebswirtschaftlichen und juristischen Literatur verschiedenste Definitions-

---

6 Vgl. *Drukarczyk*, Finanzierung, 7. Kapitel, Abschnitt 1, S. 252; *Wiedemann*, FS Beusch (1993), S. 893, 894; *Feddersen/Knauth*, Eigenkapitalbildung, A III 2, S. 11; *Todtenhöfer*, Kapitalaufbringung und Kapitalerhaltung, S. 20; *Küting/Kessler*, BB 1994, 2103; *Möschel*, ZHR 149 (1985), 206, 214; *Schneider*, DB 1987, 185; a. A. *Raiser*, Recht der Kapitalgesellschaften, § 17 Rn. 1, nach dessen Auffassung §§ 266 Abs. 3, 272 HGB, eine Definition des Eigenkapitalbegriffs enthalten.

7 Siehe z. B. §§ 5, 7, 30, 31 GmbHG.

8 Vgl. *Roth/Altmeppen*, GmbHG, § 5 Rn. 4; Scholz/*Winter*, GmbHG, § 5 Rn. 10; Baumbach/Hueck/*Hueck*, GmbHG, § 5 Rn. 5; *Weitbrecht*, Haftung bei materieller Unterkapitalisierung, S. 14 f.

9 *Wiedemann*, FS Beusch (1993), S. 893, 894.

und Abgrenzungsmöglichkeiten vorgeschlagen worden.[10] Die Erkenntnisse der Betriebswirtschaftslehre, die sich im Bereich der betrieblichen Finanzwirtschaft mit Eigenkapital und Fremdkapital beschäftigt, können zwar nicht ohne weiteres auf gesellschaftsrechtliche Fragestellungen übertragen werden. Jedoch dürfen die Erkenntnisse der Betriebswirtschaftslehre auch nicht vernachlässigt werden, da sie Aufschluß über die normative Abgrenzung von Fremd- und Eigenkapital bieten und sind somit auch vorliegend zu berücksichtigen.[11]

Teilweise erfolgt die Abgrenzung von Eigen- und Fremdkapital nach rein formalen Kriterien (sog. "formeller Kapitalbegriff").[12] So wird angeführt, Eigenkapital sei das von den Unternehmenseigentümern aufgrund des Gesellschafterverhältnisses unmittelbar oder mittelbar (z. B. im Wege der Gewinnthesaurierung) der Gesellschaft zugeführte Kapital, Fremdkapital demgegenüber die dem Unternehmen von dritter Seite auf schuldrechtlicher Basis zugeführten Kapitalmittel.[13]

Ein anderer Ansatz unterscheidet Eigen- und Fremdkapital danach, ob die zur Verfügung gestellten Kapitalmittel gewinnabhängig sind. Eigenkapital soll danach dann vorliegen, wenn die Vergütung für die Kapitalzufuhr gewinnab-

---

10 Einen Überblick über die verschiedenen Ansätze bieten beispielsweise *Swoboda*, Betriebliche Finanzierung, S. 10 f.; *ders.*, FS Wittmann (1985), S. 343, 345 f.; *Beine*, Eigenkapitalersetzende Gesellschafterleistungen, S. 52 ff.; *Fleischer*, Finanzplankredite, S. 100 ff.; *Gehde*, Eigenkapitalersetzende Gesellschafterleistungen, S. 73 ff.

11 Vgl. *Gehde*, Eigenkapitalersetzende Gesellschafterleistungen, S. 73; *Fleischer*, Finanzplankredite, S. 100; in der Tendenz ähnlich *Claussen*, FS Forster (1992), S. 139, 149; *ders.*, GmbHR 1996, 316, 320, der die seiner Ansicht nach fehlende Rückkopplung von Rechtswissenschaft und Betriebswirtschaftslehre im Kapitalersatzrecht bemängelt. Dem ist jedoch entgegenzuhalten, daß in der betriebswirtschaftlichen Literatur die Problematik der kapitalersetzenden Gesellschafterdarlehen durchaus bekannt und auch anerkannt ist, vgl. statt vieler nur *Albach*, ZStaatsW 1962, S. 653 ff.; *Drukarczyk*, Finanzierung, 9. Kapitel, Abschnitt 3.5, S. 414 ff.; *Perridon/Steiner*, Finanzwirtschaft, D II 3 d, S. 411; *Swoboda*, FS Wittmann (1985), S. 343, 359 f. sowie auch *Beine*, Eigenkapitalersetzende Gesellschafterleistungen, S. 1 passim, der gleichfalls auf die Nützlichkeit einer interdisziplinären Sichtweise hinweist (siehe S. 102).

12 Kritisch zu diesen formellen Kapitalbegriffen *Swoboda*, FS Wittmann (1985), S. 343, 347 ff.; *Wiedemann*, FS Beusch (1993), S. 893, S. 896; *K. Schmidt*, FS Goerdeler (1987), S. 478, 489 f.; *Fleischer*, Finanzplankredite, S. 106; *Todtenhöfer*, Kapitalaufbringung und Kapitalerhaltung, S. 21.

13 Siehe zu diesem Ansatz *Perridon/Steiner*, Finanzwirtschaft, B I 1, S. 341; *Sandig* in: HWF (1976), Sp. 646; ähnlich *Wöhe/Bilstein*, Unternehmensfinanzierung, 1. Abschnitt II 2, S. 14; siehe auch *Knobbe-Keuk*, Bilanz- und Unternehmenssteuerrecht, § 4 I, S. 62.

hängig ist, Fremdkapital demgegenüber, wenn ein Anspruch auf gewinnunabhängige Vergütung (z. B. Zinsen) besteht.[14]

Um auch Mischformen von Kapitalmitteln[15] dem Eigen- bzw. Fremdkapital eindeutig zuordnen zu können, wird vorgeschlagen, die Abgrenzung von Eigen- und Fremdkapital nach dem Risikograd des zugeführten Kapitalmittels vorzunehmen. Ist das zugeführte Kapitalmittel nach den Vereinbarungen bezüglich Höhe, Zeitpunkt, Ergebnisabhängigkeit der Ansprüche, Höhe und Rang des Anspruchs im Liquidationszeitpunkt mit einem hohen Ausfallrisiko belastet, so soll es Eigen kapital, anderenfalls Fremdkapital darstellen.[16]

In der neueren Rechtsprechung sowie der rechtswissenschaftlichen und betriebswissenschaftlichen Literatur wird schließlich zur Abgrenzung von Eigen- und Fremdkapital dem sog. "materiellen Kapitalbegriff" der Vorzug gegeben.[17] Nach diesem ist für die Abgrenzung von Eigen- und Fremdkapital anstelle der zivilrechtlichen Einkleidung auf die dem jeweiligen Kapitalmittel für die Unternehmensfinanzierung und Unternehmenspolitik zukommende Funktion abzustellen, d. h., Mittel, die im Unternehmen Eigenkapitalfunktionen[18] wahrnehmen, sollen auch wie Eigenkapital behandelt werden.[19] Dies hat zur Konsequenz, daß über das sog. *"Kerneigenkapital"* - also das *idealtypische Eigenkapital* - und das Fremdkapital hinaus, noch die Kategorie des sog. "Quasi-

---

14 Vgl. *Schneider*, Investition, Finanzierung und Besteuerung, S. 50; ähnlich *Engels* in: HWR (1981), Sp. 419, 425.

15 Zu diesen zählen insbesondere die "klassischen" Kapitalersatzleistungen (Krisendarlehen der Gesellschafter, kapitalersetzende Nutzungsüberlassung, etc.).

16 Vgl. *Swoboda*, FS Wittmann (1985), S. 343 ff., 356 f.; *Spremann*, Wirtschaft, Investition und Finanzierung, 3. Kapitel, 3.3, S. 108 ff., 114. Kritisch zu diesem Ansatz äußern sich *Schneider*, DB 1986, 185, 188; *Siegel* in: HWR (1993), Sp. 483; *Drukarczyk*, Finanzierung, 7. Kapitel, Abschnitt 1, S. 254 f.; *Gehde*, Eigenkapitalersetzende Gesellschafterleistungen, S. 76 ff. Zustimmend demgegenüber *Fleischer*, Finanzplankredite, S. 107 f. (m.w.N.); *Odenwald*, bilanz und buchhaltung 1990, 229, 231 f.

17 Vgl. dazu BGHZ 104, 33, 39 ff.; *K. Schmidt*, Gesellschaftsrecht, § 18 III 4 b, S. 531 ff.; *ders.*, FS Goerdeler (1987), S. 487, 489 ff.; *Lutter/Hommelhoff*, ZGR 1979, 31, 42; *Küting/Kessler*, BB 1994, 2103, 2104; *Priester*, DB 1991, 1917, 1918; *Wiedemann*, FS Beusch (1993), S. 893, 896; *Todtenhöfer*, Kapitalaufbringung und Kapitalerhaltung, S. 21 ff.; *Gehde*, Eigenkapitalersetzende Gesellschafterleistungen, S. 80 ff.

18 Zu den Funktionen des Eigenkapitals sogleich unten 2. Kap. § 2 B.

19 Vgl. BGHZ 104, 33, 39; *K. Schmidt*, Gesellschaftsrecht, § 18 III 4 b, S. 532; *ders.* FS Goerdeler (1987), S. 487, 490; *Lutter/Hommelhoff*, ZGR 1979, 31, 42; *Priester*, DB 1991, 1917, 1918 f.; *Gehde*, Eigenkapitalersetzende Gesellschafterleistungen, S. 81; *Küting/Kessler*, BB 1994, 2103, 2104.

Eigenkapitals" oder "funktionellen Haftkapitals" existiert, der die Kapitalmittel unterfallen, die formal Fremdkapital darstellen, aber im Unternehmen Funktionen des Kerneigenkapitals übernehmen, also typischerweise die eigenkapitalersetzenden Gesellschafterleistungen.[20] Es geht demnach letztlich darum, gegenüber den Gesellschaftsgläubigern das richtige Verhältnis zwischen der rechtlichen Formenwahl und der Funktion der einer Gesellschaft zur Verfügung gestellten Mittel herzustellen[21], nicht aber darum, die zum Quasi-Eigenkapital zählenden Mittel in jeder Beziehung (also insbesondere bilanz- und steuerrechtlich) auch dem formellen Eigenkapital gleichzusetzen.[22]

II. Ergebnis

Dieser Überblick über die verschiedenen Abgrenzungskriterien verdeutlicht die Schwierigkeit einer eindeutigen Abgrenzung von Eigen- und Fremdkapital und damit einer Begriffsbildung, zumal sich bislang kein Konsens hinsichtlich der Abgrenzungskriterien herausgebildet hat.

Indessen kann aber vorliegend dahinstehen, welchem der vorgenannten Abgrenzungsansätze der Vorzug zu geben ist. Für die Frage, ob die Gesellschafterfremdkapitalfinanzierung in der Krise eine Risikosteigerung auf seiten der Gesellschaftsgläubiger zur Folge hat, führt dies nämlich letztlich nicht weiter.

Zur begrifflichen Klärung von Eigen- und Fremdkapital als Vorstufe der Untersuchung der Auswirkungen der unterschiedlichen Kapitalmittel auf die Beteiligten genügt es vielmehr, die - insoweit unstreitigen - Merkmale des idealtypischen Eigenkapitals herauszustellen. Denn wenn die verschiedenen

---

20 Vgl. *K. Schmidt*, Gesellschaftsrecht, § 18 III 4 b, S. 531 f., *Wiedemann*, FS Beusch (1993), S. 893, 898 ff.; *Fleischer*, Finanzplankredite, S. 83 f.; *Drukarczyk*, Finanzierung, 7. Kapitel, Abschnitt 1, S. 256. Zum Quasi-Eigenkapital siehe auch *Herrmann*, Quasi-Eigenkapital, S. 1 ff., 23 ff.

21 BGHZ 104, 33, 39; *K. Schmidt*, Gesellschaftsrecht, § 18 III 4 b, S. 532; *ders.*, FS Goerdeler (1987), S. 487, 489 f.; *Wiedemann*, FS Beusch (1993),. S. 893, 896; *Küting/Kessler*, BB 1994, 2103, 2104; *Lutter/Hommelhoff*, ZGR 1979, 31, 42; *Todtenhöfer*, Kapitalaufbringung und Kapitalerhaltung, S. 21; *Gehde*, Eigenkapitalersetzende Gesellschafterleistungen, S. 80 f.

22 *K. Schmidt*, Gesellschaftsrecht, § 18 III 4 b, S. 532, 535 f.; *ders.*, FS Goerdeler (1987), S. 478, 491; deutlich *Knobbe-Keuk*, Bilanz- und Unternehmenssteuerrecht, § 16 III 2, S. 586; *Priester*, DB 1991, 1917, 1924; vgl. auch *Gehde*, Eigenkapitalersetzende Gesellschafterleistungen, S. 82 f. Dies zeigt gleichfalls, daß durch das Eigenkapitalersatzrecht die Gesellschafterfremdmittel nicht zu Eigenkapital *umqualifiziert* werden, sondern nur einer eigenkapitalähnlichen Sonderbehandlung unterzogen werden (siehe schon oben, 1. Kap. § 3 A).

Funktionen des Eigenkapitals und die Auswirkungen der unterschiedlichen Kapitalmittel bei der Unternehmensfinanzierung erörtert werden, ist mit Eigenkapital stets das Kerneigenkapital gemeint.[23] In rechtlicher Hinsicht ist dieses Kerneigenkapital wie folgt gekennzeichnet:

- Eigenkapital rührt grundsätzlich von den Mitgliedern her;
- Eigenkapital ist gebundenes Kapital und damit einer freien Kreditkündigung entzogen;
- Eigenkapital ist haftendes Kapital, womit eine Geltendmachung im Insolvenzverfahren ausgeschlossen ist.[24]

Erfüllt ein der Gesellschaft zugeführtes Kapitalmittel kumulativ diese Kriterien, so handelt es sich notwendig um Eigenkapital.[25]

Das bedeutet für die weiteren Erörterungen hinsichtlich der Funktionen und Auswirkungen der verschiedenen Kapitalmittel bei der Unternehmensfinanzierung, daß bei den Kapitalgesellschaften das gezeichnete Grund- bzw. Stammkapital, die bilanziell ausgewiesenen Rücklagen und Gewinnvorträge sowie der Jahresüberschuß idealtypisches Eigenkapital darstellen.[26] Demgegenüber sind Darlehen oder zur Nutzung überlassene Gegenstände als Fremdmittel anzusehen, und zwar unabhängig davon, ob sie von Gesellschaftern oder Dritten zu-

---

23 Vgl. *Drukarczyk*, Finanzierung, 7. Kapitel, Abschnitt 1, S. 256; siehe auch *Wiedemann*, FS Beusch (1993), S. 893, 898; *Schneider*, DB 1987, 185, 186.

24 Siehe Scholz/*K. Schmidt*, GmbHG, §§ 32 a, 32 b Rn. 2; *ders.*, Gesellschaftsrecht, § 18 II 2 a, S. 514 f.; *ders.*, FS Goerdeler (1987), S. 487, 491. Ähnlich, aber nicht völlig übereinstimmend *Wiedemann*, FS Beusch (1993), S. 893, 896 f., nach dessen Auffassung Eigenkapital durch dauerhafte Vermögensüberlassung, Verlustbeteiligung und Gewinnabhängigkeit gekennzeichnet ist. Die Abweichungen bezüglich der Kapitalherkunft relativieren sich jedoch dadurch, daß *K. Schmidt* in bestimmten Fallgruppen (z. B. stille Einlagen und Genußrechte) Ausnahmen vom Erfordernis der Mittelherkunft von seiten der Mitglieder anerkennt (siehe *K. Schmidt*, Gesellschaftsrecht, § 18 II 2 b, S. 514, § 18 II 2 b dd, S. 518). In der Grundtendenz hinsichtlich der Eigenkapitalmerkmale weiterhin ähnlich *Drukarczyk*, Finanzierung, 7. Kapitel, Abschnitt 1, S. 255 f.; *Fleischer*, Finanzplankredite, S. 102; *Todtenhöfer*, Kapitalaufbringung und Kapitalerhaltung, S. 34; *Vormbaum*, Finanzierung, Erster Abschnitt A V, S. 37 f.; *Bestmann* in: Kompendium der Betriebswirtschaftslehre, Fünfter Teil 1. Kapitel, S. 406 f.; *Küting/Kessler*, BB 1994, 2103, 2105; *Habersack*, ZHR 155 (1991), 378, 382 f.

25 *K. Schmidt*, Gesellschaftsrecht, § 18 II 2 a, S. 514 f.; ebenso *Wiedemann*, FS Beusch (1993), S. 893, 898.

26 Siehe § 266 Abs. 3 A HGB; *K. Schmidt*, Gesellschaftsrecht, § 18 II 2 a, S. 515.

geführt wurden. Denn zum einen sind die auf schuldrechtlicher Grundlage überlassenen Kapitalmittel einer freien Kündigung im Grundsatz nicht entzogen. Zum anderen begründet der Rückforderungsanspruch in der Insolvenz der Gesellschaft eine Insolvenzforderung (siehe §§ 38, 39 InsO) bzw. begründen eventuell dafür bestellte Sicherheiten ein Absonderungsrecht nach §§ 49 ff. InsO, und überlassene Sachen können nach §§ 47 f. InsO ausgesondert werden.[27]

B. Funktionen des Eigen- und Fremdkapitals

Nach dieser - zugestanden groben - Klärung des Eigenkapital- bzw. Fremdkapitalbegriffs sollen nun in einem zweiten Schritt die Funktionen, die das Eigenkapital bzw. Fremdkapital im Unternehmen wahrnimmt, dargestellt werden. In der juristischen und betriebswirtschaftlichen Literatur sind im wesentlichen folgende rechtliche und wirtschaftliche Funktionen des Eigen- bzw. Fremdkapitals bei der Unternehmensfinanzierung herausgearbeitet worden:

I. Haftungsfunktion

Primäre Funktion des Eigenkapitals ist die sog. "Haftungsfunktion", d. h., erleidet ein Unternehmen Verluste, so mindern diese zuerst das Eigenkapital. Ansprüche der Unternehmensgläubiger werden demgegenüber erst dann beeinträchtigt, wenn die Eigenkapitalmittel vollständig aufgezehrt sind.[28] Diese Haftungsfunktion des Eigenkapitals ergibt sich zum einen daraus, daß das Eigenkapital dem Unternehmen dauerhaft überlassen werden muß, so daß die Kapitalgeber die Eigenkapitalmittel dem Unternehmen nicht willkürlich entziehen können.[29] Dabei bedeutet dauerhaft nicht zwingend Belassung der Kapital-

---

27 Vgl. BGH NJW 1994, 724; *K. Schmidt*, FS Goerdeler (1987), S. 487, 491; *Grunewald*, Gesellschaftsrecht, 2. Teil E, Rn. 131, S. 365; 2. Teil C Rn. 173 ff., S. 294 ff.; *Wöhe/Bilstein*, Unternehmensfinanzierung, 1. Abschnitt II 2, S. 14.

28 *K. Schmidt*, Gesellschaftsrecht, § 18 II 2 b, S. 516; *Vormbaum*, Finanzierung, Erster Abschnitt A IV, S. 36; *Fleischer*, Finanzplankredite, S. 103; *Todtenhöfer*, Kapitalaufbringung und Kapitalerhaltung, S. 22; *Müller*, Ersatzkapitalregeln, S. 18; *Küting/Kessler*, BB 1994, 2103, 2105; *Lutter*, Kapital, S. 50; *Schacht*, Gesellschafterdarlehen, S. 28; *Weitbrecht*, Haftung bei materieller Unterkapitalisierung, S. 13; ebenso, aber auf das Stammkapital abstellend, Hachenburg/*Ulmer*, GmbHG, § 5 Rn. 6.

29 Vgl. *K. Schmidt*, Gesellschaftsrecht, § 18 II 2 a, S. 514; *Wiedemann*, Gesellschaftsrecht, § 10 IV 1 a, S. 555; *ders.*, FS Beusch (1993), S. 893, 896 f.; *Vormbaum*, Finanzierung, Erster Abschnitt A IV, S. 37 f.; *Küting/Kessler*, BB 1994, 2103, 2105; *Todtenhöfer*, Kapitalaufbringung und Kapitalerhaltung, S. 30 f.; *Reuter*, FS Fischer (1979), S. 605, 609.

mittel bis zur Liquidation des Unternehmens. Vielmehr ist das Eigenkapital zum Teil völlig gegen eine Rückgewähr gesperrt (siehe z. B. §§ 5 Abs. 1, 30 Abs. 1, 58 Abs. 2 GmbHG), zum Teil nur gegen eine willkürliche Rückzahlung durch gesetzliche Regeln geschützt (vgl. §§ 30 Abs. 1, 58 Abs. 1 GmbHG).[30] Zum anderen folgt die Haftungsfunktion daraus, daß das Eigenkapital im Insolvenzverfahren nachrangig ist, daß also ein Rückzahlungsanspruch des Eigenkapitalgebers in der Insolvenz nur dann besteht, wenn sämtliche Ansprüche von Gesellschaftsgläubigern vollständig befriedigt bzw. hinreichend gesichert sind.[31]

II. Insolvenzschutzfunktion

Eine zweite Aufgabe des Eigenkapitals im Unternehmen ist seine Insolvenzschutz-, oder wie zum Teil gesagt wird, seine "Pufferfunktion".[32] Das Eigenkapital als primäre Haftungsmasse des Unternehmens[33] ist von entscheidender Bedeutung für die Bestandssicherung des Unternehmens.[34] Da jedes Unternehmen naturgemäß im Geschäftsverkehr Kapitalmittel benötigt, ist eine niedrige *Eigenkapitalquote*[35] regelmäßig gleichbedeutend mit einem durch eine umfangreiche Fremdkapitalquote bedingten hohen Verschuldungsgrad. Dieser führt seinerseits zu hohen Zins- und Tilgungszahlungen, die unabhängig von der konkreten Finanzierungssituation festgeschrieben sind. Realisieren sich nun Risiken (z. B. werden plötzlich Zahlungen eingefordert, steigen die Zinsen etc.),

---

30 Siehe *Küting/Kessler*, BB 1994, 2103, 2105; *Reuter*, FS Fischer (1979), S. 605, 609; ähnlich *Todtenhöfer*, Kapitalaufbringung und Kapitalerhaltung, S. 30 f.

31 Siehe *Küting/Kessler*, BB 1994, 2103, 2105; *K. Schmidt*, Gesellschaftsrecht, § 18 II 2 b, S. 516; *Todtenhöfer*, Kapitalaufbringung und Kapitalerhaltung, S. 22; *Reuter*, FS Fischer (1979), S. 605, 609.

32 Vgl. *K. Schmidt*, Gesellschaftsrecht, § 18 II 2 b, S. 516; *ders.*, JZ 1984, 771, 773; *Müller*, Ersatzkapitalregeln, S. 18; *Kreis*, Finanzierungsverantwortung, S. 9 f.; *Weitbrecht*, Haftung bei materieller Unterkapitalisierung, S. 13; *Todtenhöfer*, Kapitalaufbringung und Kapitalerhaltung, S. 23; *Lutter*, FS Riesenfeld (1983), S. 165, 168 f.; *Gruhler*, AG 1984, 100, 104; *Habersack*, ZHR 155 (1991), 378, 382.

33 Vgl. zuvor 2. Kap. § 2 B I.

34 *K. Schmidt*, Gesellschaftsrecht, § 18 II 2 b, S. 516; *Müller*, Ersatzkapitalregeln, S. 19; *Bestmann* in: Kompendium der Betriebswirtschaftslehre, Fünfter Teil 1. Kapitel C III, S. 409; *Habersack*, ZHR 155 (1991), 378, 382.

35 Hier verstanden im Sinne des Verhältnisses der Eigenkapitalmittel eines Unternehmens zur Bilanzsumme, also in Gestalt der sog. *"vertikalen"* Eigenkapitalquote, vgl. *Hansen*, GmbHR 1996, 327; *Bestmann* in: Kompendium der Betriebswirtschaftslehre, Fünfter Teil 4. Kapitel, D, S. 483; *Vormbaum*, Finanzierung, Dritter Abschnitt A IV 1, S. 257.

kann das sofort zur Zahlungsunfähigkeit oder Überschuldung des Unternehmens führen, mit der Folge des Entstehens der Insolvenzantragspflicht (vgl. § 64 Abs. 1 GmbHG, §§ 15 ff. InsO). Mit einer niedrigen Eigenkapitalquote ist das Unternehmen folglich weniger widerstandsfähig gegenüber Geschäftsrisiken, so daß seine Stabilität gefährdet wird.[36] Das Eigenkapital ist also das Risikopolster, dessen Aufzehrung durch Verluste in der Unternehmenskrise der Insolvenz vorausgeht. Ist das Eigenkapital so bemessen, daß es durch Verluste nur gemindert, nicht jedoch sogleich auf "null" gedrückt wird, hat die Unternehmensleitung Zeit, auf die Krisensituation zu reagieren und ggf. die Konkursgefahr anzuwenden.[37]

III. Kreditfunktion

Weiterhin kommt dem Eigenkapital im Rahmen der Unternehmensfinanzierung vor allem bei den Kapitalgesellschaften eine Vertrauens- und Kreditfunktion zu.

Zunächst wird das Eigenkapital im Geschäftsverkehr als Grundlage für die Sicherheit einer Geschäftsbeziehung angesehen. Die jeweilige Eigenkapitalausstattung der Gesellschaft ist daher mitentscheidend für das in die Gesellschaft gesetzte Vertrauen und damit auch für die Aufnahme neuer Geschäftsbeziehungen.[38]

Vor allem aber ist das Eigenkapital für das Kreditpotential der Gesellschaft von wesentlicher Bedeutung. Im Gegensatz zu natürlichen Personen haben juristische Personen keine natürliche Kreditwürdigkeit.[39] Vielmehr bildet nach der gesetzlichen Konzeption, in Ermangelung einer natürlichen Person als Haftungssubjekt,[40] das Eigenkapital - insbesondere das gesellschaftsvertraglich festgelegte Stammkapital - aufgrund seiner Haftungsfunktion[41] die Kreditgrund-

---

36 *Vormbaum*, Finanzierung, Erster Abschnitt B I, S. 45, Dritter Abschnitt A IV 3, S. 265; ähnlich *Gruhler*, AG 1984, 100, 104; siehe auch *Albach*, Finanzierung mittelständischer Unternehmen, S. 6 f.; *ders./Hunsdiek/Kokalj*, Finanzierung mit Risikokapital, S. 49 ff., 56; *Wiedemann*, Gesellschaftsrecht, § 10 IV 1 a, S. 555.

37 Vgl. *Müller*, Ersatzkapitalregeln, S. 18; ebenso *Weitbrecht*, Haftung bei materieller Unterkapitalisierung, S. 13; *Lutter*, FS Riesenfeld (1983), S. 165, 168.

38 *Todtenhöfer*, Kapitalaufbringung und Kapitalerhaltung, S. 22; *Siebel*, Eigenkapital und Quasi-Eigenkapital, S. 22.

39 *Lutter*, Kapital, S. 40.

40 Vgl. oben 1. Kap. § 3 D.

41 Vgl. oben 2. Kap. § 2 B I.

lage der Gesellschaft.[42] Dementsprechend machen die potentiellen Gläubiger im Rahmen ihrer sog. *Kreditwürdigkeitsprüfung* die Vergabe von Krediten an Gesellschaften neben diversen finanzwirtschaftlichen Aspekten, wie z. B. gegenwärtige und zukünftige Ertrags- und Liquiditätslage, Konjunkturlage etc., entscheidend von der Eigenkapitalausstattung abhängig.[43] Ist nämlich das Eigenkapital hinreichend bemessen, so kann es ggf. schon für sich die Kreditwürdigkeit gewährleisten, weil die potentiellen Kreditgeber es als Sicherheit genügen lassen. Darüber hinaus gibt eine hohe Eigenkapitalquote der Gesellschaft in der Regel die Möglichkeit, vom Kreditgeber geforderte dingliche Sicherheiten aus ihrem Vermögen zu stellen, da dieses bei einer großzügig bemessenen Eigenkapitalquote schuldenfrei und von daher ein taugliches Objekt für die Bestellung von Sicherheiten ist.[44] Schließlich ist das Eigenkapital zur Einschätzung des sog. *Kapitalstrukturrisikos* im Rahmen der Kreditwürdigkeitsprüfung maßgeblich. Dieses Risiko betrifft das Verhältnis zwischen dem im Unternehmen eingesetzten Eigenkapital und Fremdkapital und damit die Frage, wie leicht eventuelle Verluste das Eigenkapital aufzehren und dann zur Beeinträchtigung der Befriedigungsaussichten der Gläubiger führen können.[45] Wird den Gesellschaftsgläubigern - oder allgemeiner dem Markt - nämlich die Gefahr eigener wirtschaftlicher Verluste, beispielsweise aufgrund einer riskanten Finanzierungs- und Investitionspolitik der Gesellschaft, zu hoch, so werden sie in der Regel selbständig von einer weiteren Unterstützung der Gesellschaft durch die Gewährung weiteren Fremdkapitals oder durch Zahlungsaufschübe absehen. Das hat zur Folge, daß die Gesellschaft von dritter Seite zu markt-

---

42 Vgl. *Wiedemann*, Gesellschaftsrecht, § 10 IV 1, S. 556; *K. Schmidt*, JZ 1984, 771, 773; *Wüst*, JZ 1985, 817, 820; *Lutter*, Kapital, S. 40 f.; *Müller*, Ersatzkapitalregeln, S. 18; *Todtenhöfer*, Kapitalaufbringung und Kapitalerhaltung, S. 23. Siehe speziell zur GmbH auch die Begründung des Gesetzentwurfes betreffend die GmbH, Sten. Ber. RT VIII/I (1890/92), Bd. 5, S. 3730 sowie das Gutachten des Deutschen Handelstages, Anl. A zur Begründung des Gesetzentwurfes betreffend die GmbH, Sten. Ber. RT VIII/I (1890/92), Bd. 5, S. 3764.

43 Zur Kreditwürdigkeitsprüfung siehe *Perridon/Steiner*, Finanzwirtschaft, D II 2, S. 374; *Wöhe/Bilstein*, Unternehmensfinanzierung, 2. Abschnitt II 5, S. 277 ff.

44 *Wiedemann*, Gesellschaftsrecht, § 10 IV 1, S. 556; *Wüst*, JZ 1985, 817, 820; *Müller*, Ersatzkapitalregeln, S. 19; *Perridon/Steiner*, Finanzwirtschaft, D II 2, S. 374; *Wöhe/Bilstein*, Unternehmensfinanzierung, 2. Abschnitt II 5, S. 278.

45 Vgl. dazu schon zuvor 2. Kap. § 2 B II sowie *Fabritius*, Überlassung von Anlagevermögen an die GmbH, S. 71. Speziell zum Kapitalstrukturrisiko *Vormbaum*, Finanzierung, 1. Abschnitt C II, S. 104 ff.; *Schneider*, Investition, Finanzierung und Besteuerung, Teil C III a 3, S. 588 ff. (mit kritischer Tendenz hinsichtlich der Meßbarkeit dieses Risikos).

üblichen Bedingungen kein Fremdkapital mehr erlangen kann, d. h. sie wird *kreditunwürdig.*[46] Daher bestimmt das Ausmaß der Eigenkapitalausstattung also das Volumen der möglichen Fremdkapitalaufnahme und damit auch die mögliche Expansion des Unternehmens.[47]

IV. Finanzierungsfunktion

Eine weitere wesentliche Funktion des Eigenkapitals ist die Finanzierungsfunktion. Das Eigenkapital muß nicht betragsmäßig erhalten werden, sondern kann im Rahmen des normalen Geschäftsbetriebs wie jedes Kapitalmittel zur Finanzierung von Investitionen, die im Rahmen der unternehmerischen Tätigkeit der Gesellschaft erforderlich sind, verwendet werden. Das Eigenkapital hat somit - wie auch das *Fremd*kapital - eine *Betriebsmittelfunktion.*[48] Zudem kommt speziell dem Eigenkapital aber weiterhin noch eine über die bloße Betriebsmittelfunktion hinausgehende *finanzierungstechnische Funktion* zu. Zum einen hat eine hohe Eigenkapitalquote, wie zuvor ausgeführt, zur Folge, daß die Gesellschaft kreditwürdig ist und damit die für Investitionen meistens neben dem Eigenkapital erforderlichen Fremdmittel auf dem Markt erlangen kann.[49] Zum anderen sind mit Investitionen zum Teil erhebliche Risiken verbunden. Bei einer ausreichenden Eigenkapitalausstattung ist die Gesellschaft in der Lage, diese Risiken im Fall ihrer Realisierung abzufangen, ohne sofort insolvenzgefährdet zu sein.[50] Umgekehrt unterbleiben Investitionen, wenn kein hinreichendes Eigenkapital im Unternehmen vorhanden ist, sei es, weil sich für die Investition - mangels ausreichender Sicherheit bietender Haftmasse - keine

---

46 Sog. "Kreditrationierungsthese", vgl. ausführlich *Schneider*, Investition, Finanzierung und Besteuerung, Teil C III b 2 cc, S. 628 ff., 630 sowie *Beine*, Eigenkapitalersetzende Gesellschafterleistungen, S. 86; *Spremann*, Wirtschaft, Investition und Finanzierung, 10. Kap., 10.2, S. 295 ff.; *Albach/Hunsdiek/Kokalj*, Finanzierung mit Risikokapital, S. 10 ff., 13 ff. Zum Ganzen auch *Roth*, ZGR 1993, 170, 178; *Fabritius*, Überlassung von Anlagevermögen an die GmbH, S. 71 f. sowie *Fastrich*, FS Zöllner (1998), S. 143, 149 f. Kritisch demgegenüber *Schummer*, Eigenkapitalersatzrecht, S. 253.

47 *Wüst*, JZ 1985, 817, 820; *Wiedemann*, Gesellschaftsrecht, § 10 IV 1, S. 556. Vgl. auch *Spremann*, Wirtschaft, Investition und Finanzierung, 10. Kapitel, 10.2, S. 295 ff.

48 *Vormbaum*, Finanzierung, Erster Abschnitt A IV, S. 35; *Wiedemann*, Gesellschaftsrecht, § 10 IV 1 a, S. 555; *Müller*, Ersatzkapitalregeln, S. 18; *Todtenhöfer*, Kapitalaufbringung und Kapitalerhaltung, S. 24; *Lutter*, Kapital, S. 51.

49 Siehe oben 2. Kap. § 2 B III.

50 Siehe oben 2. Kap. § 2 B I, II sowie *Vormbaum*, Finanzierung, Dritter Abschnitt A IV 3, S. 266; ähnlich *Oelrich/Stocker*, BB 1998, 37, 38.

Fremdkapitalgeber finden, oder weil die Unternehmensleitung selber aufgrund zu geringer "Pufferzone" die Risiken scheut.[51] Schließlich ist ein Unternehmen, sofern es über eine hohe Eigenkapitalquote verfügt, in der Lage, ohne einen eventuellen Widerspruch der externen Fremdkapitalgeber über die Vornahme von Investitionen zu entscheiden.[52] Insofern ist das Eigenkapital also letztlich ein unentbehrliches Betriebsmittel.

V. Garantiefunktion?

Schließlich wird dem Eigenkapital im Hinblick auf das gesetzlich vorgeschriebene Stammkapital (siehe §§ 5; 7 Abs. 2 GmbHG) auch z. T. noch eine Garantiefunktion zugesprochen.[53] Jedoch ist zu beachten, daß das gesamte Eigenkapital, so auch das Stammkapital, Betriebsvermögen der Gesellschaft darstellt und somit im Geschäftsverlauf der Gesellschaft durch Verluste gemindert oder gar aufgezehrt werden kann.[54] Aus diesem Grund ist die Garantiefunktion allenfalls sehr schwach zu werten.[55] Garantiert wird den Gesellschaftsgläubigern nämlich letztlich nur, daß jedenfalls bei Entstehung der Kapitalgesellschaft ein Startkapital in Höhe des Stammkapitals bzw. noch genauer in Höhe der Mindesteinzahlungsbeträge (siehe §§ 7 Abs. 2; 5 GmbHG) vorhanden ist.[56] Durch das gesetzlich vorgeschriebene Mindestkapital werden allenfalls leichtfertige Gründungen verhindert, indem den Gesellschaftern von Beginn an ein eigener finanzieller Beitrag abverlangt wird. Insofern erscheint es zutreffender, im Hinblick auf das Eigenkapital in Gestalt des Stammkapitals, lediglich von einer *Seriositätsgewährfunktion* zu sprechen.[57]

---

51 Siehe zuvor 2. Kap. § 2 B I - III. Wie hier *Vormbaum*, Finanzierung, Dritter Abschnitt A IV 3, S. 266; ebenso *Albach*, Finanzierung mittelständischer Unternehmen, S. 6 ff.; *Habersack*, ZHR 155 (1991), 378, 382. Ähnlich auch *K. Schmidt*, JZ 1984, 771, 773: "Mit der Eigenkapitalversorgung schwinden Selbstfinanzierungskraft und Investitionsfähigkeit........".

52 *Wiedemann*, Gesellschaftsrecht, § 10 IV 1, S. 555.

53 Siehe *Fabritius*, ZHR 144 (1980), 628, 631; *Lutter*, Kapital, S. 50; vgl. auch *Siebel*, Eigenkapital und Quasi - Eigenkapital, S. 19 f.; *Ballerstedt*, Kapital, S. 91.

54 Siehe zuvor 2. Kap. § 2 B IV sowie *Müller*, Ersatzkapitalregeln, S. 15; *Weitbrecht*, Haftung bei materieller Unterkapitalisierung, S. 13.

55 So auch *Weitbrecht*, Haftung bei materieller Unterkapitalisierung, S. 13; ablehnend bezüglich der Garantiefunktion daher *K. Schmidt*, Gesellschaftsrecht, § 18 II 4 a, S. 522.

56 *Müller*, Ersatzkapitalregeln, S. 15 f.; *Kreis*, Finanzierungsverantwortung, S. 6 f.

57 *K. Schmidt*, Gesellschaftsrecht, § 18 II 4 a, S. 522; *Wiedemann*, Gesellschaftsrecht, § 10 IV 3, S. 565; *Müller*, Ersatzkapitalregeln, S. 16 f.; *v. Caemmerer*, FS Pieter Sanders

VI. Herrschafts- und Gewinnbemessungsfunktion

Als letzte noch als wesentlich für das Eigenkapital angesehene Funktionen lassen sich die Herrschafts- und Gewinnbemessungsfunktion nennen.[58] Sowohl der Anteil am Gewinn als auch der Grad der Einflußmöglichkeit auf die Geschäftsführung des Unternehmens bemessen sich - jedenfalls im Grundsatz - nach dem Verhältnis der Geschäftsanteile, also der gehaltenen Anteile am gezeichneten Stammkapital, das seinerseits Teil des Eigenkapitals ist.[59]

VII. Ergebnis

Die Darstellung der verschiedenen Funktionen, die Eigen- bzw. Fremdkapital bei der Unternehmensfinanzierung erfüllen, hat gezeigt, daß dem Eigenkapital als Finanzierungsmittel eine ganze Reihe von wesentlichen Funktionen zukommt, wohingegen das Fremdkapital letztlich "nur" als Betriebsmittel fungiert. Das Eigenkapital ist somit für die Gesellschaftsfinanzierung von herausragender Bedeutung.

C. Auswirkungen der Eigen- bzw. Fremdkapitalzufuhr

Im Anschluß an diese Darstellung der verschiedenen Funktionen des Eigen- bzw. Fremdkapitals sollen nun die unterschiedlichen wirtschaftlichen und steuerrechtlichen Auswirkungen der Zufuhr von Eigen- bzw. Fremdkapital aufgezeigt werden.

I. Wirtschaftliche Auswirkungen

Wird eine Gesellschaft in ausreichendem Maß mit Eigenkapital ausgestattet, so hat dies als erstes zur Folge, daß die Stabilität der Gesellschaft ansteigt, bzw. umgekehrt ausgedrückt führt eine hohe Fremdkapitalquote bei geringer Eigenkapitalausstattung zu einer erhöhten Krisenanfälligkeit der Gesellschaft.[60] Diese Folge der Zufuhr von Eigen- bzw. Fremdkapital und die bereits oben angeführte Gefahr der unzureichenden Kapitalausstattung von Gesellschaften mbH auf-

---

(1972), S. 17, 18; Hachenburg/*Ulmer*, GmbHG § 5 Rn. 7; *Hommelhoff*, Gestaltungsfreiheit, S. 36, 41.

58 *Baetge*, Bilanzen, Ziff. 531.2, S. 399; *Todtenhöfer*, Kapitalaufbringung und Kapitalerhaltung, S. 23; *Feddersen/Knauth*, Eigenkapitalbildung, A II g, S. 8; *Bestmann* in: Kompendium der Betriebswirtschaftslehre, Fünfter Teil 1. Kapitel B, S.406.

59 Siehe §§ 47 Abs. 1, 2; 29 Abs. 3; 14 GmbHG. Vgl. auch *Baetge*, Bilanzen, Ziff. 531.2, S. 399; *Todtenhöfer* Kapitalaufbringung und Kapitalerhaltung, S. 23.

60 Vgl. oben 2. Kap. § 2 B I, II.

grund der Finanzierungsfreiheit der Gesellschafter sind nicht nur rein theoretischer Art, sondern lassen sich vielmehr empirisch belegen. So sind sowohl die Eigenkapitalausstattung deutscher Unternehmen als auch deren Auswirkungen auf die Unternehmensentwicklung - insbesondere auf die Unternehmensinsolvenzen - verschiedentlich empirisch untersucht worden.[61] Wie sich dabei zeigte, ist zum einen die Eigenkapitalquote der Unternehmen von ca. 25 % in den 70er Jahren nahezu kontinuierlich um knapp 30 % auf ca. 18 % im Jahr 1994 gesunken.[62] Gleichzeitig stieg die Gesamtzahl der Unternehmensinsolvenzen von 2.716 im Jahr 1970 auf 13.625 im Jahr 1985, um dann, nach einem kurzzeitigen Rückgang auf 8.445 im Jahr 1991, auf 27.804 im Jahr 1998 anzusteigen.[63] Weiterhin zeigte sich, daß dabei die Gesellschaften mbH stets die höchste Insolvenzhäufigkeit aufwiesen.[64] Dabei blieb die Zahl der letztlich eröffneten Konkursverfahren in den alten Bundesländern mit durchschnittlich 32,9 % in den Jahren 1994 bis 1998 konstant niedrig, d. h. zwei Drittel der Verfahren wurden mangels Masse erst gar nicht eröffnet. Im gleichen Zeitraum sank in den neuen Ländern der Anteil von 46,5 % auf 37,3 % ab.[65] Andere empirische Untersuchungen haben schließlich ergeben, daß die Hauptinsolvenzursachen im

---

61 Siehe nur *Vormbaum*, Finanzierung, Dritter Abschnitt, A IV 1, S. 259 ff. in Auswertung der Statistik der Deutschen Bundesbank; *Hansen*, GmbHR 1996, 327 ff., ebenfalls auf Grundlage von Statistiken der Deutschen Bundesbank; *Kornblum*, GmbHR 1997, 630 ff. mit Auswertung des Leonberger Handelsregisters sowie *Albach/Hunsdiek/Kokalj*, Finanzierung mit Risikokapital, S. 49 ff.

62 Siehe *Hansen*, GmbHR 1996, 327, 328; *Vormbaum*, Finanzierung, Dritter Abschnitt A IV 1 b, S. 260. Zu ähnlichen Ergebnissen kommt auch *Albach*, Finanzierung mittelständischer Unternehmen, S. 3 ff.

63 Insolvenzstatistik 1996, ZIP 1997, 1766, 1768; Insolvenzstatistik 1997, ZIP 1998, 1981, 1982; Insolvenzstatistik 1998, ZIP 1999, 2181, 2182; vgl. auch *Vormbaum*, Finanzierung, Dritter Abschnitt, A IV 3, S. 264; *Gawatz*, Bankenhaftung für Sanierungskredite, Rn. 29, 30.

64 Insolvenzstatistik 1993, ZIP 1994, 830, 831 f.: 9.208 von 15.148 Insolvenzen; Insolvenzstatistik 1994, ZIP 1995, 875, 876: 11.670 von 18.824; Insolvenzstatistik 1995, ZIP 1996, 1150, 1151: 13.899 von 22.316; Insolvenzstatistik 1996, ZIP 1997, 1766, 1767: 15.684 von 25.515; Insolvenzstatistik 1997, ZIP 1998, 1981, 1982: 16.724 von 27.441; Insolvenzstatistik 1998, ZIP 1999, 2181, 2182: 16.405 von 27.804 (jew. ohne Einbeziehung der GmbH & Co. KG).

65 Insolvenzstatistik 1994, ZIP 1995, 875, 877; 1995, ZIP 1996, 1150, 1152; 1996, ZIP 1997,1766, 1767; 1997, ZIP 1998, 1981, 1983; 1998, ZIP 1999, 2181, 2182. Ähnlich auch *Oelrich/Stocker*, BB 1998, 37, 38 mit dem weiteren Hinweis auf die immensen Forderungsausfälle von 12 Mrd. DM 1992, 18 Mrd. DM 1993 und 24 Mrd. DM 1994 durch die Insolvenzen sowie für 1998 *Hansen*, AG 1999, R 229 f.

Finanzierungsbereich liegen, wobei der Eigenkapitalmangel als dominierende Ursache hervortrat.[66] Die unzureichende Eigenkapitalausstattung wird daher zutreffend als einer der Hauptgründe für die hohe und ständig noch weiter ansteigende Zahl der Insolvenzen angeführt.[67]

Darüber hinaus steigt bei einer angemessenen Eigenkapitalquote aufgrund der dadurch in der Regel bedingten Kreditwürdigkeit die Investitionsfähigkeit der Gesellschaft und damit deren Innovations- und Wettbewerbsfähigkeit.[68]

Schließlich bietet eine hohe Eigenkapitalquote den Gesellschaftsgläubigern für den Fall, daß die Gesellschaft wirtschaftlich zusammenbricht, die Aussicht, zumindest einen Teil ihrer Forderungen im Insolvenzverfahren zu realisieren.

Eine angemessen hohe Eigenkapitalquote der Gesellschaft ist also sowohl aus Sicht der Gesellschafter, die ja ein prosperierendes Unternehmen anstreben, als auch aus Sicht der Gläubiger wichtig.

Daraus kann allerdings nicht gefolgert werden, daß das Fremdkapital bei der Gesellschaftsfinanzierung nur eine untergeordnete Rolle spielt. Vielmehr ist im heutigen Wirtschaftsleben eine ausschließliche oder weit überwiegende Eigenkapitalfinanzierung in Anbetracht des großen Kapitalbedarfs der meisten Gesellschaften praktisch unmöglich und aus Sicht der Gesellschafter auch unökonomisch.

Die Unternehmensinhaber haben bei der Zufuhr von Eigenkapital keinen Anspruch auf Zinsen. Festansprüche der Kapitalgeber auf eine Verzinsung des Kapitals würden nämlich eine latente Bedrohung der Haftmasse darstellen, da die Zinsen auch bei Verlusten gezahlt werden müßten. Das wäre aber mit der Haftungsfunktion des Eigenkapitals nicht zu vereinbaren.[69] Vielmehr werden die Gesellschafter nur an den Gewinnen des Unternehmens anteilig beteiligt. Aus diesem Grund ist ihr Streben berechtigterweise regelmäßig auf die Erzielung

---

66 Vgl. *Reske/Brandenburg/Mortsiefer*, Insolvenzursachen, S. 106, 172: „Finanzierungsmängel sind in 80,3 % der Insolvenzen mittelständischer Betriebe mit ursächlich, wobei 52, 3 % davon auf Eigenkapitalmangel zurückzuführen sind"; ebenso *Gawaz*, Bankenhaftung für Sanierungskredite, Rn. 27 f., m. w. N. Ähnlich *Schimmelpfeng*, Konkursursachen, S. 81; *Albach/Hunsdiek/Kokalj*, Finanzierung mit Risikokapital, S. 56. Siehe auch schon *Arbeitskreis GmbH-Reform* S. 13 f. (m. w. N. ebenda, S. 14, Fußnote 1).

67 Siehe dazu schon die Nachweise oben, 1. Kap. § 2 A, Fn. 32.

68 Vgl. oben 2. Kap. § 2 B II - IV, (Insolvenzschutz, Kredit- und Finanzierungsfunktion).

69 Vgl. *Wiedemann*, FS Beusch (1993), S. 893, 898; *Küting/Kessler*, BB 1994, 2103, 2105.

einer möglichst hohen Eigenkapitalrendite gerichtet.[70] Die Optimierung der Eigenkapitalrendite ist jedoch nur mittels der Zufuhr von Fremdkapital möglich. Das läßt sich betriebswirtschaftlich damit erklären, daß die Aufwandsdeckungsbedingung im Hinblick auf die Finanzierung verlangt, daß die Aufwendungen, die dem Betrieb mit der Übernahme von Kapital entstehen, zumindest aus den Erträgen gedeckt sein müssen, die der Betrieb mit der Verwendung des Kapitals erzielt. Der Sachzins, den das im Betrieb investierte Kapital erzielt, muß also zumindest dem Marktzins, der an den Kapitalgeber zu entrichten ist, gleich sein. Wenn der Marktzins niedriger ist als der im Betrieb erwirtschaftete Sachzins, verlangt die Maximierung der Eigenkapitalrentabilität, daß der Betrieb so lange zusätzliches Fremdkapital in den Betriebsprozeß einspannt, bis der Marktzins dem Sachzins entspricht, genauer, bis der Grenzsachzins, d. h. die durch den Einsatz von zusätzlichem Kapital bewirkte Ertragssteigerung, dem Grenzmarktzins, d. h. dem für die letzte aufgenommene Fremdkapitaleinheit zu entrichtenden Marktzins entspricht. Bevor dieses Gleichgewicht erreicht ist, führt jede zusätzliche Aufnahme von Fremdkapital zu höheren auf das Eigenkapital entfallenden Gewinnen und damit zu einer höheren Rentabilität des Eigenkapitals. Dieser Effekt, durch den die Rentabilität des Eigenkapitals über die Rentabilität des Gesamtkapitals steigen kann, wird als *Leverage-Effekt* (Hebelwirkungseffekt) bezeichnet.[71]

Dies deutet nun auf ein grundsätzliches Interesse der Unternehmensinhaber an einem möglichst hohen Anteil vom Fremdkapital am Gesamtkapital hin, um so die Hebelwirkung soweit wie möglich auszunutzen.

Allerdings ist die Fremdkapitalzufuhr nicht unbegrenzt möglich. Aus Sicht der Gesellschaftsgläubiger führt ein hoher Fremdkapitalanteil bei der Gesellschaftsfinanzierung nämlich zum Ansteigen des *Kapitalstrukturrisikos*[72] und damit zu einem Ansteigen der Gefahr des weitgehenden Forderungsausfalls in der Insol-

---

70 Vgl. *Vormbaum*, Finanzierung, Erster Abschnitt A V, S. 37; *Wüst*, Gläubigerschutz bei der GmbH, S. 8; *Bestmann* in: Kompendium der Betriebswirtschaftslehre, Fünfter Teil 1. Kapitel C, S. 407 ff., 408; *Drukarczyk*, Theorie der Finanzierung, Kapitel 3, S. 67 ff.

71 *Vormbaum*, Finanzierung, Erster Abschnitt C II 2, S. 95. Vgl. weiterhin zum Leverage-Effekt *Drukarczyk*, Finanzierung, 4. Kapitel, Abschnitt 2.4, S. 156 f.; *Perridon/Steiner*, Finanzwirtschaft, D IV 2 a, S. 478 ff.; *Schneider*, Investition, Finanzierung und Besteuerung, Teil C II d, S. 546 ff.; *Wöhe/Bilstein*, Unternehmensfinanzierung, 4. Abschnitt II 1, S. 333 ff.; *Bestmann* in: Kompendium der Betriebswirtschaftslehre, Fünfter Teil, 4. Kapitel D I, S. 484 f.; *Spremann*, Wirtschaft, Investition und Finanzierung, 10. Kapitel, 10.3, 299 ff.

72 Dazu schon zuvor 2. Kap. § 2 B III.

venz. Ab einem bestimmten Punkt werden daher potentielle Kreditgeber wegen der gesteigerten Risikolage einen Risikozuschlag zum Zins als Ausgleich verlangen. Infolgedessen nähert sich der Grenzmarktzins dem Sachzins an, und der Leverage-Effekt wird schwächer bzw. kehrt sich schließlich sogar um. Zudem zieht eine übermäßige Steigerung des Verschuldungsgrades aufgrund der damit verbundenen festen Zins- und Tilgungszahlungen auch eine Steigerung des Insolvenzrisikos nach sich.[73] Auch das führt letztlich dazu, daß sich ab einem bestimmen Verschuldungsgrad überhaupt keine Fremdkapitalgeber mehr finden und die Gesellschaft kreditunwürdig wird.[74] Dies hat dann wiederum zur Folge, daß der weitere Betrieb der Gesellschaft, aufgrund des Umstandes, daß im Geschäftsverkehr fast jede geschäftliche Transaktion eine Kreditkomponente enthält, faktisch so gut wie unmöglich wird.[75]

II. Steuerrechtliche Auswirkungen

Über die zuvor dargestellten wirtschaftlichen Auswirkungen hinaus hat die Zufuhr von Eigen- bzw. Fremdkapital auch in steuerlicher Hinsicht unterschiedliche Folgen. Diesbezüglich können folgende Tendenzaussagen gemacht werden:[76]

Zwar kann man nach der rechtlichen Suspendierung der Vermögenssteuer durch das Bundesverfassungsgericht zum 1.1.1997[77] und der Abschaffung der Gewerbekapitalsteuer zum 1.1.1998[78] nicht mehr von einer grundsätzlichen Diskriminierung des Eigenkapitals sprechen.[79]

---

73 Vgl. *Vormbaum*, Finanzierung, Erster Abschnitt B I, S. 45 f.

74 Vgl. *Vormbaum*, Finanzierung, Erster Abschnitt C II 2, S. 95; siehe auch *Wöhe/Bilstein*, Unternehmensfinanzierung, Zweiter Abschnitt II 5, S. 257 ff.; *Perridon/Steiner*, Finanzwirtschaft, D IV 2 a, S. 481 f.

75 So auch *Fabritius*, Überlassung von Anlagevermögen an die GmbH, S. 72.

76 Vgl. zum Ganzen *Eilers/Sieger*, Finanzierung der GmbH, Rn. 12 ff. mit verschiedenen Modellbeispielen.

77 BVerfG, Beschl. v. 22.6.1995 - II BvL 37/91, BStBl. II 1995, 655. Siehe dazu auch *Tipke/Lang*, Steuerrecht, § 4 Rn. 100 ff., § 16 Rn. 64.

78 Siehe Art. 4 des Gesetzes zur Fortsetzung der Unternehmenssteuerreform, BGBl. I 1997, 2590 und Gesetz zur Änderung des Grundgesetzes (Art. 28 und 106), BGBl. I 1997, 2470.

79 So z. B. noch *Vormbaum*, Finanzierung, Erster Abschnitt A VI, S. 39, Dritter Abschnitt A IV, S. 269 ff. Zu den früher nicht von der Hand zu weisenden Steuervorteilen der Fremdkapitalzufuhr aufgrund der Vermögens- bzw. Gewerbekapitalsteuer vgl. z. B. noch

Allerdings läßt sich mittels der Fremdfinanzierung als erstes nach wie vor in gewerbeertragsteuerlicher Hinsicht ein Steuerspareffekt erzielen. Da die Schuldzinsen das Einkommen der Kapitalgesellschaft mindern (siehe § 4 Abs. 1, 4 EStG), verringert sich im Verhältnis zur Eigenkapitalfinanzierung die Gewerbeertragsteuer, wobei aber zu berücksichtigen ist, daß sich dieser Steuervorteil bei Dauerschuldfinanzierungen auf die Hälfte reduziert (siehe § 8 Nr. 1 GewStG). Demgegenüber mindern Gewinnausschüttungen an den Anteilseigner das Einkommen der Gesellschaft nicht (§ 8 Abs. 3 KStG).[80] Weiterhin erfolgt speziell durch die Zufuhr von Fremdkapital seitens eines Gesellschafters im Vergleich zur Gewinnthesaurierung eine Einkunfts- und Vermögensverlagerung von der Gesellschaft auf den Gesellschafter ohne inländischen Kapitalertragsteuereinbehalt, was aus steuerlicher Sicht von Vorteil ist, wenn dessen Belastungsniveau unter dem der Gesellschaft liegt.

Generalisierend läßt sich also sagen, daß Gesellschafterdarlehen vorteilhaft sind, wenn bei der GmbH von einer Gewinnthesaurierung auszugehen ist und der Steuersatz des Gesellschafters deutlich unter 50 % liegt. Der Gewerbesteuerminderungseffekt bei der GmbH kommt insbesondere dann zum Tragen, wenn die persönliche Steuerbelastung des Gesellschafters unter dem körperschaftssteuerlichen Thesaurierungssatz von 45 % (zzgl. Solidaritätszuschlag) liegt. Verfolgt die GmbH eine Vollausschüttungspolitik, so ist die Gewährung von Gesellschafterdarlehen auch bei hohen Einkommenssteuersätzen aufgrund der Gewerbesteuerersparnis von Vorteil.[81]

Schließlich können sich aus der Fremdkapitalfinanzierung erbschaft- und schenkungsteuerliche Vorteile ergeben, da auch hier Schulden das Betriebsvermögen mindern bzw. zugeführtes Eigenkapital das Vermögen mehrt und somit in die für die Besteuerung maßgebliche Vermögensbewertung fällt (vgl. §§ 10; 12 Abs. 2, 5, 6; 13 a ErbStG).

Wiedemann, FS Beusch (1993), S. 893, 899 f.; *Glahs*, WiB 1994, 257, 258; *Thiel*, GmbHR 1992, 20; *Wrede*, Besteuerung der GmbH, K VI, Rn. 15.

80 Vgl. *Wiedemann*, FS Beusch (1993), S. 893, 900; *Thiel*, GmbHR 1992, 20; *Glahs*, WiB 1994, 257, 259; *Schiffers*, GmbHR 1998, 126, 130; *Gehde*, Eigenkapitalersetzende Gesellschafterleistungen, S. 72; *Vormbaum*, Finanzierung, Erster Abschnitt A V, S. 39. Zu den noch darüber hinaus gehenden Steuervorteilen der Gesellschafterfremdkapitalfinanzierung für den Fall, daß es sich bei dem Darlehensgeber um einen Steuerausländer oder eine steuerbefreite inländische Kapitalgesellschaft handelt vgl. § 8 a KStG sowie *Eilers/Sieger*, Finanzierung der GmbH, Rn. 17 ff.

81 Vgl. dazu eingehend *Herzig/Schiffers*, DStR 1997, 341, 344 f.; *Schiffers*, GmbHR 1998, 126, 131.

Es läßt sich zusammenfassend festhalten, daß zwar die Fremdkapitalfinanzierung bei der GmbH aus steuerlicher Sicht an Reiz verloren hat, aber regelmäßig gegenüber einer alternativen Eigenkapitalzuführung und anschließender Gewinnausschüttung immer noch vorteilhaft ist.[82]

III. Zusammenfassung

Die vorstehenden Ausführungen haben gezeigt, daß die Eigenkapitalquote der Gesellschaft für deren Stabilität sowie ihre Innovations- und Wettbewerbsfähigkeit von maßgeblicher Bedeutung ist. Jedoch ist eine ausschließliche oder weit überwiegende Eigenkapitalfinanzierung praktisch unmöglich und aus Sicht der Unternehmensinhaber insofern unökonomisch, als die Fremdkapitalzufuhr zur Erzielung bestimmter wirtschaftlicher und steuerrechtlicher Effekte unentbehrlich ist. Folglich trifft es zu, daß die Finanzierung der Gesellschaft mit Fremdkapital eine im Grundsatz sinnvolle Finanzierungsart ist. Allerdings hat eine übermäßige Fremdkapitalzufuhr - vor allem bei geringer Eigenkapitalausstattung - eine gesteigerte Insolvenzanfälligkeit zur Folge und gefährdet folglich abstrakt die Gesellschaftsgläubiger.

Es ist somit festzuhalten, daß den Gläubigern einer GmbH eine grundsätzliche Schutzbedürftigkeit im Hinblick auf eine unzureichende Eigenkapitalausstattung bzw. umgekehrt im Hinblick auf eine übermäßige Fremdkapitalfinanzierung der Gesellschaft nicht abgesprochen werden kann.

D. Motive für die Gesellschafterfremdkapitalfinanzierung

Angesichts dieser abstrakten Gefährdungslage für die Gesellschaftsgläubiger stellt sich allerdings die Frage, welche Motive die Gesellschafter überhaupt veranlassen, ihre Gesellschaft mit *Gesellschafter*fremdkapital anstelle von Eigen- oder Fremdkapital von gesellschaftsfremden Dritten zu finanzieren und insbesondere, welche Motive für eine Zufuhr von Gesellschafterfremdkapital anstelle von Eigenkapital in der Gesellschaftskrise sprechen.

---

[82] So auch *Schiffers*, GmbHR 1998, 126, 132; im Ergebnis ähnlich *Eilers/Sieger*, Finanzierung der GmbH, Rn. 23. Zur steuerrechtlichen Behandlung kapitalersetzender Gesellschafterdarlehen siehe *Wassermeyer*, Eigenkapitalersetzende Leistungen, S. 33, 35 ff.; *ders.*, ZGR 1992, 639, 642 ff.

I. Grundsätzliche Motive für die Gesellschafterfremdkapitalfinanzierung

1. Flexible Gesellschaftsfinanzierung

Wirtschaftliches und gesellschaftsrechtliches Hauptmotiv für die Gesellschafterfremdkapitalfinanzierung - wie auch grundsätzlich für die Fremdkapitalfinanzierung - ist die höhere Flexibilität der Fremdkapitalfinanzierung im Vergleich zur Eigenkapitalfinanzierung. Eine formelle Kapitalerhöhung nach Maßgabe der §§ 55 ff. GmbHG bzw. eine Kapitalherabsetzung nach Maßgabe der §§ 58 ff. GmbHG ist umständlich und relativ langwierig sowie mit Kosten (z. B. Notarkosten, § 53 Abs. 2 GmbHG) für die Gesellschaft verbunden.[83] Im Gegensatz dazu sind Fremdmittel, namentlich von seiten der Gesellschafter, schnell und unkompliziert zuzuführen bzw. abzuziehen, so daß die Gesellschaft flexibel auf Veränderungen des Kapitalbedarfs reagieren kann.[84] Vor allem für kleine und mittelständische Gesellschaften mit häufig wechselndem Kapitalbedarf ist die Möglichkeit der flexiblen Gesellschaftsfinanzierung mittels (Gesellschafter-) Fremdkapital von besonderem Vorteil.[85]

2. Wirtschaftliche Vorteile

Neben der höheren Flexibilität ist ein weiteres Motiv für die Gesellschafterfremdkapitalfinanzierung, daß sich auch durch diese der bereits an früherer Stelle angeführte Leverage-Effekt[86] erzielen läßt. Darüber hinaus sichert die Fremdkapitalzufuhr den jeweiligen Gesellschaftern unabhängig von der Ertragslage der Gesellschaft eine feste Verzinsung der eingebrachten Kapitalmittel, die die ungewisse Gewinnbeteiligung nicht bietet.[87] Zudem kann eine

---

83 Siehe zur Kapitalerhöhung bzw. -herabsetzung *K. Schmidt,* Gesellschaftsrecht, § 37 V, S. 1166 ff.

84 Baumbach/Hueck/*Hueck*, GmbHG, § 32 a Rn. 2; *Hommelhoff* in: v. Gerkan/Hommelhoff, Handbuch des Kapitalersatzrechts, Rn. 2.4, S. 18; *v. Caemmerer*, FS Pieter Sanders (1972), S. 17, 20; *Hommelhoff*, Risikokapital der GmbH, S. 15, 28; *Lutter*, FS Riesenfeld (1983), S. 165, 180/181; *Müller*, Ersatzkapitalregeln, S. 60; *Gehde*, Eigenkapitalersetzende Gesellschafterleistungen, S. 70; *Wiedemann*, Haftungsbeschränkung, S. 5, 26. Dieser Vorteil besteht auch gegenüber dem eigens für die GmbH geschaffenen Nachschußkapital, welches gleichfalls eine Reihe formaler Zwänge enthält (siehe § 26 ff. GmbHG).

85 *Gehde*, Eigenkapitalersetzende Gesellschafterleistungen, S. 70.

86 Siehe oben 2. Kap. § 2 C I.

87 *Müller*, Ersatzkapitalregeln, S. 60. Ähnlich *Wiedemann*, Haftungsbeschränkung, S. 5, 26.

Gesellschafterfremdkapitalzufuhr aus wirtschaftlichen Erwägungen selbst noch gegenüber der Fremdkapitalzufuhr von gesellschaftsfremden Dritten, namentlich Kreditinstituten, von Vorteil sein. Zum einen können die Gesellschafter im Interesse der Gesellschaft günstigere Darlehensbedingungen, insbesondere niedrigere Zinssätze, als Kreditinstitute anbieten. Zum anderen berechnen die Gesellschafter in der Regel weder Verwaltungsgebühren für die Fremdkapitalbestellung, noch fordern sie - wegen ihres Informationsvorsprungs - überhöhte Sicherheiten. Daher werden Gesellschafterfremdmittel für die Gesellschaft zumeist kostengünstiger sein als Fremdkapital von dritter Seite.[88]

3. Steuerrechtliche Vorteile

Ein weiterer Grund für die Finanzierung der Gesellschaft anhand von Gesellschafterfremdkapital liegt in den bereits ebenfalls schon zuvor ausführlich dargestellten Steuerspareffekten, die sich im Vergleich zur Eigenkapitalfinanzierung aus dieser Finanzierungsart ergeben können.[89]

4. Gleichbleibende Gewinnverteilungs- und Herrschaftsverhältnisse

Aus gesellschaftsrechtlicher Sicht spricht für eine Gesellschafterfremdkapitalzufuhr weiterhin, daß dadurch die Gewinnverteilungs- und Herrschaftsverhältnisse unverändert bleiben. Das ist vor allem dann von Relevanz, wenn die Gesellschaft Kapital benötigt, aber nicht alle Gesellschafter weiteres Eigenkapital zuführen können oder wollen. Würde in diesem Fall das benötigte Kapital im Wege einer formellen Kapitalerhöhung nur durch einen Teil der Gesellschafter und nicht proportional durch alle Gesellschafter aufgebracht, hätte das eine Veränderung der für die Gewinnverteilungs- und Herrschaftsverhältnisse maßgeblichen Geschäftsanteile[90] zur Folge. Im Gegensatz dazu bleiben die Geschäftsanteile gleich, wenn das benötigte Kapital nur von einigen Gesell-

---

88 Ebenso *Gehde*, Eigenkapitalersetzende Gesellschafterleistungen, S. 71. Ähnlich auch *Drukarczyk*, Finanzierung, 9. Kapitel, Abschnitt 3.5, S. 414 sowie *Müller*, Ersatzkapitalregeln, S. 60, der darauf hinweist, daß dies insbesondere innerhalb von Konzernverbindungen gilt, wo die Muttergesellschaft oder eine konzerninterne Bank eventuell aufgrund ihrer Marktstellung günstigere Kreditkonditionen als die Tochter erhält und daher ihrerseits den Kredit aufnimmt um ihn sodann zu den günstigen Konditionen an die Tochter weiterzureichen.

89 Vgl. dazu oben 2. Kap. § 2 C II. Wie hier ebenfalls *Gehde*, Eigenkapitalersetzende Gesellschafterleistungen, S. 71/72; *Müller*, Ersatzkapitalregeln, S. 60; *Hommelhoff* in: v. Gerkan/Hommelhoff, Handbuch des Kapitalersatzrechts, Rn. 2.4, S. 18.

90 Siehe dazu schon oben 2. Kap. § 2 B VI.

schaftern in Form von Fremdkapital aufgebracht wird und sich die übrigen nicht an der Kapitalzufuhr beteiligen.[91] Zudem wird so auch verhindert, daß sich die Beteiligungsverhältnisse dadurch ändern, daß im Rahmen einer formellen Kapitalerhöhung neue Gesellschafter aufgrund einer Beteiligungsfinanzierung in die Gesellschaft eintreten. Schließlich kann sich die Gewährung von Gesellschafterdarlehen unter dem Gesichtspunkt der Erhaltung der Herrschaftsverhältnisse speziell im Vergleich zur Darlehensgewährung von Dritten als vorteilhaft darstellen. Institutionelle Kreditgeber lassen sich in neuerer Zeit bei der Vergabe umfangreicher Kredite häufig breitflächige Einsichts- und Mitspracherechte im Hinblick auf die Geschäftsführung und die Gestaltung der Schuldnergesellschaft einräumen.[92] Diese Möglichkeit der externen Beeinträchtigung der Herrschaft über die Gesellschaft kann gleichfalls durch die Gesellschafterfremdkapitalfinanzierung ausgeschlossen werden.

5. Risikobeschränkung

Ein letztes Motiv für die Zufuhr von Gesellschafterfremdkapital anstelle von weiterem Eigenkapital ist, daß das Eigenkapital im Fall des wirtschaftlichen Zusammenbruchs der Gesellschaft in der Regel endgültig verloren wäre,[93] wohingegen sich der Gesellschafter im Fall der Fremdkapitalzufuhr am Insolvenzverfahren der eigenen Gesellschaft als Insolvenzgläubiger beteiligen kann. So haben die Gesellschafter die Chance, zumindest die Insolvenzquote für die eigenen Fremdkapitalforderungen zu erlangen oder - im Fall der schuldrechtlichen Überlassung von Wirtschaftsgütern -[94] sogar ein Aussonderungs- oder Absonderungsrecht geltend machen zu können. Durch die Zufuhr von Fremdkapital anstelle von Eigenkapital kann der Gesellschafter also bezüglich dieser Kapitalmittel sein finanzielles Risiko noch über das gesetzliche Haftungsprivileg hinaus auf das gewöhnlicher Drittgläubiger beschränken.[95]

---

91 *v. Caemmerer*, FS Pieter Sanders (1972), S. 17, 20; *Müller*, Ersatzkapitalregeln, S. 60; *Gehde*, Eigenkapitalersetzende Gesellschafterleistungen, S. 71.

92 Vgl. dazu *Wittig*, WM 1996, 1381 ff. Zu den Auswirkungen derartiger "financial covenants" auf das Kapitalersatzrecht vgl. *Fleischer*, ZIP 1998, 313 ff.

93 Siehe oben 2. Kap. § 2 B I.

94 Vgl. dazu noch unten 5. Kap. § 2.

95 *Wiedemann*, Haftungsbeschränkung, S. 5, 26; *Wüst*, Gläubigerschutz bei der GmbH, S. 15; *Lutter*, FS Riesenfeld (1983), S. 165, 181; *Gehde*, Eigenkapitalersetzende Gesellschafterleistungen, S. 72; ähnlich auch *Müller*, Ersatzkapitalregeln, S. 60; *Drukarczyk*, Finanzierung, 9. Kapitel, Abschnitt 3.5, S. 414.

II. Motive für die Gesellschafterfremdkapitalzufuhr in der Krise

Hinterfragt man nun die Motive, die in der Gesellschaftskrise für die Zufuhr oder Belassung von Gesellschafterfremdkapital anstelle neuen Eigenkapitals bzw. Fremdkapitals von dritter Seite sprechen, stellt man fest, daß bei objektiver Betrachtung von den zuvor genannten Motiven ernsthaft nur noch zwei in Betracht kommen:

Nicht mehr relevant sind in dieser Situation nämlich die Erzielung bestimmter wirtschaftlicher bzw. steuerrechtlicher Effekte sowie die Erhaltung der Gewinnverhältnisse.[96] Für die Gesellschafterfremdkapitalzufuhr auch in der Krise spricht allerdings das Motiv der flexiblen Gesellschaftsfinanzierung. Tritt die Gesellschaftskrise plötzlich ein bzw. handelt es sich nur um einen vorübergehenden Engpaß, so kann Fremdkapital von seiten der Gesellschafter zunächst helfen, diese kritische Situation zu überbrücken, z. B. indem eine Zahlungsunfähigkeit beseitigt wird. Dies ist auch von seiten der Rechtsprechung als zulässig angesehen worden mit der Folge, daß eine derartige kurzfristige Gesellschafterfremdkapitalfinanzierung in der Krise nicht die eigenkapitalähnliche Sonderbehandlung der Gesellschafterfremdmittel zur Folge hätte.[97] Betrachtet man allerdings die höchstrichterlichen Entscheidungen so zeigt sich, daß die Gesellschafterfremdmittel so gut wie nie nur zur Überwindung eines kurzfristigen Engpasses gewährt wurden, um sodann nachfolgend Eigenkapital im Wege einer formellen Kapitalerhöhung zum Zweck der dauerhaften Behebung der Krise zuzuführen. Vielmehr blieb es stets bei der Fremdkapitalzufuhr.[98] Dies läßt sich nur damit erklären, daß das eigentliche Motiv für die Zufuhr von Fremdkapital in dieser Situation die Verringerung des Haftungsrisikos auf das gewöhnlicher Drittgläubiger ist.

E. Zusammenfassung

Dem Eigenkapital, verstanden als idealtypischem Kerneigenkapital[99], kommen bei der Gesellschaftsfinanzierung mit der Haftungs-, Insolvenzschutz-, Kredit- und Finanzierungsfunktion verschiedene maßgebliche Funktionen zu, wohingegen das Fremdkapital "nur" eine Betriebsmittelfunktion hat.[100] Daher ist das

---

96 Vgl. dazu zuvor 2. Kap. § 2 D I 2 - 4.

97 Vgl. z. B. BGHZ 75, 334, 337 f.; 90, 381, 393/394.

98 Deutlich BGHZ 75, 334, 337 f.

99 Zu Begriff und Abgrenzung vom Fremdkapital siehe oben 2. Kap. § 2 A.

100 Siehe oben 2. Kap. § 2 B IV.

Eigenkapital für die Gesellschaftsfinanzierung von herausragender Bedeutung. Eine hohe Eigenkapitalquote hat insbesondere finanzielle Stabilität sowie eine gesteigerte Innovations- und Wettbewerbsfähigkeit zur Folge. Eine weit überwiegende Eigenkapitalausstattung ist jedoch in Anbetracht des regelmäßig sehr hohen Kapitalbedarfs von Gesellschaften im Wirtschaftsleben praktisch unmöglich und auch letztlich unökonomisch, da sich bestimmte finanzwirtschaftliche Synergieeffekte sowie bestimmte Steuerspareffekte nur durch eine angemessene Fremdkapitalzufuhr erzielen lassen. Daher ist die Finanzierung der Gesellschaft mit Fremdkapital eine im Grundsatz sinnvolle Art der Gesellschaftsfinanzierung. Zugleich birgt jedoch eine zu hohe Fremdkapitalquote die Gefahr des wirtschaftlichen Zusammenbruchs der Gesellschaft in sich.[101] Darüber hinaus hat es sich gezeigt, daß neben diesen wirtschaftlichen Synergieeffekten und steuerrechtlichen Aspekten auch noch eine ganze Reihe weiterer - im Grundsatz legitimer - Gründe speziell für eine Gesellschafterfremdkapitalfinanzierung sprechen. Allerdings verfolgen die Gesellschafter bei objektiver Betrachtung in der Krise mit der Gesellschafterfremdkapitalfinanzierung im wesentlichen nur noch den Zweck, ihr Risiko auf das gewöhnlicher Fremdgläubiger zu verringern.

Die Finanzierung der GmbH mit Fremdkapital, namentlich von seiten der Gesellschafter, ist daher - in Übereinstimmung mit der ganz herrschenden Meinung -[102] legitim und im Grundsatz als wirtschaftlich sinnvoll anzusehen. Allerdings führt eine übermäßige Fremdkapitalfinanzierung, gleich ob von seiten Dritter oder der Gesellschafter, zu einer abstrakten Gefährdung der Gesellschaftsgläubiger.[103]

§ 3 Risikoverlagerung auf die Gesellschaftsgläubiger

Auf der Grundlage dieser Ausführungen soll nunmehr das Kernproblem des 2. Kapitels in den Blick genommen und untersucht werden, ob mit der Fortführung der Gesellschaft in der Krise anhand der Zufuhr oder Belassung von Gesellschafterfremdkapital anstelle von Eigenkapital über die gewöhnlichen Gläubigerrisiken hinausgehende Gefahren für die Gläubiger verbunden sind.

---

101 Vgl. oben 2. Kap. § 2 C I.

102 Siehe dazu schon die Nachweise oben 2. Kap., S. 33, Fn. 1.

103 Siehe oben 2. Kap. § 2 C III.

A. Gesetzlich vorgegebene Risikostruktur

Zu diesem Zweck soll als erstes dargestellt werden, wie die Risiken nach der Grundkonzeption des GmbH-Gesetzes zwischen den Gesellschaftern und den Gesellschaftsgläubigern verteilt sein sollen.

I. Risiko der Gesellschafter

Betrachtet man zunächst die Seite der Gesellschafter, so trifft diese, aufgrund des ihnen gewährten Haftungsprivilegs - im Gegensatz z. B. zu den Komplementären einer OHG oder KG - keine Einstandspflicht für die Verbindlichkeiten der GmbH gegenüber Dritten. Die Gesellschafter tragen also nicht das Risiko einer unbeschränkten Außenhaftung.[104] Sie werden allerdings, als Ausgleich für die fehlende persönliche Haftung zur Gewährleistung eines Mindestmaßes an Gläubigerschutz, durch das Gesetz verpflichtet, ihre Gesellschaft mit einem obligatorischen Mindeststammkapital auszustatten und dieses Kapital der Gesellschaft zu belassen.[105]

Damit die Gesellschafter diesen Pflichten nachkommen, enthält das Gesetz zum einen eine Reihe von Vorschriften[106], die im *Grundsatz der realen Kapitalaufbringung* zusammengefaßt werden und gewährleisten sollen, daß die von den Gesellschaftern zu erbringenden Vermögenswerte effektiv geleistet werden und nicht hinter dem Nennbetrag der übernommenen Gesellschaftsanteile zurückbleiben.[107] Dieses "Eigen-"Kapital steht sodann der Gesellschaft als echtes Betriebskapital zur freien Verfügung und kann durch thesaurierte Gewinne vermehrt oder durch Verluste gemindert werden.[108] Könnte es allerdings beliebig an die Gesellschafter zurückgewährt werden, so wäre seine Haftungsfunktion[109] ohne praktische Bedeutung, und die Vorschriften zur Sicherung seiner Aufbringung wären letztlich überflüssig. Daher enthält das Gesetz

---

104 Siehe dazu schon oben 1. Kap. § 3 D.

105 Vgl. Begründung des Gesetzentwurfs betreffend die GmbH, Sten. Ber. RT VIII/I (1890/92), Bd. 5, S. 3724, 3729 f.

106 §§ 5; 7 Abs. 2, 3; 8 Abs. 1, 2; 9 ff.; 19 GmbHG.

107 Vgl. zu diesem Grundsatz ausführlich *K. Schmidt*, Gesellschaftsrecht, § 37 II, S. 1109 ff.; *Wiedemann*, Gesellschaftsrecht, § 10 IV 2 a, S. 558 ff.; *Grunewald*, Gesellschaftsrecht, 2. Teil E, Rn. 18 ff., 112 ff.; *Lutter*, Kapital, S. 42 ff., 54 (jeweils mit weiteren Nachweisen).

108 Siehe dazu schon oben 2. Kap. § 2 B IV.

109 Dazu oben 2. Kap. § 2 B I.

zum anderen einige weitere Vorschriften[110], die im *Grundsatz der nominellen Kapitalerhaltung* zusammengefaßt werden und sicherstellen, daß Zahlungen aus dem Gesellschaftsvermögen an die Gesellschafter unterbleiben, sofern diese dazu führen würden, daß das bilanzielle Reinvermögen der Gesellschaft unter die Stammkapitalziffer absinkt.[111] Die Gesellschafter tragen demnach das Risiko des vollständigen Verlusts des von ihnen eingesetzten Eigenkapitals für den Fall, daß die Gesellschaft endgültig wirtschaftlich zusammenbricht.[112]

Der Gesetzgeber ging allerdings in diesem Zusammenhang, wie sich auch an den im GmbH-Gesetz enthaltenen Regelungen über die Gesellschaftsfinanzierung erkennen läßt,[113] davon aus, daß die Gesellschafter ihrer GmbH nicht nur das obligatorische Mindeststammkapital zur Verfügung stellen würden, sondern daß sie das Eigenkapital stets den wirtschaftlichen Bedürfnissen anpassen und kurzfristigen Kapitalbedarf mit dem eigens geschaffenen Instrument des Nachschußkapitals decken würden.[114]

Der Gesetzgeber hatte also - aus heutiger Sicht etwas blauäugig - die Vorstellung, daß die Gesellschafter automatisch ein den Gesellschaftsrisiken adäquates Risiko übernehmen würden.

II. Risiko der Gesellschaftsgläubiger

Betrachtet man nun die Seite der Gesellschaftsgläubiger, so tragen diese das allgemeine Geschäftsrisiko, d. h. die Gefahr der teilweisen oder vollständigen Uneinbringlichkeit ihrer Forderungen gegen die GmbH im Fall von deren wirtschaftlichem Zusammenbruch.

Dieses Risiko ist naturgemäß relativ hoch, da den Gläubigern aufgrund des Haftungsprivilegs keine natürliche Person mit ihrem Vermögen zeitlebens als Haftungssubjekt zur Verfügung steht und die auf das Gesellschaftsvermögen

---

110 §§ 30 Abs. 1; 31; 33 Abs. 2; 34 Abs. 3 GmbHG.

111 Vgl. zu diesem Grundsatz *K. Schmidt,* Gesellschaftsrecht, § 37 III, S. 1129 ff.; *Wiedemann*, Gesellschaftsrecht, § 10 IV 2 b, S. 561 ff.; *Grunewald*, Gesellschaftsrecht, 2. Teil E, Rn. 115 ff.

112 Vgl. dazu auch schon oben 2. Kap. § 2 B I.

113 Siehe dazu noch näher unten 3. Kap. § 1 B III 2 a.

114 Vgl. Begründung des Gesetzentwurfs betreffend die GmbH, Sten. Ber. RT VIII/I (1890/92), Bd. 5, S. 3724, 3725 f., 3729; wie hier auch schon *Wüst*, Gläubigerschutz bei der GmbH, S. 10; ähnlich auch *Fastrich*, FS Zöllner (1998), S. 143, 148. Siehe dazu auch noch unten 3. Kap. § 1 B III 2 a.

beschränkte Haftmasse der GmbH aufgrund der Auswirkungen der Finanzierungsfreiheit[115] in der Regel sehr gering bemessen ist.

Deshalb soll das Risiko nach der Konzeption des GmbH-Gesetzes auf verschiedene Weise abgemildert werden. Als erstes sind insoweit die zuvor angeführten gesetzlichen Vorschriften über die Kapitalaufbringung und Kapitalerhaltung zu nennen, durch die den Gläubigern eine Mindesthaftmasse gesichert werden soll. Weiterhin ist in den §§ 63 (a. F.), 64 GmbHG, §§ 102, 207 Abs. 2, 208 KO bzw. nunmehr §§ 13, 15, 17 ff. InsO geregelt, daß wegen der begrenzten Haftmasse der GmbH das (Konkurs- bzw.) Insolvenzverfahren über deren Vermögen nicht erst ab dem Eintritt der Zahlungsunfähigkeit, sondern bereits ab dem Eintritt der Überschuldung eröffnet werden soll. Dies dient dazu, die Gesellschaft ab diesem Zeitpunkt als werbendes Unternehmen vom Markt zu nehmen. Dadurch soll einerseits zugunsten der bereits vorhandenen "Alt-"Gläubiger der GmbH die weitere Verwirtschaftung des Gesellschaftsvermögens verhindert werden, um ihnen eine möglichst große, innerhalb oder außerhalb eines Insolvenzverfahrens aufzuteilende Vermögensmasse zu erhalten und so ihr Risiko des vollständigen Forderungsausfalls zu senken.[116] Gleichzeitig sollen dadurch andererseits potentielle Gläubiger vor Geschäften mit der Gesellschaft, aufgrund der damit in dieser Situation verbundenen Gefährdungslage, geschützt werden. Schließlich hatte der Gesetzgeber auch eine Begrenzung des Gläubigerrisikos durch den "Markt", also die Gläubiger selber, vor Augen. Er hat es den Gläubigern selbst überlassen, die aus dem Geschäftsverkehr mit der GmbH resultierenden Risiken einzuschätzen und zu entscheiden, ob sie bereit sind, diese zu tragen. Wird den Gläubigern die Gefahr eigener wirtschaftlicher Verluste zu hoch, wird die Gesellschaft, wie bereits an früherer Stelle ausgeführt, kreditunwürdig, und die Gläubiger werden in der Regel selbständig von einer weiteren Unterstützung der Gesellschaft absehen. Das hat aufgrund der Tatsache, daß im Rechtsverkehr fast jede geschäftliche Transaktion eine Kreditkomponente enthält, zur Folge, daß der weitere Betrieb der Gesellschaft faktisch unmöglich gemacht wird.[117] Die Gesellschaftsgläubiger können die Gesellschafter auf diese Weise zwingen, die Gesellschaft entweder zu liquidie-

---

115 Siehe oben 1. Kap. § 2 A.

116 Hachenburg/*Ulmer*, GmbHG, § 63 Rn. 1, § 64 Rn. 1; *Lutter/Hommelhoff*, GmbHG, § 64 Rn. 3; *Roth/Altmeppen*, GmbHG, § 63 Rn. 3, 9 mit dem zutreffenden Hinweis, daß dieses gesetzgeberische Ziel in der Praxis so gut wie nie erreicht wird.

117 Vgl. dazu schon oben 2. Kap. § 2 B III und 2. Kap. § 2 C I.

ren oder ihr weiteres Eigenkapital zuzuführen, um so die Risikoeinschätzung der Gläubiger wieder zu ändern.

Insofern sind die Gläubiger nach der gesetzlichen Grundkonzeption im Ausgangspunkt in der Lage, selber den maximalen Grad ihres Wirtschaftsrisikos zu bestimmen und eine weitere Erhöhung ihres Risikos zu vermeiden.[118]

B. Risikostruktur bei der Gesellschafterfremdkapitalfinanzierung in der Krise

Um nun feststellen zu können, ob durch die Fortführung der Gesellschaft in der Krise mittels Gesellschafterfremdkapital anstelle von Eigenkapital eine Risikosteigerung auf seiten der Gesellschaftsgläubiger eintritt, ist nachfolgend zu untersuchen, ob und inwiefern sich in dieser Situation die zuvor dargestellte Risikostruktur ändert.

I. Risiko der Gesellschaftsgläubiger

Wird die Gesellschaft in der Krise durch die Gewährung oder Belassung von Gesellschafterfremdkapital anstelle der Zufuhr neuen Eigenkapitals fortgeführt, wird dadurch entweder die eigentlich aufgrund einer bereits eingetretenen Insolvenzreife erforderliche Liquidation der Gesellschaft verhindert oder zumindest die wegen der Kreditunwürdigkeit wahrscheinliche Liquidation[119] hinausgeschoben. Es wird also ein wesentliches Element der gesetzlichen Konzeption zur Begrenzung des Gläubigerrisikos ausgeschaltet und den Gläubigern wird ein Risiko, welches sie eigentlich nicht mehr tragen wollen (Kreditunwürdigkeit!), aufgedrängt.

Infolgedessen droht zum einen der Eintritt des sog. "Schereneffekts", d. h. des Phänomens, daß nach dem Eintritt der rechnerischen Überschuldung die Schuldenmasse wächst und zugleich der realisierbare Wert des Aktivvermögens unter die Bilanzansätze fällt.[120] Zum anderen besteht die Gefahr, daß das im Falle der Liquidation zu diesem Zeitpunkt noch verbliebene Gesellschaftsvermögen weiter verwirtschaftet wird.[121]

---

118 Ähnlich wie hier *Fabritius*, Überlassung von Anlagevermögen an die GmbH, S. 71/72 (mit weiteren Nachweisen); *Fastrich*, FS Zöllner (1998), S. 143, 149 f.

119 Siehe zuvor unter 2. Kap. § 3 A II.

120 *Gehde*, Eigenkapitalersetzende Gesellschafterleistungen, S. 67; ausführlich *Roth*, ZGR 1993, 170, 171.

121 *Kaiser*, Schuldrechtliche Gebrauchsüberlassungen durch den Gesellschafter, S. 43.

Beides hat auf seiten der "Alt"-Gläubiger die Gefahr einer weiteren Verringerung der in der Praxis regelmäßig sehr niedrigen Insolvenzquote oder gar einer vollständigen Uneinbringlichkeit ihrer Altforderungen zur Folge.[122]

Diese Gefahr wird zudem noch dadurch verschärft, daß die Gesellschafter aufgrund ihrer, durch die Fremdkapitalzufuhr vermittelten, formalen Rechtsstellung als Gesellschaftsgläubiger in der Insolvenz grundsätzlich mit den übrigen Gläubigern gleichrangig oder eventuell sogar bevorrechtigt[123] konkurrieren könnten, wodurch gleichfalls die Insolvenzquote verringert würde.[124]

Weiterhin ist die Fortführung der Gesellschaft mittels Gesellschafterfremdkapital in der Krise gefährlich, weil - entgegen der Realität - der Eindruck entstehen kann, die Gesellschaft sei liquide und lebensfähig. Auf diese Weise können neue Gläubiger veranlaßt werden, mit der GmbH in Geschäftskontakt zu treten und Forderungen gegen sie zu begründen, die von Anfang an einem überproportionalen Risiko der vollständigen Uneinbringlichkeit im Fall des Gesellschaftszusammenbruchs unterliegen, ohne daß die Neugläubiger dies erkennen können.[125] Zudem können die Altgläubiger dadurch davon abgehalten werden, rechtzeitig Maßnahmen zu ihrer möglichst umfassenden Befriedigung zu ergreifen.[126]

Schließlich besteht noch die Gefahr, daß die Gesellschafter, die Einblick in die Gesellschaftsinterna haben, unmittelbar vor dem Zusammenbruch der GmbH ihre Fremdmittel abziehen oder ihre Forderungen aus dem verbliebenen Gesell-

---

122 Vgl. *Kaiser*, Schuldrechtliche Gebrauchsüberlassungen durch den Gesellschafter, S. 42/43; *Müller*, Ersatzkapitalregeln, S. 77; *Fleck*, FS Werner (1984), S. 107, 110; *Lutter/Hommelhoff*, ZGR 1979, 31, 38; ähnlich *Fabritius*, Überlassung von Anlagevermögen an die GmbH, S. 69 ff. Aus betriebswirtschaftlicher Sicht siehe *Drukarczyk*, Finanzierung, 9. Kapitel, Abschnitt 3.5, S. 415 f.; *Swoboda*, Betriebliche Finanzierung, S. 251.

123 Etwa aufgrund eines zu ihren Gunsten bestellten Pfandrechts (§ 50 InsO) oder einer Sicherungsübereignung (vgl. § 51 Nr. 1 InsO) in Bezug auf die Fremdkapitalforderung.

124 *Lutter/Hommelhoff*, ZGR 1979, 31, 38; *Drukarczyk*, Finanzierung, 9. Kapitel, Abschnitt 3.5, S. 416; ebenso *Müller*, Ersatzkapitalregeln, S. 74 mit dem Hinweis, daß diese Gefahr nur unter der Prämisse überzeugt, daß als Alternative Eigenkapital in gleicher Höhe zugeführt worden wäre.

125 Überproportional ist das Risiko insofern, als die Forderungen wegen des großen Risikos gar nicht begründet worden wären, wenn die Gesellschafter die Gesellschaft durch ihr Fremdkapital nicht "künstlich" am Leben erhalten und Prosperität vorgetäuscht hätten. Ähnlich *Drukarczyk*, Finanzierung, 9. Kapitel, Abschnitt 3.5, S. 418.

126 Wie hier *Müller*, Ersatzkapitalregeln, S. 76.

schaftsvermögen befriedigen, was ebenfalls zu einer zusätzlichen Verschärfung des Gläubigerrisikos führt.[127]

Es ist demnach festzuhalten, daß die Fortführung der Gesellschaft in der Krise anhand von Gesellschafterfremdkapital zu einer erheblichen Erhöhung des Risikos der Gesellschaftsgläubiger führt.[128]

II. Risiko der Gesellschafter

Im Vergleich zum Risiko der Gesellschaftsgläubiger bleibt das Risiko der Gesellschafter hinsichtlich des bereits eingebrachten Eigenkapitals letztlich gleich.

Allerdings tragen sie im Hinblick auf das in der Krise neu zugeführte bzw. belassene Kapital nicht das ihnen eigentlich nach der Gesetzeskonzeption in dieser Situation zukommende Eigenkapitalrisiko. Nach der gesetzlichen Grundkonzeption sollen die Gesellschafter der Gesellschaft nicht nur das gesetzliche Mindeststammkapital als Risikobeitrag zur Verfügung stellen, sondern das Eigenkapital dem jeweiligen Kapitalbedürfnis der GmbH anpassen bzw. Nachschüsse gewähren und in der Krise entweder die Gesellschaft liquidieren oder das Kapitalstrukturrisiko durch weiteres Eigenkapital den Marktanforderungen anpassen.[129] Führen die Gesellschafter der GmbH in der Krise Gesellschafterfremdkapital statt Eigenkapital zu, übernehmen sie nicht das ihnen zugedachte Risiko, sondern verringern ihr Risiko auf das gewöhnlicher Drittgläubiger.[130]

C. Ergebnis

Die vorstehenden Ausführungen haben gezeigt, daß es durch die Fortführung der GmbH über den Zeitpunkt der Kreditunwürdigkeit hinaus anhand der Zufuhr oder Belassung von Gesellschafterfremdkapital anstelle von Eigenkapital zu einer Kumulation der verschiedensten Gefahren auf seiten der Gesellschaftsgläubiger kommt. Dadurch steigt das Risiko der Verringerung der regelmäßig in der Praxis sowieso sehr niedrigen Insolvenzquoten bzw. des vollständigen Forderungsausfalls in der Insolvenz erheblich an,[131] es kommt also zu einer über die gewöhnlichen Gläubigerrisiken hinausgehenden Risikosteigerung auf seiten

---

127 *Kaiser*, Schuldrechtliche Gebrauchsüberlassungen durch den Gesellschafter, S. 43.

128 Ebenso aus betriebswirtschaftlicher Sicht *Drukarczyk*, Finanzierung, 9. Kapitel, Abschnitt 3.5, S. 415 ff.; *Swoboda*, FS Wittmann (1985), S. 343, 354, 359 f.

129 Vgl. dazu schon oben 2. Kap. § 3 A.

130 Siehe dazu oben 2. Kap. § 2 D I 5 (mit Nachweisen).

131 Siehe zuvor 2. Kap. § 3 A II und 2. Kap. § 3 B I.

der Gesellschaftsgläubiger. Da der Rechtsverkehr, also die potentiellen und tatsächlichen Gesellschaftsgläubiger, dieses gesteigerte Risiko erkennbar nicht mehr tragen wollte und es auch durch den faktischen Zwang zur Liquidation oder Eigenkapitalzufuhr eingeschränkt schien,[132] wird es ihm letztlich gegen seinen Willen aufgedrängt. Auf der anderen Seite verringern die Gesellschafter ihr Risiko auf das gewöhnlicher Drittgläubiger.[133] Insofern kann man im Ergebnis in der Tat bildlich von einer *Risikoverlagerung*[134] auf die Gesellschaftsgläubiger sprechen.

§ 4 Schutzbedürftigkeit der Gläubiger bezüglich der Risikosteigerung

Die eingangs angeführte Grundprämisse der Eigenkapitalersatzregeln wäre demnach zutreffend, sofern die Gläubiger vor dieser Risikosteigerung nicht bereits durch andere gesetzliche Regeln hinreichend geschützt werden. Dies ist insofern fraglich, als, wie bereits an früherer Stelle erwähnt, in der neueren Literatur vereinzelt die Ansicht vertreten wird, daß die Gläubiger durch die Grundsätze über die materielle Unterkapitalisierung, über § 826 BGB bzw. über die Insolvenzverschleppungshaftung gem. § 823 Abs. 2 BGB i.V.m. § 64 Abs. 1 GmbHG, § 830 Abs. 2 BGB bezüglich dieser Risikosteigerung ausreichend geschützt seien.[135]

Ohne auf die diesbezüglichen Argumentationen im einzelnen einzugehen, vermögen diese Auffassungen letztlich aus verschiedenen Gründen nicht zu überzeugen:

Zunächst läßt sich ein ausreichender Gläubigerschutz nicht über eine Haftung wegen einer qualifizierten materiellen Unterkapitalisierung der Gesellschaft erreichen.[136] Von einer qualifizierten materiellen Unterkapitalisierung spricht man dann, wenn die Gesellschafter eine eindeutig und für Insider klar erkennbar un-

---

132 Siehe zuvor 2. Kap. § 3 A I und 2. Kap. § 3 B II.

133 Siehe oben 2. Kap. § 3 A II.

134 Der Begriff Risiko*verlagerung* ist meines Erachtens dem der Risiko*überwälzung* vorzuziehen, da letzterer eine subjektive Tendenz aufweist, die für das Eigenkapitalersatzrecht, wie an späterer Stelle noch deutlich wird (4. Kap. § 3 C II 1) irrelevant ist.

135 So mit jeweils unterschiedlicher Schwerpunktsetzung *Grunewald*, GmbHR 1997, 7, 8, 10; *Reiner*, FS Boujong (1996), S. 415, 443 ff.; *Koppensteiner*, AG 1998, 308, 313 ff.; *Schummer*, Eigenkapitalersatzrecht, S. 407 ff.

136 A. A. ohne nähere Begründung wohl *Grunewald*, GmbHR 1997, 7, 10.

zureichend kapitalisierte Gesellschaft[137] weiterführen, ohne ihr überhaupt über das unzureichende Stammkapital hinaus weitere Kapitalmittel zuzuführen.[138] Die Frage, inwieweit sich aus einer solchen materiellen Unterkapitalisierung Ansprüche der Gesellschaftsgläubiger gegenüber den Gesellschaftern ergeben, ist jedoch bis zum heutigen Tag umstritten, wobei insbesondere die Rechtsprechung äußerst restriktiv ist.[139] Vor allem konnten bislang keine Maßstäbe erarbeitet werden, an denen sich messen ließe, welches Kapital für ein Unternehmen, auch hinsichtlich der zukünftigen Entwicklung, angemessen wäre.[140] Es ist praktisch nicht möglich, ex tunc die Anforderungen an ein angemessenes Eigenkapital zu formulieren, um so den Gesellschaftern einen Anhaltspunkt zu bieten, welches Kapital sie ihrer Gesellschaft zur Verfügung stellen müssen. Aus diesem Grund hat auch der Gesetzgeber im Rahmen der GmbH-Novelle 1980 von einer gesetzlichen Regelung einer entsprechenden Haftung abgesehen.[141] Somit ist bislang ein allgemeiner Haftungstatbestand der qualifizierten materiellen Unterkapitalisierung weder hinsichtlich der Voraussetzungen noch hinsichtlich der Rechtsfolgen gesichert, so daß dadurch kein hinreichender Gläubigerschutz gewährleistet werden kann.

Weiterhin kann ein angemessener Schutz der Gläubiger auch nicht über § 826 BGB gewährleistet werden,[142] da im Fall der Fortführung der Gesellschaft in der Krise anhand von Gesellschafterfremdkapital regelmäßig die Tatbestandsvoraussetzungen des § 826 BGB nicht erfüllt sind.[143]

---

137 Zum Begriff der Unterkapitalisierung siehe oben 1. Kap. § 2 A (mit Nachweisen in Fn. 31).

138 Siehe Hachenburg/*Ulmer*, GmbHG, Anh. § 30 Rn. 21 ff.; Baumbach/Hueck/*Hueck*, GmbHG, § 5 Rn. 6; *Wiedemann*, Gesellschaftsrecht, § 10 IV 3, S. 568 ff.

139 Zum Streitstand hinsichtlich der verschiedenen Ansichten über Grund und Rechtsfolgen einer Haftung für materielle Unterkapitalisierung siehe nur Hachenburg/*Ulmer*, GmbHG, Anh. § 30 Rn. 35 ff.; Baumbach/Hueck/*Hueck*, GmbHG, § 5 Rn. 6; Scholz/*Emmerich*, GmbHG, § 13 Rn. 81 ff.; *Lutter/Hommelhoff*, GmbHG, § 13 Rn. 6 ff.

140 Vgl. Hachenburg/*Ulmer*, GmbHG, Anh. § 30 Rn. 3 ff.; *Wüst*, JZ 1985, 817, 818; *Lutter*, FS Riesenfeld (1983), S. 165, 169; zustimmend *Ketzer*, Eigenkapitalersetzende Aktionärsdarlehen, S. 8; *Müller*, Ersatzkapitalregeln, S. 11; *Schulze-Osterloh*, ZGR 1983, 123, 145 f.

141 Siehe RegE 1977, BT-Drucks. 8/1347, S. 38 f.

142 So aber *Reiner*, FS Boujong (1996), S. 415, 444 f.

143 Siehe dazu eingehend unten 3. Kap. § 1 A I 2. Wie hier auch *Reiner*, FS Boujong (1996), S. 415, 445, der jedoch eine Ausweitung des Schädigungsvorsatzes als möglich erachtet. Dies liefe aber letztlich ebenfalls auf eine Fortbildung des Rechts hinaus, so daß nicht er-

Schließlich kann auch, entgegen zum Teil vertretener Auffassung,[144] ein ausreichender Gläubigerschutz nicht anhand der Insolvenzverschleppungshaftung gewährleistet werden. Zwar ist dieser Auffassung zuzugeben, daß die Gläubiger mittels der Insolvenzverschleppungshaftung - insoweit den Eigenkapitalersatzregeln vergleichbar - davor geschützt werden sollen, daß das zum Zeitpunkt der Insolvenzreife noch verbliebene Gesellschaftsvermögen durch eine Fortführung der Gesellschaft über den Zeitpunkt der Insolvenzreife hinaus weiter verwirtschaftet wird.[145] Allerdings erfaßt die Haftung für eine Insolvenzverschleppung in erster Linie den Geschäftsführer der GmbH und nicht die Gesellschafter (siehe § 64 Abs. 1 GmbHG). Da den Gläubigern somit eine Inanspruchnahme der Gesellschafter als Haftungssubjekt verwehrt wäre, vermag die Insolvenzverschleppungshaftung ihnen keinen den Kapitalersatzregeln vergleichbaren Gläubigerschutz zu bieten.[146] Soweit versucht wird, dies durch den Hinweis auf die Möglichkeit der Einbeziehung der Gesellschafter in die Haftung als Teilnehmer der Insolvenzverschleppung gem. § 830 Abs. 2 BGB zu entkräften,[147] ist dem entgegenzuhalten, daß auch auf diesem Weg kein hinreichender Gläubigerschutz erzielt werden kann. Abgesehen davon, daß die Begründung einer Teilnehmerhaftung sich erheblichen konstruktiven Schwierigkeiten ausgesetzt sieht,[148] setzt sie nämlich einen Teilnahmevorsatz auf seiten des Gesellschafters voraus, der in der Praxis so gut wie nie nachgewiesen werden kann. Die Gesellschafter werden sich insoweit darauf berufen, sie hätten entweder die Insolvenzreife nicht gekannt oder sie wären davon ausgegangen, daß die Insolvenzreife im Fall der Fortführung der Gesellschaft überwunden worden wäre.[149] Schließlich greift der Gläubigerschutz durch die Insolvenzverschleppungshaftung auch

---

kennbar ist, inwiefern darin ein Fortschritt zu den Eigenkapitalersatzregeln zu sehen sein soll.

144 Siehe *Reiner*, FS Boujong (1996), S. 415, 445 ff., vgl. auch *Koppensteiner*, AG 1998, 308, 313.

145 Zu Voraussetzungen, Rechtsfolgen und Zweck der Insolvenzverschleppungshaftung siehe BGHZ 126, 181, 190 ff. sowie Hachenburg/*Ulmer*, GmbHG, § 64 Rn. 47 ff.; *Lutter/Hommelhoff*, GmbHG, § 64 Rn. 36 ff.; Baumbach/Hueck/*Hueck*, GmbHG, § 64 Rn. 24 ff.; *Roth/Altmeppen*, GmbHG, § 64 Rn. 13 ff.; Scholz/*K. Schmidt*, GmbHG, 8. Auflage, § 64 Rn. 37 ff. (jeweils mit weiteren Nachweisen).

146 Ähnlich auch schon *Ulmer*, FS Duden (1977), S. 661, 669.

147 Siehe *Reiner*, FS Boujong (1996), S. 415, 450 ff.; *Koppensteiner*, AG 1998, 308, 313.

148 So zutreffend *Noack*, Insolvenzrecht 1996, S. 195, 200.

149 Siehe dazu auch unten 3. Kap. § 1 A I 2 zum insoweit vergleichbaren Vorsatzproblem bezüglich der Haftung aus § 826 BGB.

erst ab dem Eintritt der Insolvenzreife ein, wohingegen die Kapitalersatzregeln bereits ab dem Eintritt der - zeitlich früheren - Kreditunwürdigkeit zum Schutz der Gläubiger eingreifen sollen. Das zeigt ebenfalls, daß durch die Insolvenzverschleppungshaftung kein hinreichender Schutz der Gläubiger im Hinblick auf die mit der Gesellschafterfremdkapitalfinanzierung in der Krise verbundene Risikosteigerung gewährleistet wird.

Folglich werden die Gesellschaftsgläubiger nicht anhand von anderen gesetzlichen Regeln hinreichend geschützt. Da jedoch die Gewährleistung eines Mindestmaßes an Gläubigerschutz als gefestigter Bestandteil der geltenden Rechts- und Wirtschaftsordnung anerkannt ist,[150] kann den Gläubigern somit ein grundsätzliches Schutzbedürfnis im Hinblick auf die mit der Gesellschafterfremdkapitalfinanzierung in der Krise verbundene Risikosteigerung nicht abgesprochen werden.

§ 5 Ergebnis

Im vorstehenden Kapitel wurde aufgezeigt, daß das Eigenkapital für die Gesellschaftsfinanzierung im Hinblick auf die Vielzahl seiner Funktionen von herausragender Bedeutung ist. Insbesondere ist eine hohe Eigenkapitalquote wichtig für die Stabilität der Gesellschaft und ihre Innovations- und Wettbewerbsfähigkeit. Weiterhin wurde aber auch deutlich, daß eine ausschließliche oder überwiegende Eigenkapitalfinanzierung praktisch unmöglich und letztlich - in Anbetracht der verschiedenen wirtschaftlichen und steuerrechtlichen Auswirkungen der Fremdkapitalfinanzierung - auch unökonomisch ist. Es zeigte sich insbesondere, daß es eine Reihe von durchaus anerkennenswerten Motiven für die Fremdkapitalfinanzierung, namentlich auch von seiten der Gesellschafter, gibt, daß allerdings in der Krise, bei objektiver Betrachtung aus Sicht der Gesellschafter, im wesentlichen nur noch die Möglichkeit der Risikoverringerung für eine Gesellschafterfremdkapitalfinanzierung spricht.[151] Schließlich wurde nachgewiesen, daß die Fortführung der Gesellschaft in der Krise anhand der Belassung oder Zufuhr von Gesellschafterfremdkapital anstelle der Zufuhr neuen Eigenkapitals zu einer Risikosteigerung auf seiten der Gesellschaftsgläubiger bei einer gleichzeitigen Risikominimierung auf seiten der Gesell-

---

[150] Siehe *Wiedemann*, Gesellschaftsrecht, § 10 I 1 b, S. 516 f.; *Wüst*, Gläubigerschutz bei der GmbH, S. 8 f.; *Kübler*, Gesellschaftsrecht, § 20 I 2 b, S. 281 f.; *Grunewald*, Gesellschaftsrecht, 3. Teil, Rn 2; *Immenga*, Personalistische Kapitalgesellschaft, S. 121 ff., 125, 128.

[151] Oben 2. Kap. § 2 D II.

schafter führt.[152] Es tritt also eine Risikoverlagerung ein, bezüglich derer den Gläubigern ein grundsätzliches Schutzbedürfnis nicht abgesprochen werden kann.[153]

Die Grundprämisse des Eigenkapitalersatzrechts, das Schutzbedürfnis der Gläubiger aufgrund der mit der Gesellschafterfremdkapitalfinanzierung in der Krise verbundenen Risikoverlagerung, hat sich damit bestätigt.

---

152 Oben 2. Kap. § 3 C.

153 Oben 2. Kap. § 4 (a. E.).

3. Kapitel: Dogmatische Legitimation und ratio der richterrechtlichen Kapitalersatzregeln

Nachdem zuvor die Prämisse des Eigenkapitalersatzrechts - das Erfordernis eines gestärkten Gläubigerschutzes aufgrund einer Risikoverlagerung auf die Gesellschaftsgläubiger im Fall der Fortführung der Gesellschaft in der Krise anhand von Gesellschafterfremdkapital - als zutreffend herausgearbeitet wurde, soll im folgenden der ersten Kernfrage der Arbeit, nämlich der Frage nach der dogmatischen Legitimation der Eigenkapitalersatzrechtsprechung, nachgegangen werden.

Wie bereits oben dargestellt,[1] hat die Rechtsprechung, unterstützt vom rechtswissenschaftlichen Schrifttum, den Grundsatz herausgearbeitet, daß das nach Eintritt einer Gesellschaftskrise zugeführte oder belassene Gesellschafterfremdkapital zum Schutz der Gesellschaftsgläubiger einer eigenkapitalähnlichen Sonderbehandlung unterzogen wird, soweit und solange es rechnerisch zur Deckung einer Unterbilanz erforderlich ist. Diese Sonderbehandlung beeinträchtigt die Privatautonomie, die Finanzierungsfreiheit und das Haftungsprivileg der Gesellschafter und bedarf daher der Legitimation.[2] Die Frage nach der dogmatischen Legitimation der Rechtsprechungsregeln, insbesondere nach ihrem tragenden Grundgedanken, ist allerdings, trotz der allgemeinen Anerkennung der Rechtsprechungsregeln, bis heute nicht abschließend geklärt. Vielmehr werden von Rechtsprechung und Literatur nach wie vor verschiedenste Begründungsansätze vertreten. Das ist jedoch, wie bereits zu Beginn der Arbeit ausgeführt, aus unterschiedlichen Gründen bedenklich[3] und macht es erforderlich, die dogmatische Grundlage der Rechtsprechungsregeln zu klären und ihre Legitimationsgrundlage aufzuzeigen.

Bei der Erörterung der Frage, wie diese Rechtsprechungsregeln zu legitimieren sind und welcher Grundgedanke ihnen letztlich zugrunde liegt, werden nachfolgend alle in Literatur und Rechtsprechung vertretenen Begründungsansätze für die einlagengleiche Sonderbehandlung von Gesellschafterfremdmitteln dahingehend untersucht, ob sie eine letztlich tragfähige Grundlage für die Sonderbehandlung bieten. Dabei wird zunächst geprüft, ob die Rechtsprechungsregeln anhand einer direkten oder analogen Anwendung allgemeiner

---

1 Siehe oben 1. Kap. § 2.

2 Siehe oben 1. Kap. § 3.

3 Siehe oben 1. Kap. § 1 A.

Regeln legitimiert werden können.[4] Sollte sich auf diese Art die eigenkapitalähnliche Sonderbehandlung von Gesellschafterfremdkapital in der Unternehmenskrise nicht legitimieren lassen, ist zu erörtern, ob die Rechtsprechungsregeln als gesetzesübersteigende richterliche Rechtsfortbildung legitimiert werden können.[5] Im Rahmen der Untersuchung dieser Fragen wird dergestalt vorgegangen, daß alle Begründungsansätze auf ihre *generelle und konkrete Eignung* zur Legitimation der Kapitalersatzrechtsprechung hin überprüft werden. Es wird also zum einen geprüft, ob der jeweilige Begründungsansatz tauglich ist, die mit den Kapitalersatzregeln verbundene Beeinträchtigung der Privatautonomie, der Finanzierungsfreiheit und des Haftungsprivilegs zu rechtfertigen und, soweit möglich, ob er die tatbestandlichen Ausgestaltungen und Folgen der Kapitalersatzregeln trägt (generelle Eignung). Zum anderen wird dann noch - soweit geboten - der Frage nachgegangen, ob die tatbestandlichen Voraussetzungen des jeweiligen Ansatzes im Regelfall der Gesellschafterfremdkapitalfinanzierung vorliegen (konkrete Eignung).

§ 1 Legitimation der Sonderbehandlung eigenkapitalersetzender Gesellschafterfremdmittel anhand direkter oder analoger Anwendung allgemeiner Regeln?

A. Legitimation der Rechtsprechungsregeln durch direkte Anwendung allgemeiner Regeln

In Anlehnung an die Entwicklung des Eigenkapitalersatzrechts wird nachfolgend als erstes geprüft, ob das Deliktsrecht eine tragfähige dogmatische Grundlage für die eigenkapitalähnliche Sonderbehandlung von Gesellschafterfremdkapital in der Gesellschaftskrise bietet. Sodann ist die Rechtsgeschäftslehre daraufhin zu untersuchen, ob sich mit ihrem Instrumentarium eine Grundlage finden läßt. Schließlich ist daran zu denken, die Sonderbehandlung des Gesellschafterfremdkapitals in der Krise mittels der Vertrauenshaftung zu begründen.

I. § 826 BGB

Die Rechtsprechung zur Sonderbehandlung von Gesellschafterdarlehen in der Unternehmenskrise hatte, wie bereits erwähnt, eine auf § 826 BGB gestützte Begründung als Ausgangspunkt. In seiner ersten diesbezüglichen Entscheidung

---

4 Nachfolgend 3. Kap. § 1.

5 Unten 3. Kap. § 2.

aus dem Jahr 1937 verweigerte das Reichsgericht die Feststellung diverser Forderungen des Gesellschafters einer Einmann-GmbH zur Konkurstabelle mit der Begründung, der Gesellschafter schädige mit der Erhebung dieser Forderungen die übrigen Gläubiger den guten Sitten zuwider (§§ 242, 826 BGB).[6] Den Sittenverstoß sah das Reichsgericht darin begründet, daß sich der Gesellschafter durch die Darlehensgewährung und Begründung von weiteren Forderungen zum Großgläubiger seiner eigenen Gesellschaft gemacht habe. Dies stehe im Widerspruch zu den Vorschriften des GmbH-Gesetzes, die (so wird man ergänzen dürfen: allein) außenstehenden Gläubigern die Befriedigung aus dem Gesellschaftsvermögen sichern wollen.[7] Den erforderlichen Schädigungsvorsatz sah das Gericht darin, daß der Gesellschafter, durch die Gründung der Gesellschaft mit einem unzureichenden Grundkapital sowie dem Ausgleich des fehlenden Kapitals mit "Darlehen", von Anfang an den Plan verfolgt habe, die wirklichen Gesellschaftsgläubiger im Fall des Zusammenbruchs der Gesellschaft zu schädigen und den eigenen Verlust zu minimieren.[8] Der Schaden lag nach Auffassung des Gerichts darin, daß der Gesellschafter durch eine Teilnahme am Konkurs mit seinen Forderungen die Haftsumme verwässere.[9]

Ist auch diese Entscheidung des Reichsgerichts für sich betrachtet stimmig und wenig angreifbar,[10] so ist dennoch genauer zu prüfen, ob § 826 BGB eine generell tragfähige Grundlage für das Eigenkapitalersatzrecht - vor allem auch in seiner heutigen Ausprägung - bietet.

1. Generelle Eignung als Legitimationsgrundlage

Als Ausgangspunkt ist zunächst festzuhalten, daß § 826 BGB im Grundsatz geeignet ist, einen Eingriff in die Privatautonomie bzw. eine Einschränkung der Ausübung von formal bestehenden Rechten, wie es auch das Eigenkapitalersatzrecht aufgrund der daraus resultierenden Beeinträchtigung der Privatautonomie und der Finanzierungsfreiheit darstellt,[11] zu legitimieren. § 826 BGB soll als Auffangtatbestand des Deliktsrechts bei einer Interessenkollision die

---

6 RG JW 1938, 862 ff.

7 RG JW 1938, 862, 865.

8 Vgl. RG JW 1938, 862, 865.

9 Vgl. RG JW 1938, 862, 865.

10 Insofern auch noch zustimmend zu diesem Ansatz *Unger*, KTS 1959, 33, 34, 39; *Hofmann*, NJW 1966, 1941 ff.; *ders.*, AG 1969, 337, 339.

11 Vgl. oben 1. Kap. § 3 B und 1. Kap. § 3 C.

Verfolgung eigener grundsätzlich berechtigter Interessen, die sich zum Schaden Dritter auswirken, durch eine angemessene Rücksichtnahme auf die berechtigten Interessen Dritter begrenzen. Durch die Mißbilligung der Rechtsausübung, sofern diese einen Verstoß gegen die guten Sitten enthält und durch die Begründung von Ersatzansprüchen im Fall des Schädigungsvorsatzes, dient die Vorschrift "der Verwirklichung eines Rechts höherer Ordnung und gestattet die Beachtung der Forderung wahrer innerer Gerechtigkeit".[12]

Allerdings würde dieser Ansatz im Ergebnis über die Schutzwürdigkeit der Gesellschaftsgläubiger hinausgehen. § 826 BGB gewährt einen Anspruch auf Ersatz des gesamten dem Gläubiger konkret entstandenen Schadens unmittelbar gegen den Gesellschafter.[13] Aufgrund der gesetzlichen Systematik sind die Gläubiger jedoch nur hinsichtlich des satzungsmäßig festgelegten Stammkapitals schutzwürdig, denn nur dieses ist durch die Grundsätze der realen Kapitalaufbringung und nominellen Kapitalerhaltung gegen eine Aushöhlung seitens der Gesellschafter geschützt.[14] Ein durch eine Anwendung des § 826 BGB bewirkter, darüber hinausgehender Schutz liefe demnach letztlich auf eine - nach allgemeiner Ansicht zu weitreichende - Pflicht zu einer angemessenen Kapitalausstattung hinaus.[15] Zudem würde eine unmittelbare persönliche Haftung über eine eventuelle Unterbilanz hinaus als Sanktion einer nominellen Unterkapitalisierung einen Durchgriff durch die juristische Person und - in letzter Konsequenz - eine vom Gesetz nur als möglich, jedoch nicht als zwingend vorgesehene[16] Nachschußpflicht bedeuten. Damit würde der Gläubigerschutz eindeutig überspannt. Daher bestehen bereits Bedenken im Hinblick auf die generelle Eignung dieses Ansatzes.

---

12 Vgl. nur Staudinger/*Oechsler*, BGB, § 826 Rn. 12 ff.; BGH NJW 1955, 1275; ähnlich Soergel/*Hönn/Dönneweg*, BGB, § 826 Rn. 2,3; Jauernig/*Teichmann*, BGB, § 826 Rn. 1. Siehe auch *Reinhardt*, FS Lehmann (1956), S. 576, 591.

13 So auch *Hofmann*, NJW 1966, 1941, 1946, der diese Konsequenz entgegen der hier vertretenen Ansicht aber nicht als problematisch ansieht.

14 Vgl. zu diesen Grundsätzen oben 2. Kap. § 3 A I (mit Nachweisen zur Literatur).

15 Vgl. nur BGHZ 76, 326, 334; Hachenburg/*Ulmer*, GmbHG, § 32 a, b Rn. 165; Scholz/*K.Schmidt*, GmbHG, §§ 32 a, 32 b Rn. 77.

16 Vgl. §§ 26 ff. GmbHG.

2. Konkrete Eignung

Abgesehen davon bestehen weiterhin erhebliche Bedenken, ob der auf § 826 BGB gestützte Ansatz konkret geeignet ist, als Grundlage für das Eigenkapitalersatzrecht in seiner heutigen Ausgestaltung zu dienen.

So setzt § 826 BGB tatbestandlich einen Schädigungsvorsatz voraus.17 Auch wenn insofern ein bedingter Vorsatz als ausreichend angesehen wird, ist diese Voraussetzung im Hinblick auf den vom Eigenkapitalersatzrecht angestrebten effektiven Gläubigerschutz bedenklich. Ein solcher Vorsatz wird nämlich in der Mehrzahl der Fälle nicht vorliegen bzw. sich nicht nachweisen lassen.[18] Denn der Gesellschafter wird sich regelmäßig darauf berufen, er habe mit einem Erfolg seiner Kapitalzufuhr und damit letztendlich mit dem Erfolg seiner Gesellschaft gerechnet und folglich keinen Schädigungsvorsatz gehabt. Insofern sind Bedenken angebracht, ob § 826 BGB mit seinen erheblichen Nachweisanforderungen, insbesondere im subjektiven Bereich, überhaupt geeignet ist, eine über Extremfälle hinausgehende Sanktionierung nominell unterkapitalisierter Gesellschaften zu stützen.[19]

Aus diesem Grund ist auch früher von Befürwortern des auf § 826 BGB gestützten Ansatzes vereinzelt de lege ferenda angeregt worden, bei der Finanzierung unterkapitalisierter Gesellschaften mit Gesellschafterdarlehen die Beweislast des § 826 BGB durch eine Vermutung des Schädigungsvorsatzes umzukehren.[20]

Ob dieser Auffassung beigepflichtet werden könnte, braucht indessen hier nicht erörtert zu werden. Der BGH hat nämlich - insofern noch über diese Ansicht hinausgehend - in seiner Grundsatzentscheidung im 31. Band die Darlehen eines Gesellschafters wie Eigenkapital behandelt, obwohl er das *Fehlen des Schädigungsvorsatzes* als *erwiesen* ansah.[21] Eine "Haftung" trotz eines erwiese-

---

17 Vgl. zu diesem Vorsatz und seinen hohen Anforderungen Soergel/*Hönn/Sönneweg*, BGB, § 826 Rn. 63 ff.; Staudinger/*Oechsler*, BGB, §826 Rn. 75 ff.; Jauernig/*Teichmann*, BGB, § 826 Rn. 9.

18 Vgl. *Erlinghagen*, GmbHR 1962, 169; *Hofmann*, NJW 1966, 1941; *Geßler*, BB 1971, 656, 668; *Winkler*, BB 1969, 1202, 1204 mit dem Hinweis auf die zusätzliche Schwierigkeit des Kausalitätsnachweises zwischen Schaden und Fremdmittelzufuhr.

19 Ähnlich Hachenburg/*Ulmer*, GmbHG, Anh. § 30 Rn. 42 (m. w. N.) für die Begründung einer Haftung wegen materieller Unterkapitalisierung über § 826 BGB.

20 *Hofmann*, NJW 1966, 1941, 1946. Vgl. auch zu derartigen Überlegungen schon *Klausing*, ZAkDR 1939, 79, 80.

21 Vgl. BGHZ 31, 258, 271.

nen Fehlens eines Schädigungsvorsatzes kann aber nicht mehr anhand von § 826 BGB legitimiert werden.

Da die Entscheidung Grundlage der gesamten späteren Rechtsprechung war, bestehen somit erhebliche Bedenken an der Tragfähigkeit eines auf § 826 BGB gestützten Begründungsansatzes.[22]

3. Ergebnis

§ 826 BGB stellte, als Mittel zum Ausgleich einer als unbillig empfundenen Interessenlage, einen brauchbaren ersten Ansatzpunkt zur Sanktionierung der Gesellschafterfremdmittelzufuhr in der Unternehmenskrise dar.[23] Allerdings kann er, aufgrund der zuvor dargestellten erheblichen Bedenken, nicht als tragfähige Grundlage für das Eigenkapitalersatzrecht in seiner heutigen Ausgestaltung dienen.[24] Insbesondere steht dem die mit dem Ansatz über § 826 BGB verbundene Überdehnung des Gläubigerschutzes entgegen.

II. Rechtsgeschäftliche Begründungsansätze

Nachdem sich § 826 BGB als nicht tragfähiger Legitimationsansatz erwiesen hat, wird nachfolgend untersucht, ob sich nicht anhand des rechtsgeschäftlichen Instrumentariums eine Legitimation für das Eigenkapitalersatzrecht finden läßt.

1. Scheingeschäft § 117 BGB

In einer Entscheidung aus dem Jahr 1938 heißt es, die Darlehen seien "als das (zu) behandeln, was sie in Wirklichkeit sind, nämlich Gesellschaftereinlagen".[25] Diese Ausführungen des Reichsgerichts deuten darauf hin, die Darlehensvereinbarung zwischen Gesellschafter und Gesellschaft als Scheingeschäft im Sinne von § 117 Abs. 1 BGB anzusehen.

a) Generelle Eignung als Legitimationsgrundlage

Hinsichtlich dieses Ansatzes ist ebenfalls zunächst festzustellen, daß er die Behandlung von Gesellschafterfremdmitteln wie Eigenkapital im Ausgangspunkt

---

[22] Kritisch zu diesem Ansatz insofern schon zu recht *Erman*, KTS 1959, 129, 130.

[23] Daraus jedoch, wie *Gawaz*, Bankenhaftung für Sanierungskredite, S. 178, zu folgern "§ 32 a GmbHG ging aus § 826 BGB hervor", erscheint mir mißverständlich und zu weitgehend.

[24] Ebenso *Reiner*, FS Boujong (1996), S. 415, 445; so auch schon *Erlinghagen*, GmbHR 1962, 169; *Geßler*, BB 1971, 665, 668.

[25] Vgl. RG JW 1939, 355, 356.

zu begründen vermag. Liegt ein Scheingeschäft vor, so zieht dies die Nichtigkeit der entsprechenden Willenserklärungen nach sich (siehe § 117 Abs. 1 BGB). Wird durch das Scheingeschäft ein anderes Rechtsgeschäft verdeckt, so sind darauf gem. § 117 Abs. 2 BGB die dafür geltenden Vorschriften anzuwenden. Sieht man die Fremdmittelzufuhr eines Gesellschafters als ein derartiges Scheingeschäft an, durch das verdeckt Eigenkapital zugeführt wird, so kann mittels § 117 Abs. 2 BGB durchaus die Anwendung der §§ 30, 31 GmbHG auf die Fremdmittel begründet werden.

Es ist aber sehr fraglich, ob diese Argumentation insgesamt geeignet ist, eine tragfähige Grundlage für das Eigenkapitalersatzrecht zu bilden.

Zunächst bestehen auch bei diesem Begründungsansatz hinsichtlich des letztlich angestrebten effektiven Gläubigerschutzes Bedenken an der Eignung als Grundlage des Kapitalersatzrechts.[26] Der rechtsgeschäftliche, auf § 117 BGB gestützte, Begründungsansatz stellt das Rechtsgeschäft der Darlehensgewährung - und damit die subjektive Komponente des Gesellschafterverhaltens - in den Vordergrund. Aus Sicht der zu schützenden Gläubiger ist das insofern bedenklich, als der Nachweis einer rechtsgeschäftlichen "Scheinabrede" und des Bestehens eines dadurch verdeckten wirklich gewollten Geschäfts von dem zu erbringen ist, der deren Vorliegen behauptet,[27] also von den Gläubigern bzw. dem Konkursverwalter oder Insolvenzverwalter. Dieser Nachweis der Erfüllung der subjektiven Voraussetzungen auf seiten der Gesellschafter wird aber regelmäßig schwierig bis kaum zu erbringen sein. Das gilt insbesondere für die Fallgruppe der sog. stehengelassenen Darlehen[28], bei denen dann konsequenterweise ebenfalls eine rechtsgeschäftliche Abrede erforderlich wäre.[29]

Diesen grundsätzlichen Bedenken an der Eignung des Ansatzes als Grundlage des Kapitalersatzrechts steht auch nicht entgegen, daß nach herrschender Meinung für die Sonderbehandlung stehengelassener Darlehen neben den allgemeinen objektiven Merkmalen auch subjektive Voraussetzungen auf seiten der Gesellschafter erfüllt sein müssen. So wird zum Teil gefordert, der Gesellschafter

---

26 Siehe dazu *Mincke*, ZGR 1987, 521, 522/523; *Fleischer*, Finanzplankredite, S. 60/61.

27 Vgl. Soergel/*Hefermehl*, BGB, § 117 Rn. 14; MünchKomm/*Kramer*, BGB, § 117 Rn. 15 a.

28 Zu dieser Fallgruppe siehe nur BGHZ 127, 336 ff.; Hachenburg/*Ulmer*, GmbHG, § 32 a, b Rn. 25 ff., 89 ff.; *Johlke* in: v. Gerkan/Hommelhoff, Handbuch des Kapitalersatzrechts, Rn. 5.76 ff.; S. 150 ff., jeweils mit ausführlichen Nachweisen und sowie die Ausführungen unten 5. Kap. § 1.

29 So zutreffend *Mincke*, ZGR 1987, 521, 523.

müsse subjektiv die Möglichkeit gehabt haben, die Krisenlage zu erkennen und sich seiner Finanzierungsfolgeverantwortung entsprechend zu verhalten, wohingegen nach anderer Auffassung sogar die Belassung aufgrund einer Finanzierungsabrede erforderlich ist.[30] Die insoweit geforderten subjektiven Voraussetzungen sind nämlich für die Gläubiger aus mehreren Gründen weniger belastend als das Erfordernis rechtsgeschäftlicher Abreden im Sinne von § 117 BGB. Zum einen sind nach Ansicht der Rechtsprechung und der ihr folgenden Literatur an die Möglichkeit der Kenntnis von der Krise nur geringe Anforderungen zu stellen,[31] und im Streitfall hat der Gesellschafter zu beweisen, daß ihm die Möglichkeit zur Kenntnis der Krise fehlte.[32] Zum anderen wird selbst von denjenigen, die eine Finanzierungsabrede für erforderlich ansehen, keine rechtsgeschäftliche Qualität gefordert,[33] und an die Abrede werden auch keine hohen Anforderungen gestellt.[34]

Weiterhin läßt sich mittels dieses Ansatzes nicht begründen, warum Gesellschafterdarlehen erst ab dem Zeitpunkt der Kreditunwürdigkeit und auch nur bis zum Erreichen der Stammkapitalziffer eigenkapitalgleich behandelt werden. Bei konsequenter Anwendung dieses Ansatzes müßte in jedem Gesellschafterdarlehen ein Scheingeschäft sowie eine damit verdeckte Eigenkapitalzufuhr gesehen werden, mit der Folge, daß sämtliche Gesellschafterdarlehen in voller Höhe der Sonderbehandlung unterzogen werden müßten. Dies würde jedoch die Gesellschafter zu stark in ihrer Finanzierungsfreiheit beeinträchtigen, da wie an früherer Stelle gezeigt wurde, grundsätzlich die Gewährung von Darlehen auch durch die Gesellschafter zulässig und nicht per se verwerflich ist.[35]

---

30 Vgl. zu den unterschiedlichen Ansichten ausführlich unten 5. Kap. § 1 A (mit Nachweisen zu Rechtsprechung und Literatur).

31 Vgl. z. B. BGHZ 127, 336, 346; *Lutter/Hommelhoff*, GmbHG, §§ 32 a/b Rn. 46 ff., insbesondere Rn. 48.

32 So ausdrücklich BGHZ 127, 336, 347.

33 Vgl. nur Hachenburg/*Ulmer*, GmbHG, § 32 a, b Rn. 91 f.; Scholz/*K. Schmidt*, GmbHG, §§ 32 a, 32 b Rn. 48, 50.

34 Vgl. Hachenburg/*Ulmer*, GmbHG, § 32 a, b Rn. 92; Scholz/*K. Schmidt*, GmbHG, §§ 32 a, 32 b Rn. 48; Baumbach/Hueck/*Hueck*, GmbHG, § 32 a Rn. 38, jeweils mit weiteren Nachweisen sowie *Häuselmann/Rümker/Westermann*, Finanzierung der GmbH, S. 53/54, die zutreffend darauf hinweisen, daß das Erfordernis der Finanzierungsabrede daher fast nur von theoretischer Bedeutung ist.

35 Vgl. oben 2. Kap. § 2 E.

b) Konkrete Eignung

Abgesehen von den zuvor angeführten erheblichen Bedenken an der Eignung dieses Ansatzes liegen auch die tatbestandlichen Voraussetzungen des § 117 BGB regelmäßig bei der Gewährung von Darlehen durch Gesellschafter nicht vor. Ein Scheingeschäft im Sinne des § 117 BGB liegt nur dann vor, wenn die Parteien einverständlich den äußeren Schein des Abschlusses eines Rechtsgeschäfts hervorrufen, dagegen die mit dem Rechtsgeschäft verbundenen Rechtswirkungen nicht eintreten lassen wollen.[36] Im Gegensatz dazu will jedoch der Gesellschafter, der seiner Gesellschaft ein Darlehen gewährt bzw. Wirtschaftsgüter zur Nutzung überläßt gerade, daß die damit verbundenen wirtschaftlichen und steuerrechtlichen Rechtsfolgen[37] auch wirklich eintreten.[38]

c) Ergebnis

Zwar läßt sich im Ausgangspunkt die Behandlung von Gesellschafterdarlehen wie Eigenkapital mittels § 117 BGB begründen. Allerdings ist dieser Ansatz einerseits aus Gläubigersicht aufgrund der danach erforderlichen subjektiven Anforderungen bedenklich und greift andererseits bei konsequenter Anwendung zu stark in die Finanzierungsfreiheit der Gesellschafter ein. Zudem liegen auch regelmäßig die tatbestandlichen Voraussetzungen nicht vor. Demnach ist auch dieser Ansatz letztlich nicht als tragfähige Grundlage des Kapitalersatzrechts geeignet.

2. Umgehungsgeschäft

Stellt man darauf ab, daß die Zufuhr von Fremdmitteln statt Eigenkapital für den Gesellschafter einen haftungsrechtlichen Vorteil bietet und die Möglichkeit von Steuerspareffekten mit sich bringt, so kommt aus dem Bereich rechtsgeschäftlicher Lösungsmöglichkeiten weiter in Betracht, die Finanzierung mittels Gesellschafterdarlehen unter dem Blickwinkel eines Umgehungsgeschäfts zu untersuchen. Auch diesbezügliche Andeutungen finden sich vereinzelt im rechtswissenschaftlichen Schrifttum.[39]

---

36 Vgl. nur BGHZ 36, 84, 87 f.; Soergel/*Hefermehl*, BGB, § 117 Rn. 1; MünchKomm/*Kramer*, BGB, § 117 Rn. 1.

37 Zu den Rechtsfolgen siehe oben, 2. Kap. § 2 C bzw. 2. Kap. § 2 D.

38 Ebenso *Fleischer*, Finanzplankredite, S. 61.

39 Vgl. *Kamprad*, Gesellschafterdarlehen, S. 5, 7.

a) Eignung als Legitimationsgrundlage

Dieser Ansatz ist jedoch aus mehreren Gründen ungeeignet, die Kapitalersatzregeln der Rechtsprechung zu legitimieren.

Von großen Teilen der Literatur wird schon angezweifelt, ob das Umgehungsgeschäft überhaupt den Rang eines Rechtsinstituts hat, da die meisten "Umgehungsfälle" sich ihrer Auffassung nach auf anderen rechtsmethodischen Wegen hinreichend klären lassen.[40] Diese Frage bedarf jedoch hier keiner weiteren Vertiefung, da selbst dann, wenn man das Umgehungsgeschäft als Rechtsinstitut ansieht, dieses die Sonderbehandlung von Gesellschafterdarlehen nicht zu legitimieren vermag.

Von einem Umgehungsgeschäft spricht man, wenn die Parteien unter Ausnutzung der rechtsgeschäftlichen Gestaltungsfreiheit den von einem Verbotsgesetz mißbilligten wirtschaftlichen Erfolg anhand eines erlaubten Rechtsgeschäfts herbeizuführen versuchen.[41] Die Finanzierung einer Kapitalgesellschaft anhand von Darlehen der Gesellschafter ist allerdings grundsätzlich zulässig. Die Gesellschafter sind aufgrund der ihnen zustehenden Finanzierungsfreiheit im wesentlichen frei in ihrer Entscheidung, inwieweit sie die Gesellschaft mit Eigen- bzw. Fremdkapital ausstatten.[42] Eine Pflicht zu einer angemessenen Kapitalausstattung gibt es nicht.[43] Da sich somit aus dem GmbH-Gesetz keine generelle Pflicht zur Eigenkapitalzufuhr anstelle der Fremdkapitalzufuhr entnehmen läßt, fehlt es bereits an einem Verbotsgesetz, welches durch die Fremdkapitalzufuhr umgangen würde.[44] Aber selbst wenn man ein ähnliches Verbotsgesetz im GmbH-Gesetz fände, wäre der Umgehungsgedanke dennoch nicht geeignet, die Sonderbehandlung der Gesellschafterdarlehen zu begründen. Folge des Umgehungsgeschäfts ist, daß das Verbotsgesetz auf das eigentlich

---

40 Vgl. *Larenz/Wolf*, Allgemeiner Teil, § 40 Rn. 33; Soergel/*Hefermehl*, BGB, § 134 Rn. 37, 41; *Medicus*, Allgemeiner Teil, Rn. 660; *Flume*, Allgemeiner Teil II, § 20 2 b cc, S. 408. Anderer Ansicht z. B. MünchKomm/*Mayer-Maly*, BGB, § 134 Rn. 11 f. (m. w. N.); RGRK/*Krüger-Nieland/Zöller*, BGB, § 134 Rn. 139 f.

41 Vgl. Soergel/*Hefermehl*, BGB, § 134 Rn. 37; MünchKomm/*Mayer-Maly*, BGB, § 134 Rn. 11/12; *Larenz/Wolf*, Allgemeiner Teil, § 40 Rn. 30.

42 Vgl. oben 1. Kap. § 3 C.

43 Vgl. BGHZ 31, 258, 268; 76, 326, 334; 90, 381, 389; Hachenburg/*Ulmer*, GmbHG, § 32 a, b Rn. 7; Baumbach/Hueck/*Hueck*, GmbHG, § 32 a Rn. 2; Scholz/*Winter*, GmbHG, § 5 Rn. 18; *Hommelhoff* in: v. Gerkan/Hommelhoff, Handbuch des Kapitalersatzrechts, Rn. 2.9, S. 20; *Weitbrecht*, Haftung bei materieller Unterkapitalisierung, S. 66 ff.

44 Ebenso *Fleischer*, Finanzplankredite, S. 63.

zulässige Rechtsgeschäft angewandt wird, was in der Regel dessen Nichtigkeit nach sich zieht.[45] Somit hätte die Anwendung des Umgehungsgedankens auf Gesellschafterdarlehen deren Nichtigkeit zur Folge, so daß die Darlehensverträge rückabzuwickeln wären. Eine derartige Rückabwicklung der Darlehensverträge widerspräche jedoch dem Kapitalersatzrecht, welches gerade die Rückzahlung der Darlehen an die Gesellschafter verhindern will, und wäre aus diesem Grund aus Gläubigersicht äußerst bedenklich.

Auch wenn man hinsichtlich der Umgehung auf die möglicherweise angestrebten Steuerspareffekte abstellt, vermag dies letztlich die Sonderbehandlung der Darlehen nicht zu legitimieren. Der Steuerpflichtige ist prinzipiell berechtigt, die für ihn im Hinblick auf die Steuerlast günstigste Rechtsgestaltung zu wählen. Solange er durch die von ihm gewählte Rechtsgestaltung keinen Steuertatbestand verdeckt und damit die ihm zukommende Gestaltungsfreiheit nicht mißbraucht, respektiert das Steuerrecht die gewählte zivilrechtliche Gestaltung, so daß keine Umgehung vorliegt.[46] Dies ergibt sich auch aus § 42 AO, in dem für den Fall des Mißbrauchs ein eigenständiger Umgehungstatbestand normiert ist.[47]

b) Ergebnis

Insgesamt ist ein auf Umgehungsgesichtspunkte gestützter Ansatz zur Legitimation der Rechtsprechungsregeln durchgreifenden Bedenken ausgesetzt und daher als tragfähige Grundlage ungeeignet.

3. Auslegung

Schließlich kann im Bereich rechtsgeschäftlicher Lösungsmöglichkeiten auch daran gedacht werden, die Kapitalersatzregeln mittels einer Auslegung des Darlehens- bzw. Gesellschaftsvertrages zu legitimieren. So hat die Rechtsprechung zum Teil im Hinblick auf die einlagengleiche Behandlung von Darlehen, die ein Kommanditist einer Publikums-KG in den Fällen der sog. "gesplitteten Kommanditeinlage"[48] gewährt hat, zur Begründung darauf abge-

---

[45] Vgl. RGRK/*Krüger-Nieland/Zöller*, BGB, § 134 Rn. 139; ähnlich auch Soergel/*Hefermehl*, BGB, § 134 Rn. 41; *Larenz/Wolf*, Allgemeiner Teil, § 40, Rn 30.

[46] Vgl. *Flume*, Allgemeiner Teil II, § 20 2 b cc, S. 408/409; *Tipke/Lang*, Steuerrecht, § 5 C 3, Rn. 96, 98, S. 157/158; ähnlich auch *Fleischer*, Finanzplankredite, S. 63.

[47] Siehe dazu *Tipke/Lang*, Steuerrecht, § 5 C 3, Rn. 96 ff., S. 157 ff.

[48] Vgl. zur gesplitteten Kommanditeinlage statt aller Röhricht/v. Westphalen/*v. Gerkan*, HGB, § 161 Rn. 141; Schlegelberger/*Martens*, HGB, § 161 Rn. 162 ff.; Heymann/*Horn*,

stellt, daß die Darlehen im Gesellschaftsvertrag und im Schriftverkehr unter den Gesellschaftern als Eigenkapital bezeichnet werden.[49] In der Literatur wird diesbezüglich sogar vereinzelt argumentiert, daß sich *nur* anhand der Auslegung (§§ 133, 157 BGB) ermitteln lasse, ob (in der Personengesellschaft) eine Gesellschafterleistung als Beitrag oder als Darlehen zu behandeln sei.[50] Schließlich gibt es auch bei Gesellschafterdarlehen an eine GmbH vereinzelt Ansätze, die einlagengleiche Sonderbehandlung über eine Auslegung zu begründen.[51] Somit ist zu erörtern, ob sich dieser Ansatz zur Legitimation der Sonderbehandlung von Gesellschafterdarlehen nutzen läßt.

a) Generelle Eignung als Legitimationsgrundlage

Im Grundsatz steht einer Behandlung von Leistungen, die der gewährende Gesellschafter und die Gesellschaft in der zugrunde liegenden schuldrechtlichen Absprache als Fremdmittel (z. B. Darlehen) bezeichnet haben, wie Haftkapital, aufgrund einer entsprechenden Auslegung der Absprache, nichts entgegen. Haben sich die Vertragsparteien verstanden und wird dies von keinem der Beteiligten bestritten, so besteht keine Veranlassung, die mit der Erklärung gesetzte Regelung nicht im Sinne des übereinstimmenden tatsächlichen Verständnisses der Beteiligten gelten zu lassen.[52] Das tatsächliche Verständnis ist dabei als subjektives Faktum nur mittelbar zu beweisen, wobei jeder Vertragspartner seine nachträglichen Äußerungen über den Vertragsinhalt gegen sich gelten lassen muß. Auch ist die Handhabung eines Vertrags durch die Vertragspartner ein Indiz dafür, wie sie bei Vertragsschluß die vertraglichen Regelungen verstanden haben.[53] Behandeln somit die Parteien Mittel, die formell Fremdkapital darstellen, wie Haftkapital, und - so wird man ergänzen müssen[54] - sahen sie die Mittel übereinstimmend auch als haftkapitalähnlich an, so steht einer Behand-

---

HGB, § 161 Rn. 81 ff., insbesondere Rn. 85, § 172 a Rn. 38/39; *Mundry*, Darlehen und stille Einlagen, S. 1 passim, insbesondere S. 110 ff., jeweils m. w. N.

49 BGH WM 1980, 332; ähnlich auch BGHZ 104, 33 ff. im Fall eines sog. "Finanzplankredits" bei einer GmbH & Co. KG. Zur Rechtsfigur des sog. "Finanzplankredits" siehe aus neuerer Zeit *Sieger/Aleth*, GmbHR 2000, 462 ff.

50 So nachdrücklich *Sieker*, Eigenkapital und Fremdkapital, S. 16 ff., 20 sowie eingehend S. 48 ff.

51 BGH ZIP 1982, 563, 565 f.; *Ulmer*, FS Duden (1977), S. 661, 671.

52 Vgl. *Flume*, Allgemeiner Teil II, § 16 1 d, S. 299.

53 Vgl. *Flume*, Allgemeiner Teil II, § 16 1 d, S. 300, m. w. N.

54 Siehe dazu nachfolgend 3. Kap. § 1 A II 3 b.

lung der Fremdmittel wie Haftkapital aufgrund einer Auslegung gem. §§ 133, 157 BGB nichts entgegen. So wird auch von der ganz überwiegenden Ansicht in Literatur und Rechtsprechung für die Fallgruppe der sog. Darlehen mit "Rangrücktrittsvereinbarungen"[55] vertreten, daß aufgrund dieser Absprache formales Fremdkapital in der Gesellschaftskrise wie Haftkapital zu behandeln ist.[56]

Darüber hinaus wird sogar für den klassischen Fall des kapitalersetzenden Darlehens, das Sanierungsdarlehen, vereinzelt vertreten, der damit regelmäßig verfolgte Konkursabwendungszweck lasse den Schluß auf einen konkludenten Rangrücktritt zu.[57] Abgesehen davon, daß eine derartige Auslegung sehr fragwürdig ist,[58] bestehen an der generellen Eignung dieses Ansatzes zur Begründung des Kapitalersatzrechts erhebliche Bedenken. Ebenso wie es zulässig ist, aufgrund einer einverständlichen Vereinbarung der Parteien formale Fremdmittel wie Haftkapital zu behandeln, muß es nämlich den Parteien - von Ausnahmen abgesehen -[59] möglich sein, ihre Vereinbarung einverständlich aufzuheben.[60] Dies steht aber dem vom Kapitalersatzrecht bezweckten effektiven Gläubigerschutz entgegen, da dieser damit letztlich zur Disposition von Gesellschafter und Gesellschaft stünde.[61] Es kann jedoch hier dahinstehen, ob bzw. in welchem Umfang die Aufhebung derartiger Rangrücktrittsverein-

---

55 Darunter werden Vereinbarungen der Parteien verstanden, in denen festgelegt wird, daß die Gesellschafter mit ihren Darlehensforderungen hinter die Forderungen der übrigen Gesellschaftsgläubiger zurücktreten, vgl. Scholz/*K. Schmidt*, GmbHG, §§ 32 a, 32 b Rn. 99 ff. sowie *Eilers/Sieger*, Finanzierung der GmbH, Rn. 160 ff., S. 56 f. mit einem Mustertext in Rn. 378, S. 139.

56 So z. B. BGH ZIP 1982, 563, 565 f.; Scholz/*K. Schmidt*, GmbHG, §§ 32 a, 32 b Rn. 100; *ders.*, Gesellschaftsrecht, § 18 III 2, S. 526; *Ulmer*, FS Duden (1977), S. 661, 671.

57 So noch *Ulmer*, FS Duden (1977), S. 661, 671.

58 Dazu nachfolgend unter 3. Kap. § 1 A II 3 b.

59 So z. B. wenn die Rangrücktrittsvereinbarung als echter Vertrag zugunsten Dritter (§ 328 BGB) anzusehen wäre, aus dem Dritten unentziehbare Rechtspositionen erwachsen sind, bzw. aufgrund dessen Dritte schutzwürdige Dispositionen getroffen hätten, vgl. *v. Gerkan/Hommelhoff*, Kapitalersatz im Gesellschafts- und Insolvenzrecht, Rn. 1.35, S. 19.

60 Vgl. Scholz/ *K. Schmidt*, GmbHG, §§ 32 a, 32 b Rn. 46, 55, 101; siehe auch *v. Gerkan/Hommelhoff*, Kapitalersatz im Gesellschafts- und Insolvenzrecht, Rn. 1.34 ff., S. 19 ff., die im Grundsatz die Aufhebbarkeit bejahen, jedoch ab dem Eintritt der Gesellschaftskrise verneinen; ähnlich *Hommelhoff/Kleindiek*, FS 100 Jahre GmbHG (1992), S. 421, 443 f.

61 Ähnlich *Joost*, ZGR 1987, 370, 397.

barungen der Parteidisposition unterliegt, da selbst für den Fall, daß derartige Abreden nicht der Parteidisposition unterlägen, letztlich durchgreifende Bedenken gegen diesen Begründungsansatz bestehen.

b) Konkrete Eignung

Dieser Begründungsansatz, für den sich im Fall des ausdrücklich vereinbarten Rangrücktritts noch Anhaltspunkte finden, versagt nämlich insbesondere dann, wenn, wie regelmäßig, eine derartige auslegungsfähige Rangrücktrittsvereinbarung fehlt. Gewährt ein Gesellschafter seiner Gesellschaft Mittel, die in der zugrunde liegenden schuldrechtlichen Absprache als Fremdmittel bezeichnet werden, so kann diese Absprache nicht stets ohne weiteres (z. B. nur aufgrund des verfolgten Konkursabwendungszwecks) dahin ausgelegt werden, der Gesellschafter habe letztlich Eigenkapital zuführen und die Mittel entsprechend behandelt haben wollen. Die Gesellschafter wollen, wie bereits mehrfach angeführt, tatsächlich der Gesellschaft Fremdmittel und nicht Eigenkapital zuführen. Denn nur so können sie ihrerseits eine Haftungserleichterung und eine Renditesteigerung sowie auf Gesellschaftsseite Steuerspareffekte erzielen.[62] Insofern ist ihr Wille eindeutig, und die Vereinbarung eines Darlehens entspricht diesem. Eine Auslegung des der Mittelzufuhr zugrunde liegenden Rechtsgeschäfts dahingehend, daß die Gesellschafter Eigenkapital zuführen wollten, stünde diesem Willen diametral entgegen.

Es ist jedoch unzulässig, ein Rechtsgeschäft entgegen dem übereinstimmenden tatsächlichen Verständnis der Parteien "auszulegen", weil die diesem Verständnis entsprechende Regelung (beispielsweise) Treu und Glauben widerspricht. Die rechtsgeschäftliche Regelung wird von der Rechtsordnung so anerkannt, wie sie gesetzt ist, es sei denn, daß sie wegen eines Sittenverstoßes oder eines Verbotsgesetzes nichtig ist. Dies ergibt sich daraus, daß die Auslegung stets den Grundsatz der Privatautonomie beachten muß und nicht etwa dieser Grenzen setzt.[63] Mißbilligten rechtsgeschäftlichen Gestaltungen kann somit nicht mittels

---

62 Vgl. oben 2. Kap. § 2 D.

63 Vgl. *Flume*, Allgemeiner Teil II, § 16 III a, S. 307, 308; Soergel/*Hefermehl*, BGB, § 133 Rn. 4; Soergel/*Wolf*, BGB, § 157 Rn. 125; Staudinger/*Roth*, BGB, § 157 Rn. 38/39; MünchKomm/*Mayer-Maly*, BGB, § 157 Rn. 46 ff. A.A. wohl *Sieker*, Eigenkapital und Fremdkapital, S. 49, 50, nach der es "nicht in der Macht der Parteien (liegt), die rechtliche Qualität ihrer Rechtsbeziehungen und die damit verbundenen Rechtsfolgen allein durch die Bezeichnung des Vertragstyps zu bestimmen". Diese Rechtfertigung ihres Auslegungskonzepts überschreitet jedoch die angeführte Grenze zulässiger Auslegung (so auch *Fleischer*, Finanzplankredite, S. 59 f., m. w. N.).

einer Auslegung begegnet werden, sondern nur anhand der gesetzlich vorgegebenen Mittel (§§ 134, 138 BGB etc.) oder - soweit erforderlich - im Wege einer ihrerseits rechtfertigungsbedürftigen Rechtsfortbildung. Folglich ist es nicht möglich, aufgrund einer Auslegung Gesellschafterfremdmittel entgegen dem Willen der Gesellschafter wie Eigenkapital zu behandeln.

c) Ergebnis

Die Sonderbehandlung von Gesellschafterdarlehen in der Krise läßt sich demnach auch nicht im Wege einer Auslegung der zugrunde liegenden schuldrechtlichen Absprache legitimieren. Zwar ist es grundsätzlich möglich, formell als Fremdmittel bezeichnete Kapitalleistungen der Gesellschafter aufgrund einer Auslegung wie Haftkapital zu behandeln, wenn ein entsprechender Wille existiert und deutlich wird. Ist jedoch ein derartiger Wille nicht zum Ausdruck gekommen, vermag die Auslegungskonstruktion die Sonderbehandlung nicht zu begründen. Der Gesellschafterwille ist regelmäßig entsprechend der Bezeichnung auf Fremdkapitalzufuhr gerichtet. Die einlagengleiche Behandlung von Kapitalmitteln, die die Parteien als Fremdmittel angesehen haben, widerspricht daher deren eindeutigem Willen, so daß die Grenzen zulässiger Auslegung überschritten wären.[64]

4. Zusammenfassung

Die drei in Betracht kommenden rechtsgeschäftlichen Begründungsansätze sehen sich bei genauerer Untersuchung letztlich allesamt Bedenken ausgesetzt. Zum Teil ist bereits ihre generelle Eignung als Legitimationsgrundlage zweifelhaft, bzw. sind schon die tatbestandlichen Voraussetzungen des jeweiligen Ansatzes in der Regel nicht erfüllt. Darüber hinaus bestehen hinsichtlich aller Ansätze durchgreifende Bedenken in Bezug auf ihre konkrete Eignung zur Legitimation der Sonderbehandlung von Gesellschafterdarlehen in der Krise. Es bleibt daher festzuhalten, daß sich anhand der zuvor erörterten rechtsgeschäftlichen Ansätze das richterrechtliche Eigenkapitalersatzrecht zwar in einzelnen Teilaspekten, aber jedenfalls nicht umfassend legitimieren läßt.

---

[64] Ebenso, allerdings für den Bereich der gesplitteten Pflichteinlage, *Joost*, ZGR 1987, 370, 397, der eine derartige Festlegung des Parteiwillens als "richterlichen oktroi" bezeichnet. Ähnlich auch *Mundry*, Darlehen und stille Einlagen, S. 117 ff.; *Fleischer*, Finanzplankredite, S. 57 ff.

III. Venire contra factum proprium

Ein weiterer, insbesondere zu Beginn der Entwicklung des Kapitalersatzrechts von der Rechtsprechung zur Legitimation herangezogener Ansatz ist der des Verbots des *venire contra factum proprium*.

So hat der BGH die Sonderbehandlung der Gesellschafterdarlehen in der Unternehmenskrise in seinen ersten Entscheidungen unter anderem noch damit begründet, daß sich der Gesellschafter, der von ihm zu Konkursabwendungszwecken gewährte Darlehen zurückfordere bzw. Darlehensrückzahlungen entgegennehme, bevor die Gesellschaft ohne diese lebensfähig sei, mit seinem eigenen Verhalten sowie dem Zweck der Darlehenshingabe und der gesetzlichen Kapitalerhaltungsvorschriften in Widerspruch setze. Damit verstoße er gegen Treu und Glauben (§ 242 BGB).[65]

Es ist allerdings fraglich, ob der Gedanke des venire contra factum proprium in dieser Ausprägung die Rechtsprechungsregeln zum Kapitalersatz letztlich zu legitimieren vermag.

1. Generelle Eignung als Legitimationsgrundlage

Es ist auch hier zunächst zu prüfen, ob das Verbot widersprüchlichen Verhaltens generell als Legitimationsgrundlage geeignet ist. Das Verbot des widersprüchlichen Verhaltens als Unterfall des Rechtsmißbrauchs ist eine Ausprägung des treuwidrigen Verhaltens und damit eine konkretisierende Fallgruppe der Generalklausel des § 242 BGB.[66] Rechtsfolge des Rechtsmißbrauchs und damit des widersprüchlichen Verhaltens ist, daß die Ausübung oder Durchsetzung eines formal bestehenden Rechts (zumindest zeitweise) verwehrt wird ("unzulässige Rechtsausübung").[67]

---

65 Vgl. BGHZ 31, 258, 272; 67, 171, 175; 75, 334, 336 f., zustimmend *Fleck*, FS Werner (1984), S. 107, 116; *R. Fischer*, LM Nr. 4 (Bl. 2 r) zu § 2 GmbHG. Siehe ebenfalls noch *Wiedemann*, Gesellschaftsrecht, § 10 IV, 3 a, S. 569; ähnlich *ders.*, FS Beusch (1993), S. 893, 910 allerdings dort unter maßgeblicher Einbeziehung der Finanzierungsfolgeverantwortung. Aus neuerer Zeit siehe *Altmeppen*, ZIP 1993, 1677, 1682; *Goette*, ZHR 162 (1998), 223, 224.

66 Vgl. MünchKomm/*Roth*, BGB, § 242 Rn. 255 ff., 350 ff.; Jauernig/*Vollkommer*, BGB, § 242 Rn. 32 ff., 38 ff.; siehe auch *Dette*, venire contra factum proprium, S. 27 ff., 37 ff., 50, nach dessen Ansicht der Grundsatz des venire contra factum proprium allerdings gerade kein Unterfall des § 242 BGB bzw. des Rechtsmißbrauchs ist.

67 MünchKomm/*Roth*, BGB, § 242 Rn. 255, 267 f., 350; Jauernig/*Vollkommer*, BGB, § 242 Rn. 32, 34, 36; siehe auch *Dette*, venire contra factum proprium, S. 27.

Sieht man die Rückforderung von Darlehensbeträgen durch die Gesellschafter in der Unternehmenskrise somit als widersprüchliches Verhalten an, läßt sich der von der Rechtsprechung vorgenommene Ausschluß des Darlehensrückzahlungsanspruchs und die damit verbundene Einschränkung der Finanzierungsfreiheit, der Privatautonomie sowie des Haftungsprivilegs auf den ersten Blick durchaus begründen.

Problematisch ist jedoch bereits die Legitimation des gleichfalls nach den Rechtsprechungsregeln bestehenden Anspruchs auf Rückgewähr erhaltener Darlehensrückzahlungen, da Schadenersatz-, Beseitigungs- oder Unterlassungsansprüche als solche nicht Folge einer unzulässigen Rechtsausübung sein können.[68]

Abgesehen davon wird in der rechtswissenschaftlichen Literatur in neuerer Zeit bezweifelt, ob dem Verbot widersprüchlichen Verhaltens - abgesehen von den Fällen der sog. Vertrauenshaftung kraft widersprüchlichen Verhaltens[69] - überhaupt ein eigenständiger Begründungswert zukommt, da nach allgemein vorherrschender Auffassung bloßes widersprüchliches Verhalten für sich alleine nicht genüge, um Sanktionen auszulösen.[70] Daher sei es, wenn sich die Begründung einer Rechtsverweigerung nicht in einem Zirkelschluß oder einer petitio principii erschöpfen solle, entgegen der bislang vorherrschenden Ansicht[71] stets erforderlich, daß sich die Widersprüchlichkeit aus zusätzlichen Kriterien ergebe, wozu insbesondere das rechtsethische Prinzip des Vertrauensschutzes zähle.[72]

Es bestehen von daher erhebliche Bedenken, ob die bloße Berufung auf ein widersprüchliches Verhalten generell geeignet ist, die Rechtsprechungsregeln zu legitimieren.

---

68 Vgl. nur MünchKomm/*Roth*, BGB, § 242 Rn. 269.

69 Dazu eingehend *Canaris*, Vertrauenshaftung, S. 287 ff.; *Singer*, Verbot widersprüchlichen Verhaltens, S. 6 ff., 49 passim. Siehe auch sogleich unten 3. Kap. § 1 A IV 2.

70 Vgl. *Singer*, Verbot widersprüchlichen Verhaltens, S. 14 f., 352/353 (mit ausführlichen Nachweisen); *Dette*, venire contra factum proprium, S. 38 ff., 45 ff., 95 ff.; ähnlich auch *Wieling*, AcP 176 (1976), 334, 342; *ders.*, AcP 187 (1987), 95, 100.

71 Siehe nur statt aller MünchKomm/*Roth*, BGB, § 242 Rn. 350 ff.; Jauernig/*Vollkommer*, BGB, § 242 Rn. 48.

72 So *Dette*, venire contra factum proprium, S. 41/42, 45 f., 50; *Singer*, Verbot widersprüchlichen Verhaltens, S. 14 f., 42, 43 ff., 49, 352/353.

2. Konkrete Eignung

Die zuvor angesprochene Streitfrage bedarf jedoch vorliegend ebenfalls letztlich keiner Entscheidung. Durch die Rückforderung von Darlehen, die der Gesellschafter der Gesellschaft gewährt hat, verhält er sich nämlich nicht widersprüchlich.

Das Verbot widersprüchlichen Verhaltens ist ein formales Prinzip. Die Begriffe *wider*sprüchliches Verhalten, *gegen*sätzliches Verhalten bzw. venire *contra* factum proprium weisen auf ein formales negatorisches Verhältnis zwischen dem früheren und dem späteren Verhalten hin. Dieser formalen Struktur entspricht auch, daß es beim Verbot des venire contra factum proprium weder auf ein Verschulden noch auf Rechtswidrigkeit ankommt. Weder das frühere noch das spätere Verhalten sind für sich betrachtet mißbilligenswert. Dies ergibt sich erst aufgrund der spezifischen Beziehung der betreffenden Akte zueinander.[73] Ein widersprüchliches Verhalten liegt daher dann vor, wenn eine Person Urheber zweier Akte ist, deren Beschreibung die Aussagen "a" und "non-a" beinhaltet.[74]

Zwischen der Gewährung eines Darlehens und dessen Rückforderung besteht jedoch kein derartiger formaler Widerspruch. Vielmehr wird der Darlehensrückzahlungsanspruch gerade durch die Darlehensgewährung bedingt (siehe § 607 Abs. 1 BGB).[75] Der Gesellschafter, der von ihm gewährte Darlehen zurückfordert, handelt somit im Verhältnis zu seinem vorhergehenden Verhalten nicht widersprüchlich, so daß in der Rückforderung keine unzulässige Rechtsausübung gesehen werden kann.[76]

Auch die Berufung des BGH auf einen Widerspruch gegen Zweck der Darlehenshingabe und der Kapitalerhaltungsvorschriften durch die Rückforderung des Darlehens führt nicht weiter. Zum einen ist die Berufung auf einen Widerspruch zum Zweck der Darlehenshingabe insofern nichtssagend, als es grund-

---

73 *Singer*, Verbot widersprüchlichen Verhaltens, S. 21, 352; siehe auch *Dette*, venire contra factum proprium, S. 34 f., 58, 71.

74 So plastisch *Singer*, Verbot widersprüchlichen Verhaltens, S. 23.

75 Vgl. *Singer*, Verbot widersprüchlichen Verhaltens, S. 40. Ebenso *K. Schmidt*, Gesellschaftsrecht, § 18 III 4 b, S. 532; *Grunewald*, GmbHR 1997, 7, 8; *Koller*, FS Heinsius (1991), S. 357, 371/372; ähnlich *Fastrich*, FS Zöllner (1998), S. 143, 144 f.

76 So im Ergebnis z. B. auch *K. Schmidt*, ZHR 147 (1983), 165, 183 mit dem Hinweis, daß an dem Rückzahlungsbegehren für sich betrachtet nichts widersprüchliches ist, da sich der Gesellschafter ja mit dem zugrunde liegenden Darlehensvertrag auf eine Formwahl bei der Unternehmensfinanzierung beruft, die ihn konzediert wird. Ihm zustimmend *Maier-Reimer*, FS Rowedder (1994), S. 245, 269.

sätzlich jedem freisteht, sein Verhalten zu ändern.[77] Zum anderen werden mit dem Verstoß gegen das Verbot des venire contra factum proprium und dem Verstoß gegen den Zweck der gesetzlichen Kapitalerhaltungsvorschriften zwei Gedanken vermischt, die nichts miteinander zu tun haben.[78] Schließlich geht es bei dem Widerspruch gegen den Zweck der Darlehensgewährung und der gesetzlichen Kapitalerhaltungsvorschriften nicht um den Widerspruch im Verhalten einer Person, sondern um die Unvereinbarkeit einer Rechtsausübung mit einem Rechtssatz.[79] Die Feststellung, daß sich jemand in Widerspruch zum Recht setzt, ist jedoch das Ergebnis einer Subsumtion und kein formaler Widerspruch. Sachlich ist diese Feststellung ohne Erkenntniswert, so daß ein so verstandener Widerspruch auch nichts zur Rechtsfindung oder Rechtsfortbildung beitragen kann.[80]

Da die Rückforderung eines Darlehens durch den Gesellschafter für sich betrachtet folglich kein widersprüchliches Verhalten darstellt, ist der Gedanke des venire contra factum proprium nicht konkret geeignet, die Sonderbehandlung der Gesellschafterdarlehen zu legitimieren.

3. Ergebnis

Das Verbot des venire contra factum proprium vermag keine tragfähige dogmatische Grundlage für die Rechtsprechungsregeln zum Eigenkapitalersatzrecht zu bilden. Die Begründung der Sonderbehandlung anhand dieses Ansatzes in den ersten Entscheidungen des BGH wird aber verständlich, wenn man sich verdeutlicht, daß sich die Rechtsprechung häufig auf § 242 BGB beruft, wenn ihre Entscheidung auf den Wortlaut oder einen wie auch immer ermittelten Sinn anderer Normen nicht gestützt werden kann. Dadurch ist § 242 BGB, über Wortlaut und Intention des historischen Gesetzgebers hinaus, zu einem Einfallstor richterlicher Rechtsfortbildung geworden.[81] Überdies hat der BGH anhand dieses Begründungsansatzes die Gesellschafterfremdfinanzierung aus dem "Dunstkreis" der Sittenwidrigkeit (§ 826 BGB) gelöst und damit letztlich den Weg für eine objektive Bewertung dieser Finanzierungsmöglichkeit freigemacht.

---

77 Vgl. nur *Singer*, Verbot widersprüchlichen Verhaltens, S. 2, 50; *Dette*, venire contra factum proprium, S. 38 (jeweils mit weiteren Nachweisen).

78 So zutreffend *Reiner*, FS Boujong (1996), S. 415, 424.

79 So *Singer*, Verbot widersprüchlichen Verhaltens, S. 39/40.

80 *Singer*, Verbot widersprüchlichen Verhaltens, S. 23.

81 MünchKomm/*Roth*, BGB, § 242 Rn. 13; ähnlich auch Jauernig/*Vollkommer*, BGB, § 242 Rn. 9.

IV. Vertrauenshaftung

In der rechtswissenschaftlichen Literatur werden schließlich zur dogmatischen Begründung der Sonderbehandlung von Gesellschafterdarlehen in unterschiedlicher Ausgestaltung noch der Gedanke der Rechtsscheinhaftung[82] bzw. des widersprüchlichen Verhaltens gegen ein Vertrauen des Rechtsverkehrs[83] herangezogen.

Mit dem Rückgriff auf die Rechtsscheinhaftung bzw. auf das aus § 242 BGB hergeleitete Verbot des widersprüchlichen Verhaltens gegen ein Vertrauen des Rechtsverkehrs wird letztlich zur Legitimation des Kapitalersatzrechts auf den allgemeinen Gedanken des Vertrauensschutzes und der diesbezüglichen Vertrauenshaftung abgestellt. Sowohl die Rechtsscheinhaftung als auch die Vertrauenshaftung kraft widersprüchlichen Verhaltens sind nämlich nur einzelne tatbestandliche Ausgestaltungen des übergeordneten Prinzips der Vertrauenshaftung, das für sich genommen zu unpräzise ist, um aus ihm konkrete Rechtsfolgen ableiten zu können.[84] Es ist somit im Anschluß an die grundlegende Systematisierung von *Canaris*[85] weiterhin zu untersuchen, ob sich einer der von ihm herausgearbeiteten Tatbestände der Vertrauenshaftung für die Legitimation der Sonderbehandlung von Gesellschafterdarlehen in der Unternehmenskrise fruchtbar machen läßt.

Dabei kann von vornherein eine Einschränkung dahingehend vorgenommen werden, daß aus diesem Bereich nur die bereits erwähnte Rechtsscheinhaftung sowie das Verbot widersprüchlichen Verhaltens in Betracht kommen. Denn Folge der Rechtsprechungsregeln ist, daß die Gesellschafterfremdmittel, soweit sie eine Unterdeckung des satzungsmäßigen Stammkapitals auffüllen, wie haftendes Eigenkapital behandelt werden, und nicht etwa, daß die Gesellschafter

---

82 Siehe *Claussen*, ZHR 147 (1983), 195, 203; *Kuhr*, Eigenkapitalersatz bei Publikumspersonengesellschaften, S. 80/81; *Hildebrand*, Eigenkapitalersetzende Bankdarlehen, S. 104 ff.; ähnlich Staudinger/*Hopt/Mülbert*, BGB, § 607 Rn. 122; *Rümker*, ZIP 1982, 1385, 1391.Vgl. auch *Berger*, Grundlagen des Eigenkapitalersatzrechts, S. 95 ff. für das österreichische Recht.

83 So *Lutter/Hommelhoff*, ZGR 1979, 31, 36 ff.; *H. Herrmann*, Fremdfinanzierung durch Gesellschafter, S. 151, 153; *Ketzer*, Eigenkapitalersetzende Aktionärsdarlehen, S. 37 ff. Ähnlich auch BGHZ 75, 334, 336, 338; 90, 381, 388/389.

84 Vgl. *Canaris*, Vertrauenshaftung, S. 525 ff.

85 *Canaris*, Vertrauenshaftung, S. 1 passim.

einen Anspruch auf Schadenersatz erlangen.[86] Unter dem Blickwinkel der Vertrauenshaftung bedeutet das, daß im Ergebnis dem Vertrauen des Geschäftsverkehrs entsprochen wird, daß also, in der Terminologie von *Canaris,* ein positiver Vertrauensschutz eintritt.[87] Ein solcher kann jedoch nur aufgrund der Rechtsscheinhaftung bzw. der Vertrauenshaftung kraft rechtsethischer Notwendigkeit, zu der insbesondere die Vertrauenshaftung kraft widersprüchlichen Verhaltens zählt,[88] beansprucht werden.[89] Dabei ist vorrangig zu prüfen, ob sich eine Legitimation anhand der Rechtsscheinhaftung finden läßt. Denn die Vertrauenshaftung kraft widersprüchlichen Verhaltens als Ausgestaltung der Vertrauenshaftung kraft rechtsethischer Notwendigkeit hat nämlich stets subsidiären Charakter und kommt, wie sich bereits aus der Bezeichnung ergibt, nur dort zur Anwendung, wo die "an sich" von der Rechtsordnung zur Verfügung gestellten Schutzmöglichkeiten in rechtsethisch untragbarer Weise versagen.[90]

1. Rechtsscheinhaftung

Die auf dem Gedanken der Rechtsscheinhaftung basierenden Begründungsansätze lassen sich im Kern wie folgt zusammenfassen:

Durch die Überlassung von Fremdmitteln an die kriselnde Gesellschaft ermögliche der Gesellschafter ihr die weitere Teilnahme am allgemeinen Geschäftsverkehr. Dadurch erwecke er bei außenstehenden Dritten den Rechtsschein einer mit genügend Eigenkapital ausgestatteten und wirtschaftlich lebensfähigen Gesellschaft. Dieser durch die Fremdmittelzufuhr hervorgerufene Rechtsschein sei Grundlage für ein normativ-typisiertes, potentielles Vertrauen des Geschäftsverkehrs in die Leistungsfähigkeit der Gesellschaft. Dem Gesellschafter sei der Rechtsschein sowie das daraus resultierende Vertrauen zuzurechnen, da er die Verantwortung für eine ordnungsgemäße Finanzierung der

---

86 Vgl. statt aller nur Hachenburg/*Ulmer*, GmbHG, § 32 a, b Rn. 65 ff., 167 ff.; Baumbach/Hueck/*Hueck*, GmbHG, § 32 a Rn. 53 ff., 76 ff., sowie oben 1. Kap. § 3 A. Anderer Ansicht scheinbar *Reiner*, FS Boujong (1996), S. 415, 439 ff.

87 Vgl. *Canaris*, Vertrauenshaftung, S. 5, 518, 526, mit weiterführenden Verweisen.

88 Vgl. *Canaris*, Vertrauenshaftung, S. 526, 528 ff. sowie grundlegend S. 266/267, 270 f., 287 ff.

89 Vgl. *Canaris*, Vertrauenshaftung, S. 518 ff., 526, mit weiterführenden Verweisen.

90 Vgl. *Canaris*, Vertrauenshaftung, S. 541/542, 543, 545 sowie 300 f.

Gesellschaft trage. Deshalb müsse er sich an dem Rechtsschein festhalten lassen.[91]

Ob dieser auf den ersten Blick durchaus stimmige Begründungsansatz allerdings geeignet ist, eine tragfähige dogmatische Grundlage für die Kapitalersatzrechtsprechung zu bilden, ist fraglich.

a) Generelle Eignung als Legitimationsgrundlage

Festzuhalten ist zunächst, daß dieser Ansatz im Grundsatz generell geeignet ist, die Kapitalersatzregeln der Rechtsprechung zu legitimieren.

Die Rechtsscheinhaftung als Fall der Vertrauenshaftung stellt eine gesetzliche Haftung dar.[92] Als Korrelat der Privatautonomie[93] dient sie dabei insbesondere der Verwirklichung von Verkehrsschutzzwecken,[94] indem sie durch Statuierung besonderer Rechtspflichten für einen Ausgleich der mit der privatautonomen Gestaltungsfreiheit verbundenen Risiken sorgt.[95]

Liegen die Voraussetzungen der Rechtsscheinhaftung vor, so hat dies einen Anspruch auf Vertrauensentsprechung zur Folge. Der Vertrauende kann also verlangen, daß seinem Vertrauen, soweit es in persönlicher und sachlicher Hinsicht schutzwürdig ist, entsprochen wird, indem er so gestellt wird, als bestünde die von ihm angenommene Lage wirklich.[96]

Übertragen auf die Gesellschafterfremdmittelzufuhr bedeutet dies, daß - unter der Prämisse, daß durch sie ein zurechenbarer Rechtsschein gesetzt wird[97] und auch die übrigen Anspruchsvoraussetzungen erfüllt sind - die Gesellschaftsgläubiger, die auf die "ordnungsgemäße Finanzierung" der Gesellschaft vertrauen durften, verlangen können, daß ihrem Vertrauen, soweit es schutzwürdig ist, entsprochen wird. Da nach der gesetzlichen Systematik nur das satzungs-

---

91 Vgl. *Hildebrand*, Eigenkapitalersetzende Bankdarlehen, S. 104 ff.; *Kuhr*, Eigenkapitalersatz bei Publikumspersonengesellschaften, S. 80/81; *Berger*, Grundlagen des Eigenkapitalersatzrechts, S. 95 ff.; Jaeger/*Henckel*, KO, § 32 a Rn. 5; ebenso *Claussen*, ZHR 147 (1983), 195, 203, allerdings mit der Einschränkung, daß dieser Begründungsansatz nur im Hinblick auf Neugläubiger, d. h. solche, die erst nach der Fremdmittelzufuhr mit der Gesellschaft in Geschäftskontakt treten, tragfähig sei.

92 Vgl. *Canaris*, Vertrauenshaftung, S. 428/429.

93 So *Canaris*, S. 439 ff.

94 *Canaris*, Vertrauenshaftung, S. 440/441, 526.

95 Vgl. *Canaris*, Vertrauenshaftung, S. 440.

96 Vgl. *Canaris*, Vertrauenshaftung, S. 518, 521 ff.

97 Zu dieser höchst fragwürdigen Prämisse siehe nachfolgend unter b).

mäßige Stammkapital geschützt wird,[98] könnte man diesbezüglich argumentieren, daß auch das Vertrauen der Gesellschaftsgläubiger nur bis zu diesem Betrag als schutzwürdig anzusehen ist.[99] Die Gesellschaftsgläubiger könnten in diesem Fall verlangen, daß die Fremdmittel, soweit sie eine Unterdeckung der Stammkapitalziffer ausgleichen bzw. ihre Rückzahlung zu einer Unterdeckung führt, bis zur Beseitigung der Unterdeckung wie haftendes Kapital behandelt werden, was den Rechtsfolgen der Rechtsprechungsregeln entspräche.

Somit vermag dieser Ansatz generell die von der Rechtsprechung vorgenommene Sonderbehandlung von Gesellschafterfremdmitteln in der Krise zu begründen[100] und die damit verbundene Einschränkung der Privatautonomie, der Finanzierungsfreiheit sowie des Haftungsprivilegs zu legitimieren.

Bedenken an der generellen Eignung der Rechtsscheinhaftung als dogmatischer Grundlage der Rechtsprechungsregeln bestehen jedoch insofern, als sie die Sonderbehandlung der Gesellschafterdarlehen nicht zu begründen vermag, wenn der Rechtsverkehr weiß, daß die Gesellschaft mit umfangreichen Krediten - auch aus Gesellschafterhand - finanziert ist.[101] Zwar geht es bei der Sonderbehandlung der Gesellschafterdarlehen nach Ansicht der Vertreter dieser Auffassung nicht um den Schutz konkreten aktuellen Vertrauens, sondern um den Schutz normativ-typisierten potentiellen Vertrauens,[102] so daß die Existenz des Vertrauens nicht in jedem Einzelfall nachgewiesen werden muß.[103] Aber auch in Fällen derartigen normativ-typisierten Vertrauens verdient der zu Schützende den Schutz der Rechtsordnung nicht, wenn er die wahre Rechts- und Sachlage kennt. In diesem Fall fehlt es nämlich schon am stets erforderlichen guten Glauben hinsichtlich des Vertrauenstatbestandes.[104] Das ist allerdings aufgrund

---

98 Vgl. § 30, 31 GmbHG; siehe auch schon oben 2. Kap. § 2 B V, 2. Kap. § 3 A I sowie unten 3. Kap. § 1 B III 2 b bb (1).

99 Ähnlich BGHZ 76, 326, 333 ff.; Hachenburg/*Ulmer*, GmbHG, § 32 a, b Rn. 165; Scholz/*K. Schmidt*, GmbHG, §§ 32 a, 32 b Rn. 77.

100 Anderer Ansicht insbesondere *Canaris*, Vertrauenshaftung, S. 371 (Fn. 98), nach dessen Auffassung sich der Rücktritt der Gesellschafterforderung im Konkurs nicht mittels der Vertrauenshaftung begründen läßt, da es dabei um einen bloßen Anspruchsverlust und somit nicht um einen positiven Vertrauensschutz gehe.

101 So ebenfalls *Fleischer*, Finanzplankredite, S. 80; *Ostheim*, FS Kastner (1992), S. 347, 352/353 (Fn. 33).

102 Vgl. *Ketzer*, Eigenkapitalersetzende Aktionärsdarlehen, S. 38; *Lutter/Hommelhoff*, ZGR 1979, 31, 36/37.

103 Siehe dazu *Canaris*, Vertrauenshaftung, S. 504.

104 Vgl. dazu *Canaris*, Vertrauenshaftung, S. 504 ff., 527.

des von der Rechtsprechung intendierten effektiven abstrakten Gläubigerschutzes, für den es nicht auf Kenntnis oder Unkenntnis der Darlehensfinanzierung ankommen soll, bedenklich. Überdies kommt es nach diesem Begründungsansatz zu praktisch unlösbaren Problemen, wenn einige Gläubiger die Krisenfinanzierung durch Gesellschafterfremdmittel kennen, andere demgegenüber nicht. Es stellt sich dann nämlich die Frage, ob die eigenkapitalähnliche Sonderbehandlung des Gesellschafterfremdkapitals überhaupt nicht eingreift oder nur zugunsten derjenigen, die keine Kenntnis von der Gesellschafterfremdkapitalfinanzierung hatten.[105]

b) Konkrete Eignung

Darüber hinaus ist es sehr fragwürdig, ob die Rechtsscheinhaftung konkret geeignet ist, eine tragfähige dogmatische Grundlage für die Sonderbehandlung von Gesellschafterfremdmitteln zu bilden. Es bestehen nämlich erhebliche Bedenken, ob durch die Fremdmittelzufuhr seitens der Gesellschafter die tatbestandlichen Voraussetzungen der Rechtsscheinhaftung erfüllt werden.

Konstitutive Voraussetzung der Rechtsscheinhaftung ist zunächst das Vorliegen eines Rechtsscheintatbestandes.[106] Erforderlich ist also die Schaffung eines objektiven Vertrauenstatbestandes, der die Grundlage eines Rechtsscheins bildet.[107]

Im Hinblick darauf wird von den Befürwortern dieses Begründungsansatzes angeführt, der Gesellschafter setze den Rechtsschein einer augenblicklich und zukünftig zahlungsfähigen sowie ordnungsgemäß finanzierten Gesellschaft, indem er den Geschäftsbetrieb durch die Bereitstellung der Fremdmittel aufrecht erhalte, obwohl die Fortführung auf dieser Kapitalbasis einer ordnungsgemäßen Unternehmensfinanzierung widerspreche.[108] Diese, wie bereits oben erwähnt, bei oberflächlicher Betrachtung sehr eingängige Argumentation überzeugt aber bei näherer Betrachtung nicht:

Zunächst ist der vorgebrachte Anschein augenblicklicher und zukünftiger Zahlungsfähigkeit kein *Rechts*schein. Ein solcher setzt nämlich, wie sich schon

---

105 Ähnlich *Ostheim*, FS Kastner (1992), S. 347, 352/353 (Fn. 33).

106 Grundlegend *Canaris*, Vertrauenshaftung, S. 527; siehe auch *ders.*, Handelsrecht, § 6 VII 1, S. 90.

107 Vgl. *Canaris*, Vertrauenshaftung, S. 491 ff., 496/497, 527.

108 Vgl. *Hildebrand*, Eigenkapitalersetzende Bankdarlehen, S. 105/106; *Kuhr*, Eigenkapitalersatz bei Publikumspersonengesellschaften, S. 81; *Claussen*, ZHR 147 (1983), 195, 203.

aus der Bezeichnung ergibt, den Schein einer bestimmten Rechtslage voraus.[109] Der Schein der Zahlungsfähigkeit begründet jedoch nicht den Schein einer bestimmten Rechtslage, sondern vielmehr nur den Schein einer Tatsache. Dieser kann zwar Grundlage eines Vertrauenstatbestandes sein; er wird allerdings nicht über die Grundsätze der Rechtsscheinhaftung, sondern allenfalls über die für den Vertrauenden weniger vorteilhafte Vertrauenshaftung kraft rechtsethischer Notwendigkeit geschützt.[110] Darüber hinaus liegt auch im Hinblick auf die zukünftige Zahlungsfähigkeit schon deshalb kein Rechtsschein vor, weil hinsichtlich des Eintritts eines in der Zukunft liegenden Umstandes kein Schein, sondern höchstens eine *Wahrscheinlichkeit* bestehen kann.[111]

Auch soweit auf den Rechtsschein der ordnungsgemäßen Finanzierung abgestellt wird, bestehen Bedenken an der Argumentation. So ist schon fraglich, wodurch bei der Gesellschafterfremdfinanzierung in der Krise überhaupt ein diesbezüglicher Vertrauenstatbestand geschaffen werden soll. Ein Vertrauenstatbestand ist jeder Sachverhalt, der geeignet ist, in bestimmter Richtung Vertrauen zu erwecken.[112] Das Betreiben bzw. Fortführen eines Unternehmens in der Krise als solches ist für sich betrachtet kaum geeignet, den vertrauenswürdigen Anschein einer ordnungsgemäßen Finanzierung hervorzurufen. Inwieweit die Gesellschaft mit Eigen- bzw. Fremdkapital ausgestattet ist und inwieweit dies gegebenenfalls einer "ordnungsgemäßen Finanzierung" entspricht, ist durch die bloße Teilnahme am Geschäftsverkehr nicht angedeutet.[113]

Weiterhin kommt der Begründung mit der Berufung auf den Rechtsschein einer ordnungsgemäßen Finanzierung auch deshalb kein eigenständiger Begründungswert zu, weil es nach dem GmbH-Gesetz den Rechtsschein einer ord-

---

109 Vgl. *Canaris*, Vertrauenshaftung, S. 496, 527; *ders.*, JZ 1968, 494, 500.

110 Vgl. *Canaris*, Vertrauenshaftung, S. 496/497, mit dem Hinweis darauf, daß die Besserstellung desjenigen, der auf eine Rechtstatsache vertraut, gegenüber dem, der auf eine natürliche Tatsache vertraut, für das deutsche Recht charakteristisch ist, wobei er als Beispiel die Unterschiedlichkeit des Schutzes gegen das Fehlen der Verität und das Fehlen der Bonität einer gekauften Forderung anführt. Dazu paßt auch, daß der BGH in der Grundsatzentscheidung zur Konkursverschleppungshaftung (BGHZ 29, 100 ff.) erklärte, daß "das Vertrauen in die Zahlungsfähigkeit und die Kreditwürdigkeit eines anderen im Geschäfts- und Wirtschaftsleben keinen besonderen Schutz genießt", siehe BGHZ 29, 100, 106; siehe insofern auch *Fleischer*, Finanzplankredite, S. 80.

111 Vgl. *Canaris*, Vertrauenshaftung, S. 495.

112 Vgl. *Canaris*, Vertrauenshaftung, S. 491.

113 Ebenso *Fleischer*, Finanzplankredite, S. 79/80; *Westermann*, Vertragsfreiheit und Typengesetzlichkeit, S. 291; ähnlich auch schon *Erman*, KTS 1959, 129, 132.

nungsgemäß finanzierten Gesellschaft nicht gibt. Einen solchen Rechtsschein könnte es nämlich nur dann geben, wenn es eine entsprechende Rechtslage gäbe, d. h., wenn es Rechtsnormen gäbe, anhand derer sich feststellen ließe, ob eine Gesellschaft ordnungsgemäß finanziert ist. Das ist jedoch mittels der Normen des GmbH-Gesetzes nicht möglich. Dieses enthält, abgesehen von den Regeln über die Kapitalaufbringung und -erhaltung[114], keine Finanzierungsregeln, sondern gewährt den Gesellschaftern Finanzierungsfreiheit.[115] Zudem steht einem derartigen Rechtsschein entgegen, daß bislang weder in der Betriebswirtschaftslehre noch in der Rechtswissenschaft allgemein anerkannte Grundsätze ordnungsgemäßer Finanzierung erarbeitet werden konnten.[116] Dementsprechend sind auch die Gesellschafter nach ganz herrschender Meinung nicht verpflichtet, die Gesellschaft mit einem angemessenen Eigenkapital auszustatten.[117] Den Schein ordnungsgemäßer Finanzierung kann es somit allenfalls vor dem Hintergrund der Kapitalersatzregeln geben, die ja dann regelnd eingreifen, wenn eine Finanzierungsmaßnahme trotz der Finanzierungsfreiheit nicht mehr als ordnungsgemäß angesehen wird. Ob bzw. wann dies jedoch der Fall ist, soll allerdings gerade mittels der Rechtsscheinhaftung begründet werden, so daß diese Argumentation zu einem Zirkelschluß führt.

Letztlich vermag der auf den Rechtsscheingedanken gestützte Ansatz auch nicht überzeugend zu begründen, warum nur die Gesellschafter für den angeblichen Rechtsschein ordnungsgemäßer Finanzierung einstehen sollen. Der Rechtsschein einer leistungsfähigen und ordnungsgemäß finanzierten Gesellschaft wird ebenso von an der Gesellschaft nicht beteiligten Dritten hervorgerufen, die das Unternehmen durch die Zufuhr von Fremdmitteln am Leben erhalten. Dennoch werden nach den Rechtsprechungsregeln in der Unternehmenskrise nicht sämtliche Kredite wie Eigenkapital behandelt, sondern nur solche von Gesellschaftern oder ihnen gleichgestellten Personen.[118]

---

[114] Dazu oben 2. Kap. § 3 A I.

[115] Dazu oben 1. Kap. § 4 C.

[116] Siehe dazu näher unten 3. Kap. § 2 E II 3 (mit Nachweisen).

[117] Dies gilt selbst noch nach Einführung der §§ 32 a, b GmbHG, vgl. nur statt aller Hachenburg/*Ulmer*, GmbHG, § 32 a, b Rn. 7; Baumbach/Hueck/*Hueck*, GmbHG, § 32 a Rn. 2 sowie schon oben 3. Kap. § 1 A II 2 a.

[118] BGHZ 31, 258, 266 f.; 75, 334, 335 f.; Hachenburg/*Ulmer*, GmbHG, § 32 a, b Rn. 34, 118 ff., 163; Baumbach/Hueck/*Hueck*, GmbHG, § 32 a Rn. 16 ff. sowie insbesondere *Röhricht*, Eigenkapitalersetzende Leistungen, S. 1, 21 ff.

Die Beschränkung auf Gesellschafterkredite begründen die Vertreter dieses Legitimationsansatzes damit, daß der Rechtsschein nur den Gesellschaftern zuzurechnen sei.[119] Diese dürften aufgrund ihrer Verantwortung für eine ordnungsgemäße Unternehmensfinanzierung das Finanzierungsrisiko nicht auf die Gesellschaftsgläubiger abwälzen.[120] Damit wird zur Begründung der Zurechenbarkeit auf das für die Rechtsscheinhaftung grundsätzlich maßgebliche Risikoprinzip abgestellt.[121] Allerdings besagt die bloße Bezugnahme auf das Risikoprinzip verhältnismäßig wenig. Vielmehr ist es stets erforderlich, im Einzelfall herauszuarbeiten, um welche Gefahren es im konkreten Fall geht und welche Gesichtspunkte für ihre Verteilung maßgeblich sind.[122] Abgesehen davon, daß es bereits an ersterem mangelt, ist das Argument der Finanzierungsverantwortung im Hinblick auf die Frage, welche Gesichtspunkte für die Risikoverteilung maßgeblich sind, nicht schlagkräftig. Von den Vertretern dieser Ansicht wird nämlich nicht begründet, woraus sich die Finanzierungsverantwortung der Gesellschafter ergeben soll. Sie wird vielmehr von ihnen ohne weiteres als existent vorausgesetzt. Das ist allerdings insofern problematisch, als sich die Finanzierungsverantwortung, wie an späterer Stelle gezeigt wird,[123] weder aus dem GmbH-Gesetz, noch aus den angeblichen Grundsätzen ordnungsmäßiger Unternehmensfinanzierung oder anderen Ansätzen unmittelbar ableiten läßt. Der Gedanke der Finanzierungsverantwortung ist vielmehr von der Rechtsprechung und Rechtswissenschaft im Verlauf der Entwicklung des Kapitalersatzrechts zu dessen Begründung entwickelt worden.[124] Nutzt man diesen nun seinerseits zur Rechtfertigung der Rechtsscheinhaftung als dogmatischer Grundlage der Kapitalersatzrechtsprechung, ohne ihn näher zu begründen, so wird zur Begründung ein Rechtssatz herangezogen, dessen Geltung letztlich mit Hilfe der Rechtsscheinhaftung begründet werden

---

119 Vgl. zur Zurechnung als stets zu forderndem Merkmal der Rechtsscheinhaftung *Canaris*, Vertrauenshaftung, S. 467 ff.

120 Vgl. *Hildebrand*, Eigenkapitalersetzende Bankdarlehen, S. 106/107; *Kuhr*, Eigenkapitalersatz bei Publikumspersonengesellschaften, S. 80/81; *Claussen*, ZHR 147 (1983), 195, 203.

121 Vgl. zum Risikoprinzip als Zurechnungskriterium *Canaris*, Vertrauenshaftung, S. 479 ff.

122 Vgl. *Canaris*; Vertrauenshaftung, S. 481.

123 Siehe ausführlich unten 3. Kap. § 2 E III 3 c.

124 Vgl. nur *Fastrich*, FS Zöllner (1998), S. 143, 147; *Koller*, FS Heinsius (1991), S. 357, 372 sowie unten 3. Kap. § 2 E III 3 c dd.

sollte;[125] es wird also vorausgesetzt, was zu begründen ist.[126] Folglich enthält diese Argumentationskette eine petitio principii.

c) Ergebnis

Es bleibt festzuhalten, daß der Gedanke der Rechtsscheinhaftung als dogmatische Grundlage der Rechtsprechungsregeln zum Kapitalersatz erheblichen Bedenken ausgesetzt ist. Im Hinblick auf seine generelle Eignung vermag er die Sonderbehandlung nicht zu legitimieren, wenn der Rechtsverkehr Kenntnis von der Gesellschafterfremdfinanzierung hat. Das ist im Hinblick auf den intendierten effektiven abstrakten Gläubigerschutz bedenklich.[127] Hinsichtlich der konkreten Eignung ist schon fraglich, worin die den Rechtsscheintatbestand begründende Handlung zu sehen sein soll.[128] Darüber hinaus wird durch die Gesellschafterfremdmittelzufuhr überhaupt kein Rechtsschein erweckt.[129] Schließlich enthält die Begründung anhand des Rechtsscheingedankens auch eine petitio principii, da vorausgesetzt wird, was zu begründen ist, daß nämlich der Gesellschafter für die Folgen seiner Finanzierungsentscheidung einzustehen hat.[130] Daher ist dieser Ansatz im Ergebnis ungeeignet, eine tragfähige dogmatische Grundlage für die Rechtsprechungsregeln zu bilden.[131]

2. Vertrauenshaftung kraft widersprüchlichen Verhaltens

Von anderen Teilen der rechtswissenschaftlichen Literatur wird schließlich zur dogmatischen Begründung der Kapitalersatzrechtsprechung die sog. Vertrauenshaftung kraft widersprüchlichen Verhaltens[132] herangezogen. Grundlage der Sonderbehandlung von Gesellschafterdarlehen in der Unternehmenskrise soll nach dieser Ansicht der Schutz eines objektivierten Vertrauens des Geschäftsverkehrs in die Leistungsfähigkeit der Gesellschaft sein. Dieses Ver-

---

125 So auch schon *Singer*, Verbot widersprüchlichen Verhaltens, S. 42.

126 Ebenso wohl auch *Fastrich*, FS Zöllner (1998), S. 143, 146 f. sowie ganz ähnlich *Karollus*, FS Claussen (1997), S. 199, 201.

127 Siehe oben 3. Kap. § 1 A IV 1 a.

128 Siehe oben 3. Kap. § 1 A IV 1 b.

129 Siehe oben 3. Kap. § 1 A IV 1 b.

130 Siehe oben 3. Kap. § 1 A IV 1 b.

131 Im Ergebnis aus ganz ähnlichen Erwägungen ebenso *Kaiser*, Schuldrechtliche Gebrauchsüberlassungen durch den Gesellschafter, S. 35 ff.

132 Dazu eingehend *Canaris*, Vertrauenshaftung, S. 287 ff.

trauen habe der Gesellschafter durch die auf der Darlehenszufuhr beruhende Fortführung der Gesellschaft im allgemeinen Geschäftsverkehr geweckt bzw. aufrechterhalten, und wegen seiner Finanzierungsverantwortung sei es ihm auch zuzurechnen. Aufgrund dieses Vertrauens würde er sich zu seinem eigenen Verhalten in Widerspruch setzen, wenn er die Mittel beliebig zurückfordern und dadurch den Gesellschaftszusammenbruch zu einem willkürlichen Zeitpunkt bewirken könnte. Deshalb sei ihm der Abzug der Valuta solange zu versagen, wie die Gesellschaft auf die Gesellschaftermittel angewiesen sei, um nicht in eine Krise zu stürzen oder in ihr zu verbleiben.[133]

a) Generelle Eignung als Legitimationsgrundlage

Auch der auf dem Gedanken der Vertrauenshaftung kraft widersprüchlichen Verhaltens basierende Begründungsansatz ist - unter der Prämisse, daß die Voraussetzungen für eine derartige Haftung durch die Gesellschafterfremdmittelzufuhr erfüllt sind - im Grundsatz generell zur Legitimation der Kapitalersatzrechtsprechung geeignet. Insoweit gelten hier die im Hinblick auf die generelle Eignung der Rechtsscheinhaftung gemachten Ausführungen[134] entsprechend, da auch hier letztlich ein Unterfall der allgemeinen Vertrauenshaftung zur Diskussion steht.[135]

Gegen diesen Legitimationsansatz bestehen allerdings im Hinblick auf seine generelle Eignung als dogmatische Grundlage des Kapitalersatzrechts letztlich die gleichen Bedenken, die schon zuvor gegen die Rechtsscheinhaftung als Legitimationsansatz angeführt wurden. Auch die Vertrauenshaftung kraft widersprüchlichen Verhaltens vermag die Sonderbehandlung der Gesellschafterdarlehen nicht zu rechtfertigen, wenn der Rechtsverkehr die Finanzierung der Gesellschaft anhand von Gesellschafterdarlehen kennt, da es dann am guten Glauben bezüglich des Vertrauenstatbestandes fehlt.[136] Folglich ist auch dieser Begründungsansatz aus Sicht der zu schützenden Gläubiger zweifelhaft.

---

[133] Vgl. *Ketzer*, Eigenkapitalersetzende Aktionärsdarlehen, S. 37 ff.; *Lutter/Hommelhoff*, ZGR 1979, 31, 36 ff.; *H. Herrmann*, Fremdfinanzierung durch Gesellschafter, S. 151, 153.

[134] Oben 3. Kap. § 1 A IV 1 a.

[135] Siehe oben 3. Kap. § 1 A IV.

[136] Vgl. oben 3. Kap. § 1 A IV 1 a.

b) Konkrete Eignung

Zudem bestehen auch an der konkreten Eignung dieses Legitimationsansatzes im wesentlichen die selben Bedenken, wie gegen den vorstehend erörterten Gedanken der Rechtsscheinhaftung.

Im Gegensatz zu letzterem ist es für eine Vertrauenshaftung kraft widersprüchlichen Verhaltens zwar nicht erforderlich, daß ein Rechtsschein gesetzt wurde; vielmehr genügt hier grundsätzlich die Schaffung eines beliebigen Vertrauenstatbestands.[137] Insofern ist das Abstellen auf den Anschein einer mit genügend Eigenkapital ausgestatteten und deshalb wirtschaftlich lebensfähigen Gesellschaft[138] - also einen Tatsachenschein - bei diesem Begründungsansatz im Gegensatz zur Rechtsscheinhaftung[139] ausreichend. Allerdings ist hier ebenfalls fraglich, worin das den Vertrauenstatbestand begründende Verhalten der Gesellschafter zu sehen sein soll. Gegen die Argumentation, dieses sei in der Darlehenszuführung und der dadurch ermöglichten Fortführung des Unternehmens im Geschäftsverkehr zu sehen,[140] spricht nämlich auch hier, daß durch die bloße Teilnahme am Geschäftsverkehr nichts über die Kapitalausstattung der Gesellschaft angedeutet ist.[141]

Schließlich kann auch im vorliegenden Zusammenhang die gleichfalls für die Vertrauenshaftung kraft widersprüchlichen Verhaltens erforderliche Zurechnung[142] des Vertrauenstatbestandes nicht überzeugend mit dem Argument der Finanzierungsverantwortung des Gesellschafters begründet werden,[143] da diese Argumentation, ohne eine eigenständige Legitimation der Finanzierungsverantwortung, wie zuvor gesehen,[144] eine petitio principii enthält.

---

137 *Canaris*, Vertrauenshaftung, S. 529.

138 *Ketzer*, Eigenkapitalersetzende Aktionärsdarlehen, S. 37, 44; *Lutter/Hommelhoff*, ZGR 1979, 31, 36.

139 Dazu oben 3. Kap. § 1 A IV 1 b.

140 So *Ketzer*, Eigenkapitalersetzende Aktionärsdarlehen, S. 37/38, 44; *H. Herrmann*, Fremdfinanzierung durch Gesellschafter, S. 151, 153; *Lutter/Hommelhoff*, ZGR 1979, 31, 36.

141 Vgl. nur *Westermann*, Vertragsfreiheit und Typengesetzlichkeit, S. 291 sowie oben 3. Kap. § 1 A IV 1 b.

142 Siehe dazu *Canaris*, Vertrauenshaftung, S. 529, 517 f.

143 So aber insbesondere *Ketzer*, Eigenkapitalersetzende Aktionärsdarlehen, S. 39 ff., insbesondere S. 42 - 44.

144 Oben 3. Kap. § 1 A IV 1 b.

c) Ergebnis

Der Versuch, die Sonderbehandlung der Gesellschafterdarlehen in der Unternehmenskrise anhand der Vertrauenshaftung kraft widersprüchlichen Verhaltens zu legitimieren, sieht sich also letztendlich im wesentlichen den gleichen Bedenken ausgesetzt, wie der Versuch der Legitimation mittels der Rechtsscheinhaftung. Er erscheint daher ebenfalls ungeeignet, eine tragfähige dogmatische Grundlage für die Rechtsprechungsregeln zu bilden. Zum einen versagt der Begründungsansatz, wenn der Rechtsverkehr Kenntnis von der Gesellschafterfremdmittelzufuhr hat. Zum anderen überzeugt weder das Abstellen auf die Fortführung eines Krisenunternehmens als vertrauensbegründende Handlung noch die Zurechnung unter Berufung auf die Finanzierungsverantwortung des Gesellschafters.

3. Zusammenfassung

Wie die vorstehenden Ausführungen gezeigt haben, ist die Vertrauenshaftung und damit der dahinterstehende Grundgedanke des Vertrauensschutzes nicht geeignet, die von der Rechtsprechung vorgenommene Sonderbehandlung von Gesellschafterfremdmitteln in der Unternehmenskrise umfassend zu legitimieren. Diese Ansätze sind aus Sicht der zu schützenden Gesellschaftsgläubiger bedenklich, da sie die Sonderbehandlung nicht begründen können, wenn der Rechtsverkehr Kenntnis von der Gesellschafterfremdfinanzierung hat. Außerdem erfüllt die Gesellschafterfremdmittelzufuhr bei konkreter Prüfung nicht die Voraussetzungen der einzelnen Tatbestände der Vertrauenshaftung, bzw. ist es zur konkreten Subsumtion unter die Tatbestandsmerkmale erforderlich, auf die Finanzierungsverantwortung der Gesellschafter zurückzugreifen. Letzteres führt jedoch zu einer petitio principii und besitzt schon von daher keinen eigenständigen Begründungswert.

V. Legitimation im Wege der Normauslegung

Schließlich enthält das GmbH-Gesetz auch keine Norm, aus deren Auslegung[145] sich die Sonderbehandlung der Gesellschafterdarlehen rechtfertigen ließe. Das gilt insbesondere für die §§ 30, 31 GmbHG. Einer Auslegung dieser Normen dahingehend, daß von ihnen auch Gesellschafterdarlehen erfaßt werden, steht insoweit auf den ersten Blick die Wortlautgrenze entgegen. Nach herrschender Meinung in der Methodenlehre endet die Möglichkeit der Auslegung nämlich

---

[145] Zur Auslegung als Mittel der Rechtsgewinnung und Rechtsbegründung siehe *Larenz*, Methodenlehre, S. 312 ff.; *Bydlinski*, Juristische Methodenlehre, S. 428 ff.

beim weitesten, nach dem Sprachgebrauch noch möglichen Wortsinn der gesetzlichen Normen.[146] Ihrem Wortlaut nach befassen sich die §§ 30, 31 GmbHG mit der Erhaltung des Stammkapitals. Stammkapital ist dabei das Stammkapital im Sinne von § 5 GmbHG, d. h., der von den Gesellschaftern "á fonds perdu" zu erbringende Mindestkapitalbeitrag, der satzungsmäßig festgelegt (§ 3 Abs. 1 Nr. 3, 4 GmbHG) sowie durch die Eintragung ins Handelsregister nach außen verlautbart wird (§ 10 Abs. 1 GmbHG), und dem das Aktivvermögen der Gesellschaft als Deckung gegenüber steht.[147] Dieses Stammkapital ist jedoch Bestandteil des Kerneigenkapitals, wohingegen die Gesellschafterdarlehen formelles Fremdkapital sind.[148] Formelles Fremdkapital kann jedoch nicht im Wege der Auslegung den Kapitalerhaltungsvorschriften der §§ 30, 31 GmbHG unterstellt werden.

VI. Zwischenergebnis

Die Gewährung bzw. der Abzug von Gesellschafterdarlehen in der Unternehmenskrise stellt weder eine sittenwidrige Gläubigerschädigung im Sinne von § 826 BGB[149] noch ein Scheingeschäft[150] oder ein Umgehungsgeschäft[151] dar. Demnach kann anhand dieser Ansätze die Kapitalersatzrechtsprechung nicht begründet werden. Auch im Wege der Auslegung der Darlehensabrede läßt sich - von engen Ausnahmefällen abgesehen - die Sonderbehandlung der Gesellschafterdarlehen nicht begründen.[152] Gleiches gilt weiterhin für den auf das Verbot des venire contra factum proprium gestützten Begründungsansatz.[153] Schließlich ergab die Untersuchung, daß die auf dem Gedanken des Vertrauensschutzes basierenden Legitimationsansätze der Rechtsscheinhaftung[154] sowie

---

146 Vgl. *Larenz*, Methodenlehre, S. 320 ff., 324, 366; *Bydlinski*, Juristische Methodenlehre, S. 467 f.; *Canaris*, Feststellung von Lücken, S. 18 ff.; *Wank*, ZGR 1988, 314, 316.

147 So schon die Begründung des Gesetzentwurfs betreffend die GmbH, Sten. Ber. RT VIII/I (1890/92), Bd. 5, S. 3745; vgl. auch Hachenburg/*Goerdeler/Müller*, GmbHG, § 30 Rn. 3, 20; Baumbach/Hueck/*Hueck*, GmbHG, § 30 Rn. 4. Siehe auch sogleich 3. Kap. § 1 B III 2 b bb (1).

148 Vgl. dazu oben 2. Kap. § 2 A II.

149 Oben 3. Kap. § 1 A I.

150 Oben 3. Kap. § 1 A II 1.

151 Oben 3. Kap. § 1 A II 2.

152 Oben 3. Kap. § 1 A II 3.

153 Oben 3. Kap. § 1 A III.

154 Oben 3. Kap. § 1 A IV 1.

der Vertrauenshaftung kraft widersprüchlichen Verhaltens[155] ebenfalls keine tragfähige Begründung für die Sonderbehandlung von Gesellschafterdarlehen in der Unternehmenskrise bieten. Die zuvor erörterten Ansätze können folglich allesamt der Kapitalersatzrechtsprechung keine dogmatisch tragfähige Grundlage bieten.

Der Grund, warum an einigen dieser Begründungsansätze dennoch bis heute festgehalten wird, ist wohl darin zu sehen, daß diese im Hinblick auf ihre eigene Rechtfertigung keiner tiefgreifenden Begründung bedürfen, sondern sich aus sich selbst rechtfertigen.

Somit ist festzustellen, daß Rechtsprechung und Literatur mit der von ihnen entwickelten Sonderbehandlung von Gesellschafterdarlehen in der Unternehmenskrise ein Rechtsinstitut geschaffen haben, welches sich nicht unmittelbar mit gesetzlich vorgegebenen Mitteln rechtfertigen bzw. im Wege der Gesetzesauslegung begründen läßt. Die Rechtsprechungsregeln zum Eigenkapitalersatz stellen somit einen Akt richterlicher Rechtsfortbildung dar.[156]

B. Legitimation der Rechtsprechungsregeln als gesetzesimmanente Rechtsfortbildung (§§ 30, 31 GmbHG analog)

I. Einleitung

Im folgenden wird nunmehr der Frage nachgegangen, ob es sich bei den Kapitalersatzregeln der Rechtsprechung um eine *zulässige* Rechtsfortbildung handelt. Soll sich nämlich eine richterliche Rechtsfortbildung als "Recht" im Sinne der geltenden Rechtsordnung darstellen, so bedarf sie der methodisch geleiteten Begründung, da sich die Gerichte ansonsten eine ihnen nicht zukommende Gewalt anmaßen würden.[157] Die Frage nach den Grenzen der verfassungsmäßigen Kompetenz der Gerichte zur Rechtsfortbildung über die Grenze der Auslegung und ggf. sogar über die einer gesetzesimmanenten Rechtsfortbildung hinaus[158] und die Frage nach der methodischen Begründbar-

---

155 Oben 3. Kap. § 1 A IV 2.

156 So auch schon *Ulmer*, Richterrechtliche Entwicklungen, S. 47 ff.; *Hommelhoff*, ZGR 1988, 460, 465, 477; *Seidl*, ZGR 1988, 296, 311; *Fastrich*, FS Zöllner (1998), S. 143, 147.

157 Vgl. *Larenz*, Methodenlehre, S. 369.

158 Vgl. zur verfassungsrechtlichen Zulässigkeit der Rechtsfortbildung *Seidl*, ZGR 1988, 296 ff.; *Wank*, ZGR 1988, 314, 330 ff.; *Larenz/Canaris*, Methodenlehre, S. 246 f; *Larenz*, Methodenlehre, S. 368 f.

keit der Rechtsfortbildung hängen also insofern eng zusammen.[159] Zudem läßt sich nur im Wege der Untersuchung, wie Rechtsprechung und Literatur das Recht fortgebildet haben bzw. ob diese Fortbildung zulässig war, klären, welche Regelungslücke die Fortbildung ausfüllt und welcher Rechtsgedanke der Fortentwicklung des Rechts zugrunde liegt. Die Klärung dieser Frage wiederum ermöglicht dann ihrerseits Rückschlüsse auf die eigentliche ratio der Rechtsfortbildung.

Zunächst könnten sich die Rechtsprechungsregeln zum Kapitalersatzrecht als gesetzesimmanente Rechtsfortbildung rechtfertigen lassen. Gesetzesimmanente Rechtsfortbildung ist die Fortbildung des Rechts über die Grenze der Auslegung hinaus, aber innerhalb des ursprünglichen Plans, der Teleologie des zu ergänzenden Gesetzes selbst.[160] In Betracht kommt vorliegend eine Analogie zu den §§ 30, 31 GmbHG, da der BGH zum einen seit jeher die Rechtsfolgen der Sonderbehandlung von Gesellschafterdarlehen aus den §§ 30, 31 GmbHG herleitet[161], und zum anderen sowohl in der Rechtsprechung als auch im Schrifttum immer wieder angeführt wird, die Sonderbehandlung beruhe auf einer entsprechenden Anwendung dieser Normen bzw. ergebe sich aus §§ 30, 31 GmbHG analog.[162] Um das Eigenkapitalersatzrecht als ein im Wege zulässiger gesetzesimmanenter Rechtsfortbildung geschaffenes Rechtsinstitut rechtfertigen zu können, ist somit zu prüfen, ob die Voraussetzungen einer Analogie erfüllt sind.[163]

---

159 Vgl. *Larenz*, Methodenlehre, S. 396.

160 So *Larenz*, Methodenlehre, S. 366.

161 Vgl. nur BGHZ 31, 258, 273; BGH WM 1972, 74, 75; BGHZ 75, 334, 336; 76, 326, 328 ff.; 90, 370, 376 ff.; 121, 31, 38; 127, 1, 7; 127, 17, 21.

162 BGHZ 106, 7, 9; 119, 201, 212; 121, 31, 38; 127, 1, 7; 127, 17, 22; BGH ZIP 1997, 1375, 1376; BGH ZIP 1998, 243, 244; *Roth/Altmeppen*, GmbHG, § 32 a Rn. 40 ff.; *Haas*, Gläubigerschutz, S. 53 f.; *Castor*, Eigenkapitalersetzende Gesellschafterleistungen, S. 21; *Michalski*, DZWiR 1991, 285.

163 In diesem Zusammenhang ist darauf hinzuweisen, daß sich die Rechtsprechungsregeln, entgegen einer einzelnen Ansicht im Schrifttum (siehe *Minke*, ZGR 1987, 521 ff.) jedenfalls *nicht* im Wege einer gesetzesimmanenten Rechtsfortbildung anhand einer Analogie zu den Regeln der stillen Gesellschaft legitimieren lassen. *Minke* vertritt die Ansicht, daß es sich bei den Gesellschaftsdarlehen nicht um formelle Darlehen, sondern um stille Beteiligungen handele, da dies die vom Gesetz vorgesehene Rechtsstellung für den Fall sei, daß eine Leistung Beteiligungscharakter bei obligatorischer Bindung habe (vgl. ZGR 1987, 521, 528 ff.). Würde man dieser Ansicht folgen, gäbe es die Möglichkeit der Gesellschafterfremdkapitalfinanzierung nicht mehr. Das wäre jedoch eine mit dem Gesetz

II. Generelle Eignung als Legitimationsgrundlage

Bevor auf die Frage eingegangen wird, ob hinsichtlich der richterrechtlichen Kapitalersatzregeln die Voraussetzungen einer gesetzesimmanenten Rechtsfortbildung erfüllt sind, ist vorab noch kurz zu hinterfragen, ob überhaupt der mit der eigenkapitalähnlichen Sonderbehandlung der Gesellschafterfremdmittel in der Krise verbundene Eingriff in die Privatautonomie anhand einer Rechtsfortbildung legitimiert werden kann. Wie bereits an früherer Stelle gesehen[164] ist die Privatautonomie und mit ihr die Vertragsfreiheit Bestandteil der in Art. 2 Abs. 1 GG gewährleisteten allgemeinen Handlungsfreiheit. Insoweit könnte man daran denken, daß die verfassungsrechtlich gewährleistete Vertragsfreiheit nicht durch eine richterliche Rechtsfortbildung beschränkt werden kann.[165] Die Vertragsfreiheit ist jedoch nur in den Grenzen des Art. 2 Abs. 1 GG gewährleistet. Demnach wäre zwar ihre vollständige Aufhebung oder eine so weitgehende Beschränkung, daß ihr Wesensgehalt zerstört würde, nicht zulässig. Im übrigen ist die Vertragsfreiheit aber beschränkt und beschränkbar durch alle Normen, die von der Rechtsgütertrias des "Soweit-"Satzes, also den Rechten Dritter, den Sittengesetzen oder der verfassungsmäßigen Ordnung, gerechtfertigt werden.[166] Zur verfassungsmäßigen Ordnung gehören dabei nicht nur die vom Gesetzgeber erlassenen verfassungsmäßigen Vorschriften, sondern auch die im Wege *zulässiger* richterlicher Rechtsfortbildung getroffenen Entscheidungen.[167]

Stellen sich die richterlichen Kapitalersatzregeln also als legitime gesetzesimmanente Rechtsfortbildung dar, können sie den mit der eigenkapitalähnlichen Sonderbehandlung verbundenen Eingriff in die Vertragsfreiheit legitimieren, sofern diese zumindest in ihrem Kern erhalten bleibt.

---

keinesfalls mehr zu vereinbarende Folge. Ebenfalls ablehnend zu dieser Ansicht *Hildebrand*, Eigenkapitalersetzende Bankdarlehen, S. 96.

164 Siehe 1. Kap. § 3 B.

165 Ob die Einschränkung der Finanzierungsfreiheit und des Haftungsprivilegs durch eine gesetzesimmanente Rechtsfortbildung zu rechtfertigen ist, ist demgegenüber eine Frage, die hier vorab nicht abstrakt zu klären ist. Dies ist vielmehr ggf. im Rahmen der Untersuchung der analogiefähigen Lücke zu erörtern.

166 Siehe oben 1. Kap. § 3 E.

167 *Leibholz/Rinck/Hesselberger*, GG, Art. 2 Rn. 178; *Jarass/Pieroth*, GG, Art. 2 Rn. 17; v. Münch/*Kunig*, GG, Art. 2 Rn. 23.

III. Regelungslücke im engeren Sinne

Grundvoraussetzung einer gesetzesimmanenten Rechtsfortbildung im Wege des Analogieschlusses ist das Vorliegen einer Gesetzeslücke.[168] Dabei versteht man unter einer Gesetzeslücke eine planwidrige Unvollständigkeit des Gesetzes.[169] Ob eine solche planwidrige Unvollständigkeit vorliegt, ist im Rahmen einer gesetzesimmanenten Rechtsfortbildung vom Standpunkt des Gesetzes selbst aus zu beurteilen, d. h. ausgehend von der ihm zugrunde liegenden Regelungsabsicht, der mit ihm verfolgten Zwecke, also ganz allgemein des gesetzgeberischen Plans.[170] Man spricht insofern auch von einer Lücke im engeren Sinn (i. e. S.)[171] im Gegensatz zur Lücke im weiteren Sinn, die ihrerseits Voraussetzung einer *gesetzesübersteigenden* Rechtsfortbildung ist.[172] Ob letztere vorliegt bestimmt sich dabei nicht am Maßstab des zu ergänzenden Gesetzes, sondern vielmehr an den Erfordernissen der Gesamtrechtsordnung.[173]

Damit sich die Eigenkapitalersatzrechtsprechung als zulässige gesetzesimmanente Rechtsfortbildung darstellt, müßte folglich auch das GmbH-Gesetz im Hinblick auf die Gesellschafterfremdfinanzierung lückenhaft sein.

1. Unvollständigkeit des GmbH-Gesetzes

Dies setzt zunächst voraus, daß die Gesellschafterfremdmittelfinanzierung nicht im GmbH-Gesetz gesetzlich geregelt ist. Dabei sind die §§ 32 a, 32 b GmbHG hier außen vor zu lassen. Diese wurden erst infolge der bereits zuvor entstandenen, hier auf ihre Begründbarkeit zu untersuchenden Rechtsfortbildung in das GmbH-Gesetz eingefügt und müssen daher bei der Frage nach der Unvollständigkeit des GmbH-Gesetzes hinsichtlich der Gesellschafterfremdfinanzierung zum Zeitpunkt der Entwicklung der Rechtsprechungsregeln unberücksichtigt bleiben.

---

168 Vgl. *Larenz*, Methodenlehre, S. 366, 370 ff.; *Bydlinski*, Juristische Methodenlehre, S. 472/473; *Canaris*, Feststellung von Lücken, S. 17/18.

169 Vgl. *Larenz*, Methodenlehre, S. 373; *Bydlinski*, Juristische Methodenlehre, S. 473; *Canaris*, Feststellung von Lücken, S. 30.

170 *Larenz*, Methodenlehre, S. 373.

171 *Larenz/Canaris*, Methodenlehre, S. 191.

172 Vgl. *Larenz/Canaris*, Methodenlehre, S. 191 (Fn. 9), 198, 246 sowie unten 3. Kap. § 2 A, insbes. Fn. 232.

173 Vgl. *Larenz/Canaris*, Methodenlehre, S. 246; siehe auch *Bydlinski*, Juristische Methodenlehre, S. 473 sowie *Canaris*, Feststellung von Lücken, S. 34 f., 39, die jedoch diesen weiter gefaßten Lückenbegriff stets verwenden. Vgl. im übrigen unten 3. Kap. § 2 A, Fn. 232.

Im GmbH-Gesetz finden sich insgesamt im Hinblick auf die Gesellschaftsfinanzierung nur marginale Regelungen. Die §§ 5; 7 Abs. 2, 3; 9 ff., 19 ff. GmbHG befassen sich mit der Pflicht der Gesellschafter zur realen Aufbringung des in der Satzung festgelegten Stammkapitals von mindestens 25.000 Euro. In den §§ 26 ff. GmbHG ist die Möglichkeit der Finanzierung der GmbH anhand von Nachschüssen geregelt. Weiterhin finden sich in den §§ 30, 31 GmbHG Regelungen zur Sicherung des einmal aufgebrachten Stammkapitals gegen Minderungen durch Leistungen der Gesellschaft an die Gesellschafter. Schließlich wird noch in den §§ 55 ff., 58 ff. GmbHG das Verfahren der Kapitalerhöhung bzw. -herabsetzung geregelt. Das Stammkapital gehört unproblematisch zum Kerneigenkapital.[174] Somit stellen die Regelungen über Aufbringung und Erhaltung des Stammkapitals sowie die Regelungen bezüglich der Kapitalerhöhung bzw. -herabsetzung Regeln über die Eigenkapitalfinanzierung dar. Aber auch bei den Vorschriften über das Nachschußkapital handelt es sich um Regelungen der Eigenkapitalfinanzierung. Denn trotz der im Vergleich zum Stammkapital geringeren Sicherung der Gläubiger[175] ist auch das Nachschußkapital letztlich Eigenkapital.[176] Das Nachschußkapital rührt von den Gesellschaftern her und kann von diesen nicht einseitig zurückgefordert werden. Es ist einer freien Kündigung entzogen.[177] Zudem kann es von den Gesellschaftern im Insolvenzverfahren nicht wie eine Fremdforderung angemeldet werden[178] und hat damit eine Haftungsfunktion. Folglich erfüllt es ebenfalls alle Voraussetzungen des Kerneigenkapitals[179]. Im GmbH-Gesetz finden sich demnach, abgesehen von den §§ 32 a, 32 b GmbHG, nur Regelungen, die die Eigenkapitalfinanzierung betreffen.

---

174 Siehe oben 2. Kap. § 2 A II.

175 So besteht zum einen von seiten der Gesellschaft kein Anspruch auf die Einforderung von Nachschüssen (vgl. nur Scholz/*Emmerich*, GmbHG, § 26 Rn. 14), zum anderen sind die Nachschüsse auch im Hinblick auf reale Aufbringung und Erhaltung nicht so streng geschützt, wie das Stammkapital (siehe §§ 27, 28, 30 Abs. 2 GmbHG). Vgl. auch Scholz/*Emmerich*, GmbHG, § 26 Rn. 5, 23, 26; Baumbach/Hueck/*Hueck*, GmbHG, § 26 Rn. 1; Hachenburg/*Müller*, GmbHG, § 26 Rn. 19.

176 Vgl. Scholz/*Emmerich*, GmbHG, § 26 Rn. 5; Hachenburg/*Müller*, GmbHG, § 26 Rn. 16/17.

177 Scholz/*H.P. Westermann*, GmbHG, § 30 Rn. 49; Hachenburg/*Müller*, GmbHG, § 26 Rn. 16.

178 Hachenburg/*Müller*, GmbHG, § 26 Rn. 16; Scholz/*Emmerich*, GmbHG, § 26 Rn. 5 (mit weiteren Nachweisen).

179 Vgl. dazu oben 2. Kap. § 2 A II.

Es ist jedoch möglich und aus betriebswirtschaftlicher Sicht praktisch auch unabdingbar, die GmbH anhand von Fremdmitteln zu finanzieren.[180] Indem das GmbH-Gesetz die Fremdmittelfinanzierung - namentlich durch die Gesellschafter - nicht regelt, sondern diesbezüglich schweigt, enthält es für eine bestimmte Fallgestaltung, die grundsätzlich innerhalb seines Regelungsbereichs liegt, keine Normen. Aufgrund dieses Schweigens des GmbH-Gesetzes könnte das Vorliegen einer Regelungslücke zu bejahen sein. Es ist aber zu berücksichtigen, daß nicht jedes Schweigen des Gesetzes zwingend eine Regelungslücke desselben bedingt. Vielmehr kann das Schweigen auch "beredt", d. h. planmäßig sein, wenn nämlich der Gesetzgeber bewußt von der gesetzlichen Regelung eines bestimmten Sachverhalts abgesehen hat. In diesem Fall ist den Gerichten die ergänzende Rechtsfindung versagt. "Lücke" und "Schweigen" des Gesetzes sind also nicht dasselbe.[181]

2. Planwidrigkeit der Unvollständigkeit

Es ist somit zu untersuchen, ob sich das Fehlen von Regelungen bezüglich der Gesellschafterfremdmittelfinanzierung vor dem Hintergrund des gesetzgeberischen Plans als *planwidrige* Unvollständigkeit darstellt.

a) Planwidrigkeit aufgrund der allgemeinen Regelung der Gesellschaftsfinanzierung im GmbH-Gesetz

Der Gesetzgeber wollte mit der Schaffung der GmbH neben der Aktiengesellschaft einen neuen Typus einer Gesellschaft mit einer Haftungsbeschränkung für die daran beteiligten Gesellschafter schaffen, der, im Vergleich mit der Aktiengesellschaft im Wirtschaftsverkehr flexibler, insbesondere flexibler zu finanzieren sein sollte. Dies war vor allem deshalb erforderlich, weil die neue Gesellschaftsform allen Gesellschaftszwecken offen stehen sollte.[182] Dabei war man sich bewußt, daß sich aufgrund des daraus resultierenden unterschiedlichen Kapitalbedarfs der verschiedenen Gesellschaften nicht abstrakt eine Pflicht zur angemessenen Kapitalausstattung normieren ließ und auch die abstrakte gesetzliche Festlegung eines für alle Gesellschaften angemessenen Stammkapitals

---

[180] Siehe oben 2. Kap. § 2 E mit weiterführenden Verweisen.

[181] *Larenz*, Methodenlehre, S. 354; *Canaris*, Feststellung von Lücken, S. 89 f.; *Bydlinski*, Juristische Methodenlehre, S. 475.

[182] Siehe schon oben 1. Kap. § 3 C.

nicht sinnvoll war.[183] Daher beschränkte man sich, zur Sicherung des unabdingbaren Mindestmaßes an Gläubigerschutz sowie zur Vermeidung der übermäßigen Gründung letztlich nicht lebensfähiger Gesellschaften, darauf, im Gesetz lediglich ein Mindeststammkapital festzulegen. Im übrigen sollten die Gesellschafter möglichst frei im Hinblick auf Art und Weise sowie Umfang der Finanzierung ihrer Gesellschaft sein.[184] Dies könnte darauf hindeuten, daß der Gesetzgeber bewußt im Sinne einer möglichst flexiblen Gesellschaftsfinanzierung von der Reglementierung der Gesellschafterfremdfinanzierung abgesehen hat. Man könnte daher versucht sein zu folgern, es läge ein beredtes Schweigen des Gesetzgebers vor, mit der Konsequenz, daß mangels einer plan*widrigen* Lücke eine Rechtsfortbildung durch die Gerichte unzulässig gewesen wäre.

Dies würde allerdings, wie ein Blick auf die wenigen gesetzlichen Regelungen zur Gesellschaftsfinanzierung zeigt, letztlich zu kurz greifen. Der Gesetzgeber ging nämlich ersichtlich davon aus, daß die Gesellschafter von sich aus der Gesellschaft das von ihr benötigte Kapital in Form von Eigenkapital zuführen würden. Als erstes räumte der Gesetzgeber den Gesellschaftern in § 7 Abs. 2 GmbHG die Möglichkeit ein, zunächst nur einen Teilbetrag der Stammeinlage erbringen zu müssen, und die noch ausstehenden Einlagen sodann erst im Fall eines entsprechenden Kapitalbedarfs an die Gesellschaft zu erbringen. Dem lag erkennbar die Vorstellung zugrunde, daß die Gesellschafter von vornherein nicht nur ein Stammkapital festlegen würden, welches sich auf das für den Geschäftsbetrieb unbedingt erforderliche Eigenkapital oder das gesetzlich vorgeschriebene Mindeststammkapital beschränkt.[185] Darüber hinaus räumte der Gesetzgeber den Gesellschaftern die Möglichkeit ein, der Gesellschaft im Fall eines dauerhaft erhöhten Kapitalbedarfs Kapital im Wege der formellen Kapitalerhöhung zuzuführen.[186] Schließlich schuf der Gesetzgeber speziell für die GmbH noch das sog. Nachschußkapital (vgl. §§ 26 ff. GmbHG). Haben die Gesellschafter im Gesellschaftsvertrag eine Nachschußpflicht vereinbart, so

---

183 Vgl. Gutachten des Deutschen Handelstages, Anl. A zur Begründung des Gesetzentwurfs betreffend die GmbH, Sten. Ber. RT VIII/I (1890/1892), Bd. 5, S. 3764; Begründung des Gesetzentwurfs betreffend die GmbH, Sten. Ber. RT VIII/I (1890/1892), Bd. 5, S. 3726.

184 Siehe schon oben 1. Kap. § 3 C (mit Nachweisen).

185 Vgl. die Begründung des Gesetzentwurfs betreffend die GmbH, Sten. Ber. RT VIII/I (1890/1892), Bd. 5, S. 3731, 3735. Ähnlich auch *Hommelhoff/Kleindiek*, FS 100 Jahre GmbHG (1992), S. 421, 422.

186 Vgl. §§ 55 ff. GmbHG.

können bei Kapitalbedarf der Gesellschaft durch bloßen Gesellschafterbeschluß Nachschüsse der Gesellschafter eingefordert werden (§ 26 Abs. 1 GmbHG) und so der Kapitalbedarf befriedigt werden. Ebenso können, sofern die Gesellschaft das Kapital nicht mehr benötigt, die Nachschüsse auf einen entsprechenden Beschluß hin wieder an die Gesellschafter zurückgezahlt werden (§ 30 Abs. 3 GmbHG). Damit sollte den Gesellschaftern ein Mittel an die Hand gegeben werden, die Kapitalausstattung der GmbH flexibel ihren jeweiligen Bedürfnissen anzupassen, ohne stets den umständlichen Weg einer Kapitalerhöhung oder Kapitalherabsetzung beschreiten zu müssen.[187] Auch bei der Finanzierung der Gesellschaft anhand des Nachschußkapitals handelt es sich jedoch letztlich um eine Form der Eigenkapitalfinanzierung.[188]

Dies alles zeigt, daß der Gesetzgeber davon ausging, daß die Gesellschafter einen im Verlauf des Geschäftsbetriebs auftretenden Kapitalbedarf ihrer GmbH natürlich mit Eigenkapital decken würden[189] und daß er zudem der Ansicht war, den Gesellschaftern hinreichende Möglichkeiten zur Gesellschaftsfinanzierung zur Verfügung gestellt zu haben. Der Gesetzgeber hat also nicht bewußt die Fremdmittelfinanzierung der GmbH durch ihre Gesellschafter ungeregelt gelassen. Insofern kann von einem beredten Schweigen nicht die Rede sein. Vielmehr hat der Gesetzgeber die Möglichkeit der Darlehensgewährung als praxisrelevantes Finanzierungsmittel einfach nicht gesehen.[190] Auch aus diesem Umstand kann aber letztlich nicht ohne weiteres geschlossen werden, daß das Fehlen einer diesbezüglichen Regelung planwidrig ist. Denn der Gesetzgeber

---

187 Vgl. Hachenburg/*Müller*, GmbHG, § 26 Rn. 2 f., 15; Scholz/*Emmerich*, GmbHG, § 26 Rn. 1. Siehe auch die Begründung des Gesetzentwurfs betreffend die GmbH, Sten. Ber. RT VIII/I (1890/1892), Bd. 5, S. 3726, 3730 f.; Gutachten des Deutschen Handelstages, Anl. A zur Begründung des Gesetzentwurfs betreffend die GmbH, Sten. Ber. RT VIII/I (1890/1892), Bd. 5, S. 3761, 3764; Gutachten der Preußischen Handelskammern, Anl. B zur Begründung des Gesetzentwurfs betreffend die GmbH, Sten. Ber. RT VIII/I (1890/1892), Bd. 5, S. 3768.

188 Vgl. zuvor 3. Kap. § 1 B III 1.

189 Ähnlich *Wüst*, Gläubigerschutz bei der GmbH, S. 10. Siehe auch schon oben 2. Kap. § 3 A I. Diese Sichtweise zeigt sich auch in sämtlichen Begründungen zu gesetzlichen Regelungen im Hinblick auf die Sanktionierung der Finanzierung der GmbH in der Gesellschaftskrise mittels Gesellschafterdarlehen sowohl in Reformentwürfen, als auch in der Begründung der GmbH-Novelle 1980, vgl. Entwurf RJM 1939, S. 163 (a. a. O. 1. Kap., Fn. 41), RefE 1969, S. 185 sowie Begründung RegE 1977, BT-Drucks. 8/1347, S. 39.

190 Vgl. *Fastrich*, FS Zöllner (1998), S. 143, 148.

sah gleichfalls die von ihm zur Verfügung gestellten Finanzierungsmittel nicht als abschließend an.[191]

b) Lückenfeststellung aufgrund einer Analogie zu §§ 30, 31 GmbHG

Die Planwidrigkeit ist also nach wie vor positiv anhand des Gesetzes festzustellen. Dabei sind nicht nur Absichten und bewußt getroffene Entscheidungen des Gesetzgebers zu berücksichtigen, sondern auch andere objektive Rechtszwecke und allgemeine Rechtsprinzipien, die in das Gesetz Eingang gefunden haben. Dazu gehört vor allem der Grundsatz der *Gleichbehandlung des Gleichartigen.*[192] Regelt daher das Gesetz einen bestimmten Sachverhalt A in bestimmter Weise, enthält es aber keine Regeln für den im Sinn der getroffenen Regel ähnlichen Fall B, so ist das Fehlen der Regelung vor dem Hintergrund des Gleichbehandlungsgrundsatzes als Gesetzeslücke anzusehen, die sodann durch die Übertragung der Regel A auf den Fall B zu schließen ist.[193] Feststellung und Ausfüllung einer analogiefähigen Lücke fallen also meist zusammen.[194] Dementsprechend bestimmt sich das Vorliegen einer planwidrigen analogiefähigen Lücke maßgeblich anhand der zur Lückenfüllung im Wege des Analogieschlusses in Betracht kommenden Normen.[195]

Den Kapitalersatzregeln der Rechtsprechung läge somit eine ggf. im Wege der Analogie zu §§ 30, 31 GmbHG zu schließende Lücke zugrunde, wenn der Sachverhalt der Rückgewähr von Gesellschafterdarlehen dem gesetzlich geregelten Sachverhalt der Rückgewähr des zur Erhaltung des Stammkapitals erforderlichen Vermögens ähnlich ist. Um dies klären zu können, ist es zuvor erforderlich, die zu vergleichenden Sachverhalte genau herauszuarbeiten.

aa) Zugrunde liegende Sachverhalte

In § 30 Abs. 1 GmbHG ist folgender Sachverhalt geregelt: Die Gesellschafter haben der Gesellschaft Eigenkapital, vor allem in Form des satzungsmäßig festgelegten Stammkapitals sowie eventuell auch Fremdmittel zur Verfügung ge-

---

[191] Siehe § 3 Abs. 2 GmbHG; vgl. auch die Begründung des Gesetzentwurfs betreffend die GmbH, Sten. Ber. RT VIII/I (1890/1892), Bd. 5, S. 3731.

[192] Vgl. *Larenz*, Methodenlehre, S. 374 f.; *Canaris*, Feststellung von Lücken, S. 71.

[193] *Larenz*, Methodenlehre, S. 374 f., 381 ff.; *Canaris*, Feststellung von Lücken, S. 71.

[194] *Larenz*, Methodenlehre, S. 401; *Bydlinski*, Juristische Methodenlehre, S. 474; siehe auch *Canaris*, Feststellung von Lücken, S. 71/72, 75, 78 nach dem sich Feststellung und Ausfüllung von Lücken *stets* bedingen.

[195] Vgl. *Larenz*, Methodenlehre, S. 401.

stellt. Sodann erhält der Gesellschafter zu einem beliebigen Zeitpunkt vermögenswerte Leistungen von der Gesellschaft, die nicht auf einer schuldrechtlichen Grundlage beruhen und der keine adäquaten Leistungen des Gesellschafters gegenüberstehen. Kommt es dadurch zu einer Minderung des zur Erhaltung des Stammkapitals erforderlichen Vermögens, untersagt das Gesetz die Leistung an den Gesellschafter, bzw. gewährt es der Gesellschaft einen Rückerstattungsanspruch.

Damit zu vergleichen ist folgender Sachverhalt: Die Gesellschafter haben der Gesellschaft bei der Gründung das satzungsgemäße Eigenkapital zur Verfügung gestellt. Sodann wird die Gesellschaft aufgrund einer wirtschaftlichen Krise kreditunwürdig. In dieser Situation führt der Gesellschafter der Gesellschaft Fremdkapital in Darlehensform zu bzw. kündigt bestehende Darlehensverträge nicht auf. In der Folgezeit erhält er von der Gesellschaft Vermögensleistungen, die auf der Grundlage des entsprechenden Darlehensvertrages erbracht werden (z. B. Zahlung von Darlehenszinsen und/oder Tilgungszahlungen).

bb) Vergleichbarkeit der Sachverhalte

Der gesetzlich geregelte Sachverhalt müßte nunmehr dem zuvor dargestellten Sachverhalt ähnlich sein. Ähnlich bedeutet dabei nicht gleich; vielmehr müssen die Sachverhalte nur, aber auch gerade in den für die rechtliche Bewertung maßgebenden Hinsichten übereinstimmen. Um dies untersuchen zu können, ist es als erstes erforderlich, die der gesetzlichen Regel zugrunde liegende Wertung aufzudecken. Sodann ist zu prüfen, ob der zu beurteilende Sachverhalt dem gesetzlichen diesbezüglich gleicht und ob die verbleibenden Unterschiede nicht so entscheidend sind, daß sie die gesetzliche Wertung ausschließen.[196]

(1) ratio legis der §§ 30, 31 GmbHG

Es ist also zuerst die ratio legis des § 30 Abs. 1 GmbHG zu klären. In den §§ 30, 31 GmbHG ist der für das Recht der GmbH zentrale Gedanke der Kapitalerhaltung normiert.[197] Der Gesetzgeber wollte mit § 30 GmbHG ausweislich der Begründung zum Entwurf des GmbH-Gesetzes das

---

[196] Vgl. *Larenz*, Methodenlehre, S. 381/382; siehe auch *Bydlinski*, Juristische Methodenlehre, S. 475 ff.

[197] Vgl. MünchHdb.GesR III/*Mayer/Vollrath*, § 52 Rn. 1; *Goette*, Die GmbH nach der BGH-Rechtsprechung, § 3, Rn. 2; *Roth/Altmeppen*, GmbHG, § 30 Rn. 1; Scholz/*H. P. Westermann*, GmbHG, § 30 Rn. 1; Hachenburg/*Goerdeler/Müller*, GmbHG, § 30 Rn. 1, 3, 9. Siehe zum Kapitalerhaltungsgrundsatz auch schon oben 2. Kap. § 3 A I.

Stammkapital, als den dauernd zu erhaltenden Vermögensstock der Gesellschaft, davor schützen, daß es durch Auszahlungen an die Gesellschafter gemindert wird.[198] Stammkapital ist dabei das Stammkapital im Sinne von § 5 GmbHG, d. h. der von den Gesellschaftern "á fonds perdu" zu erbringende Mindestkapitalbeitrag, der satzungsmäßig festgelegt (§ 3 Abs. 1 Nr. 3, 4 GmbHG) sowie durch die Eintragung ins Handelsregister nach Außen verlautbart wird (§ 10 Abs. 1 GmbHG), und dem das Aktivvermögen der Gesellschaft als Deckung gegenübersteht.[199] Nach der Intention des Gesetzgebers sollte demnach das bilanziell zu ermittelnde, aus den Aktiva der Gesellschaft abzüglich der Verbindlichkeiten und Rückstellungen für ungewisse Verbindlichkeiten bestehende Reinvermögen der Gesellschaft, das der in der Satzung festgelegten Stammkapitalziffer betragsmäßig entspricht, vor einer Rückzahlung an die Gesellschafter geschützt werden.[200] Der Gesetzgeber strebte folglich keinen unbegrenzten Schutz des Gesellschafts*vermögens* an.[201] Da das Stammkapital nicht thesauriert werden muß, sondern vielmehr zusammen mit dem übrigen Gesellschaftsvermögen als Betriebsgrundlage der Gesellschaft dient, kann es grundsätzlich sogar völlig verwirtschaftet werden.[202] Das der Stammkapitalziffer entsprechende Reinvermögen sollte jedoch im Interesse der Gesellschaft und insbesondere der Gesellschaftsgläubiger zumindest insofern erhalten werden, als es nicht durch vermögenswerte Leistungen an die Gesellschafter geschmälert werden darf. Daher liegt nach allgemeiner Ansicht eine gegen § 30 Abs. 1 GmbHG verstoßende Rückzahlung an die Gesellschafter auch nur dann vor, wenn der Vermögensübertragung auf den Gesellschafter

---

198 Vgl. die Begründung des Gesetzentwurfs betreffend die GmbH, Sten. Ber. RT VIII/I (1890/1892), Bd. 5, S. 3745.

199 So schon die Begründung zum Gesetzentwurf betreffend die GmbH, Sten. Ber. RT VIII/I (1890/1892), Bd. 5, S. 3745; vgl. auch Hachenburg/*Goerdeler/Müller*, GmbHG, § 30 Rn. 3, 20; Baumbach/Hueck/*Hueck*, GmbHG, § 30 Rn. 4; *Goette*, DStR 1997, 1495, 1496; *Koppensteiner*, AG 1998, 308, 311.

200 Vgl. Begründung des Gesetzentwurfs betreffend die GmbH, Sten. Ber. RT VIII/I (1890/1892), Bd. 5, S. 3745; so auch Baumbach/Hueck/*Hueck*, GmbHG, § 30 Rn. 5; *Goette*, Die GmbH nach der BGH-Rechtsprechung, § 3, Rn. 10 ff.; *ders.*, DStR 1997, 1495, 1496; MünchHdb.GesR III/*Mayer/Vollrath*, § 52, Rn. 17 ff.; *Fleck*, FS 100 Jahre GmbHG (1992), S. 391, 393 ff.; *Joost*, ZHR 148 (1984), 27, 28 f.

201 BGHZ 76, 326, 333 f.; *Goette*, Die GmbH nach der BGH-Rechtsprechung, § 3, Rn. 1.

202 Vgl. z. B. *Goette*, Die GmbH nach der BGH-Rechtsprechung, § 3, Rn. 1; *ders.*, DStR 1997, 1495; Scholz/*H. P. Westermann*, GmbHG, Einleitung Rn. 21 sowie oben 2. Kap. § 2 B IV.

keine adäquate Gegenleistung gegenübersteht - also wie zum Teil formuliert wird, eine Leistung an den *Gesellschafter als solchen* oder *causa societatis* vorliegt - [203] und infolgedessen das bilanzielle Reinvermögen unter die Stammkapitalziffer absinkt.[204] Entscheidend ist also, daß infolge der Vermögensübertragung eine Unterbilanz[205] entsteht oder gar vertieft wird.[206] Dem liegt die rechtliche Wertung zugrunde, daß die Gesellschafter im Hinblick auf das der Gesellschaft zur Verfügung gestellte Eigenkapital das volle Verlustrisiko tragen sollen. Es soll also verhindert werden, daß sie dieses Verlustrisiko durch eine Rückzahlung von Gesellschaftsvermögen umgehen. Das dient letztlich - zusammen mit der Pflicht zur (realen) Aufbringung des satzungsmäßig festgelegten Stammkapitals - als Ausgleich für das den Gesellschaftern gewährte Haftungsprivileg und damit vor allem dem Schutz der Gesellschaftsgläubiger.[207]

---

203 Vgl. Baumbach/Hueck/*Hueck*, GmbHG, § 30 Rn. 13 f.; Scholz/*H. P. Westermann*, GmbHG, § 30 Rn. 19; Hachenburg/*Goerdeler/Müller*, GmbHG, § 30 Rn. 59; MünchHdb.GesR III/*Mayer/Vollrath*, § 52, Rn. 27; so auch schon Staub/*Hachenburg*, GmbHG, 2. Auflage 1906, Allgemeine Einleitung, Anm. 22.

204 Vgl. Begründung des Gesetzentwurfs betreffend die GmbH, Sten. Ber. RT VIII/I (1890/1892), Bd. 5, S. 3745; so auch schon Staub/*Hachenburg*, GmbHG, 2. Auflage 1906, § 30 Anm. 6; *Feine*, Die GmbH, S. 247/248. Siehe weiter Baumbach/Hueck/*Hueck*, GmbHG, § 30 Rn. 4, 7; *Lutter/Hommelhoff*, GmbHG, § 30 Rn. 2, 8, 27 f.; *Fleck*, FS 100 Jahre GmbHG (1992), S. 391 f.; Scholz/*H. P. Westermann*, GmbHG, § 30 Rn. 20; MünchHdb.GesR III/*Mayer/Vollrath*, § 52, Rn. 9, 15, 29.

205 Zum Begriff siehe Baumbach/Hueck/*Hueck*, GmbHG, § 30 Rn. 7 ff.; Scholz/*H. P. Westermann*, GmbHG, § 30 Rn. 17; Hachenburg/*Goerdeler/Müller*, GmbHG, § 30 Rn. 29 ff.; *Lutter/Hommelhoff*, GmbHG, § 30 Rn. 9 ff., 13 ff.

206 Vgl. Begründung des Gesetzentwurfs betreffend die GmbH, Sten. Ber. RT VIII/I (1890/1892), Bd. 5, S. 3745; siehe auch Scholz/*H. P. Westermann*, GmbHG, § 30 Rn. 13, 16 f.; *Lutter/Hommelhoff*, GmbHG, § 30 Rn. 2, 13, 26; Baumbach/Hueck/*Hueck*, GmbHG, § 30 Rn. 4, 7; MünchHdb.GesR III/*Mayer/Vollrath*, § 52, Rn. 17 ff. So auch schon Staub/*Hachenburg*, GmbHG, 2. Auflage 1906, § 30 Anm. 7.

207 Siehe dazu schon oben 2. Kap. § 3 A I. Vgl. weiter Begründung des Gesetzentwurfs betreffend die GmbH, Sten. Ber. RT VIII/I (1890/1892), Bd. 5, S. 3729 f., 3734, 3737, 3745; *Feine*, Die GmbH, S. 246; Staub/*Hachenburg*, GmbHG, 2. Auflage 1906, § 30 Anm. 6. Ebenso auch *Goette*, DStR 1997, 1495; *K. Schmidt*, Gesellschaftsrecht, § 37 I 2, S. 1108 f.

(2) Vergleichbarkeit der Darlehensrückgewähr

Unter Berücksichtigung dieser rechtlichen Wertungen stellt sich nunmehr aber das Fehlen der Regelungen bezüglich der Rückzahlung von Gesellschafterdarlehen vor dem Hintergrund des Gleichbehandlungsgrundsatzes nicht als eine im Wege des Analogieschlusses zu füllende planwidrige Unvollständigkeit des GmbH-Gesetzes dar. Vielmehr weist die Rückzahlung von darlehensweise überlassenen Mitteln an die Gesellschafter maßgebliche Unterschiede zur Rückgewähr von Reinvermögen der Gesellschaft auf:

Zunächst handelt es sich bei Zahlungen der Gesellschaft an ihre Gesellschafter mit Bezug auf von diesen gewährten Darlehensmitteln nicht um Vermögensübertragungen an den *Gesellschafter als solchen* (bzw. *causa societatis*). Die Darlehensrückzahlungen erfolgen auf schuldrechtlicher Grundlage, und in Form der Darlehensvaluta hat der Gesellschafter zuvor auch eine adäquate Gegenleistung erbracht.[208] Dementsprechend hat die Rückzahlung von Darlehensbeträgen auch nicht die Entstehung und Vertiefung einer Unterbilanz zur Folge.[209] Gewähren die Gesellschafter ihrer Gesellschaft Darlehen, so treten sie ihr wie ein Dritter gegenüber,[210] und die Gesellschafterdarlehen einschließlich der darauf ggf. entfallenden Zinsen werden gemäß § 42 Abs. 3 GmbHG, § 266 Abs. 3 C HGB in der Handelsbilanz passiviert.[211] Kommt es nunmehr zu einer

---

208 Sollte dies nicht der Fall sein, d. h. hat der Gesellschafter gar keine Valuta an die Gesellschaft ausgezahlt, oder hat er ihr das Darlehen zu extrem überhöhten Konditionen gewährt, so liegt eine sog. *verdeckte Gewinnausschüttung* vor (zum Begriff siehe nur Baumbach/Hueck/*Hueck*, GmbHG, § 29 Rn. 68 ff.; *Lutter/Hommelhoff*, GmbHG, § 29 Rn. 52 ff.; Hachenburg/*Goerdeler/Müller*, GmbHG, § 29 Rn. 100 ff. jeweils mit weiteren Nachweisen), die, sofern sie eine Unterbilanz hervorruft, nach allgemeiner Ansicht § 30 Abs. 1 GmbHG unmittelbar unterfällt, vgl. Hachenburg/*Goerdeler/Müller*, GmbHG, § 30 Rn. 59; *Lutter/Hommelhoff*, GmbHG, § 30 Rn. 28; Baumbach/Hueck/*Hueck*, GmbHG, § 30 Rn. 15; *Goette*, Die GmbH nach der BGH-Rechtsprechung, § 3, Rn. 27.

209 Entsprechend wird auch in der Gesetzesbegründung die Tilgung einer rechtsgültig begründeten Verbindlichkeit als unproblematisch angeführt, siehe Begründung des Gesetzentwurfs betreffend die GmbH, Sten. Ber. RT VIII/I (1890/1892), Bd. 5, S. 3745.

210 Siehe dazu auch die Begründung des Gesetzentwurfs betreffend die GmbH, Sten. Ber. RT VIII/I (1890/1892), Bd. 5, S. 3745 sowie oben 1. Kap. § 3 C (mit Nachweisen).

211 Vgl. *Lutter/Hommelhoff*, GmbHG, § 42 Rn. 26 ff.; Baumbach/Hueck/*Schulze-Osterloh*, GmbHG, § 42 Rn. 52, 226; Scholz/*Crezelius*, GmbHG, Anhang § 42 a Rn. 218 ff.; *Knobbe-Keuk*, Bilanz- und Unternehmenssteuerrecht, § 4 V 4, S. 111 f. Die streitige Frage, ob auch kapitalersetzende Gesellschafterdarlehen zu passiveren bzw. zumindest bilanziell kenntlich zu machen sind (siehe dazu Baumbach/Hueck/*Schulze-Osterloh*, GmbHG, § 42 Rn. 226; Scholz/*Crezelius*, GmbHG, Anhang § 42 a Rn. 221 f.; *Lutter/Hommelhoff*, GmbHG, § 42 Rn. 32 ff.; *Knobbe-Keuk*, Bilanz- und Unternehmens-

Rückzahlung der Darlehensvaluta oder von Darlehenszinsen an den Gesellschafter, so vermindert sich korrespondierend zum Abfluß des Aktivkapitals auch die auf der Passivseite in die Bilanz eingestellte Verbindlichkeit. Am bilanziellen Reinvermögen der Gesellschaft ändert sich folglich nichts, die Darlehensrückzahlung ist *bilanzneutral.*[212] Insofern unterscheiden sich die beiden Sachverhalte in ihren tatsächlichen bilanziellen Auswirkungen maßgeblich.

Dies steht jedoch für sich allein betrachtet der planwidrigen Unvollständigkeit des GmbH-Gesetzes noch nicht entgegen, da die zu vergleichenden Sachverhalte nicht gleich zu sein brauchen, sondern nur im Hinblick auf die rechtliche Wertung ähnlich sein müssen.[213]

Aber auch im Hinblick auf die dem § 30 Abs. 1 GmbHG zugrunde liegende rechtliche Bewertung sind sich die Sachverhalte bei objektiver Betrachtung nicht hinreichend ähnlich. Bei Zahlungen auf das Gesellschafterdarlehen handelt es sich nicht um Zahlungen aufgrund der Gesellschafterstellung, sondern um Zahlungen auf schuldrechtlicher Grundlage. Daher fließen nicht das zur Erhaltung des Stammkapitals erforderliche Gesellschaftsvermögen, sondern nur von den Gesellschaftern über die Stammeinlage hinaus der Gesellschaft gewährte Fremdmittel an diese zurück. Somit tragen die Gesellschafter nach wie vor das volle Verlustrisiko hinsichtlich des eingeschossenen Eigenkapitals.

Insofern findet durch die Rückzahlung der Darlehen keine der Wertung des § 30 Abs. 1 GmbHG ähnliche Risikoverlagerung statt. Insbesondere läßt sich die Ähnlichkeit der Sachverhalte auch nicht damit begründen, daß bei einer funktionalen Betrachtungsweise die Finanzierung der Gesellschaft anhand von Eigenkapital der Finanzierung anhand von Fremdkapital vergleichbar sei und daher auch die Rückzahlung der verschiedenen Mittel ähnlich und deshalb letztlich gleich zu behandeln sei.[214] Zum einen ist die Finanzierung mit Fremd-

---

steuerrecht, § 4 V 3 e, S. 111, § 16 III 2, S. 585 ff.; *K. Schmidt,* FS Goerdeler (1987), S. 487, 505 ff.; vgl. auch umfassend *Beine*, Eigenkapitalersetzende Gesellschafterdarlehen, S. 139 ff., 178 ff., sowie jetzt *Altmeppen*, ZHR 164 (2000), S. 349 ff. und *Hirte*, DStR 2000, 1829 ff. jeweils mit weiteren Nachweisen) ist hier außen vorzulassen, da es ja hier um die Frage geht, woraus sich die Sonderbehandlung von Gesellschafterdarlehen rechtfertigt und nicht um die Frage, welche bilanziellen Rechtsfolgen diese Sonderbehandlung letztlich auslöst.

212 Vgl. *Knobbe-Keuk*, Bilanz- und Unternehmenssteuerrecht, § 16 III 2, S. 587; *Goette*, Die GmbH nach der BGH-Rechtsprechung, § 3, Rn. 26; Hachenburg/*Goerdeler/Müller*, GmbHG, § 30 Rn. 57. Ähnlich auch *Lutter/Hommelhoff*, GmbHG, § 30 Rn. 27.

213 Siehe oben 3. Kap. § 1 B III 2 b bb.

214 So aber wohl *K. Schmidt*, Gesellschaftsrecht, § 18 III 4 b, S. 531 f. Siehe dazu auch noch unten 3. Kap. § 2 E II 2.

kapital der Eigenkapitalfinanzierung nur im Hinblick auf Teilbereiche der Finanzierungsfunktion der zugeführten Mittel vergleichbar,[215] wohingegen sie sich im Hinblick auf die aus Gläubigersicht existentielle Haftungs- und Insolvenzschutzfunktion[216] grundlegend unterscheiden. Somit kann schon von daher nicht von einer Ähnlichkeit gesprochen werden.[217] Zum anderen haben die Gesellschafter dadurch, daß sie der Gesellschaft die Finanzmittel "nur" darlehensweise überlassen haben, deutlich gemacht, daß diese Mittel, im Gegensatz zum Eigenkapital, vereinbarungsgemäß zurückgezahlt werden sollen. Damit haben sie gleichzeitig zum Ausdruck gebracht, im Hinblick auf diese Mittel gerade nicht das volle Verlustrisiko tragen zu wollen. Insofern weisen schon die Ausgangssachverhalte Unterschiede auf, die ihrer Vergleichbarkeit entgegen stehen.[218] Diese Unterschiede können auch nicht aufgrund eines Vergleichs mit § 30 Abs. 1 GmbHG überwunden werden. Dort hat der Gesetzgeber gerade keinen umfassenden Vermögensschutz gewährleistet, sondern nur das Stammkapital vor Rückzahlungen an die Gesellschafter sichern wollen.[219] Aus § 30 Abs. 1 GmbHG läßt sich kein Grundsatz des Inhalts ableiten, daß sämtliche von den Gesellschaftern aufgebrachten Kapitalmittel zu erhalten und gegen Rückzahlungen an die Gesellschafter zu schützen sind.[220]

3. Ergebnis

Vergleicht man den vom Gesetzgeber in §§ 30, 31 GmbHG geregelten Sachverhalt sowie die diesen Normen zugrunde liegenden gesetzlichen Wertungen mit dem Sachverhalt der Rückgewähr von Gesellschafterdarlehen, so stellt das Fehlen von diesbezüglichen Gesetzesregeln vor dem Hintergrund des Gleichbehandlungsgrundsatzes keine planwidrige Unvollständigkeit dar. Vielmehr weisen die Sachverhalte so entscheidende Unterschiede auf, daß eine Übertragbarkeit der den §§ 30, 31 GmbHG zugrunde liegenden gesetzlichen Wertungen

---

215 Dazu oben 2. Kap. § 2 B IV.

216 Vgl. zu diesen oben 2. Kap. § 2 B I, II.

217 Ähnlich *Schummer*, Eigenkapitalersatzrecht, S. 218.

218 Ähnlich *Koppensteiner*, AG 1998, 308, 311.

219 Siehe soeben 3. Kap. § 1 B III 2 b bb (1).

220 Ähnlich *Koppensteiner*, AG 1998, 308, 311.

auf die Rückzahlung von Gesellschafterdarlehen nicht möglich ist.[221] Demnach weist auch das GmbH-Gesetz diesbezüglich keine Lücke i. e. S. auf.[222]

Außerdem steht noch folgende Überlegung einer Analogie zu §§ 30, 31 GmbHG entgegen: Würde man die Legitimation der Sonderbehandlung von Gesellschafterdarlehen in einer Analogie zu §§ 30, 31 GmbHG sehen, so müßte konsequenterweise ab dem Eintritt einer Unterbilanz jede auf schuldrechtlicher Basis beruhende Leistung an die Gesellschafter verboten sein. Auf die Kreditwürdigkeit - die nach allgemeiner Ansicht das maßgebliche Kriterium der Sonderbehandlung ist -[223] käme es nicht an. Dies wird aber letztlich von niemandem vertreten und wäre auch im Hinblick auf die grundsätzliche Finanzierungsfreiheit[224] unzulässig, da damit praktisch jede Fremdmittelzufuhr bzw. Drittgeschäfte mit den Gesellschaftern unterbunden würden.

IV. Zusammenfassung und Ergebnis

Der Gesetzgeber wollte dem Rechtsverkehr mit der GmbH einen wirtschaftlich flexiblen, insbesondere flexibel finanzierbaren Gesellschaftstyp zur Verfügung stellen. Daher beschränkte er sich darauf, im Gesetz nur einige Mindestregeln im Hinblick auf die Gesellschaftsfinanzierung festzuschreiben. Diese hatten vor allem den Zweck, von vornherein zum Scheitern verurteilte Gesellschaftsgründungen zu verhindern sowie den Gläubigern als Ausgleich für das Haftungsprivileg der Gesellschafter ein der satzungsmäßig festgelegten Stammkapitalziffer entsprechendes Gesellschaftsvermögen real zur Verfügung zu stellen und es vor Minderungen durch Rückzahlungen an die Gesellschafter

---

221 Vgl. aber *Ostheim*, GesRZ 1989, 122, 132, der für das vergleichbare österreichische Recht die Möglichkeit der analogen Anwendung der gesetzlichen Kapitalerhaltungsregeln bejaht.

222 Aus diesem Grund ist auch die Auffassung von *Eichele* abzulehnen, daß sich die eigenkapitalähnliche Sonderbehandlung von Gesellschafterdarlehen in der Krise aus einer *unmittelbaren* Anwendung der §§ 30, 31 GmbHG ergibt (vgl. *Eichele*, Kapitalerhaltungsgrundsatz, Finanzierungsverantwortung und Eigenkapitalersatzrecht, S. 101 ff., 130 f., 159 ff.). Sind die Sachverhalte aufgrund ihrer Unterschiede schon nicht vergleichbar, können sie erst recht nicht gleich sein. Zudem ergibt sich aus der Begründung des Gesetzentwurfs betreffend die GmbH, Sten. Ber. RT VIII/I (18090/92), Bd. 5, S. 3745 eindeutig, daß die Tilgung einer rechtsgültig begründeten Verbindlichkeit von § 30 GmbHG nicht erfaßt wird.

223 Vgl. die Nachweise oben 1. Kap. § 2 A II, Fn. 62.

224 Siehe dazu schon oben 1. Kap. § 3 C.

causa societatis zu schützen.[225] Dabei ging der Gesetzgeber davon aus, daß die Gesellschafter ihrer GmbH schon bei der Gründung regelmäßig mehr als das gesetzliche Mindeststammkapital zur Verfügung stellen würden und auch bei einem späteren Kapitalbedarf vorrangig Eigenkapital in Form des extra für die GmbH geschaffenen Nachschußkapitals zuführen würden. Die von den Gesellschaftern bereits kurz nach Schaffung der GmbH erkannte und auch in erheblichem Umfang genutzte Möglichkeit der Finanzierung der GmbH mit (Gesellschafter-) Fremdmitteln anstelle des eigentlich dafür vorgesehenen Nachschußkapitals bzw. eines betragsmäßig höheren Stammkapitals hatte der Gesetzgeber augenscheinlich nicht gesehen.[226] Insofern ist das GmbH-Gesetz im Hinblick auf das Fehlen von Regelungen der Gesellschafterfremdmittelzufuhr durchaus unvollständig. Diese Unvollständigkeit ist allerdings vor dem dargestellten Hintergrund des GmbH-Gesetzes, insbesondere der bis heute immer noch als Analogiebasis herangezogenen §§ 30, 31 GmbHG, nicht planwidrig,[227] so daß es an einer Regelungslücke i. e. S. fehlt.[228] Die Rechtsprechungsregeln zum Eigenkapitalersatz können somit nicht als gesetzesimmanente Rechtsfortbildung aufgrund einer Analogie zu §§ 30, 31 GmbHG legitimiert werden. Vielmehr stellt das Fehlen von Regelungen bezüglich der Gesellschafterfremdmittelfinanzierung unter Berücksichtigung der damit in der Krise verbundenen Risikoverlagerung zu Lasten der Gläubiger[229] nur einen rechtspolitischen Fehler des Gesetzgebers dar. Ein solcher kann jedoch nicht im Wege der gesetzesimmanenten Rechtsfortbildung korrigiert werden, sondern allenfalls anhand einer gesetzesübersteigenden Rechtsfortbildung, sofern deren Voraussetzungen erfüllt sind.[230]

---

225 Oben 3. Kap. § 1 B III 2 b bb (1).

226 Oben 3. Kap. § 1 B III 2 a (a. E.).

227 Oben 3. Kap. § 1 B III 2.

228 3. Kap. § 1 B III 3.

229 Vgl. oben 2. Kap. § 3, insbesondere unter C.

230 *Larenz*, Methodenlehre, S. 374.

§ 2 Legitimation der Kapitalersatzrechtsprechung als gesetzesübersteigende Rechtsfortbildung

A. Einführung

Weist ein Gesetz keine planwidrige Unvollständigkeit und damit keine Regelungslücke i. e. S. auf, so hat das gleichwohl nicht zur Folge, daß eine zulässige Fortbildung des Rechts endgültig ausgeschlossen wäre. Vielmehr kommt in diesem Fall eine Rechtsfortbildung über den Plan des Gesetzes hinaus in Betracht. Eine solche *gesetzesübersteigende* Rechtsfortbildung steht jedoch aufgrund der Bindung der Rechtsprechung an Recht und Gesetz (vgl. Art. 20 Abs. 3 GG) erst recht nicht im freien Belieben der Rechtsprechung, sondern unterliegt gleichfalls einer Reihe von rechtlichen Voraussetzungen. Zunächst ist erforderlich, daß eine Rechtsfrage besteht, die weder anhand einer einfachen Gesetzesauslegung noch anhand einer gesetzesimmanenten Rechtsfortbildung ausreichend sachgerecht zu beantworten ist.[231] Allein das Fehlen einer zur Beantwortung dieser Rechtsfrage geeigneten gesetzlichen Regelung reicht jedoch nicht aus, um eine über das Gesetz hinausgehende Rechtsfortbildung zu legitimieren. Vielmehr setzt auch eine Rechtsfortbildung über den Plan des zu ergänzenden Gesetzes hinaus eine Regelungslücke voraus. Im Gegensatz zur gesetzesimmanenten Rechtsfortbildung ist allerdings keine Lücke i. e. S. erforderlich, sondern vielmehr eine sog. "Lücke im weiteren Sinne (i. w. S.)". Das Fehlen von rechtlichen Regelungen muß also gerade nicht gemessen am Plan des zu ergänzenden Gesetzes, sondern gemessen an den Erfordernissen der Gesamtrechtsordnung als behebungsbedürftige Unvollständigkeit erscheinen.[232]

---

[231] Vgl. *Larenz*, Methodenlehre, S. 413 f., 426. Siehe dazu sogleich unten 3. Kap. § 2 C.

[232] Vgl. *Larenz/Canaris*, Methodenlehre, S. 246; *Canaris*, Feststellung von Lücken, S. 35 ff. Demgegenüber ist nach *Larenz*, Methodenlehre, S. 368, 426 f. für den Bereich der gesetzesübersteigenden Rechtsfortbildung das Vorliegen einer Lücke verzichtbar. Dies ist jedoch nur scheinbar ein Widerspruch, da es sich letztlich nur um eine terminologische Divergenz handelt. Nach *Larenz* bestimmt sich das Vorliegen einer Lücke nur nach dem Plan des konkreten Gesetzes, und erst bei der Frage nach der Rechtfertigung der gesetzesübersteigenden Rechtsfortbildung ist auf die Gesamtrechtsordnung abzustellen (vgl. Methodenlehre, S. 368, 370 ff.). Im Gegensatz dazu faßt die sonstige Methodenlehre den Lückenbegriff weiter und stellt von vornherein auf den Plan der Gesamtrechtsordnung ab (vgl. nur *Bydlinski*, Juristische Methodenlehre, S. 473; *Canaris*, Feststellung von Lücken, S. 37 f.; BVerfGE 65, 182, 191; *Zippelius*, Juristische Methodenlehre, § 11 I, S. 58 ff.). Aufgrund der besseren Unterscheidbarkeit von gesetzesimmanenter und gesetzesübersteigender Rechtsfortbildung - die ja unterschiedlichen Voraussetzungen unterliegen - ist der Differenzierung von *Canaris* in "Lücken i. e. S." bzw. "Lücken i. w. S." (vgl.

Unter diesen Voraussetzungen handelt es sich zwar um eine Rechtsfortbildung "extra legem", also außerhalb des konkreten gesetzlichen Regelungsplans, aber "intra ius", d. h. innerhalb des Rahmens der Gesamtrechtsordnung und der ihr zugrunde liegenden Rechtsprinzipien.[233] Eine solche Rechtsfortbildung ist im Gegensatz zur Rechtsfortbildung "contra legem"[234] nach allgemeiner Ansicht zulässig.[235] Insbesondere trägt eine diesen methodologischen Voraussetzungen genügende Rechtsfortbildung der Bindung der Rechtsprechung an "Gesetz und Recht" gem. Art. 20 Abs. 3 GG Rechnung.[236]

B. Generelle Eignung als Legitimationsgrundlage

Bevor dies allerdings im einzelnen untersucht wird, stellt sich auch hier vorab die Frage, ob eine derartige gesetzesübersteigende Rechtsfortbildung überhaupt generell geeignet ist, den mit den Rechtsprechungsregeln verbundenen Eingriff in die Vertragsfreiheit zu legitimieren, oder ob die Vertragsfreiheit durch eine Rechtsfortbildung extra legem nicht beschränkt werden kann. In diesem Zusammenhang kann auf die obigen Ausführungen[237] Bezug genommen werden, wo bereits festgestellt worden war, daß die Vertragsfreiheit nur innerhalb der Grenzen der verfassungsmäßigen Ordnung, zu der auch zulässige Rechtsfortbildungen gehören, gewährleistet ist. Demnach kann die grundgesetzlich gewährleistete Vertragsfreiheit auch durch eine gesetzesübersteigende Rechtsfortbildung eingeschränkt werden, sofern sie den entsprechenden Voraussetzungen genügt und sich somit als zulässige Rechtsfortbildung extra legem darstellt.

Daher ist nun weiter zu untersuchen, ob die von der Rechtsprechung und Rechtswissenschaft herausgebildeten Regeln über die Sonderbehandlung von Gesellschafterdarlehen in der Unternehmenskrise den zuvor kurz angeführten

---

Larenz/Canaris, Methodenlehre, S. 187 ff., 191 sowie insbesondere S. 246) der Vorzug vor dem zu engen Lückenbegriff von *Larenz* und dem etwas zu weiten Lückenbegriff der übrigen Methodenlehre zu geben. Daher ist das Vorliegen einer Lücke i. w. S. für die Rechtsfortbildung extra legem erforderlich.

233 So *Larenz*, Methodenlehre, S. 414.

234 Dazu ausführlich *Krey*, JZ 1978, 361 ff., 428 ff., 465 ff sowie *Neuner*, Rechtsfindung contra legem.

235 *Larenz*, Methodenlehre, S. 414, 426 f.; *Larenz/Canaris*, Methodenlehre, S. 246 f. Zur verfassungsrechtlichen Zulässigkeit von Rechtsfortbildungen siehe *Seidl*, ZGR 1988, 296 ff.; *Wank*, ZGR 1988, 314, 330 ff.

236 Vgl. *Larenz/Canaris*, Methodenlehre, S. 246; *Seidl*, ZGR 1988, 296, 307 ff.; *Neuner*, Rechtsfindung contra legem, S. 5 ff., 85 ff.

237 Siehe oben 3. Kap. § 1 B II.

methodologischen Voraussetzungen entsprechen und sich als zulässige gesetzesübersteigende Rechtsfortbildung legitimieren lassen.

C. Vorliegen einer Rechtsfrage

Ausgangspunkt der Entwicklung der Sonderbehandlung von Gesellschafterdarlehen müßte also eine *Rechtsfrage* gewesen sein, d. h. eine Frage, die einer rechtlichen Antwort bedarf und die nicht etwa in den rechtsfreien Raum fällt.[238]

Die der Kapitalersatzrechtsprechung zugrunde liegende Rechtsfrage erschließt sich aus folgendem: Wie bereits an früherer Stelle ausgeführt wurde, wird die Finanzierung der GmbH mit Fremdkapital, auch von seiten der Gesellschafter, grundsätzlich als zulässig angesehen.[239] Nach insoweit allgemeiner Auffassung sind die Gesellschafter frei in ihrer Entscheidung, ob und wie sie der GmbH über das gesetzlich vorgeschriebene Mindeststammkapital hinaus Kapital zur Verfügung stellen.[240] Zugleich wird allerdings in ständiger Rechtsprechung, unterstützt vom fast einhelligen Schrifttum, die Finanzierungsfreiheit in der Unternehmenskrise eingeschränkt; das der Gesellschaft in dieser Situation von Seiten der Gesellschafter gewährte oder belassene Fremdkapital wird zwangsweise einer Sonderbehandlung wie haftendes Eigenkapital unterzogen.[241] Dem liegt nach weit verbreiteter Auffassung die Wertung zugrunde, die Gesellschafter dürften in dieser Situation die mit der Fremdmittelfinanzierung verbundenen Risiken nicht mehr auf die Gläubiger verlagern.[242] Diese Wertung vermag jedoch, aufgrund der divergierenden Interessen von Gesellschaftern und Gläubigern,[243] weder aus sich heraus die Sonderbehandlung zu legitimieren, noch bieten die bisher untersuchten Legitimationsansätze eine tragfähige dogmatische Konstruktion für sie.[244]

---

238 *Larenz*, Methodenlehre, S. 426.

239 Siehe die Nachweise oben 2. Kap., Fn. 1 sowie 2. Kap. § 2 E.

240 Siehe oben 1. Kap. § 3 C.

241 Siehe oben 1. Kap. § 3 C sowie 1. Kap. § 3 A.

242 Siehe die Nachweise oben 2. Kap., Fn. 2. Dazu, daß tatsächlich eine Risikoverlagerung eintritt siehe oben 2. Kap. § 3.

243 Wie sich aus den obigen Ausführungen zu den Motiven der Gesellschafterfremdkapitalfinanzierung ergibt, verfolgen die Gesellschafter mit der Gesellschafterfremdkapitalzufuhr in der Krise bei objektiver Betrachtung gerade den Zweck, ihre Risiken (zu Lasten der Gläubiger) zu begrenzen, wohingegen die Gläubiger gerade in dieser Situation nicht mehr bereit sind, die Risiken zu tragen (siehe auch oben 2. Kap. § 3).

244 Oben 3. Kap. § 1.

Es stellt sich daher die Frage, ob den Gesellschaftern eine uneingeschränkte Finanzierungsfreiheit zukommt oder ob die mit der - grundsätzlich zulässigen - Gesellschafterfremdkapitalzufuhr in der Gesellschaftskrise verbundene Risikoverlagerung auf die Gesellschaftsgläubiger der Rechtsordnung widerspricht und deshalb eine Einschränkung der Finanzierungsfreiheit erfordert, mit der Folge, daß eine dagegen verstoßende Ausübung der Finanzierungsfreiheit zu einer zwangsweisen Behandlung von formellem Fremdkapital wie haftendem Eigenkapital führt.

Da die eigenkapitalähnliche Sonderbehandlung der Gesellschafterfremdmittel eine Beeinträchtigung der privatautonomen Gestaltungsfreiheit, der Finanzierungsfreiheit und des Haftungsprivilegs darstellt, hat diese Frage auch rechtliche Relevanz und fällt nicht in den rechtsfreien Raum.

D. Keine hinreichende Lösung im Wege der Gesetzesauslegung oder gesetzesimmanenten Rechtsfortbildung

Diese Rechtsfrage dürfte nun zudem weder anhand einfacher Gesetzesauslegung, noch anhand einer gesetzesimmanenten Rechtsfortbildung ausreichend zu beantworten sein.

Aus dem GmbH-Gesetz läßt sich weder im Wege einfacher Gesetzesauslegung noch der gesetzesimmanenten Rechtsfortbildung eine Antwort auf die vorstehend aufgeworfene Rechtsfrage ableiten. Diesbezüglich kann auf die vorstehenden Ausführungen zurückgegriffen werden. Im GmbH-Gesetz findet sich keine Norm, aus der sich anhand einer Auslegung etwas für die Beantwortung der Frage, ob die mit der Gesellschafterfremdfinanzierung verbundene Risikoverschiebung der Rechtsordnung widerspricht und deshalb eine Einschränkung der Finanzierungsfreiheit erforderlich ist, gewinnen läßt. Insbesondere können die §§ 30, 31 GmbHG nicht im Weg der Auslegung für die Beantwortung der Frage fruchtbar gemacht werden, da sie sich ihrem eindeutigen Wortlaut nach allein mit der Erhaltung des Stammkapitals befassen.[245] Ebenso läßt sich auch im Wege der gesetzesimmanenten Rechtsfortbildung keine ausreichende Antwort finden. Wie schon zuvor ausgeführt wurde, stellt das Fehlen von Regelungen über die Behandlung von Gesellschafterfremdmitteln vor dem Hintergrund des GmbH-Gesetzes keine planwidrige Unvollständigkeit desselben dar.[246] Es fehlt also an der für die gesetzesimmanente Rechtsfortbildung zwingend erforderlichen Regelungslücke i. e. S.

---

[245] Siehe oben 3. Kap. § 1 A V und 3. Kap. § 1 B III 2 b bb (1).

[246] Siehe oben 3. Kap. § 1 B III 3.

E. Vorliegen einer Regelungslücke i. w. S.

Weiterhin ist es für die Legitimation der Kapitalersatzrechtsprechung als Rechtsfortbildung extra legem erforderlich, daß dieser einer Regelungslücke i. w. S. zugrunde liegt. Das Fehlen von rechtlichen Regelungen, die eine Antwort auf die vorliegende Rechtsfrage geben würden, müßte also, gemessen an den Erfordernissen der Gesamtrechtsordnung, als behebungsbedürftige Unvollständigkeit erscheinen.[247] Dies ist unter zwei Voraussetzungen gegeben: Zum einen muß die zur Beantwortung der Rechtsfrage vorgenommene Fortbildung des Rechts durch spezifisch rechtliche Kriterien legitimiert werden. Das ist insbesondere dann der Fall, wenn eine Beantwortung der Rechtsfrage aufgrund der Bedürfnisse des Rechtsverkehrs, der Natur der Sache oder aufgrund eines allgemeinen Rechtsprinzips erforderlich und nicht nur rechtspolitisch erwünscht ist.[248] Zum anderen muß die Rechtsfortbildung mit dem zu ergänzenden Gesetz in Einklang stehen und darf mit diesem nicht unvereinbar sein.[249] Ob diese Voraussetzungen im Hinblick auf die von Rechtsprechung und Literatur herausgebildeten Kapitalersatzregeln erfüllt sind, ist somit im weiteren zu untersuchen.

I. Regelungslücke im Hinblick auf ein Bedürfnis des Rechtsverkehrs

Zunächst könnte sich also nach dem zuvor gesagten die Lückenhaftigkeit des GmbH-Gesetzes daraus ergeben, daß das Fehlen von rechtlichen Regelungen über Art und Umfang der Gesellschafterfremdfinanzierung aufgrund der Bedürfnisse des Rechtsverkehrs eine behebungsbedürftige Unvollständigkeit darstellt.[250] Dafür könnte sprechen, daß durch die grundsätzlich zulässige Gesellschafterfremdmittelfinanzierung in der Krise eine Risikoverlagerung von den Gesellschaftern auf die Gläubiger erfolgt, diese also einer erhöhten abstrakten

---

247 Siehe oben 3. Kap. § 2 A.

248 *Larenz/Canaris*, Methodenlehre, S. 246; siehe auch *Bydlinski*, Juristische Methodenlehre, S. 500; *Zippelius*, Juristische Methodenlehre, § 11, S. 58 ff., § 13 III, IV, S. 76 ff. Ebenso, wenn auch nicht unter dem Begriff der "Lücke", *Larenz*, Methodenlehre, S. 413 ff., 426 f., was den bereits oben (3. Kap. § 2 A, Fn. 232) angeführten rein terminologischen Widerspruch verdeutlicht. Siehe im einzelnen zu diesen Anforderungen auch sogleich nachfolgend 3. Kap. § 2 E I - III.

249 *Larenz/Canaris*, Methodenlehre, S. 246; *Zippelius*, Juristische Methodenlehre, § 13 III, S. 76 f.; *Seidl*, ZGR 1988, 296, 303; siehe auch *Canaris*, Feststellung von Lücken, S. 31 ff. Dazu auch noch eingehend unten 3. Kap. § 2 F.

250 Siehe zu diesem Ansatz zur Rechtfertigung einer Rechtsfortbildung extra legem *Larenz*, Methodenlehre, S. 414 ff.

Gefährdung ausgesetzt sind.[251] Aus Sicht der Gesellschaftsgläubiger als Teil des Rechtsverkehrs besteht insofern durchaus ein Bedürfnis an einer entsprechenden Regelung. Ein *Bedürfnis des Rechtsverkehrs* als Grundlage einer legitimen Rechtsfortbildung extra legem läßt sich aber nur dann bejahen, wenn diese zur Wahrung der Interessen *aller* am entsprechenden Rechtsverkehr *Beteiligten erforderlich* ist. Daher reicht allein das Bedürfnis der Gesellschaftsgläubiger an einer Regelung noch nicht aus, um ein Bedürfnis des Rechtsverkehrs bejahen zu können. Vielmehr müssen auch die Interessen der Gesellschafter, die gleichfalls Teil des Rechtsverkehrs sind, berücksichtigt werden. Aus deren Sicht besteht aber an der eigenkapitalähnlichen Sonderbehandlung von Gesellschafterfremdmitteln gerade kein Bedürfnis. Ihr Interesse ist statt dessen darauf gerichtet, daß die Kapitalmittel, die sie der Gesellschaft als Fremdkapital zur Verfügung gestellt haben, auch letztlich als solches behandelt werden.[252]

Aufgrund dieser, durch die widerstreitenden Interessen von Gesellschaftern und Gläubigern verursachten, uneinheitlichen Interessenlage kann von einem dringenden Bedürfnis des gesamten Rechtsverkehrs an der einheitlichen Beantwortung der oben aufgeworfenen Rechtsfrage nicht gesprochen werden.
Unter diesem Gesichtspunkt läßt sich demnach auch keine Lücke des GmbH-Gesetzes i. w. S. feststellen.

II. Regelungslücke im Hinblick auf die Natur der Sache

Die Erforderlichkeit einer Beantwortung der zu Beginn aufgeworfenen Rechtsfrage könnte sich weiter unter dem Gesichtspunkt der "Natur der Sache" ergeben. Die "Natur der Sache" ist ein in der rechtswissenschaftlichen Literatur viel erörterter Begriff, wobei die Auseinandersetzung mit diesem Begriff weit in rechtsphilosophische Grundfragen hineinreicht. Allerdings konnte über den Begriff bisher kein abschließendes allgemeines Einverständnis erzielt bzw. keine klare Begrenzung gewonnen werden.[253] Doch trotz dieser Unsicherheiten ist es im Grundsatz anerkannt, daß sich aus der Natur der Sache die Ergänzungsbedürftigkeit des Rechts ergeben kann.[254]

---

[251] Oben 2. Kap. § 3 C.

[252] Siehe dazu sowie insgesamt zur Interessenlage bezüglich der Gesellschafterfremdkapitalfinanzierung oben 2. Kap. § 2 D.

[253] Vgl. *Larenz*, Methodenlehre, S. 417; *Canaris*, Feststellung von Lücken, S. 118 f.; *Bydlinski*, Juristische Methodenlehre, S. 52, jeweils mit weiterführenden Literaturhinweisen.

[254] *Larenz*, Methodenlehre, S. 417 ff.; *Bydlinski*, Juristische Methodenlehre, S. 54 ff., 488 ff.

Auf einen entsprechenden Versuch der Legitimation der Kapitalersatzregeln unter Heranziehung der Natur der Gesellschafterdarlehen deuten sowohl verschiedentlich in der Rechtsprechung, als auch zum Teil in der rechtswissenschaftlichen Literatur zu findende Ansätze zur Begründung der Sonderbehandlung von Gesellschafterdarlehen hin. So hat das Reichsgericht in einer Entscheidung aus dem Jahr 1938 zur Begründung der bereits von ihm vorgenommenen Sonderbehandlung von Gesellschafterdarlehen bei nomineller Unterkapitalisierung angeführt, die Gesellschafterdarlehen würden nur "als das behandelt, was sie in Wirklichkeit seien, nämlich Gesellschaftereinlagen".[255] Daran anknüpfend verweist auch der BGH teilweise im Rahmen der Begründung der Sonderbehandlung von Gesellschafterfremdmitteln auf deren Funktion.[256] In der rechtswissenschaftlichen Literatur begründet insbesondere *K. Schmidt* die eigenkapitalähnliche Sonderbehandlung der formellen Gesellschafterdarlehen damit, daß Mittel, die nach den Grundsätzen ordnungsmäßiger Unternehmensfinanzierung Eigenkapitalfunktion hätten, auch nach Eigenkapitalgrundsätzen zu behandeln seien.[257] Geltungsgrund der Sonderbehandlung sei also letztlich die Natur der Sache.[258]

Es ist allerdings sehr fraglich, ob sich die Kapitalersatzrechtsprechung tatsächlich unter dem Gesichtspunkt der Natur der Sache legitimieren läßt.

1. Möglichkeit der Legitimation einer Rechtsfortbildung unter dem Gesichtspunkt der Natur der Sache

Um dies zu klären, ist es zunächst erforderlich, sich die Überlegungen zu vergegenwärtigen, auf denen die Möglichkeit der Legitimation einer gesetzesübersteigenden Rechtsfortbildung unter dem Aspekt der "Natur der Sache" beruht. Diese lassen sich, stark vereinfacht, wie folgt zusammenfassen:

Unter der Natur der Sache versteht man die den Lebensverhältnissen und ihren Zwecken angemessene, ihnen innewohnende Ordnung.[259] Den typischen

---

[255] RG JW 1939, 355, 356.

[256] BGHZ 75, 334, 339; 90, 370, 381 sowie insbesondere BGH NJW 1990, 1730, 1731. Vgl. auch BGHZ 104, 33 ff. zu den sog. "Finanzplankrediten".

[257] Vgl. *K. Schmidt*, Gesellschaftsrecht, § 18 III 4, S. 532; *ders.*, ZGR 1980, 567, 571; *ders.*, GesRZ 1993, 8, 10. Ähnlich auch *Goette*, ZHR 162 (1998), 223, 224.

[258] So wörtlich *K. Schmidt*, GesRZ 1993, 8, 10.

[259] So die klassische und meist zitierte Definition von *Dernburg*, Pandekten, Bd. I, § 38 2, S. 84; siehe zum Begriff auch *Coing*, Grundzüge der Rechtsphilosophie, S. 181 ff. Eine eingehendere Klärung des Begriffs würde in Anbetracht der angeführten tiefgreifenden

Lebensverhältnissen selbst wird unter Berücksichtigung ihrer Zwecke also ein, zumindest rudimentärer, normativer Gehalt entnommen.[260] Die Natur der Sache ist aber selbst noch nicht "Recht", so daß der Gesetzgeber frei entscheiden kann, ob er sie beachten will oder nicht.[261] Allerdings ist davon auszugehen, daß die Rechtsordnung im Zweifel eine der Natur der Sache entsprechende Regelung treffen will.[262] Ergibt sich daher aus Rechtsnormen, daß sie ein Lebensverhältnis und damit auch seine typischen Zwecke und Wertungen akzeptieren, fehlen jedoch entsprechende Einzelregelungen, die für das Funktionieren des Lebensverhältnisses notwendig sind, so ist das Gesetz unvollständig. Folglich kann es sodann unter Rückgriff auf den typischen und umfassenden Zweck des Lebensverhältnisses als "natürlichem Rechtsgrundsatz" ergänzt werden.[263] Welche Zwecke bzw. Funktionen einem Lebensverhältnis dabei zukommen, bestimmt sich nach dem Gesetz sowie danach, wie die Beteiligten oder sonst unmittelbar Interessierten das fragliche Lebensverhältnis allgemein bewerten bzw. welche Zwecke sie mit ihm verfolgen.[264] Insofern ist die Natur der Sache auch von großer Bedeutung im Zusammenhang mit der Forderung der Gerechtigkeit, Gleiches gleich und Ungleiches ungleich zu behandeln.[265]

Aus dem GmbH-Gesetz ergibt sich nicht, daß die Gewährung von Darlehen an die Gesellschaft seitens der Gesellschafter unzulässig ist.[266] Bei den Gesellschafterdarlehen handelt es sich also um vom GmbH-Gesetz durchaus anerkannte Lebensverhältnisse. Allerdings fehlen im Gesetz jegliche Einzelregelungen im Hinblick auf dieses Finanzierungsmittel und die damit verbundene Risikoverlagerung.[267] Insofern könnte das GmbH-Gesetz in der Tat unter dem Gesichtspunkt der Natur der Sache lückenhaft sein, wenn den Gesell-

---

Diskussion jedoch den Rahmen der vorliegenden Arbeit sprengen. Sie kann aber auch, im Hinblick auf die allgemeine Anerkennung der Möglichkeit zur Legitimation einer Rechtsfortbildung anhand der Natur der Sache letztlich dahinstehen.

260 *Bydlinski*, Juristische Methodenlehre, S. 53.

261 *Canaris*, Feststellung von Lücken, S. 119/120; siehe auch *Bydlinski*, Juristische Methodenlehre, S. 489.

262 *Canaris*, Feststellung von Lücken, S. 120.

263 Vgl. *Bydlinski*, Juristische Methodenlehre, S. 54, 489; *Canaris*, Feststellung von Lücken, S. 120; ähnlich auch *Larenz*, Methodenlehre, S. 418 f.

264 *Bydlinski*, Juristische Methodenlehre, S. 56.

265 So *Larenz*, Methodenlehre, S. 418.

266 Siehe dazu oben 2. Kap. § 2 E.

267 Vgl. 3. Kap. § 1 B IV.

schafterdarlehen aufgrund von Gesetzesnormen oder der Bewertung des Rechtsverkehrs typischerweise die gleichen Zwecke und Funktionen zukommen wie dem Eigenkapital. Dies hätte dann nämlich ggf. zur Folge, daß diese Lücke unter Rückgriff auf die typischen und umfassenden Zwecke bzw. Funktionen des Lebensverhältnisses "Gesellschafterdarlehen" dahingehend zu ergänzen wäre, daß diese wie Eigenkapital behandelt werden.

2. Funktionsgleichheit von Darlehen und Eigenkapital

Den Gesellschafterdarlehen kommt, im Gegensatz zum Eigenkapital, zunächst keine Herrschafts- und Gewinnbemessungsfunktion zu. Diese Rechte orientieren sich regelmäßig am Verhältnis der Gesellschaftsanteile und nicht an sonstigen Faktoren, wie etwa gewährten Darlehen.[268] Zudem haben die Gesellschafterdarlehen auch die aus Gläubigersicht das Eigenkapital insbesondere kennzeichnende Haftungs- und Insolvenzschutzfunktion[269] nicht. Aufgrund ihrer vertragstypischen Rückzahlungsverpflichtung sollen sie der Gesellschaft, im Gegensatz zum Eigenkapital, gerade nicht auf Dauer verbleiben, sondern wieder an den darleihenden Gesellschafter zurückfließen. Sie haben daher weder den Zweck, eine eventuelle Verluste auffangende "Pufferzone" zu bilden, noch den Zweck, als Haftmasse für außenstehende Gesellschaftsgläubiger zu dienen. Nur hinsichtlich der Finanzierungsfunktion[270] sind Gesellschafterdarlehen dem Eigenkapital vergleichbar. Auch durch die Gewährung von Darlehen wird der Gesellschaft Barkapital zugeführt, mit dem sie wirtschaften kann. Allerdings sind die Gesellschafterdarlehen dem Eigenkapital selbst im Hinblick auf diese Funktion nicht völlig gleich. Vielmehr haben sie als Barkapital nur die sog. "Betriebsmittelfunktion".[271] Schließlich kommt ihnen, da sie selber Fremdkapitalmittel sind, die für die Gesellschaftsfinanzierung wesentliche Kreditfunktion nicht zu.[272]

Die Funktionen von Gesellschafterdarlehen und Eigenkapital sind also nur im Hinblick auf einen ganz engen Teilbereich, der aus Sicht der Gläubiger als unmittelbar Interessierten zudem von eher nachrangigem Interesse ist, gleich. Demgegenüber kommen die wesentlichen Eigenkapitalfunktionen den Gesell-

---

268 Siehe oben 2. Kap. § 1B VI.

269 Zu diesen Funktionen und ihrer Begründung siehe oben 2. Kap. § 1 B I und 2. Kap. § 1 B II.

270 Siehe oben 2. Kap. § 2 B IV.

271 Siehe dazu oben 2. Kap. § 2 B IV.

272 Siehe dazu oben 2. Kap. § 2 B III.

schafterdarlehen gerade nicht zu. Es läßt sich daher feststellen, daß die Zwecke und Funktionen von Eigenkapital und Gesellschafterdarlehen typischerweise *nicht* gleich sind.

3. Eigenkapitalfunktion unter Berücksichtigung der "Grundsätze ordnungsgemäßer Unternehmensfinanzierung"

Auch die zum Teil angeführten "Grundsätze ordnungsgemäßer Unternehmensfinanzierung" vermögen an dieser Feststellung nichts zu ändern.[273]

Es gibt zwar in der Betriebswirtschaftslehre eine ganze Reihe von Finanzierungsmodellen und Finanzierungsgrundsätzen[274], wie z. B. die sog. "goldene Finanzierungsregel", die sich mit der Relation von Vermögens- zu Kapitalarten befaßt,[275] oder die "Eins-zu-eins-Regel" oder "Zwei-zu-eins-Regel", die sich mit der Relation von Eigen- zu Fremdkapital befassen[276].

Allerdings ist es bislang weder von seiten der Betriebswirtschaftslehre noch von seiten der Rechtswissenschaft gelungen, eindeutige, allgemein anerkannte Grundsätze ordnungsgemäßer Unterfinanzierung auszuarbeiten.[277] Solange deren Existenz und Inhalt aber nicht nachgewiesen bzw. ausgearbeitet worden sind, handelt es sich bei diesen Grundsätzen um bloße Behauptungen,[278] die die

---

[273] So scheinbar aber *K. Schmidt*, Gesellschaftsrecht, § 18 III 4, S. 532; ähnlich *ders.*, GesRZ 1993, 8, 10 sowie wohl auch *Karollus*, FS Claussen (1997), S. 199, 203.

[274] Vgl. nur *Vormbaum*, Finanzierung, Erster Abschnitt B, S. 42 ff., C, S. 85 ff.; *Perridon/Steiner*, Finanzwirtschaft, B IV 3, S. 486 ff.; *Bestmann* in : Kompendium der Betriebswirtschaftslehre, Fünfter Teil 2. Kapitel D, S. 482 ff.

[275] Siehe dazu nur *Vormbaum*, Finanzierung, Erster Abschnitt C I 2, S. 87 ff.; *Bestmann* in: Kompendium der Betriebswirtschaftslehre, Fünfter Teil 2. Kapitel D II, S. 485.

[276] Siehe zu derartigen Regeln ebenfalls *Vormbaum*, Finanzierung, Erster Abschnitt C I 1, S. 86 f. sowie *Bestmann* in: Kompendium der Betriebswirtschaftslehre, Fünfter Teil 2. Kapitel D II 2, S. 485 f.

[277] Vgl. *Drukarczyk*, Finanzierung, 1. Kapitel, Abschnitt 3, S. 15 ff., 22; *Lutter*, FS Riesenfeld (1983), S. 165, 185; *Claussen*, ZHR 147 (1983), S. 195, 206 f.; *ders.*, AG 1985, 173, 183 f.; *Swoboda*, Betriebliche Finanzierung, S. 262; *Schummer*, Eigenkapitalersatzrecht, S. 220 f., 242 ff.; *K. Schmidt*, Gesellschaftsrecht, § 18 II 4, S. 522; *Beine*, Eigenkapitalersetzende Gesellschafterleistungen, S. 108 ff.; *Wüst*, JZ 1985, 817, 818; *Herrmann*, Quasi-Eigenkapital, S. 3 ff.

[278] So zutreffend *Grunewald*, GmbHR 1997, 7, 9; *Schummer*, Eigenkapitalersatzrecht, S. 221; *Beine*, Eigenkapitalersetzende Gesellschafterleistungen, S. 108 f., 111.

Eigenkapitalfunktion der Gesellschafterdarlehen nicht überzeugend zu begründen vermögen.[279]

4. Ergebnis

Zusammenfassend ist festzuhalten, daß die Funktionen von Gesellschafterdarlehen und Eigenkapital nur hinsichtlich eines ganz engen Teilbereichs, der sog. "Betriebsmittelfunktion", gleich sind. Im übrigen kommen den Darlehen keine Eigenkapitalfunktionen zu.[280] Daran vermag auch die Berufung auf die angeblichen Grundsätze ordnungsgemäßer Unternehmensfinanzierung nichts zu ändern. Diese konnten bislang noch nicht herausgearbeitet werden, so daß ihre Existenz eine bloße Behauptung ist. Der Berufung auf eine Behauptung kommt jedoch kein eigenständiger juristischer Begründungswert zu.[281] Allein die Vergleichbarkeit im Hinblick auf die Betriebsmittelfunktion, also die Tatsache, daß durch beide Finanzierungsmittel der Gesellschaft liquides Arbeitskapital zufließt, reicht allerdings nicht aus, der eigenkapitalähnlichen Sonderbehandlung von Gesellschafterdarlehen unter Rückgriff auf den Gesichtspunkt der Natur der Sache eine tragfähige dogmatische Grundlage zu bieten.[282] Dafür wäre es vielmehr erforderlich gewesen, daß die wesentlichen Funktionen und Zwecke der Gesellschafterdarlehen sowie des Eigenkapitals gleich sind und somit das GmbH-Gesetz im Hinblick auf den Gleichbehandlungsgrundsatz eine ergänzungsbedürftige Unvollständigkeit aufgewiesen hätte.[283] Die richterrechtlichen Kapitalersatzregeln lassen sich folglich nicht unter Rückgriff auf die Natur der Gesellschafterdarlehen legitimieren.

Dies belegt letztlich auch noch folgende Kontrollüberlegung: Wären Gesellschafterdarlehen aufgrund der typischerweise mit ihnen verfolgten Zwecke und

---

279 Ebenso wohl *Schummer,* Eigenkapitalersatzrecht, S. 221; *Beine*, Eigenkapitalersetzende Gesellschafterleistungen, S. 111 f.

280 Vgl. oben 2. Kap. § 2 B VII.

281 Siehe zuvor, 3. Kap. § 2 E II 3.

282 Im Ergebnis ebenso, wenn auch nicht unter dem dogmatischen Anknüpfungspunkt der Natur der Sache, *Claussen*, FS Forster (1992), S. 139, 150; *Schummer*, Eigenkapitalersatzrecht, S. 218 f. Vgl. auch *Grunewald*, GmbHR 1997, 7, 9 sowie *Reiner*, FS Boujong (1996), S. 415, 422 f., die ebenfalls nicht im Hinblick auf den vorliegenden dogmatischen Anknüpfungspunkt, aber ganz ähnlich, darauf hinweisen, daß die Möglichkeit zur Erreichung des selben wirtschaftlichen Ziels, nämlich der Kapitalzufuhr, auf verschiedenen Wegen, für sich allein nicht besagt, daß beide Wege juristisch gleich zu behandeln sind.

283 Vgl. oben 3. Kap. § 2 E II 1.

Funktionen ihrer Natur nach wie Eigenkapital zu behandeln, so müßte dies konsequenterweise für jedes Gesellschafterdarlehen und zudem auch für jedes Drittdarlehen gelten, da sich insoweit die Funktionen nicht unterscheiden.[284] Die Begründung der Kapitalersatzregeln anhand der Natur der Darlehen würde also zu einer pauschalen Einbeziehung sämtlicher Gesellschafterdarlehen und Drittdarlehen führen. Die von der ganz herrschenden Meinung vorgenommene Beschränkung der eigenkapitalähnlichen Sonderbehandlung auf von Gesellschaftern oder gesellschafterähnlichen Personen in der Unternehmenskrise gewährte oder belassene Darlehen[285] ließe sich folglich von diesem Ansatz aus nicht erklären.

Das zeigt ebenfalls, daß sich unter Rückgriff auf die Natur der Sache keine tragfähige Grundlage für die richterrechtlichen Kapitalersatzregeln finden läßt.

III. Legitimation mit Rücksicht auf ein allgemeines Rechtsprinzip

1. Einführung

Nachdem sich das Fehlen von gesetzlichen Regelungen, die eine Antwort auf die oben aufgeworfene Rechtsfrage[286] geben würden, weder unter dem Gesichtspunkt der Bedürfnisse des Rechtsverkehrs noch unter dem der Natur der Sache als ergänzungsbedürftige Unvollständigkeit des GmbH-Gesetzes erwiesen hat, ist schließlich noch zu untersuchen, ob sich eine solche unter Berücksichtigung allgemeiner Rechtsprinzipien ergibt.[287]

Unter *allgemeinen* Rechtsprinzipien (z. T. auch "rechtsethische Prinzipien" genannt) versteht man *Leitgedanken mit materiellem Gerechtigkeitsgehalt* - d. h. Gedanken, von denen aus gesehen rechtliche Regelungen als sinnvoll und

---

284 So auch *Schummer*, Eigenkapitalersatzrecht, S. 222; *Reiner*, FS Boujong (1996), S. 415, 430.

285 Vgl. zu diesen Eingrenzungen statt aller Baumbach/Hueck/*Hueck*, GmbHG, § 32 a Rn. 16 ff., 20 ff., 41 ff.; Hachenburg/*Ulmer*, GmbHG, § 32 a, b Rn. 42 ff., 118 ff.; *Lutter/Hommelhoff*, GmbHG, §§ 32 a/b Rn. 18 ff., 61 ff., jeweils mit Nachweisen zur Rechtsprechung sowie - trotz des Abstellens auf die Natur der Sache - auch *K. Schmidt*, Gesellschaftsrecht, § 18 III 4, S. 533.

286 Siehe oben 3. Kap. § 2 C.

287 Siehe zu diesem Ansatz zur Rechtfertigung gesetzesübersteigender Rechtsfortbildungen *Larenz*, Methodenlehre, S. 421 ff.; *Canaris*, Feststellung von Lücken, S. 37 f., 93 ff., 160 ff.; *Bydlinski*, Juristische Methodenlehre, S. 481 ff., 490 ff.

gerechtfertigt erscheinen - *und allgemeinem Geltungsanspruch.*[288] Diese Prinzipien sind zwar selbst noch keine (auf den Einzelfall) anwendbare Regeln mit bestimmtem Tatbestand und bestimmter Rechtsfolge, geben aber die Richtung an, in der eine zu findende Regel gelegen ist.[289] Sie vermögen eine ergänzungsbedürftige Unvollständigkeit eines Gesetzes aufzuzeigen, wenn sie für eine aus dem Gesetz unmittelbar nicht zufriedenstellend zu beantwortende Rechtsfrage relevant sind, d. h. wenn sie eine Antwort auf diese aus spezifisch rechtlichen Erwägungen ermöglichen. In diesem Fall ist das allgemeine Rechtsprinzip im konkreten Gesetz nämlich nur unvollkommen verwirklicht worden,[290] so daß das Gesetz unter Berücksichtigung der Gesamtrechtsordnung eine Lücke i. w. S. aufweist. Diese kann sodann unter Rückgriff auf das allgemeine Rechtsprinzip geschlossen werden.[291]

Es ist also nachfolgend zu untersuchen, ob ein allgemeines Rechtsprinzip existiert, welches für die bereits oben aufgeworfene und aus dem GmbH-Gesetz nicht zufriedenstellend zu beantwortende Rechtsfrage, ob die mit der Gesellschafterfremdkapitalfinanzierung verbundene Risikoverlagerung zu Lasten der Gesellschaftsgläubiger der Rechtsordnung widerspricht und daher eine Einschränkung der Finanzierungsfreiheit erforderlich ist, von Relevanz ist und ob dieses Prinzip im GmbH-Gesetz nur eine unvollkommene Verwirklichung erfahren hat.

2. Methodologische Vorgehensweise

Vorab stellt sich jedoch die Frage, wie die Existenz eines allgemeinen Rechtsprinzips methodologisch nachgewiesen werden kann, soll es nicht bei der bloßen Behauptung der Existenz eines bestimmten Rechtsprinzips verbleiben.[292]

---

288 Vgl. *Larenz*, Methodenlehre, S. 421; *ders.*, Richtiges Recht, S. 23, 26, 29/30; *Bydlinski*, Juristische Methodenlehre, S. 132.

289 Vgl. *Larenz*, Methodenlehre, S. 421; *ders.*, Richtiges Recht, S. 23 f.; *Canaris*, Feststellung von Lücken, S. 161.

290 Siehe dazu schon oben 3. Kap. § 2 A und 3. Kap. § 2 E.

291 Vgl. *Canaris*, Feststellung von Lücken, S. 96, 160 ff.; *Larenz*; Methodenlehre, S. 421 f.; ähnlich *Bydlinski*, Juristische Methodenlehre, S. 491 f.

292 Dabei orientiert sich das methodologische Vorgehen an den Arbeiten von *Larenz,* Richtiges Recht, S. 23 ff.; *Canaris*, Feststellung von Lücken, S. 97 ff. sowie *Bydlinski*, Juristische Methodenlehre, S. 490 f.

Unter allgemeinen Rechtsprinzipien versteht man, wie zuvor erwähnt,[293] Leitgedanken mit materiellem Gerechtigkeitsgehalt und allgemeinem Geltungsanspruch.

Für den Nachweis eines derartigen allgemeinen Rechtsprinzips ist es daher in einem ersten Schritt erforderlich - quasi als Arbeitshypothese - einen entsprechenden Leitgedanken herauszuarbeiten.[294] Der zweite Schritt besteht dann in dem Nachweis, daß der herausgearbeitete Leitgedanke materiellen Gerechtigkeitsgehalt und allgemeinen Geltungsanspruch besitzt. Das ist anhand des positiven Rechts sowie der Rückführung des Gedankens auf die Rechtsidee möglich,[295] wobei diese Gesichtspunkte ineinander übergehen bzw. einander ergänzen können.[296]

Für den Nachweis anhand des positiven Rechts bietet sich wiederum ein zweistufiges Vorgehen an. Zunächst ist zu untersuchen, ob der Leitgedanke in einer oder mehreren gesetzlichen Regelungen eine Konkretisierung erfahren hat und diese zu rechtfertigen vermag,[297] also ein der Rechtsordnung immanenter Gedanke mit materiellem Gerechtigkeitsgehalt ist. Zu diesem Zweck kann in erster Linie im Wege der Induktion, d. h. des schrittweisen Zurück-Gehens von einer oder mehreren Normen auf ihren (gemeinsamen) Grundgedanken, vorgegangen werden.[298] Sodann ist zu überprüfen, ob der im positiven Recht nachgewiesene Leitgedanke allgemeine Geltung beansprucht oder nur geeignet ist, eine Reihe von Sondertatbeständen zu rechtfertigen. Dazu ist insbesondere der Rückgriff auf die andere soeben angeführte Nachweismöglichkeit von Bedeutung.[299] Kann der Leitgedanke nämlich auch auf die Rechtsidee zurückgeführt werden, spricht das entscheidend dafür, in seiner Verwirklichung in Einzelnormen den Aus-

---

[293] 3. Kap. § 2 E III 1.

[294] Vgl. *Larenz*, Richtiges Recht, S. 26.

[295] *Larenz*, Richtiges Recht, S. 25/26, 29 ff.; *Bydlinski*, Juristische Methodenlehre, S. 486 ff.

[296] *Canaris*, Feststellung von Lücken, S. 96 f.; ähnlich *Larenz*, Richtiges Recht, S. 26, 29 ff., 42 f.; *Bydlinski*, Juristische Methodenlehre, S. 490 f.

[297] Vgl. *Larenz*, Richtiges Recht, S. 26; *Canaris*, Feststellung von Lücken, S. 97 f.; *Bydlinski*, Juristische Methodenlehre, S. 486 ff.

[298] So insbesondere *Canaris*, Feststellung von Lücken, S. 97 ff.; *Bydlinski*, Juristische Methodenlehre, S. 487, 490.

[299] So *Canaris*, Feststellung von Lücken, S. 99; *Bydlinski*, Juristische Methodenlehre, S. 487 ff.

druck eines allgemeinen Rechtsgedankens zu sehen.[300] Eine zusätzliche Absicherung des allgemeinen Geltungsanspruchs des Leitgedankens kann dann noch erbracht werden, indem anhand von Urteilen, Rechtsfortbildungen oder Äußerungen im Schrifttum aufgezeigt wird, daß der Gedanke in Rechtsprechung und Rechtswissenschaft Akzeptanz gefunden hat.

Neben diesem Nachweis anhand des positiven Rechts kann die Existenz eines allgemeinen Rechtsprinzips, wie schon erwähnt, weiterhin durch eine Rückführung des Leitgedankens auf die Rechtsidee nachgewiesen werden. Das ist dann der Fall, wenn eine Problemlösung, die an einem bestimmten Fall gleichsam "entdeckt", zu einem Rechtsgedanken formuliert und sodann aufgrund ihrer Typizität zum Prinzip verfestigt wurde, im Verlauf der Untersuchung ihrer tragenden Gründe bis auf die Rechtsidee selbst zurückgeführt werden kann.[301] Unter Rechtsidee wird dabei in der vorliegenden Arbeit im Anschluß an *Larenz* der Endzweck allen Rechts verstanden, in dem zugleich der letzte Rechtfertigungsgrund für dessen normativen Anspruch zu sehen ist.[302] Dieser Endzweck des Rechts liegt vor allem in der Herstellung und Erhaltung des Rechtsfriedens bzw. der Rechtssicherheit und der Verwirklichung der Gerechtigkeit.[303] Ist es somit entsprechend der dargelegten Vorgehensweise anhand des positiven Rechts und/oder der Rückführung auf die Rechtsidee möglich nachzuweisen, daß der herausgearbeitete Leitgedanke materiellen Gerechtigkeitsgehalt und allgemeinen Geltungsanspruch besitzt, so handelt es sich bei ihm um ein allgemeines Rechtsprinzip.

3. Regelungslücke von dem Hintergrund eines Rechtsprinzips der Finanzierungsfolgeverantwortung?

Ein solches allgemeines Rechtsprinzip, welches die Ergänzungsbedürftigkeit des GmbH-Gesetzes begründen kann, könnte zunächst die Finanzierungsver-

---

300 Vgl. *Canaris,* Feststellung von Lücken, S. 99/100; *Bydlinski,* Juristische Methodenlehre, S. 87 ff.; siehe auch *Larenz*, Richtiges Recht, S. 29 f.

301 Vgl. *Canaris,* Feststellung von Lücken, S. 107 f.; ähnlich auch *Larenz*, Richtiges Recht, S. 30 f.

302 Siehe *Larenz*, Richtiges Recht, S. 29, 33 ff.; ähnlich auch *Bydlinski,* Juristische Methodenlehre, S. 291.

303 *Larenz*, Richtiges Recht, S. 33; siehe auch ähnlich *Bydlinski,* Juristische Methodenlehre, S. 291/292, 294 ff.; *ders.*, fundamentale Rechtsgrundsätze, S. 140 (jeweils mit weiteren Nachweisen). Zur näheren Konkretisierung der Begriffe "Rechtsfriede/Gerechtigkeit" vgl. *Larenz*, Richtiges Recht, S. 33 ff., 37 ff. sowie *Bydlinski,* Juristische Methodenlehre, S. 325 ff.

antwortung oder - wie mittlerweile formuliert wird - die Finanzierungs*folge*verantwortung der Gesellschafter sein.[304]

Der BGH führt seit der "Beton- und Monierbau-Entscheidung" aus dem Jahr 1984[305] in ständiger Rechtsprechung an, der tragende Grund für die eigenkapitalähnliche Bindung der kapitalersetzenden Gesellschafterleistungen sei *in der Verantwortung der Gesellschafter für die Folgen ihrer in der Gesellschaftskrise getroffenen Entscheidung zu sehen, die liquidationsreife Gesellschaft fortzuführen und über das satzungsmäßige Eigenkapital hinaus weiter zu finanzieren,* anstatt die in dieser Situation aus eigener Kraft nicht mehr lebensfähige Gesellschaft - wie an sich nach den Grundsätzen ordnungsmäßiger Unternehmensführung geboten - entweder unmittelbar oder mittelbar durch Verweigerung weiterer oder durch den Abzug bereits gewährter Gesellschafterhilfen zu liquidieren.[306] Dieser Gedanke der Finanzierungsfolgeverantwortung der Gesellschafter wird seitdem sowohl von der sonstigen obergerichtlichen Rechtsprechung[307] als auch von der ganz überwiegenden rechtswissenschaftlichen Literatur[308] zur Legitimation der Sonderbehandlung von Gesellschafterdarlehen in der Gesellschaftskrise herangezogen.

So eingängig dieser Gedanke einer Verantwortlichkeit der Gesellschafter für ihre in der Krise getroffenen Finanzierungsentscheidung auch auf den ersten Blick ist, so bestehen doch erhebliche Zweifel, ob die Finanzierungsverantwortung ein allgemeines Rechtsprinzip darstellt, welches die Kapitalersatz-

---

304 Als allgemeines Rechtsprinzip bezeichnen diese z. B. *Lutter/Hommelhoff*, GmbHG, §§ 32 a/b Rn. 3; *Wiedemann*, ZIP 1986, 1293, 1299 f.; *ders.*, FS Beusch (1993), S. 893, 911; vgl. auch *Schacht*, Gesellschafterdarlehen, S. 33 ff., der die Begründung des Kapitalersatzrechts über die Finanzierungsfolgeverantwortung ebenfalls als Versuch der Legitimation anhand eines allgemeinen Rechtsprinzips ansieht.

305 BGHZ 90, 381 ff.

306 Siehe BGHZ 127, 336, 344 f. sowie auch schon zuvor BGHZ 90, 381, 388 f.; 105, 168, 175 f.; 127, 17, 29; BGH NJW 1995, 457, 458; BGH ZIP 1997, 1375, 1376.

307 Siehe nur OLG München, GmbHR 1997, 703, 704.

308 Vgl. nur statt aller *Lutter/Hommelhoff*, GmbHG, §§ 32 a/b Rn. 3; *Röhricht*, Eigenkapitalersetzende Leistungen, S. 1, 6/7; Baumbach/Hueck/*Hueck*, GmbHG, § 32 a Rn. 3; *Hommelhoff* in: v. Gerkan/Hommelhoff, Handbuch des Kapitalersatzrechts, Rn. 2.21 ff., S. 25 ff.; Staudinger/*Hopt/Mülbert*, BGB, § 607 Rn. 122; *Habersack*, ZHR 161 (1997), 457, 467 f.; *ders.*, ZHR 162 (1998), 201, 203 f.; Beck GmbH-HB/*Gandenberger*, § 8, Rn. 200; MünchHdb.GesR III/*Rümker*, § 53, Rn. 2 ff.; *Castor*, Eigenkapitalersetzende Gesellschafterleistungen, S. 35 ff.; *Häuselmann/Rümker/Westermann*, Finanzierung der GmbH, S. 12 f.; *Priester*, FS Helmrich (1994), S. 721, 729 ff.; *Wassermeyer*; Eigenkapitalersetzende Leistungen, S. 33, 34.

regeln der Rechtsprechung zu legitimieren vermag. Da dieser Gedanke erstmals in der "Beton- und Monierbau-Entscheidung" im Jahr 1984 zur Begründung der Kapitalersatzregeln herangezogen wurde, scheint er nämlich kein von jeher überkommenes Rechtsprinzip zu sein, welches keines weiteren Nachweises bedürfte. Weder in der Rechtsprechung noch im rechtswissenschaftlichen Schrifttum ist bislang allerdings eingehender hinterfragt worden, ob es eine derartige Finanzierungsfolgeverantwortung überhaupt gibt bzw. woraus sich diese ergeben soll. So lange das jedoch nicht der Fall ist, stellt die Existenz einer derartigen Verantwortung eine bloße Behauptung dar. Dies gilt um so mehr, als in neuerer Zeit Kritik an diesem Legitimationsansatz dahingehend laut geworden ist, daß der Begriff der Finanzierungsfolgeverantwortung eine Leerformel ohne eigenen Begründungsgehalt sei.[309]

Es ist folglich zu untersuchen, ob es ein allgemeines Rechtsprinzip "Finanzierungsfolgeverantwortung" gibt und ob dieses ggf. den Rechtsprechungsregeln zum Kapitalersatz eine tragfähige Grundlage bietet.

a) Bedeutung der Finanzierungsfolgeverantwortung

Nach Maßgabe der eingangs erarbeiteten Vorgehensweise ist nun zunächst der mit dem Begriff der "Finanzierungsfolgeverantwortung" bezeichnete Leitgedanke herauszuarbeiten.

Nach allgemeiner Ansicht sollen die Gesellschafter aufgrund der Finanzierungsfolgeverantwortung weder zu einer angemessenen Kapitalausstattung ihrer Gesellschaft noch zur Zufuhr von neuem Kapital in der Gesellschaftskrise verpflichtet sein. Vielmehr wird immer wieder betont, daß sie nach wie vor grundsätzlich frei entscheiden könnten, ob und wie sie ihre Gesellschaft mit Kapital ausstatten.[310] Diese Finanzierungsfreiheit werde durch die Finanzierungsfolgeverantwortung lediglich dahingehend eingeschränkt, daß der Gesellschafter nur noch die Wahl zwischen Fortführung der Gesellschaft unter Zufuhr neuen Eigenkapitals oder Liquidation der Gesellschaft habe, wenn deren

---

[309] So z. B. *Grunewald*, GmbHR 1997, 7, 9; *Reiner*, FS Boujong (1996), S. 415, 422; *Schummer*, Eigenkapitalersatzrecht, S. 286; *Karollus*, ZIP 1996, 1893, 1894.

[310] Vgl. schon BGHZ 76, 326, 334 sowie dann ausdrücklich BGHZ 90, 381, 389; 105, 168, 175; 119, 191, 196; 121, 31, 35 f.; 127, 17, 30; 127, 336, 344 f. Siehe weiterhin Hachenburg/*Ulmer*, GmbHG, § 32 a, b Rn. 7, 8; Baumbach/Hueck/*Hueck*, GmbHG, § 32 a Rn. 2; Scholz/*K. Schmidt*, GmbHG, §§ 32 a, 32 b Rn. 4; *Hommelhoff* in: v. Gerkan/Hommelhoff, Handbuch des Kapitalersatzrechts, Rn. 2.8 ff., S. 19 ff.; *Röhricht*, Eigenkapitalersetzende Leistungen, S. 1, 6/7. Zum Grundsatz der Finanzierungsfreiheit siehe auch schon oben 1. Kap. § 3 C.

Eigenkapital verbraucht sei und sie somit nicht mehr aus eigener Kraft lebensfähig sei. Entscheide sich der Gesellschafter in dieser Situation dazu, die Gesellschaft anhand der Gewährung von für ihn weniger risikobehaftetem Fremdkapital fortzuführen, rechtfertige die Finanzierungsfolgeverantwortung es, sich über seine Finanzierungsfreiheit hinwegzusetzen und die Fremdmittel einer eigenkapitalähnlichen Sonderbehandlung zu unterziehen.[311]

Das "Prinzip" der Finanzierungsfolgeverantwortung wirkt sich folglich nur in einer Sondersituation, nämlich der Krise der Gesellschaft aus, und läßt sich letztlich in einem Satz zusammenfassen: Entscheidet sich der Gesellschafter in der Krise anstelle der Liquidation zur Fortführung des Unternehmens, so hat er das dazu erforderliche Kapital in Form von Eigenkapital und nicht in Form des weniger risikobehafteten Fremdkapitals zu gewähren.[312]

b) Kein Ausschluß der Geltung des Prinzips durch das positive Recht

Bevor nun untersucht wird, ob sich ein derartiger Gedanke der Finanzierungsfolgeverantwortung als allgemeines Rechtsprinzip nachweisen läßt, ist vorab zu prüfen, ob der herausgearbeitete Gedanke nicht von vornherein durch Wertungen des positiven Rechts ausgeschlossen ist. Wäre dies nämlich der Fall, würde es hinsichtlich dieses Leitgedankens an einer *planwidrigen* Unvollständigkeit fehlen.[313] Folglich wäre eine Rechtsfortbildung auf der Grundlage eines entsprechenden Prinzips keine Fortbildung extra legem, sondern vielmehr eine nur in Ausnahmefällen unter ganz engen Voraussetzungen zulässige Rechtsfortbildung contra legem.

Da die Gesellschafter aufgrund der Finanzierungsfolgeverantwortung verpflichtet sein sollen, im Fall der Unternehmensfortführung in der Krise Eigenkapital und nicht Fremdkapital zuzuführen, könnte dieses Prinzip durch den im GmbH-Gesetz zum Ausdruck kommenden Grundsatz der Finanzierungsfreiheit[314] ausgeschlossen sein.

Insofern ist zunächst festzuhalten, daß die Finanzierungsfolgeverantwortung im Hinblick auf die Freiheit des Gesellschafters, "*ob*" er seiner Gesellschaft

---

[311] Vgl. BGHZ 90, 381, 389; 105, 168, 175; 127, 336, 334 f.; Hachenburg/*Ulmer*, GmbHG, § 32 a, b Rn. 8; Baumbach/Hueck/*Hueck*, § 32 a Rn. 3; *Lutter/Hommelhoff*, GmbHG, §§ 32 a/b Rn. 3; *Hommelhoff* in: v. Gerkan/Hommelhoff, Handbuch des Kapitalersatzrechts, Rn. 2.21 ff., S. 25 ff.; *Röhricht*, Eigenkapitalersetzende Leistungen, S. 1,7.

[312] Ebenso *Schummer*, Eigenkapitalersatzrecht, S. 233, 239.

[313] Vgl. *Canaris*, Feststellung von Lücken, S. 95 f.

[314] Dazu oben 1. Kap. § 3 C.

überhaupt neues Kapital zuführt, unproblematisch ist. Nach allgemeiner Ansicht statuiert die Folgeverantwortung nämlich weder eine Pflicht zu einer angemessenen Kapitalausstattung noch eine Pflicht zur Kapitalzufuhr in der Krise.[315] Allerdings steht die Finanzierungsfolgeverantwortung mit der Finanzierungsfreiheit im Hinblick auf das "*Wie*" einer Kapitalzufuhr in der Krise insoweit in Widerspruch, als der Gesellschafter, wenn er sich zur Kapitalzufuhr entschließt, in dieser Situation zwingend Eigenkapital zuführen soll.[316]

Aufgrund dieses Widerspruchs ist fraglich, ob die Geltung eines Prinzips der Finanzierungsfolgeverantwortung im Regelungsbereich des GmbH-Gesetzes durch den positivrechtlichen Grundsatz der Finanzierungsfreiheit ausgeschlossen ist, so daß es von vornherein an einer planwidrigen Lücke i. w. S. vor dem Hintergrund eines derartigen Rechtsprinzips fehlen würde. Das wäre der Fall, wenn dem Grundsatz der Finanzierungsfreiheit nach dem Willen des Gesetzgebers absolute Geltung zukommen sollte.

Der Gesetzgeber strebte jedoch im GmbH-Gesetz keine absolute Geltung der Finanzierungsfreiheit an. Vielmehr sollte die damit angestrebte möglichst flexible Gesellschaftsfinanzierung ihre Schranken im Schutzbedürfnis der Gesellschaftsgläubiger finden.[317] Die richterrechtlichen Kapitalersatzregeln und damit auch das sie nach herrschender Meinung tragende Prinzip der Finanzierungsfolgeverantwortung sollen aber gerade dem Schutz der Gesellschafts-

---

315 So im Ergebnis die ganz herrschende Meinung, vgl. statt aller BGHZ 109, 55, 61; 127, 17, 23, 29 f.; Hachenburg/*Ulmer*, GmbHG, § 32 a, b Rn. 7 f.; Baumbach/Hueck/*Hueck*, GmbHG, § 32 a Rn. 3. Letzteres wäre auch eindeutig durch Wertungen des positiven Rechts ausgeschlossen, da eine derartige Pflicht eine Nachschuß*pflicht* darstellen würde. Ein solche sollte es nach dem Willen des Gesetzgebers aber gerade nicht geben (vgl. Begründung zum Gesetzentwurf betreffend die GmbH, Sten. Ber. RT VIII/I (1890/92), Bd. 5, S. 3730; siehe auch §§ 26 Abs. 1, 27 Abs. 1 GmbHG).

316 So ebenfalls die ganz herrschende Meinung, vgl. statt aller Hachenburg/*Ulmer*, GmbHG, § 32 a, b Rn. 7, 8; Baumbach/Hueck/*Hueck*, GmbHG, § 32 a Rn. 3; *Röhricht*, Eigenkapitalersetzende Leistungen, S. 1, 6; *Hommelhoff* in: v. Gerkan/Hommelhoff, Handbuch des Kapitalersatzrechts, Rn. 2.17 ff., S. 23 f. Die Einschränkungen, die die Finanzierungsfreiheit durch das Prinzip der Finanzierungsfolgeverantwortung erfährt, sind also folgerichtig die gleichen, die sie, wie bereits zu Beginn der Arbeit ausgeführt, durch die Kapitalersatzregeln in ihrer Ausgestaltung durch Rechtsprechung und Rechtswissenschaft erfährt (vgl. schon oben 1. Kap. § 3 C).

317 Vgl. Begründung des Gesetzentwurfs betreffend die GmbH, Sten. Ber. RT VIII/I (1890/92), Bd. 5, S. 3729.

gläubiger dienen[318] und können demnach grundsätzlich die Finanzierungsfreiheit einschränken.[319] Folglich ist die Geltung des Prinzips der Finanzierungsfolgeverantwortung trotz des tendenziellen Widerspruchs mit dem Grundsatz der Finanzierungsfreiheit nicht durch diesen positivrechtlichen Grundsatz des GmbH-Gesetzes ausgeschlossen.

Es ist also festzuhalten, daß sich auf der Grundlage der Finanzierungsfolgeverantwortung - soweit die weitere Untersuchung ergibt, daß ein solches allgemeines Rechtsprinzip existiert - eine planwidrige Unvollständigkeit des GmbH-Gesetzes vor dem Hintergrund der Gesamtrechtsordnung ergeben kann.

c) Nachweis eines allgemeinen Rechtsprinzips der Finanzierungsfolgeverantwortung

Im weiteren ist daher nunmehr zu untersuchen, ob sich ein allgemeines Rechtsprinzip der Finanzierungsfolgeverantwortung mit dem zuvor herausgearbeiteten Inhalt nachweisen läßt. Gemäß der eingangs erarbeiteten Vorgehensweise[320] ist also zu prüfen, ob es sich bei der Finanzierungsfolgeverantwortung um einen Leitgedanken mit materiellem Gerechtigkeitsgehalt und allgemeinem Geltungsanspruch handelt.

aa) Ableitung der Finanzierungsfolgeverantwortung aus dem Gesetz

Zu diesem Zweck kann als erstes der Versuch unternommen werden, den Gedanken der Finanzierungsfolgeverantwortung aus dem GmbH-Gesetz abzuleiten.

In Betracht kommen diesbezüglich zunächst die Regelungen des GmbH-Gesetzes, die sich mit der Unternehmensfinanzierung befassen. Die wenigen und knappen Finanzierungsvorschriften des GmbH-Gesetzes lassen sich jedoch letztlich nicht auf den Grundgedanken einer Finanzierungsfolgeverantwortung mit dem oben herausgearbeiteten Inhalt zurückführen. In den §§ 5, 9, 19 ff., 30, 31 GmbHG ist im wesentlichen nur geregelt, daß die Gesellschafter ein

---

318 BGHZ 31, 258, 268 f.; BGH WM 1972, 74, 75; BGHZ 90, 381, 386 ff.; *Lutter/Hommelhoff*, GmbHG, §§ 32 a/b Rn. 1; Baumbach/Hueck/*Hueck*, GmbHG, § 32 a Rn. 1; *Ulmer*, FS Duden (1977), S. 661, 663; *Hommelhoff*, Risikokapital der GmbH, S. 15, 30 f.; *Vonnemann*, GmbHR 1989, 145, 147; *Müller*, Ersatzkapitalregeln, S. 73; *Goette*, DStR 1997, 2027, 2028; *ders.*, ZHR 162 (1998), 223; *Gehde*, Eigenkapitalersetzende Gesellschafterleistungen, S. 36 ff.

319 Ebenso auch Scholz/*K. Schmidt*, GmbHG, §§ 32 a, 32 b Rn. 4.

320 Siehe oben 3. Kap. § 2 E III 2.

satzungsmäßig festgelegtes Stammkapital von mindestens 25.000 Euro aufzubringen haben und dieses im Interesse der Gesellschaftsgläubiger zumindest insoweit erhalten werden muß, als es nicht an die Gesellschafter zurückgewährt werden darf.[321] Diese Vorschriften lassen sich aber nicht auf ein Rechtsprinzip des Inhalts "Entscheidet sich der Gesellschafter in der Gesellschaftskrise zur Unternehmensfortführung, so hat er das dazu erforderliche Kapital als Eigenkapital zu gewähren", zurückführen, da sie sich schon auf den ersten Blick nicht mit Fragen der Verantwortlichkeit für Finanzierungsentscheidungen in der Krise befassen.

Weiterhin kann auch aus § 46 GmbHG, der die Aufgaben der Gesellschafter regelt, keine irgend geartete Finanzierungsverantwortung abgeleitet werden.

Schließlich könnte man noch daran denken, das Prinzip der Finanzierungsfolgeverantwortung aus den §§ 63 GmbHG (a. F.), 102, 207 Abs. 1, 208 KO bzw. nunmehr den § 13, 15, 17 ff. InsO herzuleiten, die sich mit der Konkurs- bzw. Insolvenzreife der GmbH und den daraus resultierenden Pflichten befassen. Zwar kann diesen Regelungen zum einem die Wertung entnommen werden, daß über das Vermögen der GmbH (wie auch der sonstigen Kapitalgesellschaften), aufgrund der auf das Gesellschaftsvermögen beschränkten Haftmasse, das Konkurs-/Insolvenzverfahren nicht erst ab Eintritt der Zahlungsunfähigkeit, sondern vielmehr schon ab Eintritt der Überschuldung der Gesellschaft eröffnet werden soll. Die GmbH soll also aus Gründen des Gläubigerschutzes ab dem Eintritt der Überschuldung daran gehindert werden, als werbendes Unternehmen am Rechtsverkehr teilzunehmen.[322] Zum anderen kann aus diesen Vorschriften noch abgeleitet werden, daß den Gesellschaftern die Fortführung der GmbH über den Zeitpunkt der Konkurs-/Insolvenzreife hinaus nur gestattet ist, wenn sie die Konkurs-/Insolvenzgründe beseitigen.[323] Dies läßt aber letztlich ebenfalls nicht den Schluß zu, daß diesen Vorschriften der oben herausgearbeitete Gedanke der Finanzierungsfolgeverantwortung ("In der Krise nur Eigenkapitalzufuhr oder Liquidation der Gesellschaft") zugrunde

---

[321] Siehe dazu bereits oben 2. Kap. § 2 B I und 2. Kap. § 3 A I.

[322] Vgl. Hachenburg/*Ulmer*, GmbHG, § 63 Rn. 1; Jaeger/*Weber*, KO, §§ 207, 208 Anm. 18; Kuhn/*Uhlenbruck*, KO, § 102 Rn. 1; für die Insolvenzordnung ebenso Kübler/Prütting/*Pape*, InsO, § 19 Rn. 3, 4.

[323] Vgl. *Kaiser*, Schuldrechtliche Gebrauchsüberlassungen durch den Gesellschafter, S. 39/40 sowie *Ostheim*, wbl 1995, 217, 218/219 für das vergleichbare österreichische Recht (§§ 65 ff. KO).

liegt.[324] Einer solchen Schlußfolgerung steht entgegen, daß sich aus § 63 GmbHG (a. F.) bzw. §§ 17 ff. InsO i. V. m. § 64 Abs. 1 GmbHG unter Berücksichtigung der ihnen immanenten Wertungen gerade keine grundsätzliche Pflicht zur Eigenkapitalzufuhr in Krise ableiten läßt. Zwar besteht im Fall der Unternehmensfortführung bei *Überschuldung* der Gesellschaft praktisch ein Zwang zur Eigenkapitalzufuhr, da sich nur dadurch dieser Konkurs-/Insolvenzgrund beseitigen läßt.[325] Dies gilt aber nicht im Fall der Unternehmensfortführung bei Zahlungsunfähigkeit, da diese auch durch Zufuhr von Fremdkapital beseitigt werden kann.[326] Darüber hinaus sollen die Gesellschafter nach ganz allgemeiner Ansicht aufgrund des Rechtsprinzips der Finanzierungsfolgeverantwortung bereits ab Eintritt der sog. "Kreditunwürdigkeit" und nicht erst ab Eintritt der Konkurs-/Insolvenzreife zur Entscheidung zwischen Fortführung unter Eigenkapitalzufuhr und Liquidation der Gesellschaft gezwungen sein.[327] Dies läßt sich jedoch gleichfalls nicht aus den vorgenannten Normen und ihren Wertungen herleiten, da diese nichts über die Kreditunwürdigkeit besagen.[328] Es ist also im Ergebnis festzuhalten, daß anhand des GmbH-Gesetzes kein Rechtsprinzip der Finanzierungsfolgeverantwortung nachgewiesen werden kann.[329]

---

324 Ähnlich *Kaiser*, Schuldrechtliche Gebrauchsüberlassungen durch den Gesellschafter, S. 40/41.

325 So auch *Kaiser*, Schuldrechtliche Gebrauchsüberlassungen durch den Gesellschafter, S. 40 sowie *Ostheim*, wbl 1995, 217, 218 (für das vergleichbare österreichische Recht).

326 Siehe *Kaiser*, Schuldrechtliche Gebrauchsüberlassungen durch den Gesellschafter, S. 40 f.; ebenso *Schummer*, Eigenkapitalersatzrecht, S. 257 für das österreichische Recht. Anderer Ansicht wohl *Ostheim*, wbl 1995, 217, 219.

327 Vgl. nur BGHZ 76, 326, 329/330 und seitdem ständige Rechtsprechung; *v. Gerkan* in: v. Gerkan/Hommelhoff, Handbuch des Kapitalersatzrechts, Rn. 3.1, S. 36; *Lutter/Hommelhoff*, GmbHG, §§ 32 a/b Rn. 3, 18 ff. sowie schon die Nachweise oben 1. Kap. § 2 A II, Fn. 62.

328 Ähnlich *Kaiser*, Schuldrechtliche Gebrauchsüberlassungen durch den Gesellschafter, S. 40 f.

329 Ebenso, wenn auch ohne nähere Begründung (für das inhaltlich praktisch identische österreichische GmbH-Gesetz), *Schummer*, Eigenkapitalersatzrecht, S. 239.

bb) Ableitung aus den Grundsätzen ordnungsgemäßer Unternehmensfinanzierung

In der rechtswissenschaftlichen Literatur wird weiterhin vereinzelt zur Begründung der Finanzierungsfolgeverantwortung auf die (ungeschriebenen) "Grundsätze ordnungsgemäßer Unternehmensfinanzierung" zurückgegriffen.[330]

Grundvoraussetzung für den Nachweis des Rechtsprinzips der Finanzierungsfolgeverantwortung mittels dieser ungeschriebenen Grundsätze ist aber, daß diese überhaupt existieren und damit als Bestandteil des positiven Rechts angesehen werden können. Wie bereits an früherer Stelle ausgeführt, konnten allerdings bislang allgemein anerkannte Grundsätze ordnungsgemäßer Unternehmensfinanzierung noch nicht herausgearbeitet werden, so daß ihre Existenz eine bloße Behauptung ohne Begründungswert darstellt.[331] Demzufolge kann auch unter Heranziehung dieser angeblichen Grundsätze kein allgemeines Rechtsprinzip der Finanzierungsfolgeverantwortung nachgewiesen werden.[332]

cc) Herleitung der Finanzierungsfolgeverantwortung aus den ursprünglichen Begründungsansätzen

Ausgangspunkt der Überlegungen zur Herleitung des Rechtsprinzips der Finanzierungsfolgeverantwortung war die "Beton- und Monierbau-Entscheidung"[333], in der der BGH unter Berufung auf *Ulmer* und *K. Schmidt*[334] erstmals diesen Grundsatz zur Legitimation seiner Kapitalersatzregeln heranzog. In dieser Entscheidung hatte sich der BGH mit der Frage zu befassen, ob die bis dahin für die GmbH bzw. GmbH & Co. KG entwickelten Eigenkapitalersatzregeln auch auf die Aktiengesellschaft Anwendung finden. In diesem Zusammenhang mußte er zur dogmatischen Rechtfertigung der Sonderbehandlung Stellung nehmen. Nachdem der BGH zunächst nochmals die von ihm bis dahin zur Legitimation herangezogenen Begründungsansätze zusammenfassend dargestellt hatte[335], führte er diese auf einen Grundgedanken zurück, der die eigenkapitalähnliche

---

[330] Vgl. Scholz/*K. Schmidt*, GmbHG, §§ 32 a, 32 b Rn. 5, 38; *ders.*, ZHR 147 (1983), 165, 178 f.; *ders.*, Gesellschaftsrecht, § 18 III 4 b, S. 532 f.; ähnlich auch *Lutter*, ZIP 1989, 477, 478. Siehe auch für das österreichische Recht *Ostheim*, wbl 1995, 217, 218 f.

[331] Vgl. dazu schon oben 3. Kap. § 2 E II 3 (mit Nachweisen).

[332] Ähnlich auch *Schummer*, Eigenkapitalersatzrecht, S. 244.

[333] BGHZ 90, 381 ff.

[334] Hachenburg/*Ulmer*, GmbHG, 7. Auflage, Anh. § 30 Rn. 11 f., 84 f.; *K. Schmidt*, Gutachten 54. DJT 1984, B. 107; *ders.*, ZHR 147 (1983), 165, 178 ff.

[335] BGHZ 90, 381, 388/389.

Sonderbehandlung der Gesellschafterdarlehen nach seiner Auffassung rechtfertigt, nämlich die Finanzierungsverantwortung der Gesellschafter.[336] Indem der BGH aus seinen bis dahin vertretenen Begründungsansätzen auf einen Gedanken zurückschloß, ging er induktiv vor und versuchte aus verschiedenen rechtlichen Begründungen ein allgemeines Rechtsprinzip herzuleiten.[337]

Es ist daher zu hinterfragen, ob sich anhand der verschiedenen zur Legitimation der Sonderbehandlung von Gesellschafterdarlehen herangezogenen Ansätze ein allgemeines Rechtsprinzip der Finanzierungsfolgeverantwortung nachweisen läßt. Das setzt aber seinerseits voraus, daß die in der Rechtsprechung sowie im rechtswissenschaftlichen Schrifttum herausgearbeiteten Begründungsansätze ihrerseits tragfähig sind, da aus nicht tragfähigen Ansätzen letztlich auch kein tragfähiges allgemeines Rechtsprinzip gewonnen werden kann.

Wie jedoch bereits oben[338] festgestellt wurde, bieten die von Rechtsprechung und Literatur zur Legitimation der eigenkapitalähnlichen Sonderbehandlung von Gesellschafterdarlehen herangezogenen Ansätze dieser letztlich keine tragfähige Grundlage. Folglich kann aus ihnen auch kein allgemeines Rechtsprinzip, welches die Rechtsfortbildung legitimiert, hergeleitet werden.

Auch die darüber hinaus von der Rechtsprechung zur Legitimation immer wieder vorgebrachten, vorliegend bislang noch nicht erörterten Argumente, daß mit den richterrechtlichen Kapitalersatzregeln eine willkürliche Risikoabwälzung von den Gesellschaftern auf die Gesellschaftsgläubiger bzw. Spekulationen auf dem Rücken derselben verhindert werden sollen,[339] führen schließlich im Hinblick auf den Nachweis des Prinzips der Finanzierungsverantwortung nicht weiter. Zwar führt die Fortführung der Gesellschaft mittels Gesellschafterfremdkapital in der Krise in der Tat zu einer Risikoverlagerung

---

336 BGHZ 90, 381, 389 sowie nachfolgend BGHZ 105, 168, 175 f.; 119, 191, 196; 121, 31, 35 f.

337 Dem BGH diesbezüglich folgend *Fleck*, FS Werner (1984), S. 107, 116 f. Ähnlich wie hier *Hommelhoff*, ZGR 1988, 460, 477.

338 3. Kap. § 1 A VI und 3. Kap. § 1 B IV.

339 Vgl. BGHZ 31, 258, 268 f.; BGH WM 1972, 74, 75; BGHZ 75, 334, 336 f.; 76, 326, 329; 90, 381, 388; 105, 168, 175 f. sowie aus der Literatur Hachenburg/*Ulmer*, GmbHG, § 32 a, b Rn. 8; Scholz/*K. Schmidt*, GmbHG, §§ 32 a, 32 b Rn. 4; Staudinger/*Hopt/Mülbert*, BGB, § 607 Rn. 122; *Henze*, Handbuch zum GmbH-Recht, Rn. 497 ff., 499; *Röhricht*, Eigenkapitalersetzende Leistungen, S. 1, S. 6; *Fleck*, FS Werner (1984), S. 107, 116; *v. Caemmerer*, FS Pieter Sanders (1972), S. 17, 22 f.; *Gehde*, Eigenkapitalersetzende Gesellschafterleistungen, S. 65 f.

auf die Gläubiger.[340] Allerdings besitzt weder das Verbot der willkürlichen Risikoabwälzung noch das Verbot der Spekulation auf dem Rücken der Gesellschaftsgläubiger einen eigenständigen Begründungswert. Beide ergeben sich nicht unmittelbar aus dem Gesetz, sondern bedürfen gerade einer eigenständigen - insoweit von der Rechtsprechung und auch der überwiegenden Literatur nicht erbrachten - Legitimation.[341] Diese Legitimation aus der Finanzierungsverantwortung abzuleiten und damit praktisch beide (also sowohl die Finanzierungsverantwortung als auch entsprechend die Verbote) gegenseitig zu begründen, ist insofern nicht überzeugend, als sich, wie bereits gezeigt,[342] die Finanzierungsfolgeverantwortung im übrigen nicht aus dem Gesetz herleiten läßt und auch in diesem nicht zum Ausdruck kommt. Daher würde diese Begründung zu einem Zirkelschluß führen.

Mittels der von Rechtsprechung und rechtswissenschaftlichem Schrifttum herangezogenen Begründungsansätze läßt sich folglich ein Rechtsprinzip der Finanzierungsfolgeverantwortung ebenfalls nicht nachweisen.

dd) Ergebnis

Wie die vorstehenden Ausführungen gezeigt haben, kann weder anhand des Gesetzes noch anhand der Grundsätze ordnungsgemäßer Unternehmensfinanzierung oder der ursprünglichen Ansätze zur Begründung der Sonderbehandlung von Gesellschafterdarlehen in der Unternehmenskrise ein allgemeines Rechtsprinzip der Finanzierungsfolgeverantwortung nachgewiesen werden. Die Finanzierungsfolgeverantwortung ist also nicht Ausdruck seit jeher bestehender Grundsätze, sondern vielmehr selber ein Teil - bzw. noch konkreter: das Ergebnis - der rechtsfortbildend entwickelten richterrechtlichen Kapitalersatzregeln.[343]

d) Ergebnis

Da es folglich kein eigenständiges allgemeines Rechtsprinzip der Finanzierungsfolgeverantwortung gibt, kann damit auch keine planwidrige Unvollständigkeit des GmbH-Gesetzes vor dem Hintergrund der Gesamtrechtsordnung nachgewiesen werden. Die Finanzierungsfolgeverantwortung ist, so-

---

340 Oben 2. Kap. § 3 C.

341 Ebenso *Fastrich*, FS Zöllner (1998), S. 143, 147.

342 Oben 3. Kap. § 2 E III 3 c aa.

343 Ähnlich *Fastrich*, FS Zöllner (1998), S. 143: "vorläufiges Resultat der Entwicklung des Kapitalersatzrechts", "verdeckte Rechtsfortbildung". Siehe auch noch unten 3. Kap. § 4.

weit sie als eigenständiger Gedanke zur Legitimation der Kapitalersatzrechtsprechung herangezogen wird, wie auch von einigen Stimmen der Literatur zu Recht kritisiert wird, für sich betrachtet eine Leerformel ohne eigenen Begründungswert.[344]

Als Ergebnis ist daher festzuhalten, daß sich die Sonderbehandlung von Gesellschafterdarlehen in der Unternehmenskrise nicht anhand eines Rechtsprinzips der Finanzierungsfolgeverantwortung legitimieren läßt. Es ist daher notwendig, nach anderen allgemeinen Rechtsprinzipien zu suchen, die zur Legitimation der Rechtsprechungsregeln herangezogen werden können.

4. Regelungslücke aufgrund des Prinzips des angemessenen Ausgleichs von Chancen und Risiken

Einen diesbezüglichen Anknüpfungspunkt bietet die bereits an früherer Stelle als zutreffend herausgearbeitete wertungsmäßige Grundprämisse des Kapitalersatzrechts. Dort war festgestellt worden, daß die Gesellschafterfremdmittelfinanzierung in der Unternehmenskrise zu einer Risikoverlagerung von den Gesellschaftern auf die Gesellschaftsgläubiger führt.[345] Das wird sowohl von der Rechtsprechung als auch der fast einhelligen Literatur im Ergebnis als unzulässig angesehen.[346] Dieses zur wertungsmäßigen Begründung immer wieder angeführte Verbot der Risikoabwälzung deutet nun auf die Vorstellung von einer bestimmten Risikoallokation zwischen den Gesellschaftern und den Gläubigern sowie auf ein Verbot der Verschiebung dieser Risikoverteilung in der Krise durch die Gesellschafter hin.[347]

Es ist also nach einem Prinzip zu suchen, welches die Risikoverteilung im Rechtsverkehr regelt. Aufschlußreich ist in diesem Zusammenhang die in der Literatur häufig zu findende Argumentation, die Sonderbehandlung der Gesellschafterdarlehen in der Krise finde ihre Grundlage in der "Doppelrolle" des darleihenden Gesellschafters. Aufgrund dieser habe er neben den Darlehenszinsen auch am - durch das Darlehen geförderten - Gewinn des Unternehmens teil, ohne daß er ein dementsprechendes Risiko trage. Den Gesellschaftern sei es allerdings verwehrt, die Gewinnaussichten zu beanspruchen und zugleich zu versuchen, die Verluste zu sozialisieren, also auf die Gläubiger zu verlagern,

---

344 Insoweit also zutreffend *Grunewald*, GmbHR 1997, 7, 9. Ähnlich *Karollus*, FS Claussen (1997), S. 199, 201.

345 Siehe oben 2. Kap. § 3.

346 Siehe die Nachweise oben 2. Kap. § 1, Fn. 2.

347 So wohl auch *Fabritius*, Überlassung von Anlagevermögen an die GmbH, S. 67.

indem sie sich in der Krise ihrerseits alleine auf die Gläubigerposition zurückziehen.[348] Hinter dieser Argumentation steht erkennbar der Gedanke, der Gesellschafter dürfe nicht nur den Nutzen aus seiner Gesellschaft beanspruchen und zugleich seine Risiken durch eine Verlagerung auf die Gläubiger minimieren. Dieser wiederum läßt sich auf den in Rechtsprechung und Schrifttum verschiedentlich vorgebrachten allgemeinen Rechtsgedanken des Ausgleichs von Chancen und Risiken zurückführen.

Der Rechtsgedanke des Ausgleichs von Chancen und Risiken besagt ganz allgemein: Die mit einem beliebigen Verhalten verbundenen Chancen und die damit verbundenen Risiken müssen grundsätzlich ausgeglichen sein, d. h., derjenige der die Chancen hat, muß in der Regel auch die korrespondierenden Risiken tragen und darf sie nicht auf Dritte verlagern.[349] Der Gedanke der angemessenen Verteilung von Chancen und Risiken wird auch verschiedentlich in der Literatur zur Begründung der Sonderbehandlung von Gesellschafterdarlehen in der Unternehmenskrise herangezogen.[350] Daraus wird jedoch kein eigenständiger Ansatz zur Legitimation der Rechtsfortbildung entwickelt. Vielmehr wird er überwiegend nur als Schlagwort zur wertungsmäßigen Begründung und Absicherung der bereits oben als nicht tragfähig abgelehnten Legitimationsansätze herangezogen. Insofern fehlt auch folgerichtig jede Auseinandersetzung mit der Frage, ob dieser Gedanke ein allgemeines Rechtsprinzip ist, welches als Grundlage einer gesetzesübersteigenden Rechtsfortbildung die Rechtsprechungsregeln legitimieren kann.

---

348 Vgl. Hachenburg/*Ulmer*, GmbHG, 7. Auflage, Anh. § 30 Rn. 84; *Wiedemann*, Gesellschaftsrecht, § 10 IV 3 a, S. 569, § 10 I 1 a, S. 515; *ders.*, Haftungsbeschränkung S. 5, 29; *Immenga*, Personalistische Kapitalgesellschaft, S. 405 ff., 421/422; *Wüst*, Gläubigerschutz bei der GmbH, S. 6 f., 10; *v. Caemmerer*, FS Pieter Sanders (1972), S. 17, 22 f.; *Ballerstedt*, ZHR 135 (1971), S. 383, 392/393; *Maier-Reimer*, FS Rowedder (1994), S. 245, 270. Ähnlich auch *H. P. Westermann*, Vertragsfreiheit und Typengesetzlichkeit, S. 288 ff., 303.

349 Vgl. dazu z. B. *Bydlinski*, Prinzipien des Privatrechts, S. 202, 207, 476; *Larenz*, Richtiges Recht, S. 41; *Wiedemann*, Gesellschaftsrecht, § 10 I 1, S. 515. Vgl. auch *Lehmann*, GmbHR 1992, 200, 204, der diesen Gedanken aus dem - aus der ökonomischen Analyse des Rechts stammenden - Theorem des "cheapest coast avoider" herleitet.

350 So z. B. *Kaiser*, Schuldrechtliche Gebrauchsüberlassungen durch den Gesellschafter, S. 41 ff., 44; *Müller*, Ersatzkapitalregeln, S. 73 ff., 85; *Fabritius*, Überlassung von Anlagevermögen an die GmbH, S. 66 ff. sowie auch schon *Reinhardt*, FS Lehmann (1956), S. 589 ff.; *Geßler*, GmbHR 1966, 102, 108 und die zuvor im 3. Kap., Fn. 348 Genannten. Siehe auch für die Finanzplankredite *Fleischer*, Finanzplankredite, S. 86 ff.

Es wird daher nachfolgend zunächst untersucht, ob der Gedanke des Ausgleichs von Chance und Risiko ein allgemeines Rechtsprinzip darstellt. Sollte das der Fall sein, ist weiter der Frage nachzugehen, ob und inwieweit dieses Prinzip auch im GmbH-Recht gilt, und ob es ggf. im GmbH-Gesetz nur unvollkommen verwirklicht wurde. Sollte auch dies zu bejahen sein und daher das GmbH-Gesetz vor dem Hintergrund des allgemeinen Rechtsprinzips eine ergänzungsbedürftige Unvollständigkeit aufweisen, ist schließlich noch zu überprüfen, ob durch die richterrechtlichen Kapitalersatzregeln in ihrer konkreten Ausgestaltung die so festgestellte Lücke zutreffend geschlossen wurde.

a) Nachweis eines allgemeinen Rechtsprinzips des Ausgleichs von Chancen und Risiken

Damit anhand des Rechtsgedankens des Ausgleichs von Chancen und Risiken die Ergänzungsbedürftigkeit des GmbH-Gesetzes festgestellt werden kann, ist auch diesbezüglich als erstes der Nachweis erforderlich, daß es sich bei ihm um ein allgemeines Rechtsprinzip handelt. Dafür bietet sich der Nachweis anhand des positiven Rechts[351] an, da die Möglichkeit des Nachweises anhand der Rechtsidee aufgrund der relativen Unbestimmtheit dieses Begriffs mit einigen Unsicherheiten belastet ist.

aa) Nachweis des Leitgedankens "Ausgleich von Chancen und Risiken"

Zu diesem Zweck wird, entsprechend der oben erarbeiteten Herangehensweise,[352] in einem ersten Schritt an exemplarischen gesetzlichen Regelungen aufgezeigt, daß der Gedanke des Chancen-Risiken-Ausgleichs ein der Rechtsordnung immanenter Leitgedanke mit materiellem Gerechtigkeitsgehalt ist.

(1) Gefährdungshaftungstatbestände

Der Gedanke des Ausgleichs von Chancen und Risiken liegt zunächst den unter anderem in §§ 1 Abs. 1; 2 Abs. 1; 3 HaftpflG; § 7 Abs. 1 StVG; § 33 LuftVG; § 22 Abs. 2 WHG; § 26 Abs. 1 AtomG; §§ 1, 2 UmweltHG geregelten Tatbeständen der Gefährdungshaftung zugrunde.

Die angeführten gesetzlichen Regelungen betreffen alle Fälle einer erhöhten abstrakten Gefährdung von geschützten Rechtsgütern Dritter, sei es durch den Betrieb einer Schienen- oder Schwebebahn, einer Energieanlage oder eines Kraft- oder Luftfahrzeugs. Die Schaffung einer erhöhten Gefährdungslage wird

---

351 Vgl. dazu oben 3. Kap. § 2 E III 2.

352 3. Kap. § 2 E III 2.

also vom Gesetzgeber grundsätzlich akzeptiert. Zugleich wird jedoch eine verschuldensunabhängige Haftung des Betriebsunternehmers, Inhabers einer Anlage bzw. Halters des abstrakt gefährlichen Gegenstands für den Fall der Realisierung der Gefahren statuiert.[353]

Geht man nun auf den diesen Regelungen zugrunde liegenden Gedanken zurück, so ist das, wie schon der Begriff Gefährdungshaftung andeutet, zunächst der Gedanke: "Wer durch ein beliebiges Verhalten eine erhöhte abstrakte Gefährdung für Rechtsgüter Dritter schafft, hat, da er ja in der Regel am ehesten zur Gefahrbeherrschung in der Lage ist, für die bei Realisierung dieser Gefahren entstehenden Schäden einzustehen." Schlagwortartig formuliert sind das also die Gedanken der Haftung für Gefahrveranlassung und Gefahrbeherrschung.[354]

Es würde allerdings zu kurz greifen, diese Gedanken als alleinige Grundlage der Gefährdungshaftungstatbestände anzusehen. Damit ließe sich nämlich nicht rechtfertigen, warum die verschuldensunabhängige Haftung in allen Fällen nur den Betriebs*unternehmer*, *Inhaber* bzw. *Halter* des abstrakt gefährlichen Gegenstandes trifft,[355] nicht hingegen beispielsweise den Führer eines Kraftfahrzeuges,[356] der Gleichfalls abstrakte Gefahren für Dritte schafft.

Vergegenwärtigt man sich jedoch, wie die Person des *Unternehmers*, *Inhabers* oder *Halters* allgemein definiert wird, zeigt sich ein weiterer gemeinsamer Grundgedanke. Unter der Person des Unternehmers, Inhabers oder Halters wird übereinstimmend derjenige verstanden, der über den Betrieb, die Anlage oder das Fahrzeug die tatsächliche Verfügungsgewalt hat und es für eigene Rechnung gebraucht, d. h. wer die Kosten bestreitet und die Verwendungsnutzungen zieht.[357] Den Normen der Gefährdungshaftung liegt als rechtfertigender Gedanke also weiterhin der Gedanke der Verknüpfung von wirtschaftlichem Nutzen und korrespondierenden Nachteilen zugrunde. Wer aus einer beliebigen

---

353 Vgl. im einzelnen die §§ 1 Abs. 1; 2 Abs. 1; 3 HaftpflG; § 7 Abs. 1 StVG; § 33 LuftVG; § 22 Abs. 2 WHG; § 26 Abs. 1 AtomG; §§ 1, 2 UmweltHG.

354 So auch *Larenz/Canaris*, Schuldrecht II/2, § 84 I 2 a, S. 605.

355 Siehe §§ 1 Abs. 1; 2 Abs. 1; 3 HaftpflG; § 7 Abs. 1 StVG; § 33 LuftVG; § 22 Abs. 2 WHG; § 26 Abs. 1 AtomG; §§ 1, 2 UmweltHG.

356 Siehe § 18 Abs. 1 StVG.

357 *Filthaut*, HaftpflG, § 1 Rn. 32, 33; § 2 Rn. 43, 44; § 3 Rn. 15; *Jagusch/Hentschel*, Straßenverkehrsrecht, § 7 StVG, Rn. 14; Staudinger/*Kohler*, § 1 UmweltHG, Rn. 82; § 2 UmweltHG, Rn. 9; *Schwenk*, Luftverkehrsrecht, S. 507/508; *Larenz/Canaris*, Schuldrecht II/2, § 84 III, S. 618 f., 624, 625, 628, 635.

Rechtsstellung wirtschaftlichen Nutzen zieht, hat auch für die damit verbundenen Risiken einzustehen.[358]

Die Gefährdungshaftung findet ihre Rechtfertigung neben den Gedanken der Gefahrveranlassung und Gefahrbeherrschung also maßgeblich im Gedanken des Ausgleichs von Chancen und Risiken.

(2) § 278 BGB, §§ 428, 607 HGB

Weiterhin liegt der Gedanke des Chancen-Risiken-Ausgleichs § 278 BGB sowie §§ 428[359], 607 HGB zugrunde.

In § 278 BGB ist ganz allgemein die Einstandspflicht desjenigen geregelt, der sich zur Erfüllung übernommener Verpflichtungen einer Hilfsperson bedient. Gemäß § 278 BGB hat er ein Verschulden seiner Hilfspersonen bei der Erfüllung der Verpflichtungen in gleichem Umfang wie ein eigenes Verschulden zu vertreten. In den §§ 428, 607 HGB ist in vergleichbarer Weise spezialgesetzlich die Einstandspflicht für Hilfspersonen von Frachtführern und Verfrachtern geregelt. Allen drei gesetzlich geregelten Fällen ist gemeinsam, daß der Schuldner bei der Erfüllung eigener Verpflichtungen den Vorteil fremder Hilfe in Anspruch nimmt. Dadurch entsteht für Dritte die Gefahr, durch die - wirtschaftlich meist weniger leistungsfähige - Hilfsperson in geschützten Interessen verletzt zu werden und mit den Ersatzforderungen sodann auszufallen. Dieses Risiko wird durch die angeführten gesetzlichen Regelungen dahingehend kompensiert, daß das Verhalten/Verschulden der Hilfspersonen dem Schuldner wie eigenes zugerechnet wird. Im Ergebnis ist somit dieser für eventuelle Schäden einstandspflichtig.

Das basiert auf dem Grundsatz, daß derjenige, der sich zur Erfüllung seiner Verbindlichkeiten der Hilfe Dritter bedient, im eigenen Interesse und auf eigene Gefahr handelt und deshalb für die Risiken einstehen muß.[360] Dieser Grundsatz rechtfertigt sich seinerseits erkennbar aus dem Rechtsgedanken des Ausgleichs

---

358 Vgl. grundlegend *Esser*, Grundlagen der Gefährdungshaftung, S. 97 ff., 100; *Larenz/Canaris*, Schuldrecht II/2, § 84 I 2, S. 605 f. (mit weiteren Nachweisen). Siehe auch *Esser/Schmidt*, Schuldrecht I/1, § 8 II 3, S. 134; *Bydlinski*, Prinzipien des Privatrechts, S. 201/202; für §§ 1, 2 UmweltHG siehe Staudinger/*Kohler*, § 1 UmweltHG, Rn. 82; für § 7 StVG *Jagusch/Hentschel*, Straßenverkehrsrecht, § 7 StVG, Rn. 1.

359 § 431 HGB a. F.

360 Vgl. Motive II, § 224 Abs. 2 (entspricht § 278 BGB), S. 30; siehe weiterhin *Esser*, Schuldrecht I, § 39 I 2, S. 254; *Larenz*, Schuldrecht I, § 20 VIII, S. 297 f.; MünchKomm/*Hanau*, BGB, § 278 Rn. 1; Staudinger/*Löwisch*, BGB, § 278 Rn. 1; Soergel/*Wolf*, BGB, § 278 Rn. 1.

von Chancen und Risiken, so daß sich auch die Gehilfen-/Leutehaftung der §§ 278 BGB, 428, 607 HGB auf diesen Gedanken zurückführen läßt.[361]

(3) § 128 HGB

Eine weitere Regelung, welche sich anhand des Rechtsgedankens des Ausgleichs von Chancen und Risiken rechtfertigen läßt, ist § 128 HGB.

In diesem ist die persönliche Haftung der Gesellschafter einer OHG bzw. KG[362] für deren Verbindlichkeiten geregelt. Aus § 124 (i. V. m. § 161 Abs. 2) HGB ergibt sich, daß OHG (und KG) teilrechtsfähig sind und eigene Verbindlichkeiten begründen können. Für diese haften dann grundsätzlich die OHG bzw. KG mit ihrem jeweiligen Gesellschaftsvermögen.[363] Insofern steht den Gläubigern also grundsätzlich ein Haftungssubjekt zur Verfügung.

Vor diesem Hintergrund stellt sich dann aber die Frage, weshalb daneben auch die Gesellschafter gemäß § 128 HGB unmittelbar, primär und unbeschränkt[364] für die Gesellschaftsverbindlichkeiten haften und diese Haftung gegenüber Dritten nicht ausgeschlossen werden kann.[365]

Der Grund für diese Eigenhaftung der Gesellschafter erschließt sich, wenn man sich den § 128 HGB zugrunde liegenden Rechtsgedanken vergegenwärtigt. Da OHG/KG kein gesetzlich vorgeschriebenes Stammkapital haben, welches hinsichtlich Aufbringung und Erhaltung geschützt wird, besteht stets die Gefahr, daß die Gesellschaft kein eigenes Vermögen mehr hat und die Gläubiger mit ihren Forderungen ausfallen. Als Ausgleich dafür statuiert das Gesetz die persönliche Gesellschafterhaftung. Deren Grundgedanke ist unter anderem also maßgeblich darin zu sehen, daß derjenige, der sich mittels einer OHG/KG am Wirtschaftsleben beteiligt und damit die Chance auf wirtschaftlichen Nutzen

---

361 Ähnlich, aber leicht einschränkend, *Bydlinski*, Prinzipien des Privatrechts, S. 207 f.

362 Über die Verweisungsnorm des § 161 Abs. 2 HGB haften sowohl Komplementäre also auch Kommanditisten für die Gesellschaftsverbindlichkeiten, letztere allerdings nur bis zur Höhe ihrer Kommanditeinlage (vgl. § 171 Abs. 1 1. HS HGB) bzw. gar nicht, soweit die Einlage geleistet ist (vgl. § 171 Abs. 1 2. HS HGB).

363 Vgl. statt aller *K. Schmidt*, Gesellschaftsrecht, § 46 II 2, S. 1359 ff.; *Grunewald*, Gesellschaftsrecht, 1. Teil B, Rn. 36, 1. Teil C, Rn. 28.

364 So die übliche Formulierung, vgl. statt aller *K. Schmidt*, Gesellschaftsrecht, § 49 II 1, S. 1408 f.; *Grunewald*, Gesellschaftsrecht, 1. Teil B, Rn. 37 ff., 1. Teil C, Rn. 29 sowie Staub/*Habersack*, HGB, § 128 Rn. 19 ff. (mit weiteren Nachweisen).

365 Siehe § 128 S. 2 HGB.

aus der Gesellschaft hat, auch für die daraus resultierenden Verbindlichkeiten letztlich persönlich einstehen soll.[366]

Folglich rechtfertigt sich auch § 128 HGB aus dem Rechtsgedanken des Ausgleichs von Chancen und Risiken.

(4) Zwischenergebnis

Wie die vorstehenden Ausführungen gezeigt haben, liegt der Gedanke des Ausgleichs von Chancen und Risiken verschiedensten gesetzlichen Regelungen als rechtfertigender Gedanke zugrunde und hat in diesen eine Konkretisierung erfahren. Folglich handelt es sich um einen der Rechtsordnung immanenten Leitgedanken mit materiellem Gerechtigkeitsgehalt.

bb) Allgemeiner Geltungsanspruch des Rechtsgedankens

In einem zweiten Schritt wird nun nachgewiesen, daß dieser Leitgedanke allgemeine Geltung beansprucht und nicht nur verschiedene Sondertatbestände rechtfertigen kann.

(1) Rückführung auf die Rechtsidee

Zu diesem Zweck wird zuerst gezeigt, daß sich der Gedanke des Chancen-Risiken-Ausgleichs auch auf die Rechtsidee zurückführen läßt.[367]

Unter Rechtsidee wird der Endzweck allen Rechts verstanden, in dem der letzte Rechtfertigungsgrund für dessen normativen Anspruch zu sehen ist.[368] Ein direkter Rückgriff auf diesen - letztlich nur rechtsphilosophisch zu fassenden - Endzweck des Rechts ist allerdings nicht möglich.[369] Von daher muß es hier dabei bleiben, einige wesentliche Aspekte der Rechtsidee, über die weitgehende

---

[366] *Bydlinski*, Prinzipien des Privatrechts, S. 476; vgl. auch *Wiedemann*, Gesellschaftsrecht, § 10 III 1 b, S. 538. Ganz ähnlich hat auch der BGH in einer neuen Entscheidung zur Haftung in der GbR ausgeführt, daß es ein allgemeiner Grundsatz des bürgerlichen Rechts und des Handelsrechts sei, daß derjenige, der als Einzelperson oder gemeinsam mit anderen Geschäfte betreibe, für die daraus resultierenden Verbindlichkeiten einzustehen habe, solange sich aus dem Gesetz nichts anderes ergebe bzw. mit dem jeweiligen Vertragspartner keine Haftungsbeschränkung vereinbart wurde (vgl. BGH ZIP 1999, 1755, 1756); siehe weiterhin *Dauner-Lieb*, DStR 1998, 2014, 2018 f.

[367] Zu dieser Vorgehensweise siehe schon oben 3. Kap. § 2 E III 2.

[368] Vgl. die Nachweise oben 3. Kap. § 2 E III 2, Fn. 302, 303.

[369] So auch *Larenz*, Richtiges Recht, S. 30 f.

Übereinstimmung bestehen, aufzuzeigen.[370] Zwei immer wieder vorgebrachte Aspekte des Rechts sind zum einen die Herstellung und Erhaltung der Rechtssicherheit und zum anderen die Verwirklichung der Gerechtigkeit.[371] Diese werden hier als existentielle Bestandteile der Rechtsidee im folgenden vorausgesetzt.

Um nunmehr prüfen zu können, ob sich der Gedanke des Chancen-Risiken-Ausgleichs auf einen dieser Endzwecke zurückführen läßt, ist weiterhin eine kurze Klärung der Begriffe Rechtssicherheit bzw. Gerechtigkeit unerläßlich.[372]

Die im Begriff der "Rechtssicherheit" zusammengefaßten Teilaspekte der Endzwecke des Rechts sind vielfältig, haben aber sämtlich einen Bezug zum Grundbedürfnis des Menschen nach sicheren und verläßlichen Grundlagen für die Lebensführung und für die persönlichen und wirtschaftlichen Dispositionen.[373] Wesentliche Aspekte sind dabei Rechtsfrieden, Rechtssicherheit im engeren Sinn und Rechtsdurchsetzung.[374] Eine Friedensaufgabe kommt dem Recht insofern zu, als es in erster Linie die Menschen vor willkürlicher Gewaltausübung schützen soll.[375] Rechtssicherheit im engeren Sinn bezeichnet das Ziel der Rechtsordnung, Gewißheit zu bieten, daß man sich auf Rechtsregeln und ihre gleichmäßige Anwendung sowie auf bestimmte, vom Recht geschaffene Tatsachen verlassen kann.[376] Unter Rechtsdurchsetzung ist schließlich der Zweck des Rechts anzusehen, die Möglichkeit dafür zu schaffen, daß jeder sich der

---

370 Siehe *Larenz*, Richtiges Recht, S. 31/31. Im übrigen würde eine eingehende Auseinandersetzung mit den tiefgreifenden rechtsphilosophischen Fragen im Zusammenhang mit dem Begriff der Rechtsidee den Rahmen der Arbeit sprengen und auch für die zugrunde liegende Fragestellung nicht weiterführen.

371 Siehe nur *Larenz*, Richtiges Recht, S. 31, 33; *Bydlinski*, Juristische Methodenlehre, S. 291/292, 294 ff.; *ders.*, Fundamentale Rechtsgrundsätze, S. 140 (jeweils mit weiteren Nachweisen).

372 Auch diesbezüglich ist es im Rahmen der vorliegenden Arbeit ausgeschlossen, für die im Ergebnis verfolgten Zwecke aber auch nicht erforderlich, alle oder auch nur die wichtigsten, diese Begriffe betreffenden, Diskussionslinien aufzuzeigen. Sie werden vielmehr nur anhand weiterer Unteraspekte handhabbar gemacht.

373 So *Bydlinski*, Juristische Methodenlehre, S. 325 (mit weiteren Nachweisen).

374 So z. B. *Larenz*, Richtiges Recht, S. 33, 35, 36; *Bydlinski*, Juristische Methodenlehre, S. 325 ff., 327/328 (jeweils mit weiteren Nachweisen).

375 *Bydlinski*, Juristische Methodenlehre, S. 325, 328; ähnlich *Larenz*, Richtiges Recht, S. 33 ff. (jeweils mit weiteren Nachweisen).

376 *Larenz*, Richtiges Recht, S. 36; ähnlich auch *Bydlinski*, Juristische Methodenlehre, S. 325 f., 328 ("Rechtsklarheit", "Rechtsstabilität").

konkreten Rechtslage endgültig durch eine rechtskräftige Entscheidung vergewissern und dann sein Recht auch durchsetzen kann.[377]

Zur näheren Klärung des noch abstrakteren Begriffs "Gerechtigkeit" als Teil der Rechtsidee bietet es sich an, auf die diesbezügliche althergebrachte Unterteilung in austeilende und ausgleichende Gerechtigkeit zurückzugreifen.[378] Unter austeilender Gerechtigkeit (justitia distributiva) versteht man den Grundsatz, daß die rechtliche Zuteilung der Vorteile und Lasten an die Menschen gleichmäßig erfolgen muß und dafür zur konsequenten Anwendung geeignete Kriterien anzuerkennen oder aufzustellen und zu befolgen sind. Es geht also um die Gerechtigkeit innerhalb des Über- und Unterordnungsverhältnisses im Sinn einer proportionalen Gleichbehandlung.[379] Der Grundsatz der ausgleichenden Gerechtigkeit (justitia comutativa) besagt, daß die aufgrund der austeilenden Gerechtigkeit herbeigeführten Güterverteilungsrelationen von jedermann beachtet werden müssen. Er betrifft also die Gerechtigkeit im Gleichordnungsverhältnis.[380]

Diese Ausführungen sollen hier zur näheren Klärung des Begriffs der Rechtsidee genügen.

Betrachtet man nun den oben angeführten Rechtsgedanken des Ausgleichs von Chancen von Risiken vor diesem Hintergrund, so läßt er sich ohne größere Schwierigkeiten auf den Gesichtspunkt der Gerechtigkeit als Teil der Rechtsidee zurückführen. Zweck dieses Gedankens ist es ja gerade, einerseits die aus einem beliebigen Verhalten resultierenden Vor- und Nachteile (Chancen und Risiken) gleichmäßig zu verteilen und andererseits die Beachtung der entsprechenden Risikoverteilung sodann sicherzustellen. Letzteres zeigt sich insbesondere daran, daß in sämtlichen oben angeführten gesetzlichen Ausprägungen des Gedankens eine Veränderung der vorgegebenen Chancen-Risiken-Verteilung nur durch eine Vereinbarung mit dem jeweils zu schützenden Partner möglich ist, z. B. indem die Haftung auf Vorsatz oder grobe Fahrlässigkeit beschränkt wird (§§ 278 BGB, 428, 607 HGB) oder eine persönliche Haftung

---

377 *Bydlinski*, Juristische Methodenlehre, S. 326, 328; ähnlich *Larenz*, Richtiges Recht, S. 35.

378 Siehe dazu *Bydlinski*, Juristische Methodenlehre, S. 339 ff., 357 ff.; *Larenz*, Richtiges Recht, S. 41.

379 Siehe dazu *Bydlinski*, Juristische Methodenlehre, S. 339 ff., 345; *ders.*, Fundamentale Rechtsgrundsätze, S. 291; *Larenz*, Richtiges Recht, S. 41 (jeweils mit weiteren Nachweisen).

380 Siehe dazu *Bydlinski*, Juristische Methodenlehre, S. 357 ff.; *ders.*, Fundamentale Rechtsgrundsätze, S. 292; ähnlich auch *Larenz*, Richtiges Recht, S. 41 (jeweils mit weiteren Nachweisen).

ausgeschlossen wird (§ 128 HGB). Eine einseitige Veränderung ist grundsätzlich nicht möglich.[381] Der Leitgedanke des Ausgleichs von Chancen und Risiken stellt sich somit als eine kombinierte Ausgestaltung der austeilenden und ausgleichenden Gerechtigkeit dar.

Es ist folglich festzuhalten, daß sich der Gedanke des Ausgleichs von Chancen und Risiken auch auf die Rechtsidee in Gestalt der Verwirklichung der Gerechtigkeit zurückführen läßt.[382] Dies spricht entscheidend dafür, in den einzelnen angeführten gesetzlichen Regelungen nicht nur Sondertatbestände, sondern einzelne Ausprägungen eines allgemein gültigen Rechtsgedankens zu sehen.[383]

(2) Akzeptanz des Leitgedankens in Rechtsprechung und Rechtswissenschaft

Um den allgemeinen Geltungsanspruch des Gedankens zu manifestieren wird nun abschließend noch gezeigt, daß der Gedanke des Ausgleichs von Chancen und Risiken in Rechtsprechung und Rechtswissenschaft Akzeptanz gefunden hat und von diesen verschiedentlich zur Begründung von Urteilen und Rechtsfortbildungen sowie im Rahmen der juristischen Diskussion herangezogen wird.

Ein erstes Beispiel, an dem sich das aufzeigen läßt, sind die von der Rechtsprechung im Wege der Rechtsfortbildung entwickelten Grundsätze der sog. "Betriebsrisikolehre". Diese befaßt sich mit der Frage, wer das Arbeitsentgeltrisiko trägt, wenn die Arbeitsleistung des arbeitsfähigen und arbeitswilligen Arbeitnehmers aus im Betrieb liegenden Gründen, die weder der Arbeitgeber noch der Arbeitnehmer zu vertreten hat, unterbleibt.[384] In derartigen Fällen haben sowohl das RG als auch das RAG und in der Folge das BAG in ständiger Rechtsprechung die Vorschriften des BGB über Unmöglichkeit und Verzug (§§ 323, 615 BGB) zur angemessenen Lösung der Frage, wer das Vergütungsrisiko trägt, als ungeeignet angesehen und entsprechend eine

381 Vgl. § 128 S. 2 HGB. Siehe dazu auch die bereits oben (3. Kap., Fn. 366) erwähnte Entscheidung des BGH zur Haftung in der GbR, in welcher der BGH die Möglichkeit der Haftungsbeschränkung durch die Firmierung "GbR m. b. H." aus grundsätzlichen Erwägungen abgelehnt hat (vgl. BGH ZIP 1999, 1755, 1756); vgl. weiterhin *Dauner-Lieb*, Unternehmen in Sondervermögen, S. 537 f. sowie *dies.*, DStR 1998, 2014, 2018 f.

382 So wohl auch *Bydlinski*, Prinzipien des Privatrechts, S. 202, 207, 476.

383 Vgl. *Canaris*, Feststellung von Lücken, S. 99/100; *Larenz*, Richtiges Recht, S. 29 f.

384 Vgl. statt aller MünchHdb.ArbR I/*Boewer*, § 77, Rn. 1.

Gesetzeslücke angenommen.[385] Diese Lücke wurde von den Gerichten dahingehend geschlossen, daß bei von keiner Seite zu vertretenden Betriebsstörungen grundsätzlich der Arbeitgeber das Betriebsrisiko zu tragen und folglich den vollen Lohn zu zahlen habe. Zur Begründung wird angeführt, der Arbeitgeber habe den Arbeitnehmern dafür einzustehen, daß der Betrieb funktioniere und ihnen die Arbeitsmittel zur Verfügung stünden, weil er den Betrieb organisiere, leite, die Verantwortung trage und die Erträge beziehe.[386] Diese Begründung basiert, wie sich unschwer erkennen läßt, auf dem Gedanken, daß die Chancen (in Gestalt unternehmerischer Erträge) und die entsprechenden Risiken (in Gestalt der Gefahr, daß aufgrund einer von keiner Seite zu vertretenden Ursache eine Arbeitsleistung der Arbeitnehmer unmöglich ist) in einem angemessenen Ausgleich stehen müssen.[387] Es zeigt sich also, daß der Gedanke des Ausgleichs von Chancen und Risiken in der Rechtsprechung und der ihr folgenden Literatur Niederschlag gefunden hat.

Ein weiteres Beispiel, an dem die Akzeptanz dieses Gedankens im rechtswissenschaftlichen Schrifttum deutlich wird, ist die Kritik an der Rechtsprechung zur Ausdehnung der Beweislastumkehr im Bereich der deliktischen Produzentenhaftung. Nach ständiger Rechtsprechung des BGH gilt im Bereich der deliktischen Produzentenhaftung eine Beweislastumkehr dahingehend, daß der Hersteller eines fehlerhaften Produkts, durch welches Dritte geschädigt wurden, beweisen muß, daß ihm hinsichtlich des Fehlers keine objektive Pflichtwidrigkeit und kein Verschulden zur Last fällt.[388] Diese Beweislastumkehr hat der BGH dann in einer Entscheidung aus dem Jahr 1975[389] auch auf

---

[385] Vgl. nur RGZ 106, 272 ff.; BAG AP Nr. 2, 3, 15 zu § 615 BGB (Betriebsrisiko). Zustimmend *Hueck/Nipperdey*, Arbeitsrecht, Band 1, S. 350; *Schaub*, Arbeitsrechts-Handbuch, § 101 II 2, S. 861.

[386] BAG AP Nr. 2, 3, 14, 15, 31 zu § 615 BGB (Betriebsstörung); zustimmend *Hueck/Nipperdey*, Arbeitsrecht, Band 1, S. 351, 352; *Schaub*, Arbeitsrechts-Handbuch, § 101 II 2, S. 861.

[387] Dazu steht es auch nicht in Widerspruch, daß die heute herrschende Lehre eine Gesetzeslücke verneint und statt dessen die Frage als in § 615 BGB geregelt ansieht (vgl. statt vieler nur MünchHdb.ArbR I/*Boewer*, § 77, Rn. 14 ff.; ErfK/*Preis*, § 615 BGB, Rn. 134; *Lieb*, Arbeitsrecht, Rn. 165, jeweils mit weiteren Nachweisen), da auch diese Norm, die eine Ausnahme zu §§ 293 ff., 323 BGB darstellt, letztlich eine Ausprägung dieses Leitgedankens ist.

[388] BGHZ 51, 91 ff.; 67, 359, 361 f.; 80, 186, 191 ff.; 116, 104, 113 f.; BGH NJW 1996, 2507.

[389] BGH JZ 1976, 523 ff.

Produktionsleiter in herausgehobener und verantwortlicher Stellung ausgedehnt. Dies wurde in der Literatur als zu weitgehend angesehen und daher heftig kritisiert. Die Kritik wurde im wesentlichen damit begründet, daß die aus der Beweislastumkehr resultierende Verschuldensvermutung "nur dem Unternehmer gegenüber als Teil seines Unternehmerrisikos und als Korrelat seiner unternehmerischen Chancen zu rechtfertigen (sei), nicht aber einem noch so leitenden Angestellten gegenüber, der als Arbeitnehmer weder mit dem Unternehmerrisiko belastet werden könne, noch über entsprechende unternehmerische Chancen verfüge".[390] Die Argumentation zeigt, daß als Grundlage der deliktischen Produzentenhaftung in der rechtswissenschaftlichen Literatur wiederum der Gedanke des Ausgleichs von Chancen und den korrespondierenden Risiken angesehen wird[391], und daß dieser im Rahmen einer Kritik an einer zu weitgehenden Ausgestaltung dieses Rechtsinstituts nutzbar gemacht wird.[392]

Diese beiden Beispiele sollen vorliegend genügen, auch wenn sich noch weitere Fälle anführen ließen, in denen der Gedanke des Ausgleichs von Chancen und Risiken zum Ausdruck kommt.[393] Es kann jedenfalls festgehalten werden, daß der Rechtsgedanke des Ausgleichs von Chancen und Risiken in Rechtsprechung und Lehre an verschiedensten Stellen als Argument herangezogen wird. Das zeigt, daß er als materieller Leitgedanke anerkannt ist und verdeutlicht seinen allgemeinen Geltungsanspruch.

---

[390] Siehe *Lieb*, JZ 1976, 526, 527; vgl. auch ähnlich *Medicus*, Bürgerliches Recht, Rn. 650 a; *Larenz*, Schuldrecht II/1, § 41 a, S. 88 (jeweils mit weiteren Nachweisen).

[391] Vgl. auch *Hopt*, AcP (183) 1983, 608, 708 f.; *Rolland*, Produkthaftungsrecht, Teil 2, Rn. 17, 83/84.

[392] Inzwischen hat sich auch der BGH zu dieser Problematik einschränkend dahingehend geäußert, die Beweislastumkehr treffe grundsätzlich allein den Unternehmer und gelte nicht für Betriebsangehörige, die nicht Herr des Organisationsbereichs sind und nicht einmal für alle leitenden Mitarbeiter; etwas anderes könne eventuell nur in besonderen Fällen gelten, wenn der Betriebsangehörige aufgrund seiner Stellung im Betrieb als Repräsentant anzusehen sei (vgl. BGHZ 116, 104, 113 f.).

[393] Vgl. nur *Larenz/Canaris*, Schuldrecht II/ 2, § 76 III 3 a, S. 407/408, die den Gedanken als einen Rechtfertigungsgrund für die Begründung der Verkehrspflichten ansehen oder *Kleindiek*, Deliktshaftung, S. 420, der darin die Einschränkung der sog. "Übernahmehaftung" auf Unternehmer mit einer gewissen Selbständigkeit in der sog. "Wachmannentscheidung" (BGH NJW 1987, 2510 f., sowie schon BGH RdA 1954, 195 f.) begründet sieht, oder schließlich noch *Hopt*, AcP (183) 1983, 608, 650, der ihn als eine Grundlage der von ihm propagierten sog. "Berufshaftung" anführt.

(3) Ergebnis

Der Gedanke des Ausgleichs von Chancen und Risiken ist nicht allein zur Legitimation verschiedener Ausnahmetatbestände geeignet, sondern beansprucht, wie die vorstehenden Ausführungen ergeben haben, allgemeine Geltung. Somit genügt er auch der zweiten Voraussetzung eines allgemeinen Rechtsprinzips.

cc) Ergebnis

Der Gedanke des Ausgleichs von Chancen und Risiken konnte, nach Maßgabe der erarbeiteten methodologischen Vorgehensweise,[394] als Leitgedanke mit materiellem Gerechtigkeitsgehalt[395] und allgemeinem Geltungsanspruch[396] nachgewiesen werden und stellt demnach ein allgemeines Rechtsprinzip dar. Anhand dieses Rechtsprinzips ist es, wie bereits erwähnt, im Grundsatz möglich, die Ergänzungsbedürftigkeit eines Gesetzes, also prinzipiell auch des GmbH-Gesetzes, aufzuzeigen und eine entsprechende Rechtsfortbildung zu legitimieren.

b) Bedeutung des Rechtsprinzips

Das bislang nur schlagwortartig herausgearbeitete Prinzip des Ausgleichs von Chancen und Risiken soll nunmehr, soweit dies bei einem *allgemeinen* Rechtsprinzip überhaupt möglich ist, inhaltlich etwas näher bestimmt werden. Das dient vor allem dazu, das Prinzip für die nachfolgenden Erörterungen der Fragen, ob das GmbH-Gesetz vor dem Hintergrund dieses Rechtsprinzips eine Lücke aufweist und ob diese durch die Rechtsprechungsregeln zum Kapitalersatz in zutreffender Weise geschlossen wurde, handhabbar zu machen. Darüber hinaus soll so von vornherein dem Einwand begegnet werden, es handle sich bei dem Prinzip um eine bloße Leerformel. Zudem ist eine nähere Inhaltsbestimmung des Prinzips auch noch im Rahmen der weiteren Untersuchung zur Klärung der Ausgangsfrage relevant, was denn der eigentlich tragende Grundgedanke des Eigenkapitalersatzrechts ist.

Für die Bestimmung des Inhalts des Rechtsprinzips sind dessen schon zuvor angeführte gesetzliche Ausprägungen, die noch hinter dem Prinzip stehenden Grundlagen sowie auch sonstige Anwendungsfälle des Prinzips von besonderer

---

[394] Oben 3. Kap. § 2 E III 2.

[395] Siehe oben 3. Kap. § 2 E III 4 a aa.

[396] Siehe oben 3. Kap. § 2 E III 4 a bb.

Bedeutung. Nur anhand dieser lassen sich letztlich der volle Sinngehalt und die Tragweite des Rechtsprinzips erfassen.[397]

aa) Bedeutung der Begriffe Chancen und Risiken

Eine nähere Bestimmung der Begriffe *Chancen* und *Risiken* ist vorliegend ohne größeren Aufwand möglich. Sie sind im Ausgangspunkt bereits aus sich heraus verständlich und ihre konkrete Bedeutung erschließt sich vor dem Hintergrund der vorherigen Ausführungen ohne Schwierigkeiten.

Unter "Chancen" versteht man ganz allgemein die mit einem Verhalten oder einer rechtlichen Position verbundenen möglichen Vorteile. Betrachtet man nun diesen Begriff vor dem Hintergrund der oben exemplarisch angeführten gesetzlichen Regelungen und sonstigen Anwendungsfälle, in denen der Gedanke des Chancen-Risiken-Ausgleichs Ausdruck gefunden hat, so wird deutlich, daß Chance zu verstehen ist als möglicher *wirtschaftlicher* Vorteil. Ein wesentlicher Aspekt sowohl der Gefährdungshaftungstatbestände[398] als auch von § 128 HGB[399] sowie der Regelungen über die Gehilfenhaftung[400] ist die Erzielung von wirtschaftlichen Vorteilen. Dies gilt ebenso für die Fälle der Betriebsrisikolehre.[401] Unter dem Begriff *"Chancen"* sind im Hinblick auf das Rechtsprinzip also *angestrebte oder erzielte wirtschaftliche Vorteile* zu verstehen.

Darüber hinaus ist der Begriff "Chance" *auch maßgeblich zur Bestimmung des Adressaten* des Rechtsprinzips. Wie sich aus den oben untersuchten Konkretisierungen des Prinzips ergibt, richtet sich dieses nämlich nicht unterschiedslos an jeden, dem ein wirtschaftlicher Vorteil zukommt. Vielmehr ist stets entscheidend, daß der wirtschaftliche Vorteil aus einer bestimmten, gerade auf Erzielung dieses Vorteils gerichteten *rechtlichen Stellung* resultiert, die dadurch gekennzeichnet ist, daß der Nutznießer auf den Ursprung des wirtschaftlichen Vorteils (also z. B. die Energieanlage, den Bahn- oder Fabrikbetrieb) tatsächlichen Einfluß hat und ihm neben den wirtschaftlichen Vorteilen auch die wirtschaftlichen Nachteile zukommen.[402]

---

[397] Vgl. *Larenz*, Richtiges Recht, S. 27.

[398] Oben 3. Kap. § 2 E III 4 a aa (1).

[399] Oben 3. Kap. § 2 E III 4 a aa (3).

[400] Oben 3. Kap. § 2 E III 4 a aa (2).

[401] Oben 3. Kap. § 2 E III 4 a bb (2).

[402] Vgl. oben 3. Kap. § 2 E III 4 a aa sowie *Filthaut*, HaftpflG, § 1 Rn. 32, 33; § 2 Rn. 43, 44; § 3 Rn. 15.

Als "Risiko" bezeichnet man nach allgemeinem Sprachgebrauch demgegenüber den möglichen Eintritt eines nachteiligen Ereignisses. Vor dem Hintergrund der oben dargestellten Ausprägungen des Prinzips sind mit dem Begriff der "Risiken" demnach die *möglichen wirtschaftlichen Nachteile* gemeint, die mit der Rechtsposition, aus der die Chancen resultieren, verbunden sind. Zu nennen sind in diesem Zusammenhang insbesondere eventuelle Ansprüche Dritter, die sich daraus ergeben, daß bei Wahrnehmung der Chancen absolut geschützte Rechtsgüter[403] oder relative Rechte[404] Dritter beeinträchtigt werden.

bb) Bedeutung des Begriffs "Ausgleich"

Die nähere inhaltliche Bestimmung des Begriffs "Ausgleich" stellt sich demgegenüber als schwieriger dar. So könnte man unter Ausgleich eine vollständige Symmetrie von Chancen und Risiken derart verstehen, daß demjenigen, dem die Chancen zukommen, auch sämtliche Risiken zufallen. Andererseits könnte man darunter auch eine Art Ausgewogenheit bzw. einen angemessenen Ausgleich verstehen. Diesbezüglich verspricht eine kurze Analyse der gesetzlichen Ausprägungen des Prinzips im Hinblick auf den dort jeweils vorgenommenen Ausgleich von Chancen und Risiken einen ersten Aufschluß.

Betrachtet man zunächst die Tatbestände der Gefährdungshaftung, so erfolgt der Ausgleich von Chancen und Risiken dort dergestalt, daß derjenige, der aufgrund einer Rechtsposition die Möglichkeit wirtschaftlicher Vorteile hat, bei einer Realisierung der mit ihr verbundenen abstrakten Gefahren für Dritte - abweichend vom Verschuldensgrundsatz des Zivilrechts - diesen gegenüber verschuldensunabhängig haftet.[405] Zugleich ist aber die Ersatzpflicht ausgeschlossen, wenn sich z. B. die Gefahren aufgrund höherer Gewalt oder eines unabwendbaren Ereignisses verwirklicht haben.[406] Zudem sind die Schä-

---

[403] So insbesondere die Tatbestände der Gefährdungshaftung, die im wesentlichen einen Ausgleich für die Beeinträchtigung von Leib, Leben und Gesundheit bieten.

[404] Diesbezüglich insbesondere die Tatbestände der Gehilfenhaftung sowie § 128 HGB, die vor allem dann relevant werden, wenn Forderungen oder Ersatzansprüche eines Dritten aufgrund einer unzureichenden wirtschaftlichen Leistungsfähigkeit der Hilfsperson bzw. einer Personenhandelsgesellschaft letztlich nicht erfüllt werden können.

[405] Siehe §§ 1 Abs. 1; 2 Abs. 1; 3 HaftpflG; § 7 Abs. 1 StVG; § 33 LuftVG; § 22 Abs. 2 WHG; § 26 Abs. 1 AtomG; §§ 1; 2 UmweltHG.

[406] Siehe z. B. § 1 Abs. 2; 2 Abs. 3 HaftpflG; § 22 Abs. 2 S. 2 WHG; § 26 S. 2 AtomG; § 7 Abs. 2 StVG.

den nicht immer in voller Höhe zu ersetzen, sondern es bestehen vielfach Haftungshöchstbeträge.[407]

In den Fällen der Gehilfenhaftung erfolgt der Ausgleich des durch die Einschaltung Dritter bedingten Nutzens und der gleichzeitig entstehenden abstrakten Gefahren durch die Zurechnung des Verschuldens der Hilfspersonen an den Geschäftsherrn. Dies wird aber im Falle des § 607 HGB wiederum insofern eingeschränkt, als der Verfrachter nur sein eigenes Verschulden zu vertreten hat, wenn ein Schaden durch ein Verhalten bei der Führung oder sonstigen Bedienung des Schiffes oder durch Feuer entstanden ist.[408] Es findet also eine Risikoteilung statt, indem die Gehilfenhaftung auf "kommerzielles Verschulden" beschränkt und sog. "nautisches Verschulden" ausgenommen wird.[409] Außerdem wird auch die Haftung des Verfrachters summenmäßig begrenzt.[410]

Bei OHG und KG wird der mit dem Betrieb der Gesellschaft verbundene Nutzen der Gesellschafter und das Risiko des Forderungsausfalls der Gesellschaftsgläubiger durch die Statuierung einer persönlichen Haftung der Gesellschafter ausgeglichen.[411] Allerdings stellt auch dies keine absolut zwingende und jeden Gesellschafter treffende Risikozuweisung dar. Zum einen kann die Haftung mittels einer Vereinbarung mit dem Vertragspartner ausgeschlossen werden. Dies zeigt sich an § 128 S. 2 HGB. Zum anderen ist der Ausgleich auch insoweit eingeschränkt, als nicht alle Gesellschafter zwingend unbeschränkt persönlich haften, sondern - mit Ausnahme eines zwingend persönlich haftenden Gesellschafters - die Gesellschafter gemäß §§ 161 Abs. 1, 171, 172 HGB auch ihre Haftung auf eine Kommanditeinlage beschränken können.

Diese kurze Analyse der gesetzlichen Ausprägungen des Prinzips zeigt, daß die mit einer rechtlichen Stellung verbundenen Risiken für Dritte im Grundsatz stets dem zugewiesen werden, dem die Chancen daraus zukommen. Allerdings wird nie ein völliger Ausgleich sämtlicher Risiken in Gestalt der endgültigen einseitigen Risikotragung des "Nutznießers" angestrebt. Vielmehr verbleiben einige Restrisiken immer bei der jeweiligen anderen Partei.

Ausgleich im Sinne des hier in Rede stehenden Rechtsprinzips ist demnach zu verstehen als angemessenes Verhältnis von Chancen und Risiken, insbesondere im Sinne einer *angemessenen Risikoteilung* zwischen demjenigen, der aus einer

---

407 Siehe nur § 12 StVG; § 15 UmweltHG; § 10 HaftpflG.

408 Vgl. § 607 Abs. 2 S. 1 HGB.

409 So *K. Schmidt*, Handelsrecht, § 32 IV 3 a, S. 944.

410 Siehe § 660 Abs. 1 HGB.

411 Siehe oben 3. Kap. § 2 E III 4 a aa (3).

rechtlichen Position Nutzen ziehen kann und demjenigen, dem die korrespondierenden Nachteile drohen.

Wann das Verhältnis von Chancen und Risiken angemessen ist, läßt sich aber nicht abstrakt für alle Fälle festlegen, sondern ist vom Gesetzgeber als dem, der das Prinzip zu verwirklichen hat,[412] für die jeweils konkrete Regelung zu bestimmen. Bei der Verteilung von Chancen und Risiken kann der Gesetzgeber aber auch nicht völlig beliebig festlegen, was angemessen ist. Wie nämlich schon an früherer Stelle erörtert wurde, gründet das Prinzip des Chancen-Risiken-Ausgleichs letztlich in den als Teil der Rechtsidee anzusehenden Grundsätzen der austeilenden und ausgleichenden Gerechtigkeit und dient deren Verwirklichung.[413] Insofern hat sich der Gesetzgeber bei der Verteilung von Chancen und Risiken am Vorrang der vor dem Hintergrund der jeweiligen Regelungsmaterie und der jeweiligen Regelungszwecke fundamentaleren Interessen der Betroffenen zu orientieren.[414] Da demnach bei der Umsetzung des Prinzips in Rechtsnormen oder ggf. bei der Heranziehung zur Feststellung und Ausfüllung einer Gesetzeslücke eine am Einzelfall orientierte Wertung vorzunehmen ist, weist das Prinzip eine Komponente relativer Unbestimmtheit auf. Das ist aber kein Mangel des Prinzips, sondern im Hinblick auf die sog. "positive Funktion" der Rechtsprinzipien, d. h. ihrem Richtung gebenden Einfluß auf den Inhalt der auf ihnen basierenden Regelungen, geradezu typisch.[415] Auf der anderen Seite weisen sie diese relative Unbestimmtheit hinsichtlich ihrer sog. "negativen Funktion", also dem Ausschluß ihnen widersprechender Wertungen und Regelungen, nicht auf. Vielmehr ist es regelmäßig sehr genau zu bestimmen, was unter Heranziehung des Prinzips als ungerecht, unangemessen oder unverhältnismäßig anzusehen ist.[416]

So kann auch für das vorliegende Prinzip ohne weiteres gesagt werden, daß eine *unangemessene* und daher mit dem Prinzip unvereinbare *Verteilung von Chancen und Risiken jedenfalls* dann vorliegt, *wenn denjenigen, dem aufgrund*

---

412 Dies ergibt sich daraus, daß das Prinzip wesentlich auf dem als Teil der Rechtsidee anzusehenden Grundsatz der austeilenden Gerechtigkeit basiert, der sich seinerseits gleichfalls an den Rechtssetzer richtet, vgl. *Bydlinski,* Juristische Methodenlehre, S. 339 ff.

413 Siehe oben 3. Kap. § 2 E III 4 a bb (1).

414 Vgl. zu diesem Maßstab "gerechter" Entscheidungen des Normsetzers *Bydlinski,* Juristische Methodenlehre, S. 341 ff.; *ders.*, Fundamentale Rechtsgrundsätze, S. 159, 291 im Anschluß an *Kriele,* Kriterien der Gerechtigkeit, S. 42 ff., 72, 77 f.

415 Vgl. *Larenz,* Richtiges Recht, S. 23/24.

416 Vgl. *Larenz,* Richtiges Recht, S. 24.

einer rechtlichen Stellung wirtschaftliche Vorteile zukommen, nur geringe, inadäquate Risiken treffen, wohingegen die daraus resultierenden Risiken praktisch ausnahmslos bei Dritten kumulieren und ggf. auch noch deren gleichfalls damit zusammenhängende Aussichten auf wirtschaftliche Vorteile minimal sind.

cc) Zusammenfassung

Der Inhalt des zuvor nachgewiesenen allgemeinen Rechtsprinzips des Ausgleichs von Chancen und Risiken läßt sich demnach wie folgt zusammenfassen:

Die aus einer Rechtsposition resultierende Möglichkeiten der Erzielung wirtschaftlicher Vorteile (Chancen) und die mit der Realisierung dieser Chancen verbundenen eventuellen wirtschaftliche Nachteile (Risiken) müssen in einem angemessenen Ausgleich dergestalt stehen, daß derjenige, dem aufgrund der Rechtsposition die Chancen zukommen, die mit ihr verbundenen Risiken in angemessenem Umfang zu tragen hat. Es ist also *regelmäßig eine vor dem Hintergrund der Regelungsmaterie angemessene Risikoteilung bzw. -tragung erforderlich.*

Damit dient das Prinzip letztlich dem Schutz der am Rechtsverkehr Beteiligten, nämlich sowohl dem der jeweiligen "Nutznießer" vor zu großen Belastungen als auch dem der jeweils abstrakt "Gefährdeten" vor der Aufbürdung unangemessener Risiken.

c) Relevanz für die aufgeworfene Rechtsfrage

Das Rechtsprinzip des angemessenen Ausgleichs von Chancen und Risiken ist auch für die an früherer Stelle aufgeworfene Rechtsfrage, ob die mit der Gesellschafterfremdmittelzufuhr in der Gesellschaftskrise verbundene Risikoverlagerung auf die Gläubiger der Rechtsordnung widerspricht und daher die Finanzierungsfreiheit der Einschränkung bedarf, von Bedeutung. Diese Frage läßt sich vor dem Hintergrund des Prinzips nämlich mit spezifisch rechtlichen Erwägungen dahingehend beantworten, daß die Gesellschafterfremdmittelzufuhr in der Krise der Rechtsordnung jedenfalls dann widerspricht, wenn die dadurch bewirkte Risikoverschiebung zu einer mit dem Rechtsprinzip nicht mehr zu vereinbarenden Chancen-Risiken-Verteilung führt. Von daher könnte die Finanzierungsfreiheit in der Gesellschaftskrise einer Einschränkung bedürfen, mit der Folge, daß eine dagegen verstoßende Ausübung des Finanzierungsermessens zu einer zwangsweisen Behandlung formellen Fremdkapitals wie haftendem Eigenkapital führt.

d) Unvollkommene Verwirklichung des Prinzips im GmbH-Gesetz

Damit das GmbH-Gesetz nunmehr eine ergänzungsbedürftige Unvollständigkeit aufweist, dürfte das angeführte allgemeine Rechtsprinzip des angemessen Ausgleichs von Chancen und Risiken in diesem nur unvollkommen verwirklicht worden sein.

aa) Grundsätzliche Geltung des Prinzips im GmbH-Gesetz

Im Rahmen der Untersuchung dieser, für die Legitimation der Kapitalersatzrechtsprechung - in Ermangelung weiterer denkbarer Begründungsmöglichkeiten - entscheidenden Frage, ist zuerst kurz zu prüfen, ob das Prinzip im GmbH-Gesetz überhaupt Geltung hat oder ob es durch positivrechtliche Wertungen ausgeschlossen ist. Sollte das Prinzip nämlich durch bewußte positivrechtliche Wertungen des Gesetzgebers ausgeschlossen sein - was ihm innerhalb der Grenzen der verfassungsmäßigen Ordnung jederzeit freisteht - würde die unvollkommene Verwirklichung des Prinzips zwar eventuell einen rechtspolitischen Fehler, aber keine ohne weiteres im Wege der Rechtsfortbildung extra legem zu füllende Regelungslücke im weiteren Sinne darstellen.[417]

In der Tat könnte man meinen, der Gesetzgeber habe dem Prinzip des Chancen-Risiken-Ausgleichs im GmbH-Recht durch die Gewährung des Haftungsprivilegs an die Gesellschafter von vornherein die Geltung verweigert. Überträgt man das Prinzip des angemessenen Ausgleichs von Chancen und Risiken auf die GmbH, sind dessen Adressaten grundsätzlich die Gesellschafter aufgrund ihrer Rechtsstellung.[418] Die GmbH ist vom Gesetzgeber als *Mitunternehmergemeinschaft* konzipiert, die dadurch gekennzeichnet ist, daß eine begrenzte Anzahl von Gesellschaftern das Kapital innehat und zugleich das Unternehmen leitet.[419] Dementsprechend haben die Gesellschafter, wie sich aus §§ 45 ff. GmbHG ergibt, mittels der Gesellschafterversammlung die tatsächliche Verfügungsgewalt über die Geschicke der Gesellschaft. Insbesondere können sie die Geschäftsführer - und damit die Gesellschaft - durch Beschlüsse im Sinne von § 47 GmbHG (z. B. Weisungen und sonstige Vorgaben) steuern bzw. die Rechte der Geschäftsführer begrenzen.[420] Zugleich kommen ihnen die

---

417 Vgl. *Canaris*, Feststellung von Lücken, S. 95/96.

418 Zu den Merkmalen des Adressaten des Prinzips schon oben 3. Kap. § 2 E III 4 b aa.

419 Begründung des Gesetzentwurfs betreffend die GmbH, Sten. Ber. RT VIII/I (1890/92), Bd. 5, S. 3724, 3728, 3732; siehe auch *Raiser*, Kapitalgesellschaftsrecht, § 4, Rn. 15; *Wiedemann*, Gesellschaftsrecht, § 2 II 2 a, S. 115.

420 *Lutter/Hommelhoff*, GmbHG, § 37 Rn. 1.

von der Gesellschaft erwirtschafteten Gewinne zu (vgl. § 29 GmbHG). Allerdings haftet den Gesellschaftsgläubigern aufgrund des Haftungsprivilegs nur das Gesellschaftsvermögen, nicht aber die Gesellschafter mit ihrem Privatvermögen (§ 13 Abs. 1, 2 GmbHG).[421] Die Gesellschafter können also mit ihrer Gesellschaft am Wirtschaftsverkehr teilnehmen und Nutzen aus ihr ziehen, ohne grundsätzlich eine persönliche Inanspruchnahme fürchten zu müssen. Insofern trägt der Gesellschafter auf den ersten Blick, abgesehen vom Verlust des zwingend vorgeschriebenen gesetzlichen Mindeststammkapitals, keine Risiken, hat aber ggf. ganz erhebliche Chancen. Dies widerspricht im Grundsatz dem Rechtsprinzip und könnte, da es auf einer bewußten Entscheidung des Gesetzgebers beruht, seiner Geltung entgegenstehen.

Das ist allerdings nur auf den ersten Blick der Fall. Das Haftungsprivileg beansprucht nämlich letztlich keine absolute Geltung in dem Sinne, daß die Gesellschafter überhaupt keine Vermögensrisiken tragen sollen. Vielmehr hat der Gesetzgeber die Gesellschafter als Ausgleich für das Haftungsprivileg verpflichtet, ihre Gesellschaft mit einem (Mindest-) Stammkapital auszustatten und ihr dieses auch zu belassen.[422] Das Stammkapital wird also á fonds perdu zur Verfügung gestellt, so daß die Gesellschafter zumindest diesbezüglich das volle Verlustrisiko tragen.[423] Die Gesellschafter haben so zumindest mittelbar für die wirtschaftlichen Nachteile einzustehen.

Der Gesetzgeber verfolgte demnach mit der Gewährung des Haftungsprivilegs das Ziel einer Risikoteilung zwischen Gesellschaftern und Gesellschaftsgläubigern. Das von den Gesellschaftern aufzubringende Eigenkapital, insbesondere das Mindeststammkapital, sollte die angemessene Risikobeteiligung der Gesellschafter gewährleisten. Dabei ging der Gesetzgeber, wie schon an früherer Stelle ausgeführt, davon aus, daß die Gesellschafter ihrer GmbH nicht nur das gesetzlich vorgeschriebene Mindeststammkapital zuführen würden, sondern das Eigenkapital stets den wirtschaftlichen Bedürfnissen anpassen und kurzfristigen Kapitalbedarf mit dem eigens geschaffenen Instrument des Nachschußkapitals decken und somit automatisch ein den Gesellschaftsrisiken adäquates Risiko

---

421 Vgl. zum Haftungsprivileg eingehend schon oben 1. Kap. § 3 D.

422 Zu den diesbezüglichen Grundsätzen der realen Kapitalaufbringung und nominellen Kapitalerhaltung siehe schon oben 2. Kap. § 3 A I.

423 Vgl. dazu schon oben 2. Kap. § 2 B I.

übernehmen würden.[424] Das zeigt, daß der Gesetzgeber versucht hat, das allgemeine Rechtsprinzip des angemessenen Chancen-Risiken-Ausgleichs im GmbH-Gesetz anhand dieses Konzepts zu verwirklichen.

Ein bewußter Ausschluß des Chancen-Risiken-Ausgleichsprinzips durch das Haftungsprivileg kann somit nicht angenommen werden.

bb) Umsetzung des allgemeinen Rechtsprinzips nach der Konzeption des GmbH-Gesetzes

Es ist daher im folgenden zu untersuchen, wie nach der Konzeption des GmbH-Gesetzes unter Berücksichtigung der vorhergehenden Ausführungen ein angemessener Ausgleich von Chancen und Risiken erreicht werden soll. Zu diesem Zweck ist es erforderlich, sich die gesetzlich vorgegebene Verteilung von Chancen und Risiken vor Augen zu führen.[425]

Betrachtet man die Seite der Gesellschafter, so haben diese die Chance, aus der Finanzierung und dem Betrieb der GmbH wirtschaftlichen Nutzen in Form von Gewinnen zu ziehen (vgl. § 29 GmbHG), ohne wegen des Haftungsprivilegs eine unmittelbare persönliche Außenhaftung befürchten zu müssen. Zugleich tragen sie das Risiko des völligen Verlusts des eingesetzten Eigenkapitals.[426]

Den Umfang sowohl der Risiken als auch der Chancen können die Gesellschafter allerdings durch ihr Verhalten mittelbar steigern oder verringern. Das Risiko des Eigenkapitalverlusts können die Gesellschafter zunächst im Hinblick auf den Umfang des Risikos dadurch begrenzen, daß die Höhe des von ihnen eingesetzten Eigenkapitals, abgesehen vom Mindeststammkapital, in ihrem freien Ermessen liegt.[427] Andererseits können sie durch einen höheren Einsatz von Eigenkapital, also durch die Gewährung eines dem Geschäftsumfang angepaßten Eigenkapitals anstelle der Gewährung nur des Mindeststammkapitals, die Wahrscheinlichkeit der Realisierung des Risikos senken, da durch eine hohe Eigenkapitalquote das Insolvenzrisiko sinkt.[428]

---

424 Vgl. Begründung des Gesetzentwurfs betreffend die GmbH, Sten. Ber. RT VIII/I (1890/1892), Bd. 5, S. 3725, 3734 sowie bereits oben 2. Kap. § 3 A I und 3. Kap. § 1 B III 2 a. Wie hier auch schon *Arbeitskreis GmbH-Reform*, Bd. II, S. 11.

425 Zur gesetzlichen Risikostruktur siehe schon oben 2. Kap. § 3 A.

426 Siehe oben 2. Kap. § 2 B I und 2. Kap. § 3 A I.

427 Siehe oben 1. Kap. § 2 A sowie 1. Kap. § 3 C.

428 Siehe oben 2. Kap. § 2 B II und 2. Kap. § 2 C I.

Gleichzeitig hat das Finanzierungsverhalten auch auf die Chance der Gesellschafter mittelbare Auswirkungen. Einerseits können die Gesellschafter ihre Gewinnchance steigern, indem sie die Gesellschaft in angemessenem Umfang mit Fremdkapital - gleichgültig ob von seiten der Gesellschafter oder von dritter Seite - finanzieren und so die Eigenkapitalrendite steigern.[429] Zudem erhalten die Gesellschafter durch die Fremdkapitalfinanzierung zusätzlich die Chance auf regelmäßige Zinsgewinne und können für ihre Gesellschaft Steuerspareffekte[430] erzielen. Andererseits sind aber wiederum ihre Chancen nach der an Marktgesetzen orientierten Gesetzeskonzeption durch die Höhe des von ihnen eingesetzten Risikokapitals begrenzt. Dieses ist für die "Kreditwürdigkeit" der Gesellschaft und damit letztendlich auch für die maximale Expansion des Unternehmens und der mit ihm erwirtschafteten Gewinne entscheidend.[431]

Richtet man nunmehr den Blick auf die Gesellschaftsgläubiger, so haben diese zum einen die Chance auf Gewinne aus Geschäften mit der GmbH, zum anderen tragen sie das übliche Geschäftsrisiko, d. h. die Gefahr der Uneinbringlichkeit ihrer Forderungen gegenüber der GmbH aufgrund von deren Zusammenbruch.

Das Risiko der Gläubiger ist aber nach der Konzeption des GmbH-Gesetzes seinerseits wiederum auf verschiedene Weise abgemildert. Zunächst soll durch §§ 30, 31 GmbHG das Stammkapital vor Rückzahlung an die Gesellschafter geschützt werden, um so den Gläubigern zumindest ihnen gegenüber einen Mindesthaftungsfonds und damit einen Ausgleich für ihre Risiken zu schaffen.[432] Zudem ergibt sich aus den gesetzlichen Regelungen bezüglich des Antrags auf Eröffnung des Konkurs-/Insolvenzverfahrens, daß über das Vermögen der GmbH, aufgrund der beschränkten Haftmasse, das Insolvenzverfahren nicht erst ab Eintritt der Zahlungsunfähigkeit, sondern bereits ab Eintritt der Überschuldung eröffnet werden soll. Dies dient dazu, die GmbH ab diesem Zeitpunkt als werbendes Unternehmen vom Markt zu nehmen. Dadurch soll einerseits zugunsten der bereits vorhandenen "Alt"-Gläubiger der GmbH die weitere Verwirtschaftung des Gesellschaftsvermögens verhindert und ihnen eine mög-

---

429 Vgl. zu diesem sog. "Leverage-Effekt" schon oben 2. Kap. § 2 C I.

430 Siehe dazu gleichfalls oben 2. Kap. § 2 C II.

431 Siehe dazu eingehend oben 2. Kap. § 2 B III (mit Nachweisen in Fn. 46, 47) sowie 2. Kap. § 2 C I.

432 Entsprechend sehen *Bydlinski*, Prinzipien des Privatrechts, S. 476, 477 sowie *Wiedemann*, Haftungsbeschränkung, S. 6 ff., 10 f., 15/16 bzw. *ders.*, Gesellschaftsrecht, § 10 IV 1, S. 554 ff., § 10 IV 3, S. 565 ff. die gesetzlichen Grundsätze der Kapitalaufbringung und Kapitalerhaltung als Ausprägung des allgemeinen Rechtsprinzips des angemessenen Ausgleichs von Chancen und Risiken an.

lichst große innerhalb oder außerhalb eines Insolvenzverfahrens dann aufzuteilende Vermögensmasse erhalten werden, um so ihr Risiko des vollständigen Forderungsausfalls zu senken.[433] Andererseits sollen potentielle Gläubiger vor Geschäften mit der Gesellschaft und den damit in dieser Situation verbundenen hohen Risiken geschützt werden.

Darüber hinaus hat der Gesetzgeber auch eine Begrenzung der Gläubigerrisiken durch den "Markt", also die Gläubiger selber, vor Augen gehabt. Er hat es den Gläubigern selbst überlassen, die mit dem Geschäftsverkehr mit der GmbH verbundenen Risiken einzuschätzen und zu entscheiden, ob sie bereit sind, diese zu tragen. Dabei ist insbesondere das bereits an früherer Stelle mehrfach angeführte sog. "Kapitalstrukturrisiko"[434] von Bedeutung, welches vor allem die Frage betrifft, wie leicht Verluste das Eigenkapital angreifen und zur Beeinträchtigung der Befriedigungsaussichten der Gläubiger führen können. Wird den Gläubigern nämlich die Gefahr eigener wirtschaftlicher Verluste zu hoch, werden sie in der Regel selbständig von einer weiteren Unterstützung der Gesellschaft durch weiteres Fremdkapital oder durch Zahlungsaufschübe absehen. Das hat zur Folge, daß die Gesellschaft ihre Kreditwürdigkeit im Rechtsverkehr verliert. Als Konsequenz daraus wird aufgrund der Tatsache, daß jede geschäftliche Transaktion regelmäßig eine Kreditkomponente enthält, der weitere Betrieb der Gesellschaft faktisch unmöglich gemacht. Dadurch können die Gläubiger die Gesellschafter entweder zur Liquidation der Gesellschaft oder - um auf diese Weise die Risikoeinschätzung der Gläubiger zu ändern - zur Zufuhr von weiterem Eigenkapital zwingen. So sind die Gläubiger letztlich in der Lage, selber den maximalen Grad der mit der Fremdkapitalfinanzierung stets verbundenen Risikoverschiebung auf sie selbst zu bestimmen und eine weitere Erhöhung ihrer Risiken zu verhindern.[435]

cc) Zwischenergebnis

Es zeigt sich, daß das GmbH-Gesetz ein ausdifferenziertes System zum Ausgleich von Chancen und Risiken zwischen den Gesellschaftern und Gesellschaftsgläubigern aufweist. Durch dieses wird der Umfang der jeweiligen Chancen und Risiken durch eine Art "Selbstregulierungsmechanismus" be-

---

433 Siehe oben 2. Kap. § 3 A II (mit Nachweisen).

434 Siehe dazu schon oben 2. Kap. § 2 B III.

435 Siehe dazu schon oben 2. Kap. § 2 B III sowie 2. Kap. § 3 A II (jeweils mit Nachweisen). Zum ganzen ähnlich *Fabritius*, Überlassung von Anlagevermögen an die GmbH, S. 71 f.

grenzt, da Gesellschafter und Gläubiger den Umfang der Chancen und Risiken wechselseitig beeinflussen können.

Es werden also weder die Risiken noch die Chancen einseitig den Gesellschaftern oder Gesellschaftsgläubigern aufgebürdet. Vielmehr findet im Ausgangspunkt - wie auch vom historischen Gesetzgeber ausdrücklich beabsichtigt -[436] eine Risikoteilung statt, so daß die Chancen und Risiken nach Maßgabe des gesetzlichen Grundkonzepts angemessen verteilt sind.[437] Folglich ist das Prinzip im GmbH-Gesetz grundsätzlich verwirklicht worden.

dd) Unvollkommene Verwirklichung aufgrund der unbeschränkten Finanzierungsfreiheit der Gesellschafter

Dieses ausdifferenzierte, selbstregulierende System des Ausgleichs von Chancen und Risiken stellt sich aber wegen des dem GmbH-Gesetz immanenten Grundsatzes der Finanzierungsfreiheit als letztlich unvollkommene Verwirklichung des hier in Rede stehenden allgemeinen Rechtsprinzips dar.

Aufgrund dieses Grundsatzes steht es im freien Ermessen der Gesellschafter, ob und vor allen Dingen wie sie ihre GmbH mit Kapital ausstatten, und zwar jederzeit, d. h. unabhängig von der konkreten wirtschaftlichen Situation der Gesellschaft. Das hat, wie bereits zu Beginn der Untersuchung angeführt,[438] zur Folge, daß der absolut überwiegende Teil der Gesellschaften mbH von den Gesellschaftern nur mit dem gesetzlich vorgeschriebenen Mindeststammkapital ausgestattet und im übrigen mit Fremdkapital finanziert wird. Dabei stammt dieses Fremdkapital zudem meist in erheblichem Umfang von den Gesellschaftern selber. Diese Art der Finanzierung ist, wie gleichfalls schon verschiedentlich erwähnt, legitim und wirtschaftlich auch in gewissem Umfang sinnvoll.

In der Unternehmenskrise, also ab dem Zeitpunkt der Kreditunwürdigkeit oder Insolvenzreife der GmbH, führt die Fortführung der Gesellschaft anhand der

---

[436] Vgl. Begründung des Gesetzentwurfs betreffend die GmbH, Sten. Ber. RT VIII/I (1890/1892), Bd. 5, S. 3725.

[437] Inwieweit dabei das von den Gesellschaftern einzig zwingend aufzubringende Stammkapital in Höhe von 25.000 Euro eine tatsächlich "angemessene" Risikobeteiligung der Gesellschafter darstellt, ist eine rechtspolitische Frage, die hier nicht zu entscheiden ist. Meines Erachtens sollte allerdings in Anbetracht der Insolvenzhäufigkeit der GmbH, der geringen Insolvenzquoten und der hohen Zahl masseloser Insolvenzen sowie der deutlichen Divergenz der Kaufkraft von 20.000 RM im Jahr 1898 und 25.000 Euro im Jahr 2000 diese Frage nochmals überdacht werden und ggf. ein deutlich erhöhtes Mindeststammkapital vorgeschrieben werden.

[438] 1. Kap. § 2 A.

Zufuhr oder Belassung von bereits gewährtem Gesellschafterfremdkapital aber zu einer ganz entscheidenden Veränderung der Chancen-Risiken-Struktur:

Auf der einen Seite kommt es zu einer Kumulation verschiedenster Gefahren und damit zu einer signifikanten Erhöhung des Risikos des weitgehenden oder gar vollständigen Forderungsausfalls in der Krise auf seiten der Gesellschaftsgläubiger.[439] Zugleich bleibt das Risiko des Gesellschafters hinsichtlich des bereits eingesetzten Eigenkapitals letztlich gleich. Zudem trägt er im Hinblick auf das neu eingesetzte (Fremd-) Kapital nicht das ihm nach der Gesetzeskonzeption eigentlich zukommende Eigenkapitalrisiko, sondern minimiert sein Risiko auf das gewöhnlicher Drittgläubiger, indem er, entgegen der vom Gesetzgeber verfolgten Konzeption,[440] den Kapitalbedarf der Gesellschaft mit Fremdkapital anstelle von Eigenkapital deckt. Es kommt also bildlich gesprochen zu einer Risikoverlagerung zu Lasten der Gläubiger.[441]

Auf der anderen Seite sinken die Chancen der Gläubiger, da die vollständige Befriedigung ihrer Forderung bzw. die Aussicht auf eine zumindest zufriedenstellende Insolvenzquote unwahrscheinlicher wird. Demgegenüber bleiben die Chancen der Gesellschafter gleich bzw. steigern sich sogar insofern, als das praktisch wertmäßig schon auf "Null" gesunkene Eigenkapital eventuell durch die Fremdmittelzufuhr gerettet werden kann und, im Fall der Überwindung der Krise, sodann die Aussicht auf Rückerstattung der gewährten Fremdmittel sowie auf weitere - in diesem Fall oft noch gesteigerte - Gewinne aus der Gesellschaft besteht.[442] Zudem haben sie bezüglich des neu eingesetzten Fremdkapitals - im Gegensatz zu alternativ eingesetztem Eigenkapital - die Aussicht auf Zinsen bzw. zumindest den Erhalt der Insolvenzquote.

Die Zufuhr von Gesellschafterfremdkapital in der Unternehmenskrise führt folglich zu einer signifikanten Risikosteigerung auf Gläubigerseite und zu einer Kumulation der Chancen auf der Gesellschafterseite bei gleichzeitiger Minderung der Gläubigerchancen und der Gesellschafterrisiken. Zudem wird durch die Gesellschafterfremdkapitalfinanzierung in der Krise die selbstregulierende Risiken- und Chancenbegrenzung durch das Stamm- bzw. Eigenkapital sowie die Risikoeinschätzung der Gläubiger außer Kraft gesetzt. Die Fortführung der Gesellschaft mit Fremdkapital aus Gesellschafterhand anstelle einer Eigen-

---

[439] Siehe oben 2. Kap. § 3 A II bzw. 2. Kap. § 3 B I.

[440] Siehe oben 2. Kap. § 3 A I bzw. 2. Kap. § 3 B II sowie zuvor 3. Kap. § 2 E III 4 d aa.

[441] Siehe oben 2. Kap. § 3 C.

[442] Ähnlich *Kaiser*, Schuldrechtliche Gebrauchsüberlassungen durch den Gesellschafter, S. 43/44.

kapitalzufuhr oder gar Liquidation führt dazu, daß dem Rechtsverkehr das Risiko, welches er erkennbar nicht mehr tragen wollte, und das durch den faktischen Zwang zur Liquidation oder Eigenkapitalzufuhr eingeschränkt schien, gegen seinen Willen aufgedrängt und sogar noch vergrößert wird.[443]

Diese so herbeigeführte einseitige Chancen- bzw. Risikenverteilung zu Lasten der Gläubiger ist auch *nicht durch eigene fundamentalere Interessen der Gesellschafter gerechtfertigt.*[444] In der Unternehmenskrise dient die Weiterführung anhand von Gesellschafterfremdkapital bei objektiver Betrachtung im wesentlichen nur noch den Gesellschaftern zur Risikominimierung und maximalen Chancensteigerung, wohingegen andere schutzwürdige Interessen (Steuerspareffekte, Steigerung der Eigenkapitalrendite etc.) in dieser Situation objektiv nicht mehr bestehen.[445] Demgegenüber ist in dieser Situation, wie sich aus der Konzeption des GmbH-Gesetzes ergibt, das Interesse der Gläubiger an einer Liquidation der Gesellschaft oder einer Zufuhr von neuem Eigenkapital fundamentaler. Nach der Wertung des GmbH-Gesetzes sollen die Altgläubiger zumindest eine angemessene Insolvenzquote erhalten und neue Gläubiger von vornherein vor Geschäften mit der kriselnden Gesellschaft geschützt werden. Die Risikoverlagerung zu Lasten der Gläubiger durch die Gesellschafterfremdmittelzufuhr in der Gesellschaftskrise stellt sich demnach als objektiv willkürlich, weil durch keine fundamentaleren Interessen der Gesellschafter gerechtfertigt, dar.

ee) Ergebnis

Aufgrund der nach dem Gesetzeswortlaut uneingeschränkten Finanzierungsfreiheit ist es den Gesellschaftern in der Unternehmenskrise möglich, das Unternehmen anhand von Gesellschafterfremdkapital fortzuführen. Dadurch wird willkürlich und einseitig, d. h., ohne daß die Gläubiger Einfluß darauf haben, das gesetzliche Konzept des Ausgleichs von Chancen und Risiken außer Kraft gesetzt, und es tritt eine Risikoverlagerung zu Lasten der Gesellschaftsgläubiger ein. Das ist mit dem allgemeinen Rechtsprinzip des angemessenen Ausgleichs von Chancen und Risiken nicht zu vereinbaren, so daß dieses letztlich im GmbH-Gesetz nur unvollkommen verwirklicht worden ist.

---

[443] Siehe oben 2. Kap. § 3 A II sowie 2. Kap. § 3 B I. Vgl. auch *Roth*, ZGR 1993, 170, 191.

[444] Zu diesem Aspekt eines angemessenen Ausgleichs von Chancen und Risiken siehe oben 3. Kap. § 2 E III 4 b bb (a. E.).

[445] Siehe oben 2. Kap. § 2 D II.

e) Ergebnis

Es hat sich gezeigt, daß ein der Rechtsordnung immanentes allgemeines Rechtsprinzip des angemessenen Ausgleichs von Chancen und Risiken existiert.[446] Dieses besagt, daß die aus einer Rechtsposition resultierenden Chancen und die mit der Realisierung dieser Chancen verbundenen Risiken in einem angemessenen Ausgleich stehen müssen, d. h., es ist regelmäßig eine vor dem Hintergrund der jeweiligen Regelungsmaterie angemessene Risikoteilung erforderlich.[447] Der Gesetzgeber hat, um diesem Rechtsprinzip zu entsprechen, im GmbH-Gesetz ein ausdifferenziertes System zum Ausgleich von Chancen und Risiken geschaffen.[448] Allerdings ist das Prinzip letztlich nur unvollkommen verwirklicht worden. Aufgrund der Finanzierungsfreiheit können die Gesellschafter in der Gesellschaftskrise die Gesellschaft mit Fremdkapital anstelle von Eigenkapital fortführen. Dadurch wird das - im Ausgangspunkt angemessene - gesetzliche Konzept des Ausgleichs von Chancen und Risiken willkürlich, d. h., ohne daß dies durch eigene fundamentalere Interessen der Gesellschafter gerechtfertigt wäre, zu Lasten der Gesellschaftsgläubiger außer Funktion gesetzt. Es kommt zu einer signifikanten Risikoerhöhung auf seiten der Gesellschaftsgläubiger bei gleichzeitiger Minimierung der Risiken auf seiten der Gesellschafter, also bildlich gesprochen zu einer Risikoverlagerung. Zugleich werden die Chancen der Gesellschafter gesteigert. Das ist mit dem allgemeinen Rechtsprinzip nicht mehr zu vereinbaren.[449]

Vor diesem Hintergrund läßt sich die bereits an früherer Stelle aufgeworfene Rechtsfrage[450] aufgrund von spezifisch rechtlichen Erwägungen also dahingehend beantworten, daß die mit der Fremdmittelfinanzierung von seiten der Gesellschafter in der Krise verbundene Risikoverschiebung der Rechtsordnung widerspricht, weil dadurch willkürlich eine mit dem Rechtsprinzip unvereinbare Chancen-Risiken-Verteilung zu Lasten der Gesellschaftsgläubiger herbeigeführt wird. Daher bedarf die Finanzierungsfreiheit in dieser Situation einer Einschränkung.

Es ist somit als Ergebnis festzuhalten, daß das GmbH-Gesetz - läßt man §§ 32 a, 32 b GmbHG außer Betracht - vor dem Hintergrund des allgemeinen

---

[446] Oben 3. Kap. § 2 E III 4 a cc (mit Verweisen).

[447] Oben 3. Kap. § 2 E III 4 b cc (mit Verweisen).

[448] Siehe zuvor 3. Kap. § 2 E III 4 d cc (mit Verweisen) sowie oben 2. Kap. § 3 A.

[449] Siehe zuvor 3. Kap. § 2 E III 4 d dd.

[450] Siehe oben 3. Kap. § 2 C.

Rechtsprinzips des angemessenen Ausgleichs von Chancen und Risiken im Hinblick auf die Gesellschafterfremdkapitalfinanzierung in der Unternehmenskrise eine ergänzungsbedürftige Unvollständigkeit aufweist. Folglich liegt eine Regelungslücke i. w. S. vor, so daß die erste Voraussetzung für die Legitimation der Rechtsprechungsregeln anhand einer gesetzesübersteigenden Rechtsfortbildung erfüllt ist.

IV. Zusammenfassung

Vorstehend wurde anhand verschiedener rechtlicher Kriterien untersucht, ob die Beantwortung der eingangs dieses Untersuchungsabschnitts aufgeworfenen Rechtsfrage[451] vor dem Hintergrund der Gesamtrechtsordnung als erforderlich und nicht nur rechtspolitisch erwünscht erschien, und damit letztlich das GmbH-Gesetz im Hinblick auf das Fehlen von Regelungen bezüglich der Gesellschafterfremdfinanzierung eine ergänzungsbedürftige Lücke im weiteren Sinne aufwies.

Dabei zeigte es sich, daß weder unter dem Gesichtspunkt der Bedürfnisse des Rechtsverkehrs[452] noch unter dem Gesichtspunkt der Natur der Sache[453] eine solche Regelungslücke im GmbH-Gesetz nachweisbar war. Ersteres scheiterte daran, daß die Interessen der Gesellschafter bzw. Gläubiger im Hinblick auf die Sonderbehandlung von Gesellschafterdarlehen in der Krise einander widersprechen, so daß diesbezüglich nicht von einem Bedürfnis *des* Rechtsverkehrs gesprochen werden kann.[454] Der Nachweis einer Regelungslücke i. w. S. des GmbH-Gesetzes anhand der Natur der Sache war im Ergebnis nicht möglich, weil die Behandlung des Gesellschafterfremdkapitals wie haftendes Eigenkapital auch in der Krise nicht deren "Natur" entspricht.[455] In diesem Zusammenhang wurde insbesondere gezeigt, daß sowohl das häufig zur Legitimation der Sonderbehandlung von Gesellschafterdarlehen angeführte Argument der "Funktionsgleichheit" von Gesellschafterdarlehen und Eigenkapital als auch die gleichfalls oft zu findende Begründung über die "Grundsätze ordnungsmäßiger Unternehmensfinanzierung" nicht überzeugen und daher der Kapitalersatzrechtsprechung keine tragfähige Grundlage bieten. Gegen ersteres spricht,

---

451 Oben 3. Kap. § 2 C.

452 Oben 3. Kap. § 2 E I.

453 Oben 3. Kap. § 2 E II.

454 Oben 3. Kap. § 2 E I.

455 Oben 3. Kap § 2 E II 4.

daß Gesellschafterdarlehen und Eigenkapital nur hinsichtlich eines ganz engen und aus der Sicht der Gesellschaftsgläubiger unbedeutenden Teilbereichs gleiche Funktionen haben.[456] Letzterem steht im wesentlichen entgegen, daß bislang noch keine allgemein anerkannten Grundsätze ordnungsgemäßer Unternehmensfinanzierung herausgearbeitet worden sind.[457]

Weiterhin wurde gezeigt, daß der Gedanke der Finanzierungsfolgeverantwortung entgegen einer verbreiteten Ansicht kein eigenständiges allgemeines Rechtsprinzip ist. Infolge dessen ist dieser Gedanke auch nicht zum Nachweis einer Lücke des GmbH-Gesetzes geeignet und kann bereits daher die Kapitalersatzrechtsprechung im Ergebnis ebenfalls nicht legitimieren.[458]

Dies hatte aber nicht zur Konsequenz, daß der Nachweis einer Regelungslücke im weiteren Sinne anhand allgemeiner Rechtsprinzipien vorliegend insgesamt ausgeschlossen war. Ausgehend von der - als zutreffend herausgearbeiteten - wertungsmäßigen Grundprämisse des Kapitalersatzrechts[459] und den in Rechtsprechung und Literatur immer wieder vorgebrachten Argumenten des Verbots der Risikoabwälzung bzw. der Spekulation auf dem Rücken der Gläubiger sowie der Doppelrolle der Gesellschafter konnte nämlich ein der Rechtsordnung immanentes allgemeines Rechtsprinzip des angemessenen Ausgleichs von Chancen und Risiken nachgewiesen werden.[460]

Vor dem Hintergrund dieses Rechtsprinzips erwies sich das GmbH-Gesetz aufgrund der uneingeschränkten Finanzierungsfreiheit der Gesellschafter letztlich als lückenhaft.[461] Diese ermöglicht es den Gesellschaftern nämlich, die GmbH in der Krise anhand von Gesellschafterfremdkapital anstelle von Eigenkapital fortzuführen, wodurch eine mit der Rechtsordnung in Form des allgemeinen Rechtsprinzips des angemessenen Ausgleichs von Chancen und Risiken nicht mehr zu vereinbarende Risikoverlagerung zu Lasten der Gläubiger entsteht.[462] Demnach ist die erste Voraussetzung für eine Legitimation der Kapitalersatzrechtsprechung als gesetzesübersteigende Rechtsfortbildung gegeben.

---

456 Oben 3. Kap. § 2 E II 2.

457 Oben 3. Kap. § 2 E II 3.

458 Oben 3. Kap. § 2 E III 3.

459 Siehe dazu oben 2. Kap.

460 Oben 3. Kap. § 2 E III 4 a cc (mit Verweisen).

461 Oben 3. Kap. § 2 E III 4 e (mit Verweisen).

462 Oben 3. Kap. § 2 E III 4 d ee (mit Verweisen).

F. Zutreffende Ausfüllung der Lücke durch die Rechtsprechungsregeln - keine Fortbildung contra legem

Die von der Rechtsprechung herausgebildeten Kapitalersatzregeln müßten schließlich diese Regelungslücke des GmbH-Gesetzes in zutreffender Weise ausgefüllt haben, damit sie als legitime gesetzesübersteigende Rechtsfortbildung angesehen werden können. Dabei beschränkt sich die Untersuchung auf die Grundkonzeption der Rechtsprechungsregeln, da es nur darum geht, aufzuzeigen, daß es sich bei diesen im Ausgangspunkt tatsächlich um eine legitime Fortbildung des Rechts auf der Grundlage des zuvor herausgearbeiteten Rechtsprinzips handelt.[463] Dafür ist es erforderlich, daß sowohl die einzelnen Voraussetzungen für die Sonderbehandlung des Gesellschafterfremdkapitals als auch die konkreten Rechtsfolgen der Rechtsprechungsregeln vom Prinzip des angemessenen Ausgleichs von Chancen und Risiken getragen werden sowie mit System und Wertungen des positiven Rechts zu vereinbaren sind.[464] Sollten sich die Kapitalersatzregeln nämlich nicht als zutreffende Ausfüllung der anhand des Rechtsprinzips festgestellten Lücke erweisen, würde es sich nicht um eine zulässige Rechtsfortbildung extra legem, sondern um eine nur unter ganz engen Voraussetzungen ausnahmsweise zulässige Rechtsfortbildung contra legem handeln.

Die Frage nach der zutreffenden Ausfüllung der anhand des Rechtsprinzips aufgezeigten Lücke ist auch nicht unproblematisch. Die allgemeinen Rechtsprinzipien haben wesensgemäß keinen rechtssatzmäßigen Charakter, so daß in der Regel nicht unmittelbar unter sie subsumiert werden kann. Das zur Lückenfeststellung verwandte Prinzip weist regelmäßig nur die Richtung, in der die Lösung zu finden ist. Das bedeutet jedoch nicht, daß Rechtsprechung und rechtswissenschaftliches Schrifttum bei der Ausfüllung einer vor dem Hintergrund eines allgemeinen Rechtsprinzips festgestellten Lücke (i. w. S.) zur freien Rechtsschöpfung befugt wären. Vielmehr bedarf die Ausfüllung der Lücke, neben der Berücksichtigung des zugrunde liegenden allgemeinen Rechtsprinzips, vor allem der weiteren Abstimmung mit dem positiven Recht, wobei

---

463 Ob auch die im lauf der Zeit entstandenen, zum Teil recht erheblichen Ausdehnungen der Kapitalersatzrechtsprechung (siehe dazu oben 1. Kap. § 2) noch von dem Rechtsprinzip legitimiert werden, kann hier nicht für jeden Einzelfall überprüft werden, sondern muß vielmehr jeweils im konkreten Einzelfall erfolgen. Das ist jedoch unproblematisch, wenn feststeht, daß die Kapitalersatzrechtsprechung jedenfalls im Ausgangspunkt eine legitime gesetzesübersteigende Rechtsfortbildung ist. Einige besonders praxisrelevante Fälle werden exemplarisch am Ende der Arbeit (siehe unten 5. Kap.) noch untersucht.

464 Vgl. *Larenz/Canaris*, Methodenlehre, S. 246 sowie schon oben 3. Kap. § 2 E.

dieses als Wegweiser und Schranke dient (sog. *konkretisierende* bzw. *limitierende* Funktion des positiven Rechts).[465]

I. Legitimation der tatbestandlichen Voraussetzungen

Es sind daher zunächst die für die Sonderbehandlung der Gesellschafterfremdmittel von der Rechtsprechung herausgearbeiteten tatbestandlichen Voraussetzungen kurz auf ihre Vereinbarkeit mit dem Rechtsprinzip und dem positiven Recht zu untersuchen.

1. Fremdkapitalzufuhr durch die Gesellschafter

Grundvoraussetzung für das Eingreifen der Rechtsprechungsregeln ist, daß der GmbH Fremdkapital von seiten der Gesellschafter zugeführt wurde.[466] Es wird also im Grundsatz nur Fremdkapital der Gesellschafter und kein Fremdkapital von Dritten von den Rechtsprechungsregeln erfaßt.[467]

Diese Beschränkung ist vor dem Hintergrund des zur Feststellung der Regelungslücke verwandten Prinzips zutreffend. Zwar kommt es durch jede Fremdmittelzufuhr an die Gesellschaft zu einer abstrakten Steigerung des Gläubigerrisikos.[468] Allerdings kommt es nur durch die Zufuhr von Gesellschafterfremdkapital zu der letztlich mit dem Rechtsprinzip nicht mehr zu vereinbarenden Risikoverlagerung zu Lasten der Gesellschaftsgläubiger und der Kumulation der Chancen auf seiten der Gesellschafter bei gleichzeitiger Verringerung der Gläubigerchancen und Gesellschafterrisiken.[469] Die Gesellschafter ziehen aufgrund ihrer Stellung den Nutzen aus der GmbH (siehe § 29 GmbHG) und üben die tatsächliche Verfügungsgewalt über die Gesellschaft aus (siehe §§ 45, 47

---

465 *Canaris*, Feststellung von Lücken, S. 161 ff., insbesondere S. 163

466 BGHZ 75, 334, 336; 76, 326, 328 f.; Hachenburg/*Ulmer*, GmbHG, § 32 a, b Rn. 162; Baumbach/Hueck/*Hueck*, GmbHG, § 32 a Rn. 75, 16 ff.; *Lutter/Hommelhoff*, GmbHG, §§ 32 a/b Rn. 53 ff. (jeweils mit Nachweisen) sowie ausführlich *Orth*, Gesellschafterstellung, S. 28 passim.

467 Zum Sonderfall der Fremdmittelzufuhr von gesellschafterähnlichen Dritten siehe BGHZ 31, 258, 266 f.; 75, 334, 335 f.; 106, 7 ff.; 119, 191 ff.; Hachenburg/*Ulmer*, GmbHG, § 32 a, b Rn. 163, 118 ff.; *Lutter/Hommelhoff*, GmbHG, §§ 32 a/b Rn. 61 ff.; *Priester*, FS Helmrich (1994), S. 721 ff.; *Altmeppen*, FS Kropff (1997), S. 641, 654 ff. (jeweils mit Nachweisen).

468 Siehe oben 2. Kap. § 2 C III.

469 Soeben 3. Kap. § 2 E III 4 d.

GmbHG)[470] und sind daher als Adressat des allgemeinen Rechtsprinzips verpflichtet, die entsprechenden Risiken zu tragen. Zudem sind auch nur die Gesellschafter in der Lage, durch eine bestimmte Art der Finanzierung ihre Risiken zu verringern und ihre Chancen und zugleich die Risiken der Gläubiger zu steigern. Darüber hinaus kommt es nur durch das Gesellschafterfremdkapital zur Außerkraftsetzung des selbstregulierenden Systems des Ausgleichs von Chancen und Risiken. Solange noch Fremdkapital von gesellschaftsfremden Dritten gewährt wird, deutet dies nämlich regelmäßig darauf hin, daß die Gläubiger noch mit dem Grad der Risikoverschiebung einverstanden sind und deshalb noch keine mit dem Rechtsprinzip nicht mehr zu vereinbarende Chancen-Risiken-Verteilung vorliegt.

Schließlich wäre eine Erfassung sämtlicher Fremdmittel, gleich ob von seiten der Gesellschafter oder Dritter, mit dem positiven Recht im Ergebnis nicht mehr zu vereinbaren. Damit würde im Ergebnis die vom Gesetzgeber angestrebte möglichst weitreichende Finanzierungsfreiheit zu stark beschränkt. Die Ausdehnung hätte nämlich praktisch zur Konsequenz, daß die Gesellschaft von dritter Seite keine Fremdmittel mehr bekommen könnte, da gesellschaftsfremde Dritte in der Regel nicht mehr bereit wären, das Risiko einer Behandlung der von ihnen gewährten Fremdmittel wie Eigenkapital zu tragen.

2. Kreditunwürdigkeit

Weitere essentielle Voraussetzung für das Eingreifen der Kapitalersatzregeln der Rechtsprechung ist, daß die Gesellschafterfremdmittel der Gesellschaft in der Gesellschaftskrise, d. h. der Kreditunwürdigkeit oder Insolvenzreife gewährt oder belassen[471] werden.[472] Entgegen zum Teil früher vertretener Ansicht[473] werden also nicht pauschal sämtliche Gesellschafterfremdmittel von den Kapitalersatzregeln erfaßt.

Auch diese Einschränkung auf Gesellschafterfremdkapital, welches in der Gesellschaftskrise gewährt oder belassen wurde, ist im Hinblick auf die anhand

---

[470] Siehe oben 3. Kap. § 2 E III 4 d aa.

[471] Zum in der Praxis wichtigsten Fall des sog. Stehenlassens von Gesellschafterfremdmitteln siehe unten 5. Kap. § 1.

[472] Siehe BGHZ 76, 326, 330; 81, 252, 262 f.; 81, 311, 314 f.; 90, 381, 390; Hachenburg/*Ulmer*, GmbHG, § 32 a, b Rn. 45 f.; *Lutter/Hommelhoff*, GmbHG, §§ 32 a/b Rn. 18 sowie die Nachweise oben 1. Kap, Fn. 62.

[473] So z. B. noch *Lutter*, Probleme der GmbH-Reform, S. 63, 76 f.; *Immenga*, Personalistische Kapitalgesellschaft, S. 421 f.

des Prinzips des Chancen-Risiken-Ausgleichs zu füllende Lücke des GmbH-Gesetzes zutreffend.

Diese bestand darin, daß der Gesetzgeber das Prinzip durch die uneingeschränkte Finanzierungsfreiheit nur unvollkommen verwirklicht hat.

Mit der Festlegung der Kreditunwürdigkeit als dem Zeitpunkt, ab dem die Fortführung der GmbH durch die Zufuhr neuen oder Belassung bereits gewährten Gesellschafterfremdkapitals als unzulässig anzusehen und deshalb das Gesellschafterfremdkapital wie haftendes Eigenkapital zu behandeln ist, ist genau der Zeitpunkt herausgearbeitet worden, ab dem die mit dem Prinzip unvereinbare Verteilung von Chancen und Risiken vorliegt. Ist die GmbH kreditunwürdig, d. h. außerstande, von gesellschaftsfremden Dritten zu marktüblichen Bedingungen einen weiteren Kredit zu erlangen[474], so zeigt das, daß nach Einschätzung der potentiellen Kreditgeber, also der Gläubiger, mit der weiteren fremdfinanzierten Fortführung der GmbH zu hohe Risiken verbunden sind. Die Gläubiger wollen nunmehr ihre Risiken auf das vorhandene Maß begrenzen, indem sie die Gesellschafter durch die Kreditverweigerung faktisch zur Liquidation der Gesellschaft oder zur Zufuhr neuen Eigenkapitals zwingen.[475] Durch die Fortführung der Gesellschaft anhand von Gesellschafterfremdkapital über diesen Zeitpunkt hinaus wird der gesetzliche Selbstregulierungsmechanismus des Chancen-Risiken-Ausgleichs außer Kraft gesetzt, und es kommt zu der mit dem allgemeinen Rechtsprinzip nicht mehr zu vereinbarenden willkürlichen Risikoverlagerung zu Lasten der Gläubiger.[476] Dies läßt sich am "Bild" einer Waage plastisch darstellen: Chancen und Risiken sind solange angemessen verteilt, wie der Markt (die Gläubiger) bereit ist, das ihm nach der gesetzlichen Grundkonzeption zukommende Risiko zu tragen und sich nicht aufgrund der Insolvenzreife schon nach dem Willen des Gesetzgebers aus der Fortführung der Gesellschaft ein unangemessenes Risiko ergibt. Ändert sich jedoch die Risikoeinschätzung der Gläubiger oder tritt gar Insolvenzreife ein, "kippt" die Waage, und es entsteht ein unangemessenes Verhältnis von Chancen und Risiken.

Auf der anderen Seite ist die Begrenzung auf die ab der Kreditunwürdigkeit gewährten oder belassenen Gesellschafterfremdmittel oder, wie häufig auch

---

474 Vgl. nur BGH WM 1972, 74, 75; BGHZ 76, 326, 329 ff.; Hachenburg/*Ulmer*, GmbHG, § 32 a, b Rn. 46 ff.; *Lutter/Hommelhoff*, GmbHG, §§ 32 a/b Rn. 19 sowie die Nachweise oben im 1. Kap., Fn. 62.

475 Siehe oben 3. Kap. § 2 E III 4 d bb sowie schon 2. Kap. § 2 B III bzw. 2. Kap. § 2 C I.

476 Siehe oben 3. Kap. § 2 E III 4 e.

formuliert wird, Gesellschafterleistungen mit Eigenkapitalcharakter[477], aber auch zur Einpassung der Rechtsfortbildung in das positive Recht erforderlich.

Der Gesetzgeber verfolgte mit der Schaffung der GmbH das Ziel, dem Rechtsverkehr eine möglichst flexibel zu finanzierende Gesellschaftsform zur Verfügung zu stellen. Auch wenn er dabei davon ausging, die Gesellschafter würden bei Kapitalbedarf ihrer Gesellschaft von alleine Eigenkapital durch eine Kapitalerhöhung oder durch die eigens für die GmbH geschaffenen Nachschüsse zur Verfügung stellen,[478] würde es zu weit gehen, ihm zu unterstellen, er habe jede Fremdmittelfinanzierung durch die Gesellschafter unterbinden wollen. Vielmehr zeigt die Gesetzesbegründung, daß Geschäfte zwischen der Gesellschaft und ihren Gesellschaftern - und damit auch Kreditverträge - grundsätzlich als zulässig angesehen wurden.[479] Konsequenz einer Einbeziehung sämtlicher Gesellschafterfremdmittel in die eigenkapitalähnliche Sonderbehandlung wäre allerdings, daß die Gesellschafter von einer eigenen Fremdmittelfinanzierung absehen würden und ihnen somit ein, der gesetzgeberischen Intention im Ausgangspunkt entsprechendes, Finanzierungsmittel vollständig genommen würde. Das wäre eine zu weitgehende, mit dem gesetzlichen Grundsatz der Finanzierungsfreiheit nicht mehr zu vereinbarende Einschränkung der Finanzierungsmöglichkeiten. Das die Grundlage der Einschränkung bildende Rechtsprinzip erfordert nämlich letztlich nur eine Beschränkung des Finanzierungsermessens in bestimmten wirtschaftlichen Situationen, namentlich der Krise, aber keinen völligen Ermessensausschluß.[480]

3. Ergebnis

Die wesentlichen tatbestandlichen Voraussetzungen für die eigenkapitalähnliche Sonderbehandlung von formellen Gesellschafterfremdmitteln werden also vom Rechtsprinzip des angemessenen Ausgleichs von Chancen und Risiken getragen und fügen sich in das positive Recht ein.

---

477 Siehe nur BGHZ 76, 326, 329.

478 2. Kap. § 3 A I und 3. Kap. § 1 B III 2 a.

479 Siehe Begründung des Gesetzentwurfs betreffend die GmbH, Sten. Ber. RT VIII/I (1890/92), Bd. 5, S. 3745. In Übereinstimmung damit war auch zu Beginn der Arbeit (1. Kap. § 2 A) festgestellt worden, daß die Gesellschafterfremdkapitalfinanzierung legitim ist.

480 Vgl. dazu auch schon BGHZ 76, 326, 335 sowie oben 3. Kap. § 2 E III 4 e.

II. Legitimation der Rechtsfolgen

Damit ist abschließend nur noch zu untersuchen, ob auch die Rechtsfolgen, die nach den Kapitalersatzregeln an die Gewährung oder Belassung von Gesellschafterfremdkapital an die Gesellschaft in der Krise geknüpft werden, von dem in Rede stehenden allgemeinen Rechtsprinzip legitimiert werden und sich in das positive Recht einfügen.

Die in der Gesellschaftskrise gewährten bzw. belassenen Darlehen werden nach den Rechtsprechungsregeln einer eigenkapitalähnlichen Sonderbehandlung unterzogen.[481] Das hat zur Folge, daß in der Gesellschaftskrise die Finanzierungsfreiheit der Gesellschafter hinsichtlich des "Wie" der Finanzierung eingeschränkt und ihr Haftungsprivileg mittelbar beeinträchtigt wird.[482]

1. Übereinstimmung mit dem Rechtsprinzip

Als erstes soll nun der Frage nachgegangen werden, ob diese eigenkapitalähnliche Sonderbehandlung des Gesellschafterfremdkapitals in der Krise vom Rechtsprinzip des angemessenen Ausgleichs von Chancen und Risiken getragen wird.

Das in der Krise gewährte oder belassene Gesellschafterfremdkapital wird, soweit und solange es zur Deckung einer Unterbilanz erforderlich ist, gegen eine Rückgewähr an die Gesellschafter gesperrt und damit in der Gesellschaft gebunden. So werden die Gesellschafter, sofern sie die Gesellschaft in der Krise fortführen und nicht durch Zufuhr weiteren Eigenkapitals freiwillig ein adäquates Risiko übernehmen, quasi zu einer realen Kapitalerhaltung - im Gegensatz zur vom GmbH-Gesetz eigentlich vorgesehenen nominellen Kapitalerhaltung - gezwungen.

Dies führt zu einer Erhöhung der Risiken auf seiten der Fremdkapital gewährenden Gesellschafter, da die ihnen stets zukommende Gefahr des vollständigen Verlusts des eingesetzten Eigenkapitals auch auf das in der Krise zugeführte oder belassene Fremdkapital ausgedehnt wird. Gleichzeitig wird die Gefahr des vollständigen Ausfalls der Forderungen auf seiten der Gesellschaftsgläubiger und damit deren Risiko vermindert. Zum einen wird durch die Einbeziehung des Gesellschafterfremdkapitals in das gesetzliche Kapitalerhaltungssystem verhindert, daß die Gesellschafter ihre Fremdkapitalforderungen noch kurz vor dem endgültigen wirtschaftlichen Zusammenbruch der Gesellschaft aus dem verbliebenen Gesellschaftsvermögen befriedigen oder das

---

481 Siehe oben 1. Kap. § 3 A.

482 Siehe schon oben 1. Kap. § 3 C, D.

Fremdkapital gar vollständig abziehen und so das Gesellschaftsvermögen zu Lasten der Gesellschaftsgläubiger verringern. Zum anderen können die Gesellschafter dadurch im Fall des Gesellschaftszusammenbruchs nicht die Insolvenzquote weiter verringern, indem sie durch Geltendmachung ihrer das gewährte Fremdkapital betreffenden Insolvenzforderungen mit den Gläubigern konkurrieren.

Schließlich bieten die Rechtsprechungsregeln einen gewissen Schutz gegen die Gefahr der weiteren Verwirtschaftung des Gesellschaftsvermögens und der Gefährdung weiterer Gläubiger durch das Fortschleppen der unterkapitalisierten Gesellschaft am Markt, da die Gesellschafter aufgrund der mittelbaren Einschränkung der Finanzierungsfreiheit im Fall der Gesellschaftskrise stets gezwungen sind abzuwägen, ob sie die GmbH liquidieren oder neues Eigenkapital zuführen bzw. ggf. die eigenkapitalähnliche Sonderbehandlung des gesamten von ihnen eingesetzten Fremdkapitals in Kauf nehmen.

Die eigenkapitalähnliche Sonderbehandlung führt damit weder zu einer einseitigen Risikoübertragung auf die Gesellschafter noch zu einer vollständigen Entlastung der Gläubiger. Vielmehr wird die durch die Gesellschafterfremdkapitalfinanzierung in der Krise bewirkte, mit der Rechtsordnung nicht zu vereinbarende, einseitige Verteilung von Chancen und Risiken zu Lasten der Gesellschaftsgläubiger zugunsten einer Risikoteilung geändert.

Im Ergebnis wird auf diese Weise auch im Fall der Fortführung des Unternehmens in der Gesellschaftskrise im Wege der Fremdkapitalfinanzierung eine dem Prinzip des Chancen-Risiken-Ausgleichs entsprechende und daher mit der Rechtsordnung zu vereinbarende Verteilung von Chancen und Risiken gewährleistet. Die Einbeziehung bestimmter Gesellschafterfremdmittel in das gesetzliche Kapitalerhaltungssystem durch die richterrechtlichen Kapitalersatzregeln wird folglich von diesem Rechtsprinzip getragen.[483]

2. Zutreffende Abstimmung mit dem positiven Recht

Weiterhin müßte sich die eigenkapitalähnliche Sonderbehandlung des in der Gesellschaftskrise gewährten oder belassenen Gesellschafterfremdkapitals in

---

[483] Insofern ist auch die von *Reiner*, FS Boujong (1996), S. 415, 439 ff. geäußerte Kritik an den Kapitalersatzregeln unzutreffend. Entgegen seiner Auffassung statuieren diese nämlich keinen irgend gearteten Schadenersatzanspruch. Vielmehr sind sie allein auf die Durchsetzung einer angemessenen Verteilung von Chancen und Risiken gerichtet. Daher kommt es insbesondere nicht darauf an, daß den Gesellschaftsgläubigern durch die Fortführung der Gesellschaft mittels Gesellschafterfremdkapital in der Krise ein konkreter Schaden entstanden ist.

die Systematik des GmbH-Gesetzes einfügen und sich mit dessen Wertungen vereinbaren lassen.

Ersteres läßt sich unproblematisch bejahen. Indem die Rechtsprechung die §§ 30, 31 GmbHG in der Gesellschaftskrise entsprechend auf das Gesellschafterfremdkapital anwendet, hat sie zur Schließung der vor dem Hintergrund des Rechtsprinzips des angemessenen Ausgleichs von Chancen und Risiken bestehenden Regelungslücke genau die Normen herangezogen, die einen wesentlichen Bestandteil des gesetzlichen Konzepts zum Ausgleich von Chancen und Risiken darstellen,[484] und so die Lücke unter Beachtung der limitierenden bzw. konkretisierenden Funktion[485] des GmbH-Gesetzes geschlossen.

Im Hinblick auf letzteres könnten aber Bedenken bestehen, da die eigenkapitalähnliche Sonderbehandlung des Gesellschafterfremdkapitals in der Krise, wie schon zu Beginn der Untersuchung festgestellt, zu einer mittelbaren Einschränkung der Finanzierungsfreiheit bezüglich des "Wie" der Unternehmensfinanzierung in der Gesellschaftskrise sowie zu einer mittelbaren Beeinträchtigung des Haftungsprivilegs führt.[486] Das ist insofern bedenklich, als beide Grundsätze, ausweislich der Begründung des GmbH-Gesetzes,[487] ganz bewußt in dieses aufgenommen wurden. Daher könnte ein Eingriff in diese unzulässig sein.

Jedoch sind die Rechtsprechungsregeln letztlich trotz der Beeinträchtigung dieser wesentlichen Grundsätze des GmbH-Rechts mit dem GmbH-Gesetz zu vereinbaren.

Das läßt sich wie folgt begründen: Betrachtet man zunächst die Finanzierungsfreiheit, so soll diese dazu dienen, die Gesellschaft möglichst flexibel zu finanzieren, um so jederzeit auf die verschiedenen wirtschaftlichen Anforderungen reagieren zu können.[488] Das den Gesellschaftern dadurch eröffnete Ermessen, ob und wie sie ihre Gesellschaft über das gesetzliche Mindeststammkapital hinaus mit Kapital ausstatten, sollte aber zugleich nicht unbegrenzt gelten, sondern stets durch den erforderlichen Mindestschutz der Gesellschaftsgläubiger be-

---

[484] Siehe oben 3. Kap. § 2 E III 4 d bb.

[485] Siehe dazu zuvor 3. Kap. § 2 F.

[486] Oben 1. Kap. § 3 C, D.

[487] Vgl. des Gesetzentwurfs betreffend die GmbH, Sten. Ber. RT VIII/I (1890/1892), Bd. 5, S. 3724, 3725 f.

[488] Begründung des Gesetzentwurfs betreffend die GmbH, Sten. Ber. RT VIII/ I (1890/1892), Bd. 5, S. 3724, 3726, 3729 ff.

schränkt sein.[489] Dabei ging der Gesetzgeber zwar davon aus, durch die gesetzlichen Kapitalaufbringungs- und Kapitalerhaltungsvorschriften[490], die sich auch auf das Nachschußkapital erstrecken,[491] einen ausreichenden Gläubigerschutz gewährleistet zu haben.[492] Allerdings hatte er, wie schon an früherer Stelle ausgeführt, die Gesellschafterfremdkapitalfinanzierung nicht als wirtschaftlich relevantes Finanzierungsmittel angesehen. Vielmehr war er davon ausgegangen, daß die Gesellschafter ihrer GmbH ausreichend Eigenkapital zur Verfügung stellen und sie bei Kapitalbedarf ggf. anhand des eigens geschaffenen Nachschußkapitals finanzieren würden.[493] Daher hatte er auch bezüglich anderer, den Gesellschaftern aufgrund der Finanzierungsfreiheit zur Verfügung stehender Finanzierungsmittel keine Gläubigerschutzvorschriften in das Gesetz aufgenommen. Dementsprechend wies das GmbH-Gesetz vor dem Hintergrund des allgemeinen Rechtsprinzips des Ausgleichs von Chancen und Risiken im Hinblick auf die Gesellschafterfremdkapitalfinanzierung eine ergänzungsbedürftige Unvollständigkeit auf. Hinsichtlich der damit in der Gesellschaftskrise verbundenen, mit der Rechtsordnung nicht mehr zu vereinbarenden Verschiebung von Chancen und Risiken enthält es keine regulierenden Vorschriften und gewährleistet deshalb den erforderlichen Gläubigerschutz nicht.[494] Die Rechtsprechungsregeln bieten nun aber gerade diesen gesetzlich nicht gewährleisteten Gläubigerschutz. Sie schränken die Finanzierungsfreiheit in der Gesellschaftskrise hinsichtlich des "Wie" der Finanzierung mittelbar ein, soweit das erforderlich ist, um wieder einen angemessenen Ausgleich von Chancen und Risiken herzustellen.[495] Folglich dienen sie der Verwirklichung des gesetzlich intendierten Mindestgläubigerschutzes und sind daher trotz ihrer Einschränkung des Grundsatzes der Finanzierungsfreiheit mit dem GmbH-Gesetz zu vereinbaren.[496]

---

[489] Begründung des Gesetzentwurfs betreffend die GmbH, Sten. Ber. RT VIII/I (1890/1892), Bd. 5, S. 3724, 3729 f.

[490] Insbesondere §§ 19, 30, 31 GmbHG.

[491] Vgl. § 30 Abs. 2 GmbHG.

[492] Begründung des Gesetzentwurfs betreffend die GmbH, Sten. Ber. RT VIII/I (1890/1892), Bd. 5, S. 3724, 3729 f.

[493] Siehe oben 2. Kap. § 3 A I sowie 3. Kap. § 1 B III 2 a mit weiteren Nachweisen.

[494] Siehe oben 3. Kap. § 2 E III 4 d dd.

[495] Siehe zuvor 3. Kap. § 2 F II 1.

[496] Demgegenüber wäre ein völliger Ausschluß der Finanzierungsfreiheit im Hinblick auf bestimmte Finanzierungsmittel (wie ihn z. B. die vollständige und dauerhafte Einbe-

Insofern handelt es sich bei ihnen nicht um eine Rechtsfortbildung contra legem.

Das gilt schließlich auch im Hinblick auf die Beeinträchtigung des Haftungsprivilegs durch die Rechtsprechungsregeln. Dem GmbH-Gesetz liegt die Vorstellung einer GmbH mit mehreren Gesellschaftern, denen überwiegend ein Einfluß auf die Handlungen der übrigen Gesellschafter sowie die Kontrolle über deren Tätigkeit nicht in vollem Umfang möglich ist, als typische Ausgestaltung zugrunde. Um den potentiellen Kapitalgebern einen Anreiz zum Einsatz von Risikokapital in einer derartigen Gesellschaft zu bieten, sah der Gesetzgeber eine *Risikoteilung* zwischen Gesellschaftern und Gläubigern als erforderlich an. Zu diesem Zweck stellte er die Gesellschafter von einer unbeschränkten Außenhaftung für die Verbindlichkeiten der Gesellschaft frei und verpflichtete sie als Ausgleich zur Aufbringung und Erhaltung des Stammkapitals. Das Haftungsprivileg sollte also nicht zum bloßen Selbstzweck im Sinne einer vollständigen Haftungsfreistellung der Gesellschafter um jeden Preis, sondern gerade - insoweit dem allgemeinen Rechtsprinzip des Ausgleichs von Chancen und Risiken entsprechend - in Verbindung mit den Kapitalaufbringungs- und Kapitalerhaltungsvorschriften zur Sicherung einer Risikoteilung dienen.[497] Die diesem Ziel zuwiderlaufende Möglichkeit der fast vollständigen Risikoverschiebung auf die Gesellschaftsgläubiger durch die Gesellschafterfremdkapitalfinanzierung in der Krise hatte der Gesetzgeber nicht gesehen und daher auch keine entsprechenden Beschränkungen in das Gesetz aufgenommen. Infolge dessen ist auch, entsprechend den vorstehenden Ausführungen, diesbezüglich der gesetzlich intendierte Mindestgläubigerschutz nicht gewährleistet. Diesen Mindestgläubigerschutz bewirken allerdings die Rechtsprechungsregeln, indem sie durch die eigenkapitalähnliche Sonderbehandlung des Gesellschafterfremdkapitals in der Krise eine dem Gesetz entsprechende Risikobeteiligung der Gesellschafter und damit eine im Einklang mit der Rechtsordnung stehende Risikoteilung erzwingen.[498]

Obwohl die Kapitalersatzrechtsprechung dem im GmbH-Gesetz festgelegten Haftungsprivileg wegen dessen Beeinträchtigung tendenziell entgegensteht, läßt

---

ziehung sämtlicher Gesellschafterfremdmittel in das Eigenkapital zur Folge hätte) auch dort, wo diese ggf. wirtschaftlich erwünscht und sinnvoll sind, mit der Konzeption des GmbH-Gesetzes nicht mehr zu vereinbaren (vgl. BGHZ 76, 326, 334 f.).

497 Vgl. Begründung des Gesetzentwurfs betreffend die GmbH, Sten. Ber. RT VIII/I (1890/1892), Bd. 5, S. 3724, 3725 sowie oben 1. Kap. § 3 D.

498 Siehe zuvor 3. Kap. § 2 F II 1.

sie sich also dennoch mit dem Gesetz vereinbaren und stellt auch im Hinblick darauf keine Rechtsfortbildung contra legem dar.

Als Ergebnis ist festzuhalten, daß die richterrechtlichen Kapitalersatzregeln trotz ihrer Einschränkung der Finanzierungsfreiheit und der mittelbaren Beeinträchtigung des Haftungsprivilegs mit dem GmbH-Gesetz zu vereinbaren sind und demnach nicht als Rechtsfortbildung contra legem zu qualifizieren sind. Vielmehr sind ihre Rechtsfolgen in zutreffender Art und Weise mit dem GmbH-Gesetz abgestimmt.

3. Ergebnis

Auch die Rechtsfolgen der Rechtsprechungsregeln werden folglich vom Rechtsprinzip des Chancen-Risiken-Ausgleichs getragen und fügen sich zutreffend in das positive Recht ein. Daher stellen die Rechtsprechungsregeln im Ergebnis keine Rechtsfortbildung contra legem dar.

G. Ergebnis

Die Kapitalersatzregeln der Rechtsprechung erfüllen sämtliche Anforderungen einer zulässigen gesetzesübersteigenden Rechtsfortbildung. Ihnen lag als Ausgangspunkt die weder anhand der Gesetzesauslegung noch der gesetzesimmanenten Rechtsfortbildung zufriedenstellend zu beantwortende Frage zugrunde, ob den Gesellschaftern eine uneingeschränkte Finanzierungsfreiheit zukommt, oder ob die mit der Gesellschafterfremdkapitalfinanzierung in der Krise verbundene Risikoverlagerung zu Lasten der Gesellschaftsgläubiger der Rechtsordnung widerspricht und deshalb eine Einschränkung der Finanzierungsfreiheit erforderlich ist.[499] Die Unmöglichkeit der unmittelbaren Beantwortung dieser Frage aus dem GmbH-Gesetz stellt sich - sieht man von §§ 32 a, 32 b GmbHG ab - weiterhin vor dem Hintergrund des Prinzips des angemessenen Ausgleichs von Chancen und Risiken als ergänzungsbedürftige Unvollständigkeit dar. Das GmbH-Gesetz strebt einen angemessenen Ausgleich von Chancen und Risiken anhand eines ausdifferenzierten Regelungssystems an und genügt damit grundsätzlich diesem Rechtsprinzip.[500] Allerdings ist es wegen der den Gesellschaftern gewährten uneingeschränkten Finanzierungsfreiheit nur unvollkommen verwirklicht worden. Aufgrund dieser ist es den Gesellschaftern nämlich gestattet, ihre GmbH unbegrenzt mit Gesellschafterfremdkapital zu finanzieren, was in der Gesellschaftskrise die Ausschaltung des

---

[499] Oben 3. Kap. § 2 C, D.

[500] Oben 3. Kap. § 2 E III 4 d aa, bb.

gesetzlichen Systems zum Ausgleichs von Chancen und Risiken und damit letztlich eine mit der Rechtsordnung nicht mehr zu vereinbarende Verlagerung von Risiken auf die Gesellschaftsgläubiger zur Konsequenz hat.[501] Somit weist das GmbH-Gesetz im Hinblick auf die uneingeschränkte Finanzierungsfreiheit der Gesellschafter die für eine zulässige gesetzesübersteigende Rechtsfortbildung erforderliche Regelungslücke im weiteren Sinne auf.[502]

Schließlich haben Rechtsprechung und rechtswissenschaftliches Schrifttum durch die von ihnen herausgearbeiteten Kapitalersatzregeln diese Regelungslücke zutreffend geschlossen.[503] Insbesondere haben sie mit dem für die Sonderbehandlung der Gesellschafterfremdmittel unabdingbaren Kriterium der Kreditunwürdigkeit genau den Zeitpunkt konkretisiert, ab dem das gesetzliche System des Chancen-Risiken-Ausgleichs durch die weitere Gesellschafterfremdkapitalfinanzierung außer Funktion gesetzt wird und es zu der mit der Rechtsordnung nicht mehr zu vereinbarenden einseitigen Risikoverlagerung zu Lasten der Gesellschaftsgläubiger kommt.[504] Zudem ist mit der Einbeziehung des Gesellschafterfremdkapitals in das gesetzliche Kapitalerhaltungssystem und der daraus resultierenden zeitlichen und betragsmäßigen Begrenzung der eigenkapitalähnlichen Sonderbehandlung auf den Teil des Gesellschafterfremdkapitals, der rechnerisch zur Deckung einer Unterbilanz erforderlich ist, eine von dem zugrunde liegenden Rechtsprinzip getragene und der gesetzlichen Regelungssystematik entsprechende Rechtsfolge für die unzulässige Risikoverlagerung herangezogen worden.[505]

Als Ergebnis ist daher festzuhalten, daß die Kapitalersatzregeln der Rechtsprechung eine legitime gesetzesübersteigende Rechtsfortbildung auf der Grundlage des allgemeinen Rechtsprinzips des angemessenen Ausgleichs von Chancen und Risiken darstellen.

§ 3 ratio der richterrechtlichen Kapitalersatzregeln

Nachdem somit die dogmatische Begründung für die eigenkapitalähnliche Sonderbehandlung des Gesellschafterfremdkapitals in der Krise aufgrund der richterrechtlichen Kapitalersatzregeln geklärt ist, kann nunmehr auch der den

---

[501] Oben 3. Kap. § 2 E III 4 d dd.

[502] Oben 3. Kap. § 2 E IV.

[503] Oben 3. Kap. § 2 F.

[504] Oben 3. Kap. § 2 F I 2.

[505] Oben 3. Kap. § 2 F II.

Ausgangspunkt der vorliegenden Arbeit bildenden Frage nach der *ratio* der Rechtsprechungsregeln nachgegangen werden.

Unter dem Begriff der *ratio* der Rechtsprechungsregeln wird dabei vorliegend dasselbe verstanden, wie unter dem Begriff der *ratio legis*. Dieser *Begriff* ist mehrdeutig und meint *sowohl* den *konkreten Zweck* einer gesetzlichen Regelung, bzw. den von ihr angestrebten realen Zustand *als auch* ihren tragenden Grund, bzw. das ihr *zugrunde liegende Prinzip*.[506]

Wie der Zweck und der tragende Gedanke bzw. das Prinzip richterrechtlicher Regeln ermittelt werden kann, ist, soweit ersichtlich, im einschlägigen methodologischen Schrifttum bislang nur vereinzelt erörtert worden.[507] Die Rechtsprechung wird jedoch, wenn sie eine gesetzesübersteigende Rechtsfortbildung ausbildet, quasi wie der Gesetzgeber tätig, indem sie, sei es mit Rücksicht auf die Bedürfnisse des Rechtsverkehrs, die Natur der Sache oder ein allgemeines Rechtsprinzip, richterrechtliche Regeln schafft, die der Gesetzgeber im ursprünglichen Plan des Gesetzes gerade nicht vorgesehen hatte.

Aus diesem Grund soll nachfolgend die ratio der Rechtsprechungsregeln entsprechend der Ermittlung einer ratio legis geklärt werden. Dabei stellt sich allerdings das Problem, daß die Frage, wie die ratio legis einer gesetzlichen Regelung ermittelt werden kann, in der methodologischen Literatur bislang ebenfalls noch weitgehend ungeklärt ist.[508] Deshalb wird in der vorliegenden Arbeit, im Anschluß an die Methodenlehre von *Bydlinski*, der sich mit dieser Fragestellung am ausführlichsten auseinandersetzt,[509] die ratio der richterrechtlichen Regeln anhand eines Induktionsschlusses ermittelt. Dazu wird im Wege einer wertenden Betrachtung auf der Grundlage des Wortlauts der maßgebenden Entscheidungen, der Rechtsfolgen der Rechtsprechungsregeln und der ihnen zugrunde liegenden typischen Interessenlage bei der Gesellschafterfremdkapitalfinanzierung sowie insbesondere unter Heranziehung der in der Rechtsgemeinschaft verbreiteten und daher auf die Ausarbeitung der Rechtsfortbildung einwirkenden Rechtsansichten hinsichtlich der Gesellschafterfremd-

---

[506] *Larenz*, Methodenlehre, S. 336; *Bydlinski*, Juristische Methodenlehre, S. 403.

[507] Siehe *Langenbucher*, Auslegung von Richterrecht, S. 63 ff., die sich jedoch sehr stark an anglo-amerikanischer Methodik orientiert, was m. E. eine Übertragung auf deutsches Richterrecht sehr schwierig macht.

[508] So *Bydlinski*, Juristische Methodenlehre, S. 403.

[509] *Bydlinski*, Juristische Methodenlehre, S. 402 ff.

kapitalfinanzierung auf die mit der Rechtsfortbildung verfolgten Zwecke bzw. den von ihr angestrebten realen Zustand zurückgeschlossen.[510]

Im Unterschied zu den Fällen der Ermittlung der ratio legis einer Norm ist es indes vorliegend nicht erforderlich, im Anschluß daran auch auf den der Norm, bzw. hier der Rechtsfortbildung zugrunde liegenden Gedanken zurückzuschließen. Dieser ist vielmehr - aufgrund der vorangegangenen Untersuchung der dogmatischen Legitimation der Rechtsfortbildung - bereits geklärt. Da sich nur auf der Grundlage des allgemeinen Rechtsprinzips des angemessenen Ausgleichs von Chancen und Risiken eine tragfähige dogmatische Konstruktion für die richterrechtlichen Kapitalersatzregeln ergab,[511] beruhen sie auf dem Gedanken der Verwirklichung eines angemessenen Ausgleichs von Chancen und Risiken.

Zu untersuchen ist somit nachfolgend, welche konkreten Zwecke die Rechtsprechungsregeln im Hinblick auf die Verwirklichung dieses allgemeinen Rechtsprinzips verfolgen.

A. Erhaltung des Gesellschaftsvermögens als Haftmasse

Die Rechtsprechungsregeln zum Kapitalersatz könnten als erstes dazu bestimmt sein, im Interesse der Gesellschaftsgläubiger das Gesellschaftsvermögen möglichst weitgehend als Haftmasse für den Fall zu erhalten, daß die Fortführung der mit Gesellschafterfremdkapital finanzierten GmbH in der Krise scheitert und die Gesellschaft endgültig wirtschaftlich zusammenbricht, um so den Gläubigern einen Ausgleich für die gesteigerten Risiken zu sichern.

I. Herleitung aus Interessenlage und Rechtsfolgen der Rechtsprechungsregeln

Für einen derartigen Schutzzweck sprechen zunächst die den Rechtsprechungsregeln zugrunde liegende typische Interessenlage und die Rechtsfolgen der Rechtsprechungsregeln. Die Interessenlage bei der Gesellschafterfremdkapitalfinanzierung ist gekennzeichnet durch das Schutzbedürfnis der Gläubiger im Hinblick auf die mit der Zufuhr (oder Belassung) von Gesellschafterfremdkapital anstelle von Eigenkapital in der Krise verbundene einseitige Risikoverlagerung zu Lasten der Gläubiger.[512] Um die Gläubiger vor dem diesbezüg-

---

510 Vgl. *Bydlinski,* Juristische Methodenlehre, S. 403 sowie S. 60 ff. Ähnlich auch *Langenbucher*, Auslegung von Richterrecht, S. 77 ff. 150 f.

511 Vgl. 3. Kap. § 2 G.

512 Siehe oben 2. Kap. § 3.

lichen gesteigerten Risiko der weitgehenden oder völligen Uneinbringlichkeit ihrer Forderungen zu schützen, wird das in der Krise gewährte oder belassene Gesellschafterfremdkapital nach Maßgabe der richterrechtlichen Kapitalersatzregeln in entsprechender Anwendung der §§ 30, 31 GmbHG einer eigenkapitalähnlichen Sonderbehandlung unterzogen. Die Gesellschafter werden sowohl innerhalb als auch außerhalb eines Insolvenzverfahrens aus dem Kreis der Gesellschaftsgläubiger ausgeschlossen, und das Fremdkapital wird im Gesellschaftsvermögen gebunden, soweit und solange es rechnerisch zur Deckung einer Unterbilanz erforderlich ist.[513]

Das läßt letztlich nur den Schluß zu, daß die richterrechtlichen Kapitalersatzregeln den Zweck haben, zugunsten der Gläubiger das Gesellschaftsvermögen soweit wie möglich als Haftmasse zu erhalten. Die Gesellschafter sollen so zu einer an der gesetzlichen Grundkonzeption orientierten Risikobeteiligung für den Fall gezwungen werden, daß die Fortführung der GmbH scheitert. Auf diese Weise sollen die durch die Unternehmensfortführung mittels Gesellschafterfremdkapital gesteigerten Gläubigerrisiken soweit wie möglich ausgeglichen werden.

II. Herleitung aus den von Rechtsprechung und Literatur vorgebrachten Begründungen

Diese Folgerung wird durch die verschiedenen Begründungen für die eigenkapitalähnliche Sonderbehandlung in Rechtsprechung und Literatur bekräftigt. So wird immer wieder angeführt, daß sich die Ausstattung der Gesellschaft mit Darlehen nicht auf dem Rücken der Gesellschaftsgläubiger auswirken dürfe bzw. daß der Gesellschafter, wenn er eine Finanzierungsweise wähle, mit der er der gebotenen Eigenkapitalzufuhr ausweiche, daraus keinen Vorteil zum Nachteil der Gläubiger ziehen dürfe, indem er das Risiko auf sie abwälze.[514] Dieses Risiko ist wie an früherer Stelle festgestellt, maßgeblich in der Gefahr des überwiegenden oder vollständigen Forderungsausfalls der Gesellschaftsgläubiger im Fall des Gesellschaftszusammenbruchs aufgrund der Kumulation verschiedener Gefahren auf seiten der Gläubiger zu sehen.[515] Hält man sich das vor

---

513 Siehe oben 1. Kap. § 3A.

514 Vgl. nur BGHZ 31, 258, 268; 76, 326, 329; 90, 381, 388; 105, 168, 175; 127, 17, 23; *Ulmer*, FS Duden (1977), S. 663, 673 f.; *Röhricht*, Eigenkapitalersetzende Leistungen, S. 1, 6; *Goette*, Die GmbH nach der BGH-Rechtsprechung, § 4, Rn. 5; *Fleck*, FS Werner (1984), S. 107, 116 f.

515 Siehe oben 2. Kap. § 3 B I.

Augen, wird deutlich, daß (unmittelbarer) Zweck der eigenkapitalähnlichen Bindung des Gesellschafterfremdkapitals aufgrund der richterrechtlichen Kapitalersatzregeln zunächst die Erhaltung einer ausreichenden Haftmasse für den Fall des endgültigen wirtschaftlichen Zusammenbruchs der mittels Gesellschafterfremdkapitals fortgeführten Gesellschaft ist.[516] Denn durch die Erhaltung des Gesellschaftsvermögens wird letztlich das Risiko des Forderungsausfalls auf seiten der Gläubiger gesenkt und das der Gesellschafter gesteigert, also die Risikoverlagerung verhindert.

III. Ergebnis

Die richterrechtlichen Kapitalersatzregeln haben demnach als erstes den reaktiven Zweck, zum Schutz der Gesellschaftsgläubiger und zur Gewährleistung eines angemessenen Ausgleichs von Chancen und Risiken das Gesellschaftsvermögen soweit wie möglich als Haftmasse für den Fall zu erhalten, daß die Fortführung des Unternehmens in der Krise mittels Gesellschafterfremdkapital endgültig scheitert.

B. Erhaltung des Gesellschaftsvermögens als Kapital im primären Interesse der Gesellschaft?

Es ist aber zu überlegen, wie dieser tendenziell reaktive, auf Ausgleich der gesteigerten abstrakten Gefahren für den Fall des Gesellschaftszusammenbruchs gerichtete Zweck der richterrechtlichen Kapitalersatzregeln mit dem präventiven, an das gesetzliche Kapitalerhaltungssystem angelehnte Konzept zur Verwirklichung dieses Zwecks zu vereinbaren ist. Ausgehend von diesem präventiven Konzept wird nämlich zum Teil in der rechtswissenschaftlichen Literatur der Zweck der Rechtsprechungsregeln weniger in der Erhaltung einer ausreichenden Haftmasse im Interesse der Gesellschaftsgläubiger gesehen, als vielmehr in der vorsorgenden Erhaltung des Gesellschaftsvermögens als Betriebskapital, als Schutzwall vor einer Überschuldung und als Garantiefonds zugunsten der Gläubiger im primären Interesse der Gesellschaft.[517]

---

516 Im Ergebnis ähnlich BGHZ 109, 55, 57; *Haas*, Gläubigerschutz, S. 60 f.; *Drukarczyk*, FS Schneider (1995), S. 171, 189 ff.; *Goette*, Die GmbH nach der BGH-Rechtsprechung, § 4, Rn. 45.

517 So *Hommelhoff*, Risikokapital der GmbH, S. 15, 34 ff.; *ders.*, ZGR 1988, 460, 489 f.; *ders./Kleindiek*, FS 100 Jahre GmbHG (1992), S. 421, 429; *Lutter/Hommelhoff*, GmbHG, §§ 32 a/b Rn. 12.

Es stellt sich daher die Frage, ob nicht tatsächlich in Ansehung des präventiven Konzepts der Rechtsprechungsregeln deren Zweck in der Erhaltung des Gesellschaftsvermögens im primären Interesse der Gesellschaft zu sehen ist. Einem derartigen Zweck der Rechtsprechungsregeln kann jedoch aus mehreren Gründen nicht beigepflichtet werden:

Zunächst ist es vor allem bedenklich, die Erhaltung des Gesellschaftsvermögens als *Betriebskapital im Interesse der Gesellschaft* als maßgeblichen Zweck anzusehen. Das Gesellschaftsvermögen hat als Betriebskapital die Funktion, der Gesellschaft die Teilnahme am Rechtsverkehr zu ermöglichen.[518] Gerade die Fortführung der Gesellschaft in der Krise ohne Zufuhr neuen Eigenkapitals führt aber dazu, daß die Gefahr einer weiteren Verwirtschaftung des noch verbliebenen Gesellschaftsvermögens zum Nachteil der bereits vorhandenen Gesellschaftsgläubiger ansteigt, bzw. daß neue Gläubiger in geschäftliche Beziehung zu der kriselnden Gesellschaft treten und dadurch ihrerseits gefährdet werden.[519] Das sind allerdings zwei wesentliche Gefahren, vor denen die Gesellschaftsgläubiger nach allgemeiner Ansicht durch die richterrechtlichen Kapitalersatzregeln geschützt werden sollen.[520] Sieht man den Zweck der Rechtsprechungsregeln also in der Erhaltung des Gesellschaftsvermögens als Betriebskapital im primären Interesse der Gesellschaft und damit in der Ermöglichung der Gesellschaftsfortführung, so würde das den angestrebten Gläubigerschutz konterkarieren.

Weiterhin ist es zweifelhaft, den Zweck der Rechtsprechungsregeln in der Erhaltung des Gesellschaftsvermögens als *Schutzwall vor einer Überschuldung* zu sehen. In Rechtsprechung und Literatur ist nämlich bislang noch nicht abschließend geklärt, wie eigenkapitalersetzende Gesellschafterdarlehen im Überschuldungsstatus bilanziell zu behandeln sind.[521] Zwar sind nach einer im Vor-

---

518 Vgl. dazu oben 2. Kap. § 2 B IV.

519 Siehe oben 2. Kap. § 3 B I.

520 *Müller*, Ersatzkapitalregeln, S. 76, 77; *Kaiser*, Schuldrechtliche Gebrauchsüberlassungen durch den Gesellschafter, S. 42/43; *Fabritius*, Überlassung von Anlagevermögen an die GmbH, S. 70 ff.; siehe auch *Fastrich*, FS Zöllner (1998), S. 143, 151.

521 Vgl. zum Meinungsstand Hachenburg/*Ulmer*, GmbHG, § 63 Rn. 46 a; Baumbach/Hueck/*Schulze-Osterloh*, GmbHG, § 63 Rn. 15; Scholz/*K. Schmidt*, GmbHG, §§ 32 a, 32 b Rn. 63; Scholz/*ders.*, GmbHG, 8. Auflage, § 63 Rn. 27 sowie aus neuerer Zeit *Fleischer*, ZIP 1996, 773, 774; *Wolf*, DB 1997, 1833, 1834 f.; *Fischer*, GmbHR 2000, 66, 67 f.; *Altmeppen*, ZHR 164 (2000), S. 349 ff.; *Hirte*, DStR 2000, 1829 ff. und *Lutter/Hommelhoff*, GmbHG, § 64 Rn. 17 ff. jeweils mit ausführlichen Nachweisen zu Rechtsprechung und Literatur.

dringen befindlichen Mindermeinung kapitalersetzende Gesellschafterdarlehen in der Überschuldungsbilanz nicht zu passivieren, mit der Folge, daß sie nicht zu einer Überschuldung führen bzw. geeignet sind, eine Überschuldung zu beseitigen. Aber nach Auffassung der nach wie vor herrschenden Meinung besteht für Gesellschafterdarlehen, abgesehen vom Sonderfall der Rangrücktrittserklärung, auch in der Überschuldungsbilanz eine Passivierungspflicht. Das hat zur Konsequenz, daß die eigenkapitalersetzenden Gesellschafterdarlehen eine Überschuldung gar nicht verhindern bzw. beseitigen können. In Anbetracht des Umstandes, daß folglich bislang ungeklärt ist, ob eigenkapitalersetzende Gesellschafterdarlehen überhaupt das Gesellschaftsvermögen als Schutzwall vor einer Überschuldung erhalten können,[522] erscheint es wenig überzeugend, darin den wesentlichen Zweck der Rechtsprechungsregeln zu sehen.

Schließlich ist meines Erachtens das von der Rechtsprechung zur Gewährleistung eines verstärkten Gläubigerschutzes vor den Gefahren der Gesellschafterfremdkapitalfinanzierung in der Krise herangezogene Konzept der Einbeziehung des Gesellschafterfremdkapitals in das gesetzliche Kapitalerhaltungssystem für sich allein betrachtet wenig aussagekräftig in bezug auf den damit konkret verfolgten Zweck. Es beruht nämlich letztlich nicht auf einer bestimmten Überzeugung des BGH, sondern auf der konkretisierenden bzw. limitierenden Funktion des GmbH-Gesetzes bezüglich der Ausgestaltung der gesetzesübersteigenden Rechtsfortbildung. Die Rechtsprechung hatte bei der Ausfüllung der Regelungslücke des GmbH-Gesetzes im Hinblick auf die Gesellschafterfremdkapitalfinanzierung in der Unternehmenskrise im Wege der gesetzesübersteigenden Rechtsfortbildung keine Befugnis zur freien Rechtsschöpfung. Vielmehr war sie wegen der limitierenden Funktion des zu ergänzenden GmbH-Gesetzes an das dort verfolgte präventive Konzept zur Sicherung des Gläubigerschutzes bzw. der Verwirklichung eines angemessenen Chancen-Risiken-Ausgleichs gebunden.[523] Darüber hinaus wäre es der Rechtsprechung auch gar nicht möglich gewesen, den Zweck der Erhaltung einer ausreichenden Haftmasse anhand eines insolvenzrechtlichen Konzepts umzusetzen. Die insofern für einen Analogieschluß in Betracht kommenden §§ 32 Nr. 1, 31 Nr. 2 KO schieden zwar nicht mangels der Vergleichbarkeit der Interessenlage aus, da das Verhältnis Gesellschafter - GmbH dem Verhältnis naher Angehöriger - Gemein-

---

[522] So empfiehlt *Fischer*, GmbHR 2000, 66, 69, 70 ausdrücklich eine Rangrücktrittsvereinbarung der Gesellschafter einzuholen, wenn die Passivierung eines eigenkapitalersetzenden Gesellschafterdarlehens vermieden werden soll.

[523] Siehe oben 3. Kap. § 2 F sowie 3. Kap. § 2 F II 2.

schuldner sehr ähnlich ist.[524] Allerdings stellt zum einen weder die Rückzahlung der Darlehensvaluta noch die Zahlung von Darlehenszinsen in Anbetracht der ursprünglichen Überlassung der Darlehensvaluta seitens der Gesellschafter eine unentgeltliche Verfügung im Sinne des § 32 Nr. 1 KO dar.[525] Zum anderen werden durch den Darlehens*vertrag*, auf den im Fall der Heranziehung des § 31 Nr. 2 KO abzustellen wäre, die Gesellschaftsgläubiger nicht - wie erforderlich - *unmittelbar* benachteiligt[526], sofern die von der Gesellschaft als Gegenleistung für die zugeführte Darlehensvaluta zugesagten und gezahlten Darlehenszinsen eine gleichwertige Leistung darstellen. Da somit die erforderliche Ähnlichkeit der Sachverhalte fehlt, konnten die §§ 32 Nr. 1, 31 Nr. 2 KO nicht analog auf die Gesellschafterfremdkapitalfinanzierung in der Krise angewandt werden.[527] Somit läßt sich aus dem präventiven, auf Erhaltung des Stammkapitals gerichteten Konzept nicht auf einen primär im Gesellschaftsinteresse liegenden Schutzzweck der Rechtsprechungsregeln schließen und das zuvor gewonnene Ergebnis wird dadurch nicht entkräftet.

C. Einschränkung der Finanzierungsfreiheit in der Krise

Neben dem zuvor herausgearbeiteten reaktiven Zweck des Gläubigerschutzes im Fall des Scheiterns der Unternehmensfortführung könnten die Rechtsprechungsregeln als zweites jedoch noch den Zweck haben, die grundsätzlich unbeschränkte Finanzierungsfreiheit der Gesellschafter in der Gesellschaftskrise im Hinblick auf die Art einer weiteren Kapitalzufuhr einzuschränken, um so die Gesellschaftsgläubiger präventiv vor der Risikoverlagerung aufgrund der Gesellschafterfremdkapitalfinanzierung in der Krise zu schützen. Ein solcher Zweck ist zum einen insofern naheliegend, als die Rechtsprechungsregeln eine Beeinträchtigung der Finanzierungsfreiheit in der Krise zur Folge haben, da sie den Gesellschaftern letztlich die Gesellschafterfremdkapitalfinanzierung abschneiden und ihnen nur noch die Wahl zwischen Eigenkapitalzufuhr und

---

524 Vgl. - wenn auch in anderem sachlichem Zusammenhang - BGHZ 58, 20, 24.

525 Vgl. zum Begriff der "unentgeltlichen Verfügung" statt aller Kilger/*K. Schmidt*, Insolvenzgesetze, § 32 KO, Anm. 2, 3; Kuhn/*Uhlenbruck*, KO, § 32 Rn. 2 ff.

526 Vgl. zum Begriff der "unmittelbaren Benachteiligung" statt aller Kilger/*K. Schmidt*, Insolvenzgesetze, § 31 KO, Anm. 14, § 29 KO, Anm. 17, 19 b; Kuhn/*Uhlenbruck*, KO, § 31 Rn. 27, § 30 Rn. 21, § 29 Rn. 22.

527 Anderer Ansicht Hachenburg/*Ulmer*, GmbHG, 7. Auflage, Anh. § 30 Rn. 90 sowie *ders.*, FS Duden (1977), S. 661, 674 ff., der - allerdings ohne nähere Erörterung - die Möglichkeit der analogen Anwendung der §§ 32 Nr. 1, 31 Nr. 2 KO auf Gesellschafterdarlehen bejaht.

Liquidation lassen.[528] Zum anderen ist ein derartiger Zweck auch durch die den Rechtsprechungsregeln zugrunde liegende Rechtsfrage angedeutet. Es ist daher der Frage nachzugehen, ob diese Einschränkung nur eine faktische Folge ohne Auswirkung auf den Zweck der Rechtsprechungsregeln ist, oder ob diese Einschränkung zur Gewährleistung eines präventiven Schutzes der Gläubiger vor der drohenden Risikoverlagerung durch die Gesellschafterfremdkapitalfinanzierung bezweckt ist.

I. Herleitung aus der Interessenlage

Für letzteres spricht zunächst gleichfalls die typische Interessenlage bezüglich der Fortführung der GmbH in der Krise anhand von Gesellschafterfremdkapital.

Die Gesellschaftsfortführung hat auf seiten der Gesellschaftsgläubiger zur Folge, daß das Risiko der weitgehenden oder vollständigen Uneinbringlichkeit ihrer gegenüber der Gesellschaft bestehenden Forderungen erhöht wird.[529] Diesbezüglich schützen die Rechtsprechungsregeln durch die von ihnen bezweckte Erhaltung des Gesellschaftsvermögens als Haftmasse zwar die Gesellschaftsgläubiger, falls die Fortführung der Gesellschaft scheitert. Aber die von den Rechtsprechungsregeln angestrebte Stärkung des Gläubigerschutzes wäre unvollkommen, wenn sie sich in diesem Zweck erschöpfen würden. Die Interessen der Gesellschaftsgläubiger sind nämlich weiterhin darauf gerichtet, daß die mit der Gesellschafterfremdkapitalfinanzierung in der Gesellschaftskrise verbundene Risikoverlagerung von vornherein verhindert wird. Dies läßt den Schluß zu, daß die Rechtsprechungsregeln, um den von ihnen angestrebten möglichst umfassenden Schutz im Hinblick auf die Gefahren der Gesellschafterfremdkapitalfinanzierung zu bieten, auch einen präventiven Gläubigerschutz gewährleisten wollen.

Allerdings läßt sich daraus noch nicht ableiten, auf welchem Weg dieser präventive Schutz erreicht werden soll, d. h. wie weitgehend die Finanzierungsfreiheit eingeschränkt werden soll.

Naheliegend wäre ein völliges Verbot der Gesellschafterfremdkapitalfinanzierung, da so die daraus resultierende Gläubigergefährdung vollständig ausgeschlossen wäre. Ein völliges Verbot der Gesellschafterfremdkapitalfinanzierung läge aber weder im Interesse der Gesellschafter noch in dem der Gesellschaftsgläubiger. Wie nämlich schon an früherer Stellte gezeigt wurde, ist auch die Gesellschafterfremdkapitalfinanzierung legitim und im Grundsatz bis zu

---

[528] Siehe oben 1. Kap. § 3 C.

[529] Siehe oben 2. Kap. § 3 B I.

einem gewissen Grad wirtschaftlich sinnvoll und üblich.[530] Dies ändert sich erst grundlegend, wenn der Gesellschafter in der Krise Gesellschafterfremdkapital zuführt (oder beläßt). In dieser Situation dient es objektiv betrachtet nämlich keinem wirtschaftlich relevanten Zweck mehr, sondern erfolgt nur noch willkürlich zur Risikominimierung der Gesellschafter.[531] Das wiederum ist in der praktisch uneingeschränkten Finanzierungsfreiheit der Gesellschafter begründet, was darauf schließen läßt, daß der präventive *Schutz nur durch* eine *Beschränkung* der Finanzierungsfreiheit bezüglich der Gesellschafterfremdkapitalfinanzierung *in* der Gesellschafts*krise* erreicht werden soll und nicht durch ein vollständiges Verbot jeder Gesellschafterfremdkapitalfinanzierung.

II. Herleitung aus dem Entscheidungswortlaut

Weiterhin läßt sich dieser präventive Schutzzweck der Einschränkung der Finanzierungsfreiheit in der Krise auch unmittelbar aus der Rechtsprechung des BGH ableiten.

In einer der ersten Entscheidungen zum Kapitalersatzrecht heißt es, "die Gesellschafter sollen das *Risiko*, das der Betrieb eines Unternehmens mit unzureichender Kapitalausstattung in sich birgt, *nicht willkürlich auf die Gläubiger abwälzen* dürfen. Daher habe das *unternehmerische Ermessen*, inwieweit der Geldbedarf der Gesellschaft durch Eigenmittel und inwieweit er durch Fremdkapital zu decken ist, *dort seine Grenze, ...wo die Darlehensgewährung wirtschaftlicher Vernunft widerspreche* und nur dazu dienen solle, das eigene Risiko auf Kosten der Gläubiger möglichst gering zu halten."[532] An anderer Stelle heißt es, durch die Umqualifizierung von Gesellschafterleistungen in haftendes Kapital solle nicht nur verhindert werden, daß sich der Gesellschafter im Fall eines wirtschaftlichen Zusammenbruchs vorrangig vor oder konkurrierend mit den Gläubigern aus dem Gesellschaftsvermögen befriedige; um auszuschließen, daß die Krise verschleppt und das verbliebene Vermögen zu Lasten der Gläubiger weiter verringert werde, solle zugleich gewährleistet werden, daß der Gesellschafter nur haftendes Eigenkapital einsetze, wenn er der Gesellschaft den Fortbestand in der Krise ermögliche.[533] Zudem haben sich

---

530 Vgl. oben 1. Kap. § 2 A und 2. Kap. § 2 D.

531 Siehe oben 2. Kap. § 2 D II.

532 Vgl. BGH WM 1972, 1974, 1975; so auch BGHZ 75, 334, 336 f.

533 Vgl. BGHZ 109, 55, 57 sowie zuvor BGHZ 90, 381, 389 (als wesentlicher Inhalt der vom BGH als Grundlage der eigenkapitalähnlichen Sonderbehandlung angesehenen Finanzierungsverantwortung); 105, 168, 175 f.

Rechtsprechung und Literatur auch ausdrücklich gegen ein vollständiges Verbot der Gesellschafterfremdkapitalfinanzierung ausgesprochen, da diese bis zu einem gewissen Grad wirtschaftlich sinnvoll und üblich ist.[534]

Das alles zeigt, daß der BGH mit den von ihm herausgearbeiteten richterrechtlichen Kapitalersatzregeln auch den Zweck verfolgte, die Finanzierungsfreiheit der Gesellschafter in der Krise bezüglich der Art (des "wie") der Kapitalzufuhr einzuschränken. Dies dient dazu, die Gesellschaftsgläubiger präventiv vor der mit der Gesellschafterfremdkapitalfinanzierung in der Krise verbundenen willkürlichen Risikoverlagerung zu schützen.

III. Herleitung aus der Begründung der herrschenden Meinung

Dieser Befund wird letztendlich bestätigt durch den nach ganz herrschender Meinung die Kapitalersatzregeln legitimierenden Gedanken der Finanzierungsfolgeverantwortung. Er besagt nach allgemeiner Ansicht, daß die Gesellschafter in der Krise nicht verpflichtet seien, der Gesellschaft über die versprochene Einlage hinaus weitere Mittel zur Verfügung zu stellen oder bereits gewährtes Fremdkapital in der Gesellschaft zu belassen; vielmehr könnten Sie jederzeit von einer Kapitalzufuhr absehen und/oder auf eine Liquidation der Gesellschaft hinwirken (Freiheit des Finanzierungs - "ob"). Würden sie sich aber in dieser Situation zur Fortführung entschließen, so dürften sie das damit verbundene Risiko nicht durch die Wahl der Finanzierungstechnik von sich auf die Gläubiger abwälzen. Daher dürften die Gesellschafter, wenn die Gesellschaft kreditunwürdig sei, kein Fremdkapital mehr gewähren, sondern müßten Eigenkapital zur Verfügung stellen (Einschränkung der Freiheit des Finanzierungs - "wie").[535]

IV. Ergebnis

Die Rechtsprechungsregeln bezwecken also weiterhin einen präventiven Schutz der Gläubiger vor der mit der Fortführung der Gesellschaft in der Krise anhand von Gesellschafterfremdkapital verbundenen Risikosteigerung, indem sie die

---

[534] Vgl. BGHZ 75, 334, 337; 76, 326, 330; Hachenburg/*Ulmer*, GmbHG, 7. Auflage, Anh. § 30 Rn. 69; *Wiedemann*, Haftungsbeschränkung, S. 26 ff.

[535] Vgl. BGHZ 90, 381, 389 f.; 121, 31, 35 f.; 127, 336, 344 ff.; Hachenburg/*Ulmer*, GmbHG, § 32 a, b Rn. 11; Baumbach/Hueck/*Hueck*, GmbHG, § 32 a Rn. 3; *Lutter/Hommelhoff*, GmbHG, §§ 32 a/b Rn. 3; *Gehde*, Eigenkapitalersetzende Gesellschafterleistungen, S. 65 f.; *Röhricht*, Eigenkapitalersetzende Leistungen, S. 1, 6 f.; *Dauner-Lieb*, DStR 1998, 1517, 1521; *Habersack* ZHR 161 (1997), 457, 467 f.; *ders.*, ZHR 162 (1998), 201, 205.

Finanzierungsfreiheit in der Krise hinsichtlich des "wie" der Finanzierung einschränken.

D. Zusammenfassung

Wie die vorangegangenen Ausführungen gezeigt haben, ist die *ratio* der richterrechtlichen Kapitalersatzregeln mehrschichtig. Tragender Grundgedanke der richterrechtlichen Kapitalersatzregeln ist der Gedanke der Verwirklichung des allgemeinen Rechtsprinzips des angemessen Ausgleichs von Chancen und Risiken. Nur dieser Gedanke erwies sich letztlich als geeignet, die Rechtsprechungsregeln in dogmatisch sauberer Art und Weise als gesetzesübersteigende Rechtsfortbildung zu legitimieren.[536] Um dementsprechend eine angemessene Risikobeteiligung der Gesellschafter im Fall der Fortführung der Gesellschaft in der Krise zu gewährleisten, verfolgen sie zum einen den Zweck, im Interesse der Gesellschaftsgläubiger das Gesellschaftsvermögen soweit wie möglich als Haftmasse für den Fall zu erhalten, daß die Fortführung der Gesellschaft mittels Gesellschafterfremdkapital in der Krise scheitert und die Gesellschaft wirtschaftlich zusammenbricht.[537] Zum anderen schränken sie die Finanzierungsfreiheit der Gesellschafter in der Gesellschaftskrise hinsichtlich der Art der Finanzierung bei einer Fortführung der Gesellschaft in dieser Situation ein, um so präventiv zu verhindern, daß die Gesellschafter die Risiken der Fortführung durch die Gewährung oder Belassung von Gesellschafterfremdkapital anstelle der Zufuhr weiteren Eigenkapitals willkürlich von sich auf die Gesellschaftsgläubiger verlagern.[538]

§ 4 Gesamtergebnis

Im vorhergehenden Kapitel sind verschiedenste Begründungsansätze daraufhin untersucht worden, ob sie der von der Rechtsprechung und Literatur vorgenommenen eigenkapitalähnlichen Sonderbehandlung von Gesellschafterfremdkapital in der Gesellschaftskrise eine überzeugende dogmatische Grundlage bieten. Dabei wurden zuerst die Ansätze überprüft, die eine Legitimation der Sonderbehandlung von Gesellschafterdarlehen mit "Eigenkapitalcharakter" anhand einer direkten oder analogen Anwendung allgemeiner Regeln anstreben. Das waren der deliktische, auf § 826 BGB gestützte Begründungsansatz[539], die

---

[536] Oben 3. Kap. § 2 E IV.

[537] Zuvor 3. Kap. § 3 A.

[538] Zuvor 3. Kap. § 3 B.

[539] Oben 3. Kap. § 1 A I.

rechtsgeschäftlichen Begründungsansätze des Scheingeschäfts (§ 117 BGB)[540], des Umgehungsgeschäfts[541] sowie der Vertragsauslegung[542], sodann das Verbot des venire contra factum proprium[543], die auf den Gedanken des Vertrauensschutzes gestützten Begründungsansätze der Rechtsscheinhaftung[544] und der Vertrauenshaftung kraft widersprüchlichen Verhaltens[545] sowie letztendlich die analoge Anwendung der §§ 30, 31 GmbHG[546]. Keiner dieser auf allgemeine Regeln gestützten Ansätze vermochte jedoch den Kapitalersatzregeln der Rechtsprechung eine dogmatisch abgesicherte Grundlage zu bieten.[547] Da somit eine Legitimation der eigenkapitalähnlichen Sonderbehandlung des Gesellschafterfremdkapitals in der Gesellschaftskrise mittels der direkten oder analogen Anwendung allgemeiner Regeln nicht möglich war, wurde weiter untersucht, ob sich die von der Rechtsprechung herausgebildeten Kapitalersatzregeln als gesetzesübersteigende Rechtsfortbildung legitimieren lassen.[548] Der Schwerpunkt lag dabei auf dem Nachweis der für eine gesetzesübersteigende Rechtsfortbildung zwingend erforderlichen Regelungslücke im weiteren Sinne.[549] Es wurde festgestellt, daß das GmbH-Gesetz weder unter dem Gesichtspunkt der Bedürfnisse des Rechtsverkehrs[550] noch unter dem der Natur der Sache[551] eine ergänzungsbedürftige Unvollständigkeit bezüglich der Gesellschafterfremdkapitalfinanzierung in der Krise aufweist. Sodann wurde untersucht, ob das GmbH-Gesetz unter Berücksichtigung allgemeiner Rechtsprinzipien eine ergänzungsbedürftige Unvollständigkeit aufwies, die ggf. durch die Rechtsprechungsregeln beseitigt wurde.[552] In diesem Zusammenhang wurde zunächst

540 Oben 3. Kap. § 1 A II 1.

541 Oben 3. Kap. § 1 A II 2.

542 Oben 3. Kap. § 1 A II 3.

543 Oben 3. Kap. § 1 A III.

544 Oben 3. Kap. § 1 A IV 1.

545 Oben 3. Kap. § 1 A IV 2.

546 Oben 3. Kap. § 1 B.

547 Oben 3. Kap. § 1 A VI bzw. 3. Kap. § 1 B IV (mit Verweisungen).

548 Oben 3. Kap. § 2.

549 Oben 3. Kap. § 2 E.

550 Oben 3. Kap. § 2 E I.

551 Oben 3. Kap. § 2 E II, 3. Kap. § 2 E II 4.

552 Oben 3. Kap. § 2 E III.

festgestellt, daß die Finanzierungs- oder Finanzierungsfolgeverantwortung entgegen verbreiteter Ansicht kein allgemeines Rechtsprinzip ist.[553] Demnach ist sie nicht geeignet, eine Regelungslücke des GmbH-Gesetzes aufzuzeigen und deren Ausfüllung im Wege der Rechtsfortbildung zu legitimieren.[554] Es konnte aber letztlich nachgewiesen werden, daß ein allgemeines Rechtsprinzip des angemessenen Ausgleichs von Chancen und Risiken existiert.[555] Dieses ist auch dem GmbH-Gesetz immanent, wurde allerdings dort, aufgrund der uneingeschränkten Finanzierungsfreiheit der Gesellschafter in der Gesellschaftskrise, nur unvollkommen verwirklicht. Infolgedessen stellte sich das GmbH-Gesetz im Hinblick auf dieses allgemeine Rechtsprinzip als ergänzungsbedürftig dar.[556] Schließlich wurde dann noch gezeigt, daß die eigenkapitalähnliche Sonderbehandlung des in der Krise gewährten Gesellschafterfremdkapitals diese Lücke zutreffend ausgefüllt hat.[557]

Als Ergebnis ist daher festzuhalten, daß die von der Rechtsprechung und Literatur herausgearbeiteten Kapitalersatzregeln eine zulässige gesetzesübersteigende Rechtsfortbildung auf der Grundlage des allgemeinen Rechtsprinzips des angemessenen Ausgleichs von Chancen und Risiken sind.

Sie verfolgen zum einen den Zweck, im Interesse der Gesellschaftsgläubiger das Gesellschaftsvermögen soweit wie möglich als Haftmasse für den Fall zu erhalten, daß die Fortführung der Gesellschaft mittels Gesellschafterfremdkapital in der Krise endgültig scheitert und die Gesellschaft wirtschaftlich zusammenbricht.[558]

Zum anderen schränken sie die Finanzierungsfreiheit der Gesellschafter im Fall der Fortführung der Gesellschaft in der Krise im Hinblick auf die Art der Kapitalausstattung (das "wie") ein, um so präventiv zu verhindern, daß die Gesellschafter das mit der Gesellschaftsfortführung verbundene Risiko willkürlich von sich auf die Gläubiger verlagern.[559]

---

553 Oben 3. Kap. § 2 E III c dd.

554 Oben 3. Kap. § 2 E III 3 d.

555 Oben 3. Kap. § 2 E III 4 a cc.

556 Oben 3. Kap. § 2 E III 4 e sowie 3. Kap. § 2 E IV.

557 Oben 3. Kap. § 2 F.

558 Oben 3. Kap. § 3 A.

559 Oben 3. Kap. § 3 B.

Führt man sich das alles vor Augen, wird deutlich, daß die richterrechtlichen Kapitalersatzregeln entgegen verbreiteter Ansicht nicht auf einem Rechtsprinzip der Finanzierungsfolgeverantwortung *basieren*. Vielmehr *begründen* die Rechtsprechungsregeln ihrerseits eine Finanzierungsfolgeverantwortung der Gesellschafter in dem von der ganz herrschenden Meinung verstandenen Sinn[560], indem sie die Gesellschafter verpflichten, in der Gesellschaftskrise eine bewußte Entscheidung über die Fortführung der Gesellschaft und die dafür erforderliche Art der Finanzierung zu treffen und deren Folgen zu tragen. So soll letztlich eine angemessene Risikobeteiligung der Gesellschafter und damit ein angemessener Ausgleich von Chancen und Risiken gewährleistet werden. Der Begriff der Finanzierungsfolgeverantwortung faßt also schlagwortartig das Ergebnis der Rechtsfortbildung zusammen.[561]

Darüber hinaus stellen die Rechtsprechungsregeln selber einen ungeschriebenen materiellen Grundsatz ordnungsgemäßer Unternehmensfinanzierung auf.[562] Dieser besagt, daß die Finanzierungsfreiheit der Gesellschafter in der Gesellschaftskrise auf die Wahlmöglichkeit beschränkt ist, entweder die Gesellschaft zu liquidieren oder, soweit zur Fortführung weitere Kapitalmittel erforderlich sind, diese als Eigenkapital zuzuführen. Damit soll letztlich sichergestellt werden, daß die Gesellschafter nur seriöse Sanierungsversuche unternehmen und die Gesellschaft nicht nur um der bloßen Fortführung willen weiterschleppen.[563]

---

560 Vgl. dazu statt aller *Gehde*, Eigenkapitalersetzende Gesellschafterleistungen, S. 65 f.; *Röhricht*, Eigenkapitalersetzende Leistungen, S. 1, 6 f.; *Lutter/Hommelhoff*, GmbHG, §§ 32 a/b Rn. 3 f.

561 Im Ergebnis ebenso *Fastrich*, FS Zöllner (1998), S. 143, 147.

562 So auch Scholz/*K. Schmidt*, GmbHG, §§ 32 a, 32 b Rn. 5.

563 Vgl. ähnlich *K. Schmidt*, ZHR 147 (1983), 165, 179 f.

4. Kapitel: ratio legis der gesetzlichen Kapitalersatzregeln

§ 1 Einführung

Nachdem Zweck und tragender Gedanke der Rechtsprechungsregeln herausgearbeitet worden sind, soll nun der Frage nach der *ratio legis* der gesetzlichen Kapitalersatzregeln, also der §§ 32 a, 32 b GmbHG, §§ 135 InsO, 6 AnfG nachgegangen werden.

Dabei würde es zu kurz greifen, sich aufgrund des Umstandes, daß der Gesetzgeber mit den gesetzlichen Kapitalersatzregeln den nur auf allgemeine Grundsätze gestützten Rechtsprechungsregeln eine Grundlage schaffen wollte,[1] darauf zu beschränken, ohne nähere Untersuchung in einem Satz festzustellen, daß die gesetzlichen Regeln die gleiche ratio hätten wie die richterrechtlichen Regeln. Denn trotz dieses in der Gesetzesbegründung zum Ausdruck kommenden Willens hat sich der Gesetzgeber gerade nicht darauf beschränkt, die Rechtsprechungsregeln unmittelbar - z. B. durch eine Erstreckung der §§ 30, 31 GmbHG auf in der Krise gewährte Gesellschafterfremdmittel - umzusetzen. Vielmehr weisen die gesetzlichen Kapitalersatzregeln, wie schon zu Beginn der Arbeit angeführt, hinsichtlich ihrer Rechtsfolgen einige signifikante Unterschiede im Vergleich zu den Rechtsprechungsregeln auf.[2] Aus diesem Grund ist die Frage nach der ratio legis der gesetzlichen Kapitalersatzregeln, trotz der vorangegangenen Ausführungen zur ratio der Rechtsprechungsregeln noch nicht geklärt, sondern bedarf separater Erörterung. Allerdings deutet in Anbetracht des zuvor angeführten Willens des Gesetzgebers, den richterrechtlichen Kapitalersatzregeln mit den §§ 32 a, 32 b GmbHG eine gesetzliche Grundlage geben zu wollen, vieles darauf hin, daß diese auf einem vergleichbaren - wenn nicht gleichen - Rechtsgedanken basieren und vergleichbare Zwecke verfolgen.[3]

Der *Begriff der ratio legis* ist mehrdeutig und bezeichnet sowohl den Zweck gesetzlicher Regelungen als auch ihren tragenden Grund bzw. das ihnen zugrunde liegende Prinzip.[4] Darüber, wie der Zweck und der tragende Grund einer Norm ermittelt werden kann, finden sich allerdings, wie schon an früherer Stelle erwähnt, im methodologischen Schrifttum kaum zureichend klare Aus-

---

[1] Begründung des RegE 1977, BT-Drucks. 8/1347, S. 1, 27, 39.

[2] Siehe oben 1. Kap. § 3 A.

[3] Insofern sei bereits hier darauf hingewiesen, daß sich nachfolgend Wiederholungen mit den vorangegangenen Ausführungen nicht vermeiden lassen.

[4] Siehe oben 3. Kap. § 3 (mit Nachweisen).

sagen.[5] Daher wird auch hier, im Anschluß an *Bydlinski,* die ratio der §§ 32 a, 32 b GmbHG im Wege eines Induktionsschlusses ermittelt. Es wird also anhand des Wortlauts der Norm, der im Normbereich liegenden typischen Interessenlage, dem Anlaß der Regelung - insbesondere der Situation vor ihrer Schaffung und der im Zeitpunkt der Normsetzung in der Rechtsgemeinschaft verbreiteten und daher eventuell auf die Gesetzgebungsinstanzen einwirkenden Rechtsansichten - sowie aller aufschlußreichen Hinweise in den "Materialien" und unter Berücksichtigung der im systematischen und Sachzusammenhang stehenden sonstigen Normen im Wege einer wertenden Betrachtung auf die mit der Norm verfolgten Zwecke bzw. auf den von ihr angestrebten realen Zustand und den sie tragenden Grundgedanken zurückgeschlossen.[6] Das so gewonnene, letztlich nur auf persönlicher Überzeugung basierende und daher mit relativer Unsicherheit belastete Ergebnis kann dann noch in gewisser Weise dadurch abgesichert werden, daß es mit sonstigen in der Fachdiskussion zu findenden Auffassungen verglichen und geprüft wird, ob es konsensfähig ist oder vielmehr empirisch betrachtet die Norm einem anderen denkmöglichen Zweck dient bzw. ihr ein anderes Prinzip zugrunde liegt.[7]

Auf diese Weise ist zunächst die ratio legis der §§ 32 a, 32 b GmbHG und der damit korrespondierenden § 32 a KO, § 3 b AnfG in der Fassung der GmbH-Novelle 1980[8] zu ermitteln. Im Anschluß daran ist dann weiterhin noch der Frage nachzugehen, ob diese (ursprüngliche) ratio legis eventuell durch neuere Änderungen dieser Normen durch den Gesetzgeber modifiziert worden ist oder ob diese Änderungen für die ratio der gesetzlichen Kapitalersatzregeln ohne Bedeutung sind.

§ 2 Ermittlung der ursprünglichen ratio legis

Um nun zunächst die ursprüngliche ratio legis der §§ 32 a, 32 b GmbHG (a. F.) nach Maßgabe der vorstehenden Ausführungen zu ermitteln, kann auf ein reichhaltiges Material zurückgegriffen werden. Die §§ 32 a, 32 b GmbHG (a. F.) wurden im Rahmen der GmbH-Novelle 1980 in das Gesetz aufgenommen. Mit dieser verfolgte der Gesetzgeber ganz allgemein den Zweck, den Schutz der Ge-

---

5 Siehe schon oben 3. Kap. § 4 (mit Nachweisen).

6 Vgl. *Bydlinski,* Juristische Methodenlehre, S. 403 sowie S. 60 ff., insbesondere S. 62 ff., 72 f.

7 Vgl. *Bydlinski,* Juristische Methodenlehre, S. 403 f., 72 ff.

8 Nachfolgend §§ 32 a, 32 b GmbHG (a. F.) genannt.

sellschaftsgläubiger zu verstärken.[9] In diesem Zusammenhang sah er insbesondere die Aufnahme der in den §§ 32 a, 32 b GmbHG (a. F.) enthaltenen Regelungen über kapitalersetzende Darlehen als erforderlich an, um so die zum Schutz der Gläubiger entwickelten, nur auf allgemeine Grundsätze gestützten richterrechtlichen Kapitalersatzregeln auf eine gesetzliche Rechtsgrundlage zu stellen.[10] Folglich sind neben dem Wortlaut der §§ 32 a, 32 b GmbHG (a. F.), der typischen Interessenlage im Fall der Gesellschafterfremdkapitalfinanzierung in der Krise und der "Materialien" der Regelungen[11], vor allem die Situation vor der GmbH-Novelle, die Begründungen der verschiedenen vorhergegangenen Reformentwürfe[12] und die diesbezüglichen Stellungnahmen der Literatur sowie insbesondere die zahlreichen grundlegenden Beiträge des wissenschaftlichen Schrifttums und der Rechtsprechung im Rahmen der Entwicklung der richterrechtlichen Kapitalersatzregeln für die ratio legis der §§ 32 a, 32 b GmbHG (a. F.) von erheblicher Bedeutung.[13]

A. Zweck der gesetzlichen Kapitalersatzregeln

Als erstes soll nun der Frage nach dem Zweck der gesetzlichen Kapitalersatzregeln nachgegangen werden.

I. Zweck der Erhaltung des Gesellschaftsvermögens als Haftmasse

Zunächst könnten auch die Novellenregeln den Zweck haben, das Gesellschaftsvermögen weitgehend als Haftmasse zu erhalten, um die Gläubiger im Fall des wirtschaftlichen Zusammenbruchs der Gesellschaft nachträglich vor den Gefahren der Gesellschafterfremdkapitalfinanzierung in der Krise zu schützen.

---

[9] Begründung des RegE 1977, BT-Drucks. 8/1347, S. 1, 27.

[10] Begründung des RegE 1977, BT-Drucks. 8/1347, S. 1, 27, 39.

[11] Siehe insbesondere die Begründung des der Novelle zugrunde liegenden RegE 1977, BT-Drucks. 8/1347 sowie die Beschlußempfehlung des Rechtsausschusses, BT-Drucks. 8/3908, S. 73 f.

[12] Siehe RJM Entwurf 1939 (a. a. O. 1. Kap., Fn. 41), S. 147 ff.; RefE 1969, S. 137 ff.; RegE 1971, BT-Drucks. VI/3088, S. 81 ff. sowie den RegE 1973, BT-Drucks. VII/253.

[13] Vor allem aus letzterem resultieren die bereits an früherer Stelle angedeuteten, letztlich unvermeidbaren Wiederholungen zu den vorangegangenen Ausführungen.

1. Herleitung aus Interessenlage und Wortlaut

Auf einen derartigen reaktiven Zweck deuten zunächst die Interessenlage und der Wortlaut der gesetzlichen Regelungen hin. Im Fall der Fortführung der Gesellschaft in der Krise anhand der Zufuhr oder Belassung von Gesellschafterfremdkapital anstelle der Zufuhr neuen Eigenkapitals bzw. der Liquidation ist die typische Interessenlage gekennzeichnet durch das Schutzbedürfnis der Gläubiger im Hinblick auf die damit verbundene einseitige Risikosteigerung namentlich für den Fall, daß die Fortführung der Gesellschaft scheitert und es zum wirtschaftlichen Zusammenbruch kommt.[14]

Nach dem Wortlaut des § 32 a Abs. 1 GmbHG (a. F.) kann der Gesellschafter seinen Anspruch auf Rückgewähr eines der Gesellschaft gewährten Darlehens *im Konkurs* über das Vermögen der Gesellschaft *nicht geltend machen*. Darüber hinaus kann ein Dritter, der Gläubiger eines gesellschafterbesicherten Darlehens mit Eigenkapitalcharakter ist, im Konkurs nur für den Betrag verhältnismäßige Befriedigung verlangen, mit dem er bei der Inanspruchnahme der Gesellschaftersicherung oder -bürgschaft ausgefallen ist. Schließlich ermöglichen § 32 b GmbHG (a. F.) bzw. §§ 32 a, 37 KO, §§ 3 b, 7 AnfG die Anfechtung und Rückforderung von bereits vor Konkurseröffnung an die Gesellschafter zurückgeflossenen Kapitalmitteln in das Gesellschaftsvermögen. Die §§ 32 a, 32 b GmbHG (a. F.), §§ 32 a, 37 KO, §§ 3 b, 7 AnfG verhindern somit einerseits, daß die Gesellschafter oder die besicherten Drittgläubiger aufgrund ihrer formellen Rechtsstellung als Gläubiger im Konkurs mit den sonstigen Gesellschaftsgläubigern konkurrieren und so deren Quote mindern. Andererseits bieten sie die Möglichkeit, bereits aus dem Gesellschaftsvermögen abgeflossene Kapitalmittel wieder an die Gesellschaft zurückzufordern und so die Konkursmasse zu vergrößern.

Die gesetzlichen Kapitalersatzregeln schalten demnach durch den Ausschluß der Gesellschaftergläubiger vom Konkursverfahren bzw. durch die Einschränkung der Rechte gesellschafterbesicherter Drittgläubiger einige der aus der Gesellschafterfremdkapitalfinanzierung resultierenden Gefahren für die Gläubiger[15] aus und verringern durch die Sicherung der Konkursmasse das gesteigerte Gläubigerrisiko des vollständigen Forderungsausfalls. Hält man sich weiterhin vor Augen, daß die Sicherung der Konkursmasse stets letztlich allein im Interesse der Gläubiger liegt, da andere Interessen (wie z. B. die Erhaltung eines Betriebskapitals im Interesse der Gesellschaft) im Konkurs keinerlei Re-

---

[14] Siehe oben 2. Kap. § 3 B I.

[15] Zu diesen siehe oben 2. Kap. § 3 B I.

levanz mehr haben, so deutet das darauf hin, daß unmittelbarer Zweck der gesetzlichen Kapitalersatzregeln die Erhaltung einer größtmöglichen Konkursmasse ist. Den Gesellschaftsgläubigern soll nachträglich ein Ausgleich für die mit der Gesellschafterfremdkapitalfinanzierung in der Krise verbundene Kumulation von Gefahren und die daraus resultierende Risikosteigerung für den Fall geschaffen werden, daß die Unternehmensfortführung mittels des Gesellschafterfremdkapitals mißlingt. Im Gegensatz zu den Rechtsprechungsregeln erfolgt dieser Ausgleich allerdings nicht mittelbar im Wege eines präventiven Schutzes des Gesellschaftsvermögens, sondern unmittelbar im Wege der Sicherung der Konkursmasse.

2. Herleitung aus Regelungsanlaß und gesetzgeberischen Vorstellungen

Für einen derartigen reaktiven Schutzzweck der §§ 32 a, 32 b GmbHG (a. F.) spricht neben der typischen Interessenlage weiterhin auch die Situation vor der GmbH-Novelle. Diese ist gekennzeichnet durch das Bestreben nach einer Stärkung des Gläubigerschutzes, insbesondere hinsichtlich des Fehlens von gesetzlichen Vorschriften bezüglich der Gesellschafterfremdkapitalfinanzierung.[16] Dementsprechend hatte, wie schon zu Beginn dieses Kapitels erwähnt, die GmbH-Novelle, ebenso wie sämtliche vorhergegangene Reformentwürfe, die generelle Zielsetzung einer Stärkung des Gläubigerschutzes.[17] Dies steht mit dem oben herausgearbeiteten Zweck in Einklang und läßt somit eine entsprechende Folgerung zu. Darüber hinaus entspricht dieser Zweck auch genau den mit §§ 32 a, 32 b GmbHG (a. F.), § 32 a KO, § 3 b AnfG bzw. den praktisch identischen Vorschriften in den verschiedenen Reformentwürfen[18] verfolgten Vorstellungen der jeweiligen Entwurfsverfasser. Danach sollten die Kapitalersatzregeln die Gesellschaftsgläubiger davor schützen, daß die Gesellschafter eine zu schwache Kapitaldecke anstelle von Eigenkapital mit Gesellschafterfremdkapital auffüllen und sodann aufgrund ihrer formellen Gläubigerstellung

---

16 Vgl. exemplarisch nur *Klausing*, Die Neuordnung der GmbH, S. 12, 21, 31 ff.; *C. Fischer*, Die Gesellschaft mit beschränkter Haftung, S. 14, 72 f.; *Wiedemann*, Haftungsbeschränkung, S. 6 ff., 19 ff. und insbesondere 25 ff.; *Geßler*, GmbHR 1966, 102, 105, 107 ff.; *Westermann*, Gläubigerschutz, S. 6, 14 ff.; *Ballerstedt*, ZHR 135 (1971), 383, 390 ff.

17 Vgl. Begründung des RegE 1977, BT-Drucks. 8/1347, S. 1, 27 sowie schon zuvor Begründung des RJM Entwurf 1939 (a. a. O. 1. Kap., Fn. 41), S. 147, 149 f.; RegE 1971, BT-Drucks. VI/3088, Vorblatt und S. 82.

18 Vgl. §§ 36, 37 RJM Entwurf 1939 (a. a. O. 1. Kap., Fn. 41); §§ 47, 48 RefE 1969; §§ 49, 50 RegE 1971, BT-Drucks. VI/3088.

im Gesellschaftskonkurs mit den übrigen Gläubigern konkurrieren und dadurch deren Konkursquote schmälern. Weiter sollten die Gesellschaftsgläubiger davor geschützt werden, daß sich die Gesellschafter für ihre Fremdkapitalforderungen Sicherheiten bestellen lassen bzw. das von ihnen gewährte Fremdkapital noch kurz vor dem Zusammenbruch der Gesellschaft abziehen und sich so einen Vorteil vor den sonstigen Gläubigern verschaffen.[19] Auch diese Vorstellungen zeigen, daß die Novellen-Regeln die weitgehende Erhaltung der Konkursmasse bezwecken.

3. Ansicht von Rechtsprechung und Literatur

Bestätigt wird dieser Zweck schließlich durch Rechtsprechung und herrschende Lehre. Diese sehen, trotz unterschiedlicher Auffassungen über den tragenden Grundgedanken der gesetzlichen Kapitalersatzregeln[20], deren unmittelbaren Zweck praktisch einhellig im reaktiven Schutz der Gesellschaftsgläubiger vor den Gefahren der Gesellschafterfremdkapitalfinanzierung in der Krise durch die Sicherung der Konkursmasse.[21]

4. Ergebnis

Als Ergebnis ist demnach festzuhalten, daß die gesetzlichen Kapitalersatzregeln als erstes den Zweck verfolgen, zugunsten der Gesellschaftsgläubiger die Konkursmasse weitgehend zu erhalten, um die Gläubiger so für den Fall zu schützen, daß die Fortführung der GmbH in der Krise mittels Gesellschafterfremdkapital scheitert und die Gesellschaft wirtschaftlich zusammenbricht.

II. Einschränkung der Finanzierungsfreiheit

Es ist nun weiterhin zu untersuchen, ob die Novellen-Regeln, ebenso wie die Rechtsprechungs-Regeln, neben diesem Zweck der Erhaltung der Konkurs-

---

19 Vgl. RegE 1977, BT-Drucks. 8/1347, S. 39 ff.; ebenso auch schon RJM Entwurf 1939 (a. a. O. 1. Kap., Fn. 41), S. 163 f.; RefE 1969, S. 185 f.; RegE 1971, BT-Drucks. VI/3088, S. 110 f.

20 Siehe dazu sogleich unten 4. Kap. § 2 B.

21 Vgl. statt aller BGHZ 90, 371, 380; Hachenburg/*Ulmer*, GmbHG, § 32 a, b Rn. 8, 65; *Lutter/Hommelhoff*, GmbHG, §§ 32 a/b Rn. 1 ff., 13; Baumbach/Hueck/*Hueck*, GmbHG, § 32 a Rn. 1; Scholz/*K. Schmidt*, GmbHG, §§ 32 a, 32 b Rn. 4; *Müller*, Ersatzkapitalregeln, S. 73; *Ullrich*, GmbHR 1983, 133 f.; *Vonnemann*, GmbHR 1989, 145, 149 ff.; *Hildebrand*, Eigenkapitalersetzende Bankdarlehen, S. 10; *Dauner-Lieb*, DStR 1998, 1517, 1521; *T. Fischer*, Gläubigerschutz, S. 179, 180 f., 192 f.; *Hommelhoff/Kleindiek*, FS 100 Jahre GmbHG (1992), S. 421, 428.

masse noch den präventiven Schutz der Gesellschaftsgläubiger vor der mit der Gesellschafterfremdkapitalfinanzierung in der Krise verbundenen Risikoverlagerung bezwecken. Das ist insofern fraglich, als sich die §§ 32 a, 32 b GmbHG (a. F.), § 32 a KO, § 3 b AnfG ihrem Wortlaut nach - im Gegensatz zu den am gesetzlichen Kapital*erhaltungs*system orientierten Rechtsprechungsregeln - auf die bereits zuvor angeführten reaktiven Schutzmittel beschränken. In diesem Zusammenhang ist allerdings zu berücksichtigen, daß sowohl die Rechtsprechungsregeln als auch die gesetzlichen Kapitalersatzregeln - obwohl letztere auf ein rein reaktives Schutzkonzept beschränkt sind - eine mittelbare Einschränkung der Finanzierungsfreiheit der Gesellschafter in der Krise zur Folge haben.[22] Daher stellt sich auch an dieser Stelle die Frage, ob die Einschränkung der Finanzierungsfreiheit nur eine unbeabsichtigte, faktische Folge ohne Bedeutung für den Normzweck ist, oder ob der Gesetzgeber diese Einschränkung bezweckte, um so mittels der gesetzlichen Kapitalersatzregeln auch einen präventiven Gläubigerschutz zu gewährleisten.

1. Herleitung aus der Gesetzesbegründung

Dafür, daß die gesetzlichen Kapitalersatzregeln auch einen präventiven Gläubigerschutzzweck verfolgen, sprechen zunächst die in der Gesetzesbegründung zum Ausdruck kommenden Vorstellungen des Gesetzgebers. Dieser sah die Gesellschafterfremdkapitalfinanzierung nicht generell als unzulässig an, sondern erkannte ausdrücklich an, daß die Finanzierung bestimmter Geschäfte mit Gesellschafterdarlehen an sich nichts ungewöhnliches ist und aus verschiedenen *wirtschaftlichen Gründen gerechtfertigt oder sogar geboten* sein kann. Führen die Gesellschafter der Gesellschaft Fremdkapital allerdings zu einem Zeitpunkt zu, in dem ihr die Gesellschafter als ordentliche Kaufleute Eigenkapital zugeführt hätten, sah er dies als unzulässige Abwälzung des Geschäftsrisikos an.[23]

Dementsprechend sollte durch die Novellen-Regeln *vermieden* werden, daß die Gesellschafter das Geschäftsrisiko der Gesellschaft auf ihre Gläubiger abwälzen, indem sie die Geschäfte in der Gesellschaftskrise statt mit haftendem Gesellschaftskapital mit Gesellschafterdarlehen finanzieren.[24] Diese Wortwahl zeigt zweierlei:

---

22 Siehe dazu schon oben 1. Kap. § 3 C.

23 Begründung des RegE 1977, BT-Drucks. 8/1347, S. 27, 39 sowie zuvor RegE 1969, S. 185; RegE 1971, BT-Drucks. VI/3088, S. 110.

24 Begründung RegE 1977, BT-Drucks. 8/1347, S. 39 sowie zuvor RefE 1969, S. 185; RegE 1971, BT-Drucks. VI/3088, S. 82, 110.

Zum einen strebte der Gesetzgeber mit den Novellen-Regeln auch den präventiven Schutz der Gläubiger vor der mit der Gesellschafterfremdkapitalfinanzierung in der Krise verbundenen Risikoverlagerung an. Für sich betrachtet "*vermeiden*" die reaktiven Rechtsfolgen der Novellen-Regeln nämlich die Risikoabwälzung nicht, sondern gleichen nur die abstrakte erhöhte Gläubigergefährdung im Fall des wirtschaftlichen Zusammenbruchs der Gesellschaft aus. Zum anderen wird aus der grundsätzlichen Anerkennung der Gesellschafterfremdkapitalfinanzierung deutlich, daß ein vollständiges Verbot der Gesellschafterfremdkapitalfinanzierung nicht bezweckt war.[25] Vielmehr sollte nur dann, wenn die Zufuhr von Gesellschafterfremdkapital bei objektiver Betrachtung nicht mehr aufgrund von wirtschaftlichen Erwägungen erfolgt, die Entscheidung der Gesellschafter hinsichtlich der Art (des "wie") einer Kapitalzufuhr durch die "*Androhung*" der eigenkapitalähnlichen Sonderbehandlung von gewährtem Gesellschafterfremdkapital eingeschränkt werden.[26] Dies läßt letztlich nur den Schluß zu, daß der Gesetzgeber mit den gesetzlichen Kapitalersatzregeln eine Einschränkung der Finanzierungsfreiheit in der Krise bezweckte, um so die Gläubiger präventiv vor der Risikoverlagerung zu schützen.

2. Herleitung aus Interessenlage und Schrifttum

Daß die Novellen-Regeln neben dem reaktiven Gläubigerschutz auch die Einschränkung der Finanzierungsfreiheit in der Krise zum präventiven Schutz der Gläubiger bezwecken, kann weiterhin aus der typischen Interessenlage gefolgert werden. Diese ist dadurch geprägt, daß sowohl die Gesellschafter als auch die Gläubiger ein Interesse an einer prosperierenden Gesellschaft haben: Die Gesellschafter, da sie Nutzen in Form von Gewinnen aus der Gesellschaft ziehen wollen, die Gläubiger, da sie in diesem Fall vor einem Forderungsausfall sicher sind und die Möglichkeit weiterer Geschäfte mit der GmbH haben. Dieses Interesse kann aber praktisch nur realisiert werden, wenn die Gesellschaft sowohl mit Eigen- als auch mit Fremdkapital von seiten der Gesellschafter oder Dritter finanziert wird.[27] Die Interessenlage ändert sich aber grundlegend, wenn die Gesellschafterfremdkapitalzufuhr nicht mehr aus wirtschaftlichen Gründen

---

[25] So auch die ganz herrschende Meinung Hachenburg/*Ulmer*, GmbHG, § 32 a, b Rn. 7; Baumbach/Hueck/*Hueck*, GmbHG, § 32 a Rn. 2; Scholz/*K. Schmidt*, GmbHG, §§ 32 a, 32 b Rn. 7; *Hommelhoff* in: v. Gerkan/Hommelhoff, Handbuch des Kapitalersatzrechts, Rn. 2.10, S. 21; *Ullrich*, GmbHR 1983, 133, 141/142 (jeweils mit weiteren Nachweisen).

[26] Begründung des RegE 1977, BT-Drucks. 8/1347, S. 39.

[27] Siehe oben 2. Kap. § 2 C I.

erfolgt, sondern bei objektiver Betrachtung nur noch der Risikominimierung der Gesellschafter dient und zu einer Risikoverlagerung auf die Gläubiger führt. Diesbezüglich ist das Interesse der Gläubiger nämlich darauf gerichtet, daß die Risikoverlagerung von vornherein durch eine Beschränkung der Finanzierungsfreiheit der Gesellschafter in dieser Situation verhindert wird. Da dem keine schutzwürdigen Interessen der Gesellschafter gegenüberstehen, läßt das darauf schließen, daß der Gesetzgeber, der ja stets zur Wahrung eines angemessenen Interessenausgleichs verpflichtet ist, mit den Novellen-Regeln auch die Einschränkung der Finanzierungsfreiheit in der Krise zum präventiven Schutz der Gesellschaftsgläubiger bezweckte. Auf einen derartigen präventiven Schutzzweck der Novellen-Regeln deuten schließlich auch die Äußerungen im rechtswissenschaftlichen Schrifttum im Rahmen der verschiedenen Reformdiskussionen hin. Dort war gleichfalls immer wieder ein präventiver Schutz der Gesellschaftsgläubiger vor der einseitigen Risikoverlagerung mittels einer Einschränkung der Finanzierungsfreiheit in der Gesellschaftskrise gefordert worden.[28]

3. Ergebnis

Es ist somit zusammenfassend festzuhalten, daß die §§ 32 a, 32 b GmbHG (a. F.), § 32 a KO, § 3 b AnfG neben dem reaktiven Zweck der Erhaltung der Konkursmasse weiterhin den präventiven Zweck haben, die Finanzierungsfreiheit sämtlicher Gesellschafter in der Krise im Hinblick auf das "wie" der Kapitalzufuhr einzuschränken, um so von vornherein einen Schutz der Gesellschaftsgläubiger vor der in dieser Situation drohenden Risikoverlagerung zu ihren Lasten zu verhindern.[29]

---

28 Siehe statt vieler nur *Geßler*, GmbHR 1966, 102, 105, 107 ff.; *ders.*, BB 1971, 665, 668; *Ulmer*, FS Duden (1977), S. 661, 663, 673 f.; *Winkler*, BB 1969, 1202; *Wüst*, Gläubigerschutz bei der GmbH, S. 10; *Arbeitskreis GmbH-Reform*, Bd. 2, S. 11, 14, 18.

29 Im Ergebnis ebenso die ganz herrschende Meinung, vgl. Hachenburg/*Ulmer*, GmbHG, § 32 a, b Rn. 7, 8; Scholz/*K. Schmidt*, GmbHG, §§ 32 a, 32 b Rn. 4, 5, 15; *K. Ziegler*, Kapitalersetzende Gebrauchsüberlassungsverhältnisse, S. 43 ff.; *Ketzer*, Eigenkapitalersetzende Aktionärsdarlehen, S. 37 ff., 41; *Fabritius*, Überlassung von Anlagevermögen an die GmbH, S. 66 ff., 90/91; *Geßler*, ZIP 1981, 228, 231. Ähnlich *Dauner-Lieb*, DStR 1998, 609, 613 sowie *dies.*, DStR 1998, 1517, 1521 (jeweils im Rahmen der Deutung der Finanzierungsverantwortung); *Kaiser*, Schuldrechtliche Gebrauchsüberlassungen durch den Gesellschafter, S. 48 ff.

III. Verpflichtung zu angemessener Kapitalausstattung?

Als letztes könnte man noch daran denken, daß die gesetzlichen Kapitalersatzregeln, wegen des Abstellens auf das Finanzierungsverhalten eines ordentlichen Kaufmanns, zur Gewährleistung des präventiven Gläubigerschutzes, noch über die Einschränkung der Finanzierungsfreiheit hinaus, den Zweck verfolgen, die Gesellschafter zu einer angemessenen Kapitalausstattung ihrer GmbH zu verpflichten.[30] Dem steht jedoch entgegen, daß nach einhelliger Ansicht ein derartiger Zweck in der Praxis nicht verwirklicht werden könnte, da es keine allgemein anerkannten Grundsätze ordnungsgemäßer Unternehmensfinanzierung gibt.[31] Demnach kann nicht abstrakt ex ante bestimmt werden, wann eine Gesellschaft in angemessenem Umfang mit Eigenkapital ausgestattet ist.[32] Aus diesem Grund wird auch in der Literatur den §§ 32 a, 32 b GmbHG (a. F.) kein derartiger Zweck beigemessen.[33]

In Übereinstimmung damit ist eine Pflicht der Gesellschafter zur angemessenen Kapitalausstattung als präventiver Zweck der gesetzlichen Kapitalersatzregeln abzulehnen.

B. Tragender Grundgedanke

Schließlich ist noch der Frage nachzugehen, welcher tragende Gedanke bzw. welches Rechtsprinzip den gesetzlichen Kapitalersatzregeln zugrunde liegt. Möglicherweise basieren sie auf dem gleichen Gedanken, wie die richterrechtlichen Kapitalersatzregeln, also auf dem Gedanken der Verwirklichung des allgemeinen Rechtsprinzips des angemessen Ausgleichs von Chancen und Risiken.[34]

---

30 So scheinbar noch *Wiedemann*, Gesellschaftsrecht, § 10 IV 3 a, S. 569.

31 Vgl. dazu schon oben 3. Kap. § 2 E II 3 (mit weiteren Nachweisen).

32 So auch schon RegE 1977, BT-Drucks. 8/1347, S. 38; *Geßler*, GmbHR 1966, 102, 108; *Weitbrecht*, Haftung bei materieller Unterkapitalisierung, S. 67; *Wüst*, JZ 1985, 817, 818.

33 *Häuselmann/Rümker/Westermann*, Finanzierung der GmbH, S. 11; *Weitbrecht*, Haftung bei materieller Unterkapitalisierung, S. 67, 68; *Lutter*, FS Riesenfeld (1983), S. 165, 183; Hachenburg/*Ulmer*, GmbHG, § 32 a, b Rn. 7; Baumbach/Hueck/*Hueck*, GmbHG, § 32 a Rn. 2; *Flume*, Juristische Person, § 3 III 2, S. 85; *H. P. Westermann*, Gläubigerschutz, S. 15, 16.

34 Vgl. zu diesem Prinzip eingehend oben 3. Kap. § 2 E III 4.

I. Herleitung aus dem rechtswissenschaftlichen Schrifttum

Zunächst lassen eine Reihe von wissenschaftlichen Stellungnahmen zur theoretischen Fundierung gesetzlicher Regelungen über kapitalersetzende Gesellschafterdarlehen im Rahmen der verschiedenen Reformdiskussionen darauf schließen, daß die §§ 32 a, 32 b GmbHG (a. F.) auf dem Prinzip des angemessen Ausgleichs von Chancen und Risiken basieren. In diesen wurde nämlich als Grund für eine eigenkapitalähnliche Sonderbehandlung von Gesellschafterdarlehen in der Gesellschaftskrise die "*Doppelrolle*" der Gesellschafter angeführt. Es wurde als unzulässig angesehen, daß die Gesellschafter ihrer GmbH in der Krise Fremdkapital zuführen und sich so einerseits die Ertragschancen ihres unternehmerischen Tuns erhalten oder sie sogar noch erhöhen, wohingegen sie andererseits nicht in entsprechendem Maß an den durch die Fremdkapitalzufuhr anstelle einer Eigenkapitalzufuhr gesteigerten Risiken bei der Unternehmensfortführung teilnehmen, sondern sie "sozialisieren", also auf die Gläubiger verlagern.[35]

Diese Begründung ist prägnant für die Frage nach dem tragenden Grundgedanken der gesetzlichen Kapitalersatzregeln. Im GmbH-Gesetz findet sich nämlich keine Norm, die diese Ansicht legitimiert, indem sie es den Gesellschaftern verwehrt, wirtschaftlichen Nutzen aus ihrer Gesellschaft zu ziehen, sofern sie sich nicht in angemessenem Umfang an den unternehmerischen Risiken beteiligen, sondern sie statt dessen sozialisieren. Demgegenüber läßt sich diese Begründung unter Zugrundelegung des allgemeinen Rechtsprinzips des angemessen Ausgleichs von Chancen und Risiken ohne weiteres rechtfertigen. Wie schon an früherer Stelle ausgeführt, hat der Gesetzgeber versucht, dieses allgemeine Rechtsprinzip im GmbH-Gesetz anhand der Gewährung des Haftungsprivilegs und der Verpflichtung der Gesellschafter zur Aufbringung und Erhaltung des Stammkapitals zu verwirklichen.[36] Es besagt, daß grundsätzlich derjenige, der aus einer Rechtsstellung wirtschaftlichen Nutzen ziehen kann, auch die damit verbundenen Risiken in angemessenem Umfang tragen muß.[37] Da im Hinblick auf den Betrieb der GmbH und insbesondere der Fortführung der Gesellschaft in der Krise die Nutznießer in diesem Sinne die Gesellschafter

---

35 *Arbeitskreis GmbH-Reform*, Bd. 2, S. 18; *Wüst*, Gläubigerschutz bei der GmbH, S. 6 f., 17 ff.; *Lutter*, Probleme der GmbH-Reform, S. 63, 68; *Ulmer*, FS Duden (1977), S. 661, 673; *Ballerstedt*, ZHR 135 (1971), S. 383, 391 ff.; *v. Caemmerer*, FS Pieter Sanders (1972), S. 17, 22 f.

36 Siehe dazu oben 3. Kap. 3 2 E III 4 d aa, bb.

37 Siehe oben 3. Kap. § 2 E III 4 b.

sind, denen die Gewinne aus der GmbH zukommen, entspricht die oben angeführte Begründung genau dem Aussagegehalt des Rechtsprinzips.

II. Herleitung aus den Normzwecken

Weiterhin zeigen auch die zuvor festgestellten Zwecke der gesetzlichen Kapitalersatzregeln, daß sie auf diesem allgemeinen Rechtsprinzip gründen. Wie bereits gleichfalls an früherer Stelle ausgeführt, sollte nach der Konzeption des GmbH-Gesetzes das allgemeine Rechtsprinzip des angemessenen Chancen-Risiken-Ausgleichs dadurch verwirklicht werden, daß einerseits die Risiken der Gläubiger und Gesellschafter durch das Haftungsprivileg verteilt werden und zugleich andererseits mittels der Verpflichtung der Gesellschafter zur realen Aufbringung und nominellen Erhaltung des Stammkapitals gewährleistet wird, daß die Gesellschafter nicht ohne jedes Risiko wirtschaften können. Dabei ging der Gesetzgeber davon aus, daß die Gesellschafter ihre GmbH nicht nur mit dem gesetzlich vorgeschriebenen Mindeststammkapital ausstatten würden, sondern den gesamten nicht nur vorübergehenden Kapitalbedarf im wesentlichen mit Eigenkapital decken und so von alleine eine angemessene Risikobeteiligung übernehmen würden.[38] Aufgrund der den Gesellschaftern allerdings zudem gewährten uneingeschränkten Finanzierungsfreiheit stellte sich dieses Konzept nur als unvollkommene Verwirklichung des Rechtsprinzips dar. Die Gesellschafter nutzen diese nämlich, genau entgegen der Vorstellung des Gesetzgebers, dazu, abgesehen vom gesetzlich vorgeschriebenen Mindeststammkapital den Kapitalbedarf der Gesellschaft anhand von Fremdkapital zu decken. Dies hat dann im Fall der Gesellschafterfremdkapitalzufuhr in der Krise zur Konsequenz, daß die Gesellschafter zwar noch den Nutzen aus dem Betrieb der GmbH haben, sich allerdings nicht mehr in dem vom Gesetzgeber vorgesehenen Umfang am Unternehmensrisiko beteiligen, sondern es auf die Gesellschaftsgläubiger verlagern.[39] Die von den Novellen-Regeln angestrebte Einschränkung der Finanzierungsfreiheit in der Krise[40] bzw. die der weitgehenden Erhaltung der Konkursmasse dienende Bindung des Gesellschafterfremdkapitals im Gesellschaftsvermögen innerhalb des Konkursverfahrens[41] führen dazu, daß die Gesellschafter entweder von vornherein im Fall der Fortführung der GmbH in der Krise von der Risikoverlagerung absehen und von alleine ein angemessenes

---

38 Siehe dazu umfassend oben 3. Kap. § 2 E III 4 d aa, bb (mit Verweisen).

39 Vgl. dazu eingehend oben 2. Kap. § 3 C sowie 3. Kap. § 2 E III 4 d dd.

40 Siehe zuvor 4. Kap. § 2 A II.

41 Siehe zuvor 4. Kap. § 2 A I.

Risiko übernehmen oder, daß die Gesellschafter nachträglich durch die eigenkapitalähnliche Sonderbehandlung ihres Fremdkapitals zur Risikobeteiligung gezwungen werden. Die gesetzlichen Kapitalersatzregeln dienen damit der Sicherung eines angemessenen Ausgleichs von Chancen und Risiken im Fall der Fortführung der Gesellschaft in der Krise. Das läßt gleichfalls den Schluß zu, daß sie auf dem allgemeinen Rechtsprinzip des angemessenen Ausgleichs von Chancen und Risiken basieren.

III. Herleitung aus der Gesetzesbegründung

Auch die Gesetzesbegründung ermöglicht schließlich eine entsprechende Schlußfolgerung, wenngleich sich der Gesetzgeber in ihr nicht ausdrücklich zum tragenden Gedanken der §§ 32 a, 32 b GmbHG (a. F.) geäußert hat. In ihr wird die Herausnahme von Darlehen Dritter aus dem Regelungsbereich der gesetzlichen Kapitalersatzregeln damit begründet, daß die von § 32 a Abs. 1 GmbHG (a. F.) statuierte eigenkapitalähnliche Behandlung des Gesellschafterfremdkapitals auf der *Stellung des Darlehensgläubigers als Gesellschafter* beruhe.[42]

Diese Begründung ist allerdings praktisch nur unter dem schon zuvor angeführten Aspekt des Verbots der "*Doppelrolle*" der Gesellschafter verständlich und zeigt daher, daß der Gesetzgeber bei Schaffung der Novellen-Regeln gleichfalls diese Vorstellung bzw. das sie rechtfertigende Rechtsprinzip verwirklichen wollte. Dafür spricht schließlich ebenfalls, daß der Gesetzgeber mit den Novellen-Regeln die Rechtsprechungsgrundsätze auf eine gesetzliche Grundlage stützen wollte[43], was nahelegt, daß er dabei von den gleichen Wertvorstellungen geleitet wurde.

Dem könnte allerdings entgegenstehen, daß der Gesetzgeber bei der Ausformung der gesetzlichen Kapitalersatzregeln mit seinem konkursrechtlichen Regelungssystem, das grundsätzlich das gesamte gewährte Gesellschafterdarlehen im Konkurs einer eigenkapitalähnlichen Sonderbehandlung unterzieht, von dem am gesetzlichen Kapitalerhaltungssystem orientierten Ansatz der richterrechtlichen Regeln, welches die Gesellschafterdarlehen in der Krise nur bis zur Höhe einer Unterbilanz erfaßt, abwich. Das letztgenannte System hat zwar für sich, daß die gesetzlichen Kapitalerhaltungsregeln einen wesentlichen Bestandteil des vom historischen Gesetzgeber verfolgten Konzepts zur Verwirklichung des angemessenen Ausgleichs von Chancen und Risiken darstellen.

---

[42] Begründung RegE 1977, BT-Drucks. 8/1347, S. 40.

[43] Siehe Begründung RegE 1977, BT-Drucks. 8/1347, S. 39.

Das bedeutet aber nicht, daß der angemessene Ausgleich von Chancen und Risiken nur anhand eines entsprechenden Systems verwirklicht werden könnte und sonstige Konzepte nicht auf diesem Rechtsprinzip basieren könnten. Vielmehr kann der Gesetzgeber - im Gegensatz zur Rechtsprechung, die bei einer Rechtsfortbildung aufgrund der limitierenden Funktion des zu ergänzenden positiven Rechts an dessen Grenzen gebunden ist[44] - im Grundsatz frei bestimmen, wie er das Rechtsprinzip verwirklicht, sofern er nur dessen Grenzen sowie die Grenzen der Rechtsordnung im übrigen einhält. Das ist jedoch im Hinblick auf die gesetzlichen Kapitalersatzregeln unproblematisch der Fall. Zum einen haben sie keinen unangemessenen Ausgleich von Chancen und Risiken zur Folge, sondern bewirken vielmehr eine angemessene Risikoteilung.[45] Zum anderen sind auch keinerlei Anhaltspunkte für eine Kollision mit der Rechtsordnung ersichtlich.

Darüber hinaus ist der Umfang der eigenkapitalähnlichen Sonderbehandlung bei Rechtsprechungs- bzw. Novellen-Regeln nur theoretisch unterschiedlich. In der Praxis ist nämlich die Unterbilanz bzw. die diese übersteigende Überschuldung regelmäßig so groß, daß sie das gesamte zugeführte Gesellschafterfremdkapital übersteigt und somit auch nach den Rechtsprechungs-Regeln das gesamte Darlehen erfaßt wird.[46]

Folglich steht allein das unterschiedliche Konzept einem übereinstimmenden tragenden Rechtsgedanken der richterrechtlichen und gesetzlichen Kapitalersatzregeln nicht entgegen.

IV. Ergebnis

Aus der Gesamtschau dieser Argumente ergibt sich demnach, daß den gesetzlichen Kapitalersatzregeln wie auch den Rechtsprechungs-Regeln, der Gedanke der Verwirklichung des allgemeinen Rechtsprinzips des angemessenen Ausgleichs von Chancen und Risiken als tragender Gedanke zugrunde liegt.

Dieses Ergebnis wird bekräftigt durch einige Stimmen im neueren Schrifttum, die gleichfalls, wenn auch im einzelnen mit Modifikationen hinsichtlich des Anknüpfungspunkts und überwiegend ohne ausdrückliche Benennung des Rechtsprinzips, die Grundlage der gesetzlichen Kapitalersatzregeln in der Sicherung einer der Gesetzeskonzeption entsprechenden Verteilung von

---

[44] Dazu schon oben 3. Kap. § 2 F.

[45] Siehe soeben 4. Kap. § 2 B II.

[46] Vgl. ähnlich *Röhricht*, Eigenkapitalersetzende Leistungen, S. 1, 30.

Chancen und Risiken sehen.[47] Es stellt sich allerdings zum Abschluß noch die Frage, ob dieses Ergebnis zu überzeugen vermag, da in der Literatur im Hinblick auf den den §§ 32 a, 32 b GmbH-Gesetz (a. F.) zugrunde liegenden Gedanken - ebenso wie hinsichtlich des Grundgedankens der Rechtsprechungs-Regeln - nach wie vor die verschiedensten Ansichten vertreten werden. So wird nach wie vor immer wieder das Verbot des widersprüchlichen Verhaltens[48], der Vertrauensschutzgedanke[49], die Natur der Gesellschafterdarlehen[50] sowie vor allem die Finanzierungsfolgeverantwortung der Gesellschafter[51] als tragender Gedanke der Kapitalersatzregeln angeführt. Wie aber bereits im Rahmen der Untersuchung der Rechtsprechungs-Regeln ausführlich nachgewiesen wurde, vermag keiner dieser Ansätze die eigenkapitalähnliche Sonderbehandlung des in der Gesellschaftskrise gewährten (oder belassenen) Gesellschafterfremdkapitals zu legitimieren.[52] Aus diesem Grund können sie das hier gewonnene Ergebnis auch nicht entkräften und schmälern damit seine Überzeugungskraft nicht.

C. Resümee

Wie die vorstehenden Ausführungen ergeben haben, läßt sich die ratio der gesetzlichen Kapitalersatzregeln nicht in einem Satz erfassen, sondern ist vielmehr komplexer Natur.[53] Diese komplexe ratio legis der §§ 32 a, 32 b GmbH-Gesetz (a. F.), § 32 a KO, § 3 b AnfG stellt sich zusammengefaßt wie folgt dar:

Zunächst haben die gesetzlichen Kapitalersatzregeln den präventiven Zweck, die Gesellschaftsgläubiger vor der mit der Fortführung der Gesellschaft anhand von Gesellschafterfremdkapital anstelle von Eigenkapital in der Krise verbundenen Risikoverlagerung zu ihren Lasten zu schützen. Zu diesem Zweck schränken sie die Finanzierungsfreiheit der Gesellschafter in der Krise dahin-

---

47 Vgl. *Kaiser*, Schuldrechtliche Gebrauchsüberlassungen durch den Gesellschafter, S. 39 ff.; *Fabritius*, Überlassung von Anlagevermögen an die GmbH, S. 66 ff.; *Müller*, Ersatzkapitalregeln, S. 85; *Fleischer*, Finanzplankredite, S. 86 ff.; *Bydlinski*, Prinzipien des Privatrechts, S. 476 ff., 478; ähnlich auch *Fastrich*, FS Zöllner (1998), S. 143, 147 ff.

48 Vgl. die Nachweise oben 3. Kap. § 1 A III, Fn. 65.

49 Vgl. die Nachweise oben 3. Kap. § 1 A IV 1, Fn. 82, 91 sowie 3. Kap. § 1 A IV 2, Fn. 133.

50 Vgl. die Nachweise oben 3. Kap. § 2 E II, Fn. 257.

51 Vgl. die Nachweise oben 3. Kap. § 2 E III 3, Fn. 306 ff.

52 Siehe oben 3. Kap. § 4.

53 So die Formulierung von *Ulmer*, ZIP 1984, 1163, 1168.

gehend ein, daß sie in dieser Situation nur die Wahl haben, der Gesellschaft Eigenkapital zuzuführen oder sie zu liquidieren, wenn sie nicht Gefahr laufen wollen, daß das von ihnen gewährte Fremdkapital einer eigenkapitalähnlichen Sonderbehandlung unterzogen wird. So soll gewährleistet werden, daß die Gesellschafter im Fall der Fortführung der Gesellschaft in der Krise - entsprechend der gesetzlichen Grundkonzeption - von vornherein ein angemessenes Risiko übernehmen.[54]

Weiterhin verfolgen die gesetzlichen Kapitalersatzregeln den reaktiven Zweck, zugunsten der Gesellschaftsgläubiger eine möglichst groß bemessene Konkursmasse zu erhalten, um sie so für den Fall zu schützen, daß die Fortführung der GmbH in der Krise mittels Gesellschafterfremdkapital scheitert und die Gesellschaft endgültig wirtschaftlich zusammenbricht. Dies dient dazu, in dieser Situation eine der gesetzlichen Grundkonzeption entsprechende Risikobeteiligung der Gesellschafter nachträglich zu erzwingen.[55]

Als tragender Gedanke der gesetzlichen Kapitalersatzregeln konnte dann der Gedanke der Verwirklichung des allgemeinen Rechtsprinzips des angemessenen Ausgleichs von Chancen und Risiken herausgearbeitet werden.[56]

Die ursprüngliche ratio legis der gesetzlichen Kapitalersatzregeln entspricht also der ratio der richterrechtlichen Kapitalersatzregeln. Allerdings unterscheiden sie sich im Hinblick auf das Konzept zur Verwirklichung dieser ratio. Die Rechtsprechung sucht sie mittels eines präventiven, am gesetzlichen Kapitalerhaltungssystem angelehnten Konzepts zu erreichen, wohingegen die Novellen-Regeln ein an den endgültigen wirtschaftlichen Zusammenbruch anknüpfendes reaktives Konzept verfolgen.[57] Diese unterschiedlichen Konzepte haben ihren Grund darin, daß die Rechtsprechung bei Ausfüllung der von ihr unter Berücksichtigung des Rechtsprinzips des Ausgleichs von Chancen und Risiken aufgedeckten Lücke des GmbH-Gesetzes an dessen Konzept zum Schutz der Gläubiger gebunden war.[58] Demgegenüber hatte der Gesetzgeber einen Ermessensspielraum, wie er den von ihm mit den Novellen-Regeln angestrebten Zweck umsetzen wollte. Insbesondere war er nicht, wie der BGH, in Bezug auf den Umfang der eigenkapitalähnlichen Sonderbehandlung des Gesellschafterfremdkapitals an die Obergrenze des satzungsmäßigen Stamm-

---

54 Siehe zuvor 4. Kap. § 2 A II.

55 Siehe zuvor 4. Kap. § 2 A I.

56 Siehe zuvor 4. Kap. § 2 B.

57 Insofern zutreffend *Lutter/Hommelhoff*, GmbHG, §§ 32 a/b Rn. 12, 13.

58 Siehe oben 3. Kap. § 2 F sowie 3. Kap. § 2 F II 2.

kapitals gebunden, sondern konnte diese auf das gesamte Gesellschafterfremdkapital erstrecken. Die Konzepte von Rechtsprechung und Novellen-Regeln widersprechen einander somit nicht, sondern sind letztlich nur Ausdruck verschiedener Möglichkeiten der rechtlichen Behandlung eines als regelungsbedürftig angesehenen Sachverhalts.[59]

§ 3 Auswirkungen der neueren Gesetzesänderungen auf die ratio legis?

Im Anschluß an die Klärung der ursprünglichen ratio legis der gesetzlichen Kapitalersatzregeln wird nun weiter untersucht, ob die Änderungen der §§ 32 a, 32 b GmbH-Gesetz, 32 a KO, 3 b AnfG durch die Insolvenzordnung bzw. das Kapitalaufnahmeerleichterungsgesetz und das KonTraG mit dieser ratio legis übereinstimmen bzw. mit ihr in Einklang zu bringen sind oder ob sie sie eventuell abändern.

A. Änderungen der gesetzlichen Kapitalersatzregeln durch die Insolvenzordnung

Durch die am 01.01.1999 in Kraft getretene Insolvenzordnung[60] bzw. das Einführungsgesetz zur Insolvenzordnung[61] sind die gesetzlichen Kapitalersatzregeln in mehrfacher Hinsicht abgeändert worden.

I. Änderung des § 32 a Abs. 1 GmbHG

Zunächst wurde § 32 a Abs. 1 GmbHG abgeändert. Durch Art. 48 Nr. 2 a EG InsO wurde sein Wortlaut an die unter der Insolvenzordnung geltende Rechtslage angepaßt. Danach hat § 32 a Abs. 1 GmbHG folgenden Wortlaut:

---

59 So auch *Müller*, Ersatzkapitalregeln, S. 73; ähnlich Rowedder/*Rowedder*; GmbHG, § 32 a Rn. 82 (a. E.) der die Nowellen-Regeln als Bestätigung und partielle Weiterentwicklung der Rechtsprechungsregeln ansieht. Daß der Gesetzgeber im Rahmen der GmbH-Novelle 1980 das vom gesellschaftsrechtlichen Konzept der Rechtsprechung abweichende insolvenzrechtliche Konzept zur Verwirklichung des allgemeinen Rechtsprinzips des angemessenen Ausgleichs von Chancen und Risiken in das GmbH-Gesetz aufnahm, hat meines Erachtens seinen Grund darin, daß er, ohne groß über die zu diesem Zeitpunkt bereits weit entwickelten Rechtsprechungs-Regeln nachzudenken, das gesetzliche "Ur-" Konzept der Reformentwürfe von 1939 (§§ 36, 37, RJM Entwurf 1939 (a. a. O. 1. Kap., Fn. 41) bzw. 1969 (§§ 47, 48 RefE 1969) - also aus einer Zeit, zu der die Rechtsprechungs-Regeln noch nicht so weit wie im Jahr 1980 ausgebildet waren - übernommen hat.

60 Insolvenzordnung (InsO) vom 05.10.1994, BGBl. I, S. 2866 ff.

61 Einführungsgesetz zur Insolvenzordnung (EG InsO) vom 05.10.1994, BGBl. I, S. 2911 ff.

"Hat ein Gesellschafter der Gesellschaft in einem Zeitpunkt, in dem ihr die Gesellschafter als ordentliche Kaufleute Eigenkapital zugeführt hätten, statt dessen ein Darlehen gewährt, so kann er den Anspruch auf Rückgewähr des Darlehens im *Insolvenzverfahren über das Vermögen der Gesellschaft nur als nachrangiger Insolvenzgläubiger geltend machen.*"

§ 32 a Abs. 1 GmbHG ist also entsprechend dem neuen § 39 Abs. 1 Nr. 5 InsO dahingehend abgeändert worden, daß die Gesellschafter nunmehr ihre Ansprüche aus kapitalersetzenden Darlehen oder gleichgestellten Forderungen als *nachrangige Insolvenzforderung* geltend machen können. Die Gesellschafter nehmen also, entgegen der früheren Rechtslage, nach welcher der Gesellschafter Ansprüche aus kapitalersetzenden Darlehen im Konkurs- oder Vergleichsverfahren nicht geltend machen konnte, zukünftig als Gläubiger am Insolvenzverfahren teil. Auf den ersten Blick scheinen sie daher mit den übrigen Insolvenzgläubigern im Insolvenzverfahren konkurrieren zu können.

Das könnte allerdings im Widerspruch zum geltenden System der gesetzlichen Kapitalersatzregeln stehen und wäre im Hinblick auf den ursprünglichen Zweck des § 32 a Abs. 1 GmbHG bedenklich. Danach soll zugunsten der Gesellschaftsgläubiger eine größtmögliche Haftmasse ja unter anderem dadurch erhalten werden, daß die Gesellschafter mit ihren Forderungen aus kapitalersetzenden Darlehen aus dem Konkursverfahren ausgeschlossen werden. Entgegen dem ersten Anschein führt die Zulassung der Gesellschafter mit ihren Ansprüchen aus kapitalersetzenden Darlehen als nachrangige Insolvenzgläubiger allerdings nicht dazu, daß sie mit den übrigen Insolvenzgläubigern konkurrieren und deren Insolvenzquote schmälern können. Aufgrund ihrer Stellung als "*nachrangige*" Insolvenzgläubiger werden ihre Darlehensforderungen gemäß § 39 Abs. 1 Nr. 5 InsO nämlich erst im Rang nach den übrigen Insolvenzgläubigern an letzter Rangstelle der sonstigen nachrangigen Insolvenzgläubiger berichtigt. Das bedeutet, erst wenn nach Befriedigung der übrigen Insolvenzgläubiger noch Vermögen vorhanden ist, werden die Forderungen der Gesellschafter aus kapitalersetzenden Darlehen berücksichtigt.[62] Weiterhin ist auch die Rechtsstellung der nachrangigen Insolvenzgläubiger stark eingeschränkt (siehe §§ 77 Abs. 1 S. 2; 174 Abs. 3 S. 1; 225 Abs. 1; 246 InsO). Die Einbeziehung in das Verfahren bedeutet daher für die darleihenden Gesellschafter kaum eine rechtliche und letztlich auch keine wirtschaftliche Besserstellung, da nach Befriedigung der übrigen Insolvenzgläubiger in aller Regel für

---

62 *Noack*, Gesellschaftsrecht, Rn. 191; *ders.*, FS Claussen (1997), S. 307, 309; Kübler/Prütting/*Holzer*, InsO, § 39 Rn. 2; FK-InsO/*Schulz*, § 39 Rn. 1.

die nachrangigen Insolvenzgläubiger kein zu verteilendes Vermögen mehr da sein wird.[63]

Das deutet zugleich darauf hin, daß der Gesetzgeber durch die Zulassung der Gesellschafter mit ihren Forderungen aus kapitalersetzenden Darlehen zum Insolvenzverfahren nicht das Ziel verfolgte, die Gesellschafter zum Nachteil der Gläubiger besser zu stellen und auf diesem Weg die ratio legis der gesetzlichen Kapitalersatzregeln zu ändern. Bestätigung findet das in der Gesetzesbegründung. Dort führte der Gesetzgeber im Hinblick auf § 39 InsO an, es erscheine nicht sachgerecht, einen nach Befriedigung der Insolvenzgläubiger etwa verbleibenden Überschuß an den Schuldner herauszugeben, bevor nicht unter anderem die Forderungen aus kapitalersetzenden Darlehen getilgt sind.[64] Daran zeigt sich, daß der Gesetzgeber mit der Zulassung der Gesellschafterdarlehen zum Insolvenzverfahren allein den der gesamten Insolvenzordnung zugrunde liegenden Gedanken der Ermöglichung der vollständigen Abwicklung des Schuldnervermögens verfolgte. Die Einbeziehung kapitalersetzender Darlehen als nachrangige Insolvenzforderungen soll nur als Handlungsanweisung an den Insolvenzverwalter wirken, nach Befriedigung der Insolvenzgläubiger erst die Darlehen aus einem etwaigen Überschuß zu bedienen und dann den Rest nach Liquidationsregeln zu verteilen.[65] Folglich ist die Zulassung der Gesellschafter mit ihren Forderungen aus kapitalersetzenden Darlehen als nachrangige Insolvenzgläubiger in § 32 a Abs. 1 GmbHG mit der ursprünglichen ratio legis der gesetzlichen Kapitalersatzregeln zu vereinbaren und hat auf diese keine Auswirkungen.[66] Die faktische Änderung des Systems durch die Zulassung der Gesellschafterdarlehensforderungen im Insolvenzverfahren kann in der Praxis vernachlässigt werden, da es in der Regel, mangels noch zu verteilenden Vermögens, nicht zu einer Beteiligung der Gesellschafter kommen wird.

---

63 Vgl. *Noack*, Gesellschaftsrecht, Rn. 193, 194; *ders.*, FS Claussen (1997), S. 307, 308 f.; siehe auch *Hirte*, Gesellschaftsrecht 1997, S. 145, 173 sowie *Ulmer*, Neuordnung des Insolvenzrechts, S. 119, 125.

64 Begründung § 46 RegE InsO, BT-Drucks. 12/2443, S. 123.

65 *Noack*, Gesellschaftsrecht, Rn. 194, 195; *ders.*, FS Claussen (1997), S. 307, 311 f.; *Ulmer*, Neuordnung des Insolvenzrechts, S. 119, 125.

66 Im Ergebnis wohl ebenso *Noack*, Gesellschaftsrecht, Rn. 195 sowie *ders.*, FS Claussen (1997), S. 307, 311 f.

II. Änderung der Anfechtungsregeln

Neben dieser Änderung des § 32 a Abs. 1 GmbHG sind in der Insolvenzordnung auch die für kapitalersetzenden Gesellschafterdarlehen relevanten Normen des Anfechtungsrechts geändert worden.

Zunächst wurde die für den sachlichen Umfang der Anfechtung maßgebliche Norm des § 32 a KO geändert. Der an deren Stelle getretene § 135 InsO spricht nunmehr von der "Rückgewähr eines kapitalersetzenden Darlehens". Ausweislich der Begründung soll damit klargestellt werden, daß sich das Anfechtungsrecht auch auf die Fälle der §§ 129 a, 172 a HGB sowie auf das gesetzlich nicht geregelte Kapitalersatzrecht bei der Aktiengesellschaft bezieht.[67]

Weiterhin wurden auch die für den zeitlichen Rahmen des Anfechtungsrechts maßgeblichen Fristen abgeändert. Zum einen ist der Zeitpunkt für die Berechnung der Frist, innerhalb derer eine anfechtbare Rechtshandlung vorliegt, in § 135 Nr. 1, 2 InsO im Gegensatz zu §§ 32 a S. 2; 41 Abs. 1 S. 1, 3 KO vorverlegt worden auf den Antrag auf Eröffnung des Insolvenzverfahrens. Zum anderen sieht § 135 Nr. 1 InsO nun eine Zehnjahresfrist anstelle der Dreißigjahresfrist des § 41 Abs. 1 S. 3 KO vor. Zudem wurde noch § 32 b GmbHG durch Art. 48 Nr. 3 EG InsO entsprechend dahingehend geändert, daß er jetzt Rückzahlungen der Gesellschaft aus der Zeit von einem Jahr vor dem Antrag auf Eröffnung des Insolvenzverfahrens und nach Antragstellung erfaßt. Schließlich gilt gem. § 146 InsO, der den früheren § 41 Abs. 1 KO ersetzt, anstelle der früheren einjährigen Frist nunmehr eine zweijährige Frist ab der Eröffnung des Insolvenzverfahrens. Der Vollständigkeit halber ist letztlich noch festzuhalten, daß die Anfechtung von Rechtshandlungen in Bezug auf kapitalersetzende Gesellschafterdarlehen außerhalb des Insolvenzverfahrens in dem durch Art. 1 EG InsO neu gefaßten Anfechtungsgesetz jetzt in § 6 AnfG (früher: § 3 b AnfG) geregelt ist.[68]

Insgesamt ist also im Hinblick auf die Änderungen der relevanten Anfechtungsnormen festzustellen, daß diese grundsätzlich die Position der Insolvenzgläubiger der Gesellschaft verbessern. Das gilt insbesondere für die Vorverlegung des Beginns der Anfechtungsfrist auf den Zeitpunkt des Antrags auf Eröffnung des Insolvenzverfahrens, da dieser in aller Regel nicht nur unwesentlich vor der eigentlichen Eröffnung des Insolvenzverfahrens liegt, sowie für die Verlängerung der Anfechtungsfrist auf jetzt zwei Jahre. Diese Verbesse-

---

67 Begründung RegE, BT-Drucks. 12/2443, S. 161; siehe auch Kübler/Prütting/*Paulus*, InsO, § 135 Rn. 5.

68 Vgl. zu allem *Hirte*, Gesellschaftsrecht 1997, S. 143, 171 f.

rungen der Anfechtungsmöglichkeiten stehen in Einklang mit dem von den gesetzlichen Kapitalersatzregeln verfolgten Zweck der Erhaltung einer größtmöglichen Haftmasse für den Fall des endgültigen wirtschaftlichen Zusammenbruchs der mittels Gesellschafterfremdkapital in der Krise fortgeführten Gesellschaft und haben somit gleichfalls keine Änderungen der ratio legis der §§ 32 a, 32 b GmbHG zur Folge.

III. Ergebnis

Die Änderungen der §§ 32 a, 32 b GmbHG, §§ 135, 146 InsO, § 6 AnfG aufgrund der Insolvenzordnung bzw. des Einführungsgesetzes zur Insolvenzordnung haben folglich allesamt keine Auswirkungen auf die zuvor festgestellte ratio legis der gesetzlichen Kapitalersatzregeln.

B. Freistellung von geringfügig beteiligten Gesellschaftern in § 32 a Abs. 3 S. 2 GmbHG

Neben diesen, durch das Inkrafttreten der Insolvenzordnung bedingten Änderungen der gesetzlichen Kapitalersatzregeln hat der Gesetzgeber 1998 weiterhin § 32 a Abs. 3 GmbHG im Rahmen des Kapitalaufnahmeerleichtungsgesetzes[69] zunächst um einen Satz 2 erweitert, durch den der *nicht geschäftsführende Gesellschafter der mit zehn vom Hundert oder weniger am Stammkapital beteiligt ist* von den *Regeln über den Eigenkapitalersatz freigestellt* wird. Gerechtfertigt wird dies damit, daß der nur geringfügig beteiligte, nicht geschäftsführende Gesellschafter typischerweise nicht die das Eigenkapitalersatzrecht begründende *mitunternehmerische* Finanzierungsverantwortung trage. Daher handle es sich um eine *klarstellende, systemimmanente Regelung*, die sowohl die *positivrechtlichen* als auch die *richterrechtlichen Regeln* über den Eigenkapitalersatz erfasse.[70]

Im rechtswissenschaftlichen Schrifttum ist diese Freistellung geringfügig beteiligter Gesellschafter von den Bindungen der Eigenkapitalersatzregeln - wenn auch aus unterschiedlichen Beweggründen - auf fast einhellige Ablehnung gestoßen.[71] Vereinzelt wurde sie als noch zu kurz greifend angesehen und unter Berufung auf den ungeklärten Normzweck des Kapitalersatzrechts und das daraus resultierende unkontrollierbare "Weiterwuchern" des Anwendungsbereichs

---

69 Art. 2 Nr. 1 KapAEG, BGBl. I 1998, 707.

70 Vgl. Begründung des RegE, BT-Drucks. 13/7141, S. 9, 12 (abgedruckt auch in ZIP 1997, 706 ff.).

71 Mit positiver Tendenz allein *Lutter/Hommelhoff*, GmbHG, §§ 32 a/b Rn. 66 ff.

eine vollständige Abschaffung der gesetzlichen und richterrechtlichen Kapitalersatzregeln gefordert.[72] Demgegenüber kritisierte der ganz überwiegende Teil der gesellschaftsrechtlichen Literatur die Regelung als viel zu weitgehend. Zur Begründung wurde angeführt, die Grenzziehung bei 10 % der Gesellschaftsanteile sei willkürlich und schematisch und werde selbst von den Vertretern der Literatur, die im Grundsatz eine Freistellung bestimmter Gesellschafter vom Kapitalersatzrecht befürworten würden, so nicht vertreten. Zudem verleite sie zu Umgehungsmanövern. Das führe dazu, daß die Regelung eine Fülle von Abgrenzungsschwierigkeiten aufwerfen würde und deshalb letztlich nicht mehr, sondern weniger Rechtssicherheit zur Folge haben werde. Schließlich sei ihr dogmatischer Ansatz insofern verfehlt, als die Höhe der Beteiligung für sich genommen kein geeigneter Ansatzpunkt für die Erfassung der Finanzierungsverantwortung bzw. zur eventuellen Ausgrenzung einer "nicht unternehmerischen Beteiligung" sei. Die Neuregelung stehe demnach im Gegensatz zu Rechtsprechung und bisher herrschender Literatur und sei daher gerade keine systemimmanente Klarstellung, sondern eine tiefgreifende Änderung im Recht der eigenkapitalersetzenden Gesellschafterleistungen.[73]

I. Vereinbarkeit mit der ratio legis

In Anbetracht dessen ist nachfolgend zu untersuchen, ob sich die Freistellung geringfügig beteiligter Gesellschafter von den Bindungen des Kapitalersatzrechts mit der ratio legis der gesetzlichen Kapitalersatzregeln vereinbaren läßt, d. h. ob es sich bloß um eine systemimmanente Klarstellung handelt oder ob diese nicht vielmehr eine dem System des geltenden Eigenkapitalersatzrechts widersprechende Neuregelung darstellt.

---

72 So *Grunewald*, GmbHR 1997, 7, 10; siehe auch *Koppensteiner*, AG 1998, 308, 317, der sich gegen die Einführung einer dem § 32 a, 32 b GmbHG entsprechenden Regelung in das österreichische GmbH-Gesetz wendet.

73 Vgl. zur Kritik und zu den mit § 32 a Abs. 3 S. 2 GmbHG verbundenen Problemen in der Praxis mit im Einzelnen unterschiedlicher Schwerpunktsetzung *Dauner-Lieb*, DStR 1998, 609 ff.; *Pentz*, DB 1997, 1265 ff.; *ders.*, GmbHR 1999, 437 ff.; *v. Gerkan*, ZGR 1997, 173 ff.; *ders.*, GmbHR 1997, 677 ff.; *Goette*, GmbH nach der BGH-Rechtsprechung, § 4, Rn. 12; *ders.*, DStR 1997, 2027, 2029 f.; *Altmeppen*, ZIP 1996, 1455; *Roth/Altmeppen*, GmbHG, § 32 a Rn. 6; *Hirte*, Gesellschaftsrecht 1997, S. 145, 155 ff.; *ders.*, ZInsO 1998, 147, 152 ff.; *Karollus*, ZIP 1996, 1893 ff.; *Pape/Voigt*, DB 1996, 2113 ff.; *K. Schmidt*, ZIP 1996, 1586 ff.

1. Freistellung von Kleinanteilen als Klarstellung?

Es ist bereits im Ausgangspunkt überaus fragwürdig, ob der neu eingeführte § 32 a Abs. 3 S. 2 GmbHG, wie in der Begründung des dem Kapitalaufnahmeerleichterungsgesetz zugrunde liegenden Regierungsentwurfs mehrfach behauptet, wirklich nur eine Klarstellung enthält. Das wäre dann zu bejahen, wenn schon bislang die Freistellung nicht geschäftsführender Gesellschafter, die mit 10 % oder weniger an der Gesellschaft beteiligt sind, geltendem Recht oder einer gefestigten herrschenden Meinung entsprach, so daß die Regelung eine Kodifikation bereits anerkannter Wertungen darstellen würde.

a) Auffassung des BGH

Als erstes beruft sich die Begründung des Regierungsentwurfs insoweit auf die BuM/WestLB-Entscheidung des BGH[74], so daß zu überprüfen ist, ob im Hinblick auf diese Entscheidung § 32 a Abs. 3 S. 2 GmbHG eine bloße Klarstellung ist. Ein kurzer Blick auf dieses Urteil und die sonstige Rechtsprechung des BGH zeigt jedoch, daß eine Freistellung geringfügig beteiligter Gesellschafter, wie sie § 32 a Abs. 3 S. 2 GmbHG anordnet, seiner bisherigen Auffassung nicht entspricht. Zwar hat der BGH in der vom Regierungsentwurf angeführten BuM-Entscheidung, die sich vor allem mit der sinngemäßen Anwendung des Kapitalersatzrechts auf die Aktiengesellschaft befaßte, das Eingreifen der Kapitalersatzregeln nicht allein an die bloße Aktionärsstellung des Darlehensgebers geknüpft, sondern davon abhängig gemacht, daß der darleihende Aktionär an der Aktiengesellschaft dergestalt unternehmerisch beteiligt ist, daß er ein Minimum an Einfluß hat. Allerdings hat der BGH im Unterschied zur gesetzlichen Regelung gerade *keine bestimmte Anteilsquote* als Gradmesser für diese Einflußmöglichkeit festgelegt. Vielmehr hat er nur an die aktienrechtliche Sperrminorität von 25 % die Vermutung eines unternehmerischen Eigeninteresses geknüpft, ohne gleichzeitig für den Fall einer geringeren Beteiligung die Anwendbarkeit des Kapitalersatzrechts gänzlich auszuschließen.[75] Damit weist die gesetzliche Regelung mit der festen 10 %-Schwelle einen signifikanten Unterschied zu der im Entwurf angeführten Entscheidung auf. Hinzu kommt, daß die BuM-Entscheidung durch aktienrechtliche Besonderheiten geprägt ist. Mit der Forderung nach einem Minimum an Einfluß wollte der BGH nämlich konkret verhindern, daß typische Bankkredite alleine dadurch verstrickt werden, daß die Bank im Rahmen ihres Wertpapiergeschäfts mehr oder

---

74 BT-Drucks. 13/7141, S. 11 unter Berufung auf BGHZ 90, 381 ff.

75 Vgl. BGHZ 90, 381, 388, 389 ff.

weniger zufällig unter anderem Aktien des Darlehensschuldners in Besitz hat.[76] Für den Bereich der GmbH, bei der sich dieses Problem üblicherweise nicht stellt, hat der BGH noch keine entsprechenden Überlegungen angestellt. Statt dessen hat er in einer Entscheidung aus dem Jahr 1988 nochmals festgestellt, daß die eigenkapitalähnliche Sonderbehandlung von Darlehen des GmbH-Gesellschafters allein durch die Tatsache seiner Beteiligung an der Gesellschaft begründet wird.[77] Folglich stellt die in § 32 a Abs. 3 S. 2 GmbHG enthaltene Freistellung von geringfügig beteiligten Gesellschaftern keine Klarstellung einer ständigen Rechtsprechung dar.

b) Auffassung von *Lutter/Hommelhoff*

Neben dem BGH beruft sich der Regierungsentwurf weiterhin auf die Kommentierung von *Lutter/Hommelhoff*.[78] Deren in der angeführten Kommentarstelle vertretene Auffassung weist aber gleichfalls einen wesentlichen Unterschied zur gesetzlichen Regelung auf. Zwar befürworten sie in der Tat eine teleologische Reduktion des § 32 a GmbHG und wollen die Anwendbarkeit der Kapitalersatzregeln an eine feste und rechtssichere Mindestbeteiligung anknüpfen. Diese Grenze soll jedoch nach ihrer Ansicht bei *weniger als 10 %* des Stammkapitals liegen, da ein Gesellschafter mit einem derartigen Kleinanteil aufgrund seiner eingeschränkten Rechtsstellung (siehe § 50 Abs. 1, 2 GmbHG) typischerweise nicht die (von *Lutter/Hommelhoff* insofern in Übereinstimmung mit dem Regierungsentwurf als erforderlich angesehene) mitunternehmerische Verantwortung trage.[79] Demgegenüber erfaßt die Freistellung des § 32 a Abs. 3 S. 2 GmbHG auch noch die mit den Minderheitsrechten des § 50 GmbHG ausgestatteten Gesellschafter mit einem Gesellschaftsanteil von genau 10 %.

Aufgrund dieses Unterschiedes kann auch bezüglich der Auffassung von *Lutter/Hommelhoff* von einer Klarstellung durch § 32 a Abs. 3 S. 2 GmbHG nicht die Rede sein.[80]

---

76 BGHZ 90, 381, 389.

77 BGHZ 105, 168, 175 f.

78 BT-Drucks. 13/7141, S. 12 unter Hinweis auf *Lutter/Hommelhoff*, GmbHG, 14. Auflage, §§ 32 a/b Rn. 56.

79 Siehe *Lutter/Hommelhoff*, GmbHG, 14. Auflage, §§ 32 a/b Rn. 56.

80 Hinzu kommt, daß es sich bei der Auffassung von *Lutter/Hommelhoff* um eine bislang vereinzelt gebliebene Ansicht handelt, ohne daß dies in der Begründung des Regierungsentwurfs deutlich wird. In der Neuauflage ihrer Kommentierung gehen

c) Auffassungen im übrigen Schrifttum

Stellt die Freistellung geringfügig beteiligter Gesellschafter in § 32 a Abs. 3 S. 2 GmbHG somit unter Berücksichtigung der in der Entwurfsbegründung in Bezug genommenen Auffassungen in Rechtsprechung und Literatur keine Klarstellung dar, ist abschließend noch zu überprüfen, ob dies denn eventuell im Hinblick auf das übrige Schrifttum der Fall ist. Auch dem ist aber letztlich nicht so. Zwar wird im Schrifttum, auch über die bereits angeführte Auffassung von *Lutter/Hommelhoff* hinaus, eine teleologische Reduktion des Kapitalersatzrechts auf die Fälle des Vorliegens eines unternehmerischen Eigeninteresses diskutiert. Jedoch wird die Gesetz gewordene Variante, soweit ersichtlich, nirgendwo vertreten. Die ganz herrschende Meinung lehnt das Erfordernis eines unternehmerischen Eigeninteresses von vornherein ab und knüpft die Anwendbarkeit der Kapitalersatzregeln allein an die formale Gesellschafterstellung.[81] Aber auch die für eine Einschränkung argumentierenden Stimmen in der Literatur orientieren sich nicht an einer prozentualen Beteiligung, sondern machen die von ihnen für *Ausnahmefälle* befürwortete Befreiung *einzelner Gesellschafter* von den Bindungen des Kapitalersatzrechts von einer *Würdigung aller Umstände des Einzelfalls* abhängig.[82]

d) Zwischenergebnis

Die vom Gesetzgeber mit § 32 a Abs. 3 S. 2 GmbHG eingeführte Freistellung von nicht geschäftsführenden Gesellschaftern, die mit bis zu 10 % an der Gesellschaft beteiligt sind, steht folglich im Gegensatz zur bisher ganz herrschenden Meinung und wird auch ansonsten in dieser Ausgestaltung in der Literatur

---

Lutter/Hommelhoff auf die angeführte Diskrepanz zu ihrer bis zur 14. Auflage vertretenen Ansicht aber mit keinem Wort ein.

81 Siehe statt aller Hachenburg/*Ulmer*, GmbHG, § 32 a, b Rn. 35 ff.; *ders.*, ZIP 1984, 1163, 1167; *Roth/Altmeppen*, GmbHG, § 32 a Rn. 6; Baumbach/Hueck/*Hueck*, GmbHG, § 32 a Rn. 17; *Herrmann*, Fremdfinanzierung durch Gesellschafter, S. 151, 156 f.; *Fleck*, FS Werner (1984), S. 107, 122 f.; *Röhricht*, Eigenkapitalersetzende Leistungen, S. 1, 21 ff., 24; *Goette*, DStR 1997, 2027, 2029 (jeweils mit weiteren Nachweisen).

82 Vgl. mit jeweils leicht unterschiedlicher Argumentation *Hirte*, Gesellschaftsrecht 1997, S. 145, 168 ff.; *Rümker*, ZGR 1988, 494, 504 f. (jeweils mit weiteren Nachweisen); Scholz/*K. Schmidt*, GmbHG, §§ 32 a, 32 b Rn. 45 sowie noch *v. Gerkan/Hommelhoff*, Kapitalersatz im Gesellschafts- und Insolvenzrecht, Rn. 3.7, S. 65.

nicht vertreten. Insofern handelt es sich bei § 32 a Abs. 3 S. 2 GmbHG nicht um eine Klarstellung, sondern vielmehr um eine Neuregelung.[83]

2. Freistellung von Kleinanteilen als systemimmanente Neuregelung?

Es stellt sich daher die Frage, ob es sich bei der Freistellung von geringfügig beteiligten Gesellschaftern zumindest, wie im Regierungsentwurf ja gleichfalls angeführt wird, um eine *systemimmanente* Neuregelung handelt. Das setzt voraus, daß die absolute Freistellung von Kleinbeteiligungen mit der zuvor herausgearbeiteten ratio legis der §§ 32 a, 32 b GmbHG zu vereinbaren ist. Dafür könnte sprechen, daß ja auch schon vor der Einführung des Satzes 2 in § 32 a Abs. 3 GmbHG von Teilen des Schrifttums eine teleologische Reduktion des personellen Anwendungsbereichs im Hinblick auf nicht unternehmerisch beteiligte Gesellschafter mit der Begründung befürwortet wurde, daß diese typischerweise keine mitunternehmerische Finanzierungsverantwortung tragen würden.[84]

Entgegen dieser Auffassung und damit letztlich auch entgegen der in der Begründung des Regierungsentwurfs vertretenen Auffassung, läßt sich aber eine Freistellung geringfügig beteiligter Gesellschafter nicht mit der ratio legis der gesetzlichen Kapitalersatzregeln vereinbaren. Wie oben festgestellt wurde, beruhen die gesetzlichen Kapitalersatzregeln auf dem allgemeinen Rechtsprinzip des angemessenen Ausgleichs von Chancen und Risiken.[85] Dieses Rechtsprinzip ist ursprünglich im GmbH-Gesetz aufgrund der uneingeschränkten Finanzierungsfreiheit der Gesellschafter nur unzureichend verwirklicht worden. Die Gesellschafter haben nämlich die Möglichkeit, die Gesellschaft über den Zeitpunkt der Kreditunwürdigkeit hinaus mit Fremdkapital - wenn auch aus Gesellschafterhand - zu finanzieren und sie so in der Krise fortzuführen. Infolgedessen wird das gesetzliche Konzept des Chancen-Risiken-Ausgleichs außer Kraft gesetzt und es kommt zu einer mit dem allgemeinen Rechtsprinzip des angemessenen Ausgleichs von Chancen und Risiken nicht mehr zu vereinbarenden Risikoverlagerung zu Lasten der Gesellschaftsgläubiger.[86]

---

[83] Ebenso *Dauner-Lieb*, DStR 1998, 609, 613, die im Hinblick auf die entgegenstehende Behauptung des Gesetzgebers plastisch von einer "Mogelpackung" spricht; *Pentz*, BB 1997, 1265, 1268; *ders.*, GmbHR 1999, 437, 438/439; *K. Schmidt*, Insolvenzrecht 1998, S. 287, 300.

[84] Siehe dazu schon die Nachweise zuvor 4. Kap. § 3 B I 1, Fn. 79 und Fn. 82.

[85] Siehe oben 3. Kap. § 4 sowie ausführlich zum Prinzip oben 3. Kap. § 2 E III 4.

[86] Siehe oben 3. Kap. § 2 E III 4 e.

Durch die Fortführung der Gesellschaft in der Krise anhand von Gesellschafterfremdkapital wird das gesetzliche Konzept zum Ausgleich von Chancen und Risiken allerdings in jedem Fall außer Kraft gesetzt und eine mit dem entsprechenden Rechtsprinzip nicht mehr zu vereinbarende Verteilung von Chancen und Risiken bewirkt. Dabei ist es ohne jede Bedeutung, ob der Gesellschafter, der die Fortführung der Gesellschaft durch sein Fremdkapital ermöglicht hat, mit 1 %, 10 % oder 100 % an der GmbH beteiligt ist bzw. wegen des Umfangs seiner Beteiligung "*mitunternehmerische Verantwortung*"[87] trägt. Entscheidend ist allein, daß er durch sein Fremdkapital den Fortbestand der Gesellschaft über den Zeitpunkt der Kreditunwürdigkeit hinaus ermöglicht[88] und dadurch die Risikoverteilung zu Lasten der Gläubiger und zu seinen Gunsten verändert hat. Die Anwendung der gesetzlichen Kapitalersatzregeln hängt daher nicht vom Umfang der Beteiligung des Gesellschafters ab, sondern *nur* von der *Rechtsstellung des Fremdkapitalgebers als Gesellschafter,*[89] aufgrund derer er - gemeinsam mit den anderen Gesellschaftern - die tatsächliche Verfügungsgewalt über die Gesellschaft hat und die ihm die Chancen aus dem Betrieb der GmbH zuweist.[90]

Demnach ist die Freistellung nicht geschäftsführender Gesellschafter mit einem Gesellschaftsanteil bis zu 10 % auch keine systemimmanente Regelung.

---

87 So die Begründung des RegE, BT-Drucks. 13/7141, S. 11/12.

88 Ebenso wenn auch mit einer von der "Finanzierungsverantwortung" ausgehenden Argumentation *Dauner-Lieb*, DStR 1998, 609, 614 f.; *Pentz*, BB 1997, 1265, 1266 f.; *ders.*, GmbHR 1999, 437, 439.

89 So auch schon ausdrücklich Begründung RegE 1977, BT-Drucks. 8/1347, S. 40 sowie im Ergebnis ebenfalls bereits die bislang ganz herrschende Meinung, wenn auch von der von ihr als Grundgedanke des Kapitalersatzrechts angesehenen *Finanzierungsfolgeverantwortung* ausgehend, vgl. nur BGHZ 105, 168, 175/176; Hachenburg/*Ulmer*, GmbHG, § 32 a, b Rn. 34 ff.; *ders.*, ZIP 1984, 1163, 1168; Baumbach/Hueck/*Hueck*, GmbHG, § 32 a Rn. 16 f.; *v. Gerkan*, ZGR 1997, 173, 179 f.; *Dauner-Lieb*, DStR 1998, 609, 614; *Pentz*, GmbHR 1999, 437, 439; *Ullrich*, GmbHR 1983, 133, 141 f.; *Fleck*, FS Werner (1984), S. 107, 123; *Röhricht*, Eigenkapitalersetzende Leistungen, S. 1, 21; *Goette*, GmbH nach der BGH-Rechtsprechung, § 4, Rn. 12 sowie *ders.*, DStR 1997, 2027, 2029. Selbst die Vertreter der Literatur, die eine teleologische Reduktion diskutieren, machen diese nicht vom Umfang der Beteiligung, sondern von einer Würdigung aller Umstände des Einzelfalls abhängig, vgl. nur Scholz/*K. Schmidt*, GmbHG, § 32 a, 32 b Rn. 30, 41; *Lutter/Hommelhoff*, GmbHG, 14. Auflage, §§ 32 a/b Rn. 55 ff.; *Hirte*, ZInsO 1998, 147, 153; *ders.*, Gesellschaftsrecht 1997, S. 145, 168 ff.

90 Siehe schon oben 3. Kap. § 2 E III 4 d aa.

Sie führt vielmehr zu einer Veränderung des geltenden Systems zu Lasten des Gläubigerschutzes und stellt daher einen Fremdkörper dar.[91]

II. Auswirkung auf die bisherige ratio legis?

Da die mit § 32 a Abs. 3 S. 2 GmbHG eingeführte Freistellung geringfügig beteiligter Gesellschafter also entgegen der Begründung des Regierungsentwurfs weder eine Klarstellung noch eine zumindest systemimmanente Neuregelung ist, stellt sich nun schließlich noch die Frage, ob durch diese Neuregelung die gesetzlichen Kapitalersatzregeln durch den Gesetzgeber auf ein neues dogmatisches Fundament gestellt wurden bzw. deren ratio legis geändert wurde.

Dem ist jedoch letztlich nicht so. Wie sich aus der Begründung des Regierungsentwurfs ergibt, sollte nicht der tragende Gedanke der gesetzlichen Kapitalersatzregeln durch § 32 a Abs. 3 S. 2 GmbHG geändert werden, sondern nur der personelle Anwendungsbereich aus rechtspolitischen Gründen eingeschränkt werden.[92] Die Freistellung geringfügig beteiligter Gesellschafter sollte der "Deregulierung" des unbestreitbar komplizierten Kapitalersatzrechts dienen, die Rechtssicherheit verbessern sowie die GmbH für die "zur Verfügungstellung von Risikokapital" attraktiver machen.[93] Dabei gingen die Verfasser des Entwurfs davon aus, daß es sich bei der Freistellung um eine systemimmanente Klarstellung handelt.[94] Dem lag allerdings ein unzutreffendes Verständnis der zur Begründung des Entwurfs angeführten Rechtsprechung und Literatur[95] sowie eine Verkennung des die Kapitalersatzregeln tragenden Grundgedankens zugrunde. Dies ist nämlich - entgegen der herrschenden Meinung - weder die Finanzierungs- oder Finanzierungsfolgeverantwortung, noch, wie vom Regierungsentwurf angeführt, die "mitunternehmerische" Finan-

---

91 *Dauner-Lieb*, DStR 1998, 609, 613, 615 f. Im Ergebnis ebenso *Pentz*, BB 1997, 1265, 1269; *K. Schmidt*, ZIP 1996, 1586, 1589. Scholz/*K. Schmidt*, GmbHG, §§ 32 a, 32 b Rn. 179 sowie trotz grundsätzlicher Zustimmung zum Kleinbeteiligtenprivileg *Lutter/Hommelhoff*, GmbHG, §§ 32 a/b Rn. 66. Aus den gleichen Gründen ist auch den bereits früher angeführten neueren Tendenzen im Schrifttum (siehe zuvor 4. Kap., Fn. 79, 82), die den Grund für die Kapitalersatzregeln in der *mitunternehmerischen* Finanzierungsverantwortung der Gesellschafter sehen und daher eine teleologische Reduktion der gesetzlichen Kapitalersatzregeln befürwortet haben, eine Absage zu erteilen.

92 BT-Drucks. 13/7141, S. 11 f. sowie *Seibert*, DStR 1997, 35, 36, der als Ministerialrat beim BMJ an der Neuregelung maßgeblich beteiligt war.

93 Begründung des RegE, BT-Drucks. 13/7141, S. 9, 12.

94 Begründung des RegE, BT-Drucks. 13/7141, S. 9, 12.

95 Vgl. dazu soeben 4. Kap. § 3 B I 1 a, b.

zierungsverantwortung[96], sondern vielmehr der Gedanke der Verwirklichung des allgemeinen Rechtsprinzips des angemessenen Ausgleichs von Chancen und Risiken.[97] Die Auffassung der Entwurfsverfasser, daß es sich bei § 32 a Abs. 3 S. 2 GmbHG um eine systemimmanente, klarstellende Regelung handelt, beruht auf diesem unzutreffenden Verständnis des das Kapitalersatzrecht tragenden Gedankens und bedeutet nicht etwa, daß den gesetzlichen Kapitalersatzregeln ein neues dogmatisches Fundament zugrunde gelegt werden sollte. Die Neuregelung in § 32 a Abs. 3 S. 2 GmbHG hat daher keine Auswirkungen auf die bisherige ratio legis der gesetzlichen Kapitalersatzregeln.[98] Tragender Grundgedanke ist nach wie vor der Gedanke der Verwirklichung des allgemeinen Rechtsprinzips des angemessenen Ausgleichs von Chancen und Risiken. Ausschlaggebend für die Anwendbarkeit der Kapitalersatzregeln ist somit weiterhin allein die Rechtsstellung als Gesellschafter. Nur ein bestimmter Personenkreis, dessen Fremdkapitalleistungen im Grundsatz den gesetzlichen Ersatzkapitalregeln unterlägen, ist aus rechtspolitischen Gründen von Gesetzgeber aus deren Anwendungsbereich herausgenommen worden.

Allerdings ist diese rechtspolitische Entscheidung, den personellen Anwendungsbereich des § 32 a GmbHG einzuschränken, letztlich wenig überzeugend. Die Freistellung geringfügig beteiligter Gesellschafter von den Bindungen des Eigenkapitalersatzrechts hat, wie oben angeführt, eine Veränderung des geltenden Systems zu Lasten des Gläubigerschutzes zur Folge. Diese Beeinträchtigung des Gläubigerschutzes ließe sich allenfalls dann rechtspolitisch rechtfertigen, wenn sie der Umsetzung der mit der Einfügung des Kleinbeteiligtenprivilegs verfolgten Ziele dienlich ist. Es ist allerdings sehr zweifelhaft, ob die mit § 32 a Abs. 3 S. 2 GmbHG angestrebten Ziele mit dieser Regelung überhaupt erreicht werden können. Ob sich durch die Freistellung nicht geschäftsführender Gesellschafter mit einem Gesellschaftsanteil von 10 % und weniger nämlich tatsächlich eine Deregulierung des Kapitalersatzrechts und eine Steigerung der Rechtssicherheit erreichen läßt, ist insofern fraglich, als § 32 a Abs. 3

---

96 Siehe Begründung des RegE, BT-Drucks. 13/7141, S. 11 f.

97 Dabei ist der Entwurfsbegründung zugute zu halten, daß diese Verkennung letztlich wohl darauf zurückzuführen ist, daß das Schlagwort der "Finanzierungsverantwortung", welches nur das Ergebnis der Kapitalersatzregeln zusammenfaßt und eben *nicht* deren tragender Grundgedanke ist, mittlerweile von der ganz herrschenden Meinung zur Begründung der verschiedensten Teilaspekte herangezogen wird, ohne daß jemals richtige Klarheit über den das Kapitalersatzrecht eigentlich tragenden Grundgedanken bestand. Daraus wird auch die Gefährlichkeit der Verselbständigung derartiger Schlagworte deutlich.

98 So auch Scholz/*K. Schmidt*, GmbHG, §§ 32 a, 32 b Rn. 180.

S. 2 GmbHG seinem Wortlaut nach zwar eine klare Grenzziehung enthält, jedoch letztlich eine ganze Reihe schwieriger Abgrenzungsfragen nach sich zieht.[99] Das ist im Ergebnis der Deregulierung und der Rechtssicherheit nicht gerade zuträglich.[100] Zudem ist fraglich, wie durch die Privilegierung von Fremdkapital die Zufuhr von Eigenkapital verbessert werden soll.[101] Dies zeigt, daß der Neuregelung kein stimmiges Konzept zugrunde liegt.[102] Das wird schließlich auch daran deutlich, daß noch im Gesetzgebungsverfahren des Kapitalaufnahmeerleichterungsgesetzes der Gesetzgeber erneut, allerdings im Rahmen eines ganz anderen Gesetzgebungsverfahrens - nämlich des KonTraG - im Kapitalersatzrecht tätig wurde und bereits kurze Zeit nach Einfügung des Satzes 2 in § 32 a Abs. 3 GmbHG diesen um einen Satz 3 ergänzte, in welchem ein Sanierungsprivileg enthalten ist.[103] Durch die Freistellung geringfügig beteiligter Gesellschafter werden also letztlich die Interessen der Gesellschaftsgläubiger zum Zweck einer konzeptionslosen und kaum konkretisierbaren Mittelstandsförderung beschnitten, ohne daß bedacht wurde, daß es sich bei den Gläubigern als der "Marktgegenseite" im Regelfall ebenfalls um Angehörige des Mittelstands handelt, die in der Praxis regelmäßig ohnehin erhebliche Forderungsausfälle erleiden und deren Position nun weiter verschlechtert wird,

---

99 Siehe dazu Scholz/*K. Schmidt*, GmbHG, §§ 32 a, 32 b Rn. 184 ff.; *ders.*, GmbHR 1999, 1269 ff.; *Lutter/Hommelhoff*, GmbHG, §§ 32 a/B Rn. 69 ff.; *Pentz*, BB 1997, 1265, 1268 f.; *ders.*, GmbHR 1999, 437, 441 ff.; *v. Gerkan*, GmbHR 1997, 677, 679 ff.; *Hirte*, Gesellschaftsrecht 1997, S. 145, 155 f.; *H. P. Westermann*, DZWiR 2000, 1, 4 ff.

100 So auch *Hirte*, Gesellschaftsrecht 1997, S. 145, 165 f.; *Pentz*, GmbHR 1999, 437, 440 f. Siehe weiterhin *Habersack*, ZHR 162 (1998), 201, 610; *K. Schmidt*, Insolvenzrecht 1998, S. 287, 300; *Pape/Voigt*, DB 1996, 2113, 2115 f.

101 Vgl. dazu *K. Schmidt*, ZIP 1996, 1586, 1588, der diesbezüglich davon spricht, "dem Gesetzgeber sei scheinbar "das Ei des Kolumbus gelungen" mit der These: "Mehr Eigenkapital durch Privilegierung von Fremdmittel!". Siehe auch *Hirte*, Gesellschaftsrecht 1997, 145, 156 f. sowie *ders.*, ZInsO 1998, 147, 152.

102 So auch *Dauner-Lieb*, DStR 1998, 609, 616; ähnlich *v. Gerkan*, GmbHR 1997, 677, 682.

103 Dazu sogleich unten 4. Kap. § 3 C II. Signifikant im Hinblick auf das fehlende Konzept des Gesetzgebers ist auch, daß sich eine entscheidende Stellungnahme des Bundesrates zum Entwurf des KapAEG, in welchem er ein Sanierungsprivileg als *vorzugswürdig* erachtet, an ganz abgelegener Stelle in einem Beschluß zum "Dritten Finanzmarktförderungsgesetz" findet (siehe BR-Drucks. 605/97, S. 47 f.). Siehe auch *Seibert*, GmbHR 1998, 309, der einräumt, daß es "eigentlich keinen konkreten Auslöser" für die vorgenommenen Änderungen im Eigenkapitalersatzrecht gegeben hat.

ohne daß die damit angestrebten Ziele hinreichend wahrscheinlich erscheinen.[104]

III. Ergebnis

Die in § 32 a Abs. 3 S. 2 GmbHG enthaltene Freistellung nicht geschäftsführender Gesellschafter mit einem Gesellschaftsanteil bis zu 10 % von den Bindungen des Kapitalersatzrechts ist, entgegen der Begründung des zugrunde liegenden Regierungsentwurfs, weder nur klarstellend noch systemimmanent.[105] Es handelt sich vielmehr um eine systemwidrige Neuregelung, da die eingeführte Freistellung geringfügig beteiligter Gesellschafter sich nicht mit der ratio legis der gesetzlichen Kapitalersatzregeln vereinbaren läßt, sondern zu einer Veränderung des geltenden Systems zu Lasten des Schutzes der Gesellschaftsgläubiger führt. Allerdings hat die Neuregelung letztlich keine Auswirkungen auf diese ratio legis, sondern stellt nur eine rechtspolitisch motivierte Einschränkung des personellen Anwendungsbereichs der gesetzlichen Kapitalersatzregeln dar.

IV. Exkurs: Geltung trotz Systemwidrigkeit?

In Anbetracht des hier gewonnenen Ergebnisses (systemwidrige, rechtspolitisch fragwürdige Neuregelung) drängt sich allerdings die Frage auf, ob und inwieweit die in § 32 a Abs. 3 S. 2 GmbHG enthaltene Freistellung geringfügig beteiligter Gesellschafter Geltung beanspruchen kann, d. h. ob die Rechtsprechung, insbesondere im Hinblick auf die richterrechtlichen Kapitalersatzregeln, an die neue Regelung gebunden ist. In der rechtswissenschaftlichen Literatur wurden nämlich schon im Rahmen der Diskussion um die Einführung von § 32 a Abs. 3 S. 2 GmbHG Stimmen laut, die sich dafür aussprachen, diese Norm zumindest im Hinblick auf die Rechtsprechungsregeln nicht anzuwenden.[106] Zunächst ist festzuhalten, daß § 32 a Abs. 3 S. 2 GmbHG auf die gesetzlichen Kapitalersatzregeln unbeschränkt anzuwenden ist. Die Verfasser des Regierungsentwurfs haben sich zum Zweck der Gewährleistung von mehr Rechtssicherheit und zur Vereinfachung des Kapitalersatzrechts bewußt für eine absolute, am Gesellschaftsanteil orientierte Grenze zur Ermittlung der von ihnen als erforderlich angesehenen mitunternehmerischen Finanzierungsverant-

---

[104] So zutreffend *Pentz*, GmbHR 1999, 437, 441.

[105] Anderer Ansicht wohl nur *Obermüller*, ZInsO 1998, 51, 52, aber ohne jede Begründung.

[106] Vgl. *Karollus*, ZIP 1996, 1893, 1895; ähnlich auch noch *K. Schmidt*, ZIP 1996, 1586, 1589.

wortung entschieden und damit gegen eine Würdigung der Umstände des Einzelfalls. Insofern besteht kein Raum für irgendwelche Differenzierungen oder teleologische Reduktionen hinsichtlich der Anwendung der Norm auf die gesetzlichen Kapitalersatzregeln.[107] Das wird auch, soweit ersichtlich, nirgendwo bestritten.

Problematisch ist demgegenüber im Hinblick auf die zuvor angeführten Literaturstimmen die Frage, ob auch die richterrechtlichen Kapitalersatzregeln zukünftig nicht mehr auf nicht geschäftsführende Gesellschafter mit einem Gesellschaftsanteil bis zu 10 % angewandt werden dürfen. Die Verfasser des dem § 32 a Abs. 3 S. 2 GmbHG zugrunde liegenden Regierungsentwurfs gingen davon aus, daß durch die Neuregelung, aufgrund ihrer allgemeinen gefaßten Formulierung "Regeln über den Eigenkapitalersatz", sowohl die positivrechtlichen als auch die richterrechtlichen Kapitalersatzregeln erfaßt werden.[108] Diese Auffassung zwingt jedoch für sich genommen nicht dazu, die Freistellung geringfügig beteiligter Gesellschafter auf die Rechtsprechungsregeln zu erstrecken. Zwar sind die einzelnen Vorstellungen der Verfasser des Gesetzestextes über Bedeutung und Reichweite einer Norm von erheblichem Wert für ihre Auslegung, jedoch stellen sie keine bindende Richtschnur für den Gesetzesanwender dar.[109] Würde § 32 a Abs. 3 S. 2 GmbHG auch die richterrechtlichen Regeln erfassen, hätte der Gesetzgeber diese rechtsfortbildend entwickelten Regeln in ihren personellen Anwendungsbereich eingeschränkt, also quasi per Gesetz eine *Rechtsrückbildung*[110] vorgenommen. Im Hinblick darauf wird, wie bereits erwähnt, im Schrifttum die Auffassung vertreten, der Gesetzgeber habe durch § 32 a Abs. 3 S. 2 GmbHG in die Fortbildungskompetenz der Gerichte eingegriffen und sich an der Natur der Sache vergriffen. Infolgedessen könnten die Gerichte die Rechtsprechungsregeln uneingeschränkt fortführen und seien insoweit nicht an die Neuregelung gebunden.[111]

---

107 Ebenso *Dauner-Lieb*, DStR 1998, 609, 616; jetzt auch Scholz/*K. Schmidt*, GmbHG, §§ 32 a, 32 b Rn. 180; *ders.*, GmbHR 1999, 1269, 1270.

108 Begründung des RegE, BT-Drucks. 13/7141, S. 12; so auch *Seibert*, DStR 1997, 35, 36.

109 *Larenz*, Methodenlehre, S. 329. Wie hier *Pentz*, GmbHR 1999, 437, 442.

110 So der von *H. P. Westermann*, FS Zöllner (1998), S. 607 ff. als Gegenbegriff zur *Rechtsfortbildung* für derartige (sowohl richterrechtliche als auch gesetzliche) Einschränkungen einer Rechtsfortbildung geprägte Begriff.

111 So noch *K. Schmidt*, ZIP 1996, 1586, 1589 sowie wohl auch *Karollus*, ZIP 1996, 1893, 1895.

Das greift die bereits im Rahmen der Diskussion um die Fortführung der Rechtsprechungsregeln aus Anlaß der GmbH-Novelle 1980 aufgestellte These auf, daß der Gesetzgeber wegen des schnellen und tiefgreifenden Wandels der Wirtschaftsordnung und der daraus resultierenden gesellschaftsrechtlichen Probleme überfordert sei. Aus diesem Grund käme den Gerichten kraft einer "Autorität der Sachnähe" das Recht zu, die bessere richterrechtliche gegen die schlechtere gesetzliche Regelung durchzusetzen.[112] Den Gerichten wird also ein richterliches Widerstandsrecht gegen eindeutige, aber "mißlungene" Gesetze zugesprochen.

Ein derartiges richterliches Widerstandsrecht ist jedoch letztlich abzulehnen: Es ist zunächst zu betonen, daß der Gesetzgeber grundsätzlich frei werten kann, ob er die Verwirklichung eines Prinzips - hier des Prinzips des angemessenen Ausgleichs von Chancen und Risiken - uneingeschränkt unterstützen oder - um der Zumutbarkeit für geringfügig beteiligte und damit auch nur mit geringen Chancen versehene Gesellschafter willen - ein anderes Prinzip höher gewichten will. Außerdem steht es ihm frei zu versuchen, durch eine Rechtsrückbildung auf unerwünschte Folgen einer Rechtsfortbildung zu reagieren.[113] Weiterhin spricht gegen ein Widerstandsrecht kraft Autorität der Sachnähe, daß dieses letztlich dazu führt, daß eine langjährige etablierte Rechtsfortbildung, so lange dagegen nicht Praxis und Wissenschaft einhellig aufbegehren, praktisch unangreifbar wird.[114] Abgesehen davon wäre die uneingeschränkte Fortführung der richterrechtlichen Kapitalersatzregeln aber auch methodisch nicht zulässig. Konnte man die Fortführung der Rechtsprechungsregeln neben den gesetzlichen Kapitalersatzregeln anläßlich der GmbH-Novelle 1980 noch unter Berufung auf die kurzen Fristen der Novellen-Regeln damit begründen, daß man dadurch das ausdrückliche Ziel des Gesetzes - nämlich die Verbesserung des Gläubigerschutzes - verwirkliche[115] (was für sich betrachtet schon einen zweifelhaften methodischen "Kunstgriff" darstellte), würde nunmehr die uneingeschränkte Fortführung dem Gesetz zuwider laufen. Die Gesetzesverfasser haben nämlich eindeutig zum Ausdruck gebracht, daß sie das geltende Gläubigerschutzniveau im gewissen Umfang zugunsten der Gesellschafter - wenn auch aus rechts-

---

[112] So *Kübler*, FS Stimpel (1985), S. 3 ff., 13 f.; ähnlich *K. Schmidt*, Gesellschaftsrecht, § 37 IV 1 b, S. 1151.

[113] *H. P. Westermann*, FS Zöllner (1998), S. 607, 616.

[114] *H. P. Westermann*, FS Zöllner (1998), S. 607, 616/617.

[115] Vgl. dazu BGHZ 90, 370, 376 ff. 380 mit Zustimmung der ganz herrschenden Meinung, vgl. die Nachweise oben 1. Kap. § 2 B, Fn. 76.

politisch wenig überzeugenden Gründen - ohne wenn und aber reduzieren wollen. Somit würde eine uneingeschränkte Fortführung der Rechtsprechungsregeln eine Rechtsfortbildung contra legem darstellen. Deren enge Voraussetzungen sind aber vorliegend offensichtlich nicht erfüllt, so daß ein Recht zur uneingeschränkten Fortführung der Rechtsprechungsregeln abzulehnen ist.[116] Vielmehr entfaltet § 32 a Abs. 3 S. 2 GmbHG eine *Ausstrahlungswirkung* auf die richterrechtlichen Kapitalersatzregeln, so daß nicht geschäftsführende geringfügig beteiligte Gesellschafter zukünftig auch von den Rechtsprechungsregeln nicht mehr erfaßt werden.[117]

C. Änderungen des § 32 a GmbHG durch das KonTraG

Weitere Änderungen haben die gesetzlichen Kapitalersatzregeln dann gleichfalls im Jahr 1998 noch durch das KonTraG[118] erfahren. Mit Artikel 10 Nr. 1 KonTraG wurden in § 32 a Absatz 1 S. 1 GmbHG nach dem Wort "hätten" die Wörter "(Krise der Gesellschaft)" eingefügt und durch Art. 10 Nr. 2 KonTraG wurde § 32 a Abs. 3 GmbHG um einen weiteren, dritten Satz ergänzt, durch den Darlehensgeber, die in der Krise einen Gesellschaftsanteil zum Zweck der Sanierung der Gesellschaft erwerben, von den Eigenkapitalersatzregeln ausgenommen werden.

I. Einfügung der Klammerdefinition

Im Hinblick auf die Ausgangsfrage nach der Vereinbarkeit der Gesetzesänderungen mit der ratio legis der gesetzlichen Kapitalersatzregeln ist zunächst die durch Art. 10 Nr. 1 KonTraG vorgenommene Änderung von § 32 a Abs. 1 S. 1 GmbHG völlig unproblematisch. Das Schlagwort der *Gesellschaftskrise* hatte sich in der Entwicklung des Kapitalersatzrechts schon früh zur Bezeichnung des Zeitpunkts, ab dem die Risiken bei Fortführung der Gesellschaft anhand von Gesellschafterfremdkapital in einer mit dem allgemeinen Rechtsprinzip des angemessenen Ausgleichs von Chancen und Risiken nicht mehr zu vereinbarenden Weise auf die Gläubiger verlagert werden und ab dem die Ge-

---

[116] Im Ergebnis ebenso *Dauner-Lieb*, DStR 1998, 609, 616 f.; *Pentz*, GmbHR 1999, 437, 442/443; *Habersack*, ZHR 162 (1998), 201, 210 f.; *H. P. Westermann*, DZWiR 2000, 1, 2, 6; zustimmend jetzt auch Scholz/*K. Schmidt*, GmbHG, §§ 32 a, 32 b Rn. 180.

[117] So auch *Pentz*, GmbHR 1999, 437, 443; *Dauner-Lieb*, DStR 1998, 609, 617; Scholz/*K. Schmidt*, GmbHG, §§ 32 a, 32 b Rn. 189; *ders.*, GmbHR 1999, 1269.

[118] Gesetz zur Kontrolle und Transparenz im Unternehmensbereich (KonTraG) vom 27.04.1998, BGBl. I/786.

sellschafter wegen der dadurch eintretenden Kreditunwürdigkeit der Gesellschaft als ordentliche Kaufleute Eigenkapital statt Fremdkapital zugeführt hätten, eingebürgert. Die in Klammern in § 32 a Abs. 1 S. 1 GmbHG eingefügten Worte "Krise der Gesellschaft" stellen somit nur eine Legaldefinition dieses von Rechtsprechung und Schrifttum umfassend herausgearbeiteten Zeitpunkts ohne eigenen sachlichen Regelungsgehalt dar.[119] Insofern ist diese Änderung mit der ratio legis ohne weiteres zu vereinbaren.

II. § 32 a Abs. 3 S. 3 GmbHG - Sanierungsprivileg

Wesentlich problematischer hinsichtlich der Vereinbarkeit mit der ratio legis ist demgegenüber die zweite Änderung des § 32 a GmbHG durch das KonTraG, die Einführung eines Sanierungsprivilegs in § 32 a Abs. 3 S. 3 GmbHG.

Diese Gesetzesänderung ist im Schrifttum bislang überwiegend kritisch aufgenommen worden,[120] wenn auch die Kritik nicht so deutlich ausfiel wie die bezüglich der Freistellung geringfügig beteiligter Gesellschafter. Negativ angemerkt wurde vor allem die ungewöhnliche Geschwindigkeit, mit der die Gesetzesänderung die Hürden des Gesetzgebungsverfahrens genommen hat, und die nur knappen Begründungen des Gesetzgebers[121] sowie die daraus resultierende fehlende Einordnung des Privilegs in das System des Kapitalersatzrechts.[122] Darüber hinaus wurde noch die fehlende sinnvolle Abstimmung mit § 264 InsO gerügt, in welchem der Gesetzgeber zum Ausdruck gebracht hat, daß er eine Privilegierung von Sanierungsdarlehen allein im Rahmen eines gesetzlichen Sanierungsverfahrens ermöglichen wollte.[123] Zudem war in der Literatur schon lange vor der gesetzlichen Normierung eines Sanierungsprivilegs im Anschluß an die Helaba-Sonnenring-Entscheidung des

---

119 Bericht des Rechtsausschusses, BT-Drucks. 13/10038, S. 28. Wie hier *Dauner-Lieb*, DStR 1998, 1517, 1519; *Altmeppen*, ZGR 1999, 291, 292 f.; *Hirte*, ZInsO 1998, 147; Scholz/*K. Schmidt*, GmbHG, §§ 32 a, 32 b Rn. 13 sowie *Seibert*, GmbHR 1998, 309, 310.

120 Zur Kritik und den aus dem Sanierungsprivileg im einzelnen resultierenden Folgefragen siehe *Dauner-Lieb*, DStR 1998, 1517 ff.; *Pentz*, GmbHR 1999, 437, 448 ff.; *Hirte*, ZInsO 1998, 147, 150 ff.; *Altmeppen*, ZGR 1999, 291, 293 ff.

121 *Dauner-Lieb*, DStR 1998, 1517, 1518 die von einer "Nacht- und Nebelaktion.... unter Ausschluß der Öffentlichkeit und ohne den Rat von Wissenschaft und Praxis" und einer dementsprechend knappen und unbefriedigenden Begründung spricht.

122 *Dauner-Lieb*, DStR 1998, 1517, 1521 ff.; *Altmeppen*, ZGR 1999, 291, 296 ff.

123 *Hirte*, ZInsO 1998, 147, 151 f.; *Dauner-Lieb*, DStR 1998, 1517, 1518.

BGH aus dem Jahr 1981[124] über ein Banken- und Sanierungsprivileg diskutiert worden. In dieser Entscheidung hatte der BGH Kredite einer Bank an eine GmbH, an der die Bank über eine 100 %ige Tochtergesellschaft maßgeblich beteiligt war, den Kapitalersatzregeln unabhängig davon unterstellt, ob die Gesellschaftsanteile schon vor oder erst in der Krise zum Zweck der Sanierung erworben worden waren. Vor allem sah der BGH es als irrelevant an, welche Beweggründe den Gesellschafter zur Darlehensgewährung oder -belassung veranlaßt haben.[125] Teile der rechtswissenschaftlichen Literatur sahen diese Einschränkung als markantes Beispiel einer angeblichen Sanierungsfeindlichkeit an. Sie forderten deshalb mit im einzelnen unterschiedlicher Argumentation und Ausgestaltung im Vorfeld eines insolvenzrechtlichen Sanierungsverfahrens' zum Zweck der Sanierung gewährte Sanierungskredite bzw. Bankdarlehen zu privilegieren und nicht den Kapitalersatzregeln zu unterstellen.[126] Der BGH hielt jedoch, gefolgt von der herrschenden Meinung, an der Ablehnung eines Banken- bzw. Sanierungsprivilegs fest.[127]

1. Vereinbarkeit des Sanierungsprivilegs mit der ratio legis

In Anbetracht dessen sowie der kritischen Bewertung des neu ins Gesetz eingefügten § 32 a Abs. 3 S. 3 GmbHG ist nachfolgend zu untersuchen, ob das gesetzliche Sanierungsprivileg mit der ratio legis der gesetzlichen Kapitalersatzregeln zu vereinbaren ist.

Zu diesem Zweck ist es vorab notwendig, kurz die gesetzlichen Tatbestandsvoraussetzungen für das Eingreifen des Sanierungsprivilegs zu klären. *Adressat* des Sanierungsprivilegs ist der *Darlehensgeber*, der sich in der Krise dazu entscheidet, sich an der Gesellschaft zu beteiligen, und dessen Kredite deshalb in die Gefahr der eigenkapitalähnlichen Sonderbehandlung geraten. Privilegiert

---

124 BGHZ 81, 311 ff.

125 BGHZ 81, 311, 315.

126 *Uhlenbruck*, GmbHR 1982, 141 ff.; *H. P. Westermann*, ZIP 1982, 379 ff.; *Rümker*, ZIP 1982, 1385 ff.; *Menzel*, AG 1982, 197 ff. sowie dezidiert und mit dem am meisten durchdachten Konzept *Claussen*, ZHR 147 (1983), 195 ff.; *ders.*, GmbHR 1996, 316, 320, 323 ff.

127 BGHZ 105, 168, 174 ff.; 119, 191, 196; Hachenburg/*Ulmer*, GmbHG, § 32 a, b Rn. 63; Baumbach/Hueck/*Hueck*, GmbHG, § 32 a Rn. 18; *Lutter/Hommelhoff*, GmbHG, 14. Auflage, §§ 32 a/b Rn. 38f.; *von Gerkan/Hommelhoff*, Kapitalersatz im Gesellschafts- und Insolvenzrecht, Rn. 3.27, S. 74 ff.; *Fleck*, FS Werner (1984), S. 107, 123 ff.; *Ullrich*, GmbHR 1983, 133, 143 f. Differenzierend noch Scholz/*K. Schmidt*, GmbHG, 8. Auflage, §§ 32 a, b Rn. 36 sowie *ders.*, ZHR 147 (1983), 165, 175 ff.

werden sollen also die Kreditgeber, die bislang nicht oder bis maximal 10 % an der Gesellschaft beteiligt waren.[128] Der Gesetzgeber hatte damit wohl vor allem institutionelle Kreditgeber im Blick, beschränkte die Privilegierung aber nicht auf diese. Vielmehr sind nach dem Wortlaut alle in Betracht kommenden Kreditgeber erfaßt, so daß § 32 a Abs. 3 S. 3 GmbHG insbesondere *nicht nur* ein *Bankenprivileg* enthält.[129]

Privilegierungsgrund ist der *Erwerb von Geschäftsanteilen in der Gesellschaftskrise zum Zweck der Überwindung der Krise.* Die Befreiung von den Bindungen des Kapitalersatzrechts setzt also zweierlei voraus: Zum einen ist der Erwerb von Geschäftsanteilen in der Krise erforderlich. Privilegiert wird also nicht etwa das zu Sanierungszwecken gewährte Darlehen, sondern allein der Beteiligungserwerb.[130] Dabei ist es gleichgültig, ob die Gesellschaftsanteile im Wege des derivativen Erwerbs von den Altgesellschaftern übernommen werden oder ob neue Anteile aus einer Kapitalerhöhung gezeichnet werden und so der Gesellschaft neues Kapital zufließt.[131] Das Sanierungsprivileg greift aber

---

128 Siehe Bericht des Rechtsausschusses, BT-Drucks. 13/10038, S. 28; *Seibert*, GmbHR 1998, 309, 310; ebenso *Dauner-Lieb*, DStR 1998, 1517, 1519 f.; *Pichler*, WM 1999, 411, 415 sowie Scholz/*K. Schmidt*, GmbHG, §§ 32 a, 32 b Rn. 195. A. A. *Altmeppen*, ZGR 1999, 291, 300; *Pentz*, GmbHR 1999, 437, 449, die für eine Einbeziehung sämtlicher Gesellschafter plädieren. Das erscheint allerdings in Anbetracht der erläuternden Äußerungen im Bericht des Rechtsausschusses nur schwer vertretbar.

129 Vgl. BR-Drucks. 605/97, S. 48; *Dauner-Lieb*, DStR 1998, 1517, 1519; *dies.* in: v. Gerkan/Hommelhoff, Handbuch des Kapitalersatzrechts, Rn. 4.42, S. 108; *Lutter/Hommelhoff*, GmbHG, §§ 32 a/b Rn. 81. Ein "Bankenprivileg" in dem Sinne, daß grundsätzlich nur Sanierungskredite von Banken nicht den Bindungen des Kapitalersatzrechts unterfallen würden, wäre auch allein deshalb unzulässig gewesen, da es im Hinblick auf die ratio legis, insbesondere den tragenden Gedanken des angemessenen Ausgleichs von Chancen und Risiken, unerheblich ist, ob der Fremdkapital zuführende Gesellschafter eine Bank oder ein sonstiger Kreditgeber ist.

130 Das ist aufgrund des geltenden Kapitalersatzrechts auch unabdingbar. Denn der "Sanierungskredit", also das zur Überwindung der Krise gewährte Darlehen, bildet den Ausgangspunkt und den Kernbereich des Kapitalersatzrechts, der anderenfalls aufgegeben würde; vgl. *Dauner-Lieb*, DStR 1998, 1517, 1519; *dies.* in: v. Gerkan/Hommelhoff, Handbuch des Kapitalersatzrechts, Rn. 4.8, S. 91 f., Rn. 4.32, S. 103 f. sowie jetzt auch *Casper/Ullrich*, GmbHR 2000, 472, 473. So ebenfalls schon zuvor im Rahmen der Diskussion um ein Sanierungsprivileg zutreffend die herrschende Meinung siehe nur *Fleck*, FS Werner (1984), S. 107, 124; *K. Schmidt*; ZHR 147 (1983), 165, 176.

131 Bericht des Rechtsausschusses, BT-Drucks. 13/10038, S. 28; *Seibert*, GmbHR 1998, 309, 310. Ebenso Scholz/*K. Schmidt*, GmbHG, §§ 32 a, 32 b Rn. 197; *Lutter/Hommelhoff*, GmbHG, §§ 32 a/b Rn. 82.

nicht, wenn der Kreditgeber die Beteiligung schon vor der Krise erworben hat. Es befreit ihn keinesfalls rückwirkend und kann so vor allem nicht verhindern, daß z. B. das Kreditgeschäft von Banken durch reguläre Beteiligungsaktivitäten der Bank oder ihrer Töchter infiziert wird.[132] Zum anderen muß der Beteiligungserwerb *zum Zweck der Überwindung der Krise* erfolgen. Fraglich ist, wie dieses Tatbestandsmerkmal zu verstehen ist. Maßgeblich ist vorrangig der Wortlaut. Dieser läßt nach allgemeinem Sprachgebrauch nur den Schluß zu, daß allein die *subjektive* Vorstellung, die Beteiligung zu erwerben, um sodann die Krise zu überwinden, für die Privilegierung ausreicht. Da die Gesetzesmaterialien auch keinerlei sonstige Hinweise im Bezug auf dieses Tatbestandsmerkmal enthalten[133] und somit unergiebig sind, kann es auch nicht im Wege der Auslegung in anderer Art und Weise verstanden werden. Daher ist festzuhalten, daß das Merkmal "zum Zweck der Überwindung der Krise" *rein subjektiv* aufzufassen ist.[134]

Folge des gesetzlichen Sanierungsprivilegs ist, daß sowohl Altkredite, also zeitlich schon vor dem Beteiligungserwerb gewährte Kredite, als auch nach dem Beteiligungserwerb gewährte Neukredite von der eigenkapitalähnlichen Sonderbehandlung durch die Kapitalersatzregeln freigestellt werden. Es ist dem neuen Gesellschafter ausdrücklich gestattet, der Gesellschaft nach dem Beteiligungserwerb auch in der Krise weiteres Gesellschafterfremdkapital zuzuführen.[135]

Vor diesem Hintergrund wird deutlich, daß das in § 32 a Abs. 3 S. 3 GmbHG geregelte gesetzliche Sanierungsprivileg in Widerspruch zu den Wertungen der ratio legis der Kapitalersatzregeln steht.

---

[132] Bericht des Rechtsausschusses, BT-Drucks. 13/10038, S. 28; *Seibert*, GmbHR 1998, 309, 310; *Dauner-Lieb*, DStR 1998, 1517, 1520; Scholz/*K. Schmidt*, GmbHG, §§ 32 a, 32 b Rn. 195, 197.

[133] Vgl. Bericht des Rechtsausschusses, BT-Drucks. 13/10038, S. 28; BR-Drucks. 605/97, S. 47 f. sowie *Seibert*, GmbHR 1998, 309, 310.

[134] Wie hier *Dauner-Lieb*, DStR 1998, 1517, 1520; *dies.* in: v. Gerkan/Hommelhoff, Handbuch des Kapitalersatzrechts, Rn 4.54, S. 113 f.; *H. P. Westermann*, DZWiR 2000, 1, 8; *Götz/Hegerl*, DB 2000, 1385, 1388. Ähnlich auch *Pentz*, GmbHR 1999, 437, 449 f.; *Dörrie*, ZIP 1999, 12, 14; *Altmeppen*, ZGR 1999, 291, 296 ff. sowie *Pichler*, WM 1999, 411, 417, die dann jedoch sofort dazu übergehen, dem Merkmal einen ihm nach seinen Wortlaut gerade nicht zukommenden objektiven Charakter beizumessen. Zu einer möglichen systemkonformen Deutung siehe unten 4. Kap. § 3 C II 4.

[135] Bericht des Rechtsausschusses, BT-Drucks. 13/10038, S. 28; *Seibert*, GmbHR 1998, 309, 310; Scholz/*K. Schmidt*, GmbHG, §§ 32 a, 32 b Rn. 199; *Lutter/Hommelhoff*, GmbHG, §§ 32 a/b Rn. 85.

Erstens werden durch § 32 a Abs. 3 S. 3 GmbHG zukünftig zwei "Arten" von Gesellschaftern geschaffen: Zum einen die "Alt"-Gesellschafter, die den Bindungen des Eigenkapitalersatzrechts unterliegen und sich von diesen auch nicht durch den Erwerb weiterer Anteile befreien können,[136] zum anderen die "Neu"-Gesellschafter, die erst in der Krise (Alt- oder Neu-) Anteile erwerben bzw. - sofern sie bereits vor der Krise an der Gesellschaft als nicht geschäftsführende Gesellschafter mit maximal 10 % beteiligt waren - hinzuerwerben, und denen es auch in dieser Situation gestattet ist, die Gesellschaft weiterhin mit (Gesellschafter -) Fremdkapital zu finanzieren. Diese Unterscheidung widerspricht der ratio legis der Kapitalersatzregeln insofern, als die §§ 32 a, 32 b GmbHG eine Einschränkung der Finanzierungsfreiheit *aller* Gesellschafter in der Krise anstreben, um so die bei Fortführung der Gesellschaft anhand von Gesellschafterfremdkapital drohende Risikoverlagerung zu Lasten der Gesellschaftsgläubiger zu verhindern.[137]

Zweitens und vor allem ist es den Gesellschaftern aufgrund des Sanierungsprivilegs erlaubt, die Gesellschaft in der Krise mittels Gesellschafterfremdkapital fortzuführen, sofern sie Gesellschaftsanteile in der Krise zum Zweck der Überwindung derselben erworben haben. Das steht ebenfalls im Widerspruch zur ratio legis der gesetzlichen Kapitalersatzregeln. Diese sollen die Gläubiger vor der mit der Fortführung der Gesellschaft in der Krise mittels Gesellschafterfremdkapital stets verbundenen, mit dem allgemeinen Rechtsprinzip des angemessenen Ausgleichs von Chancen und Risiken nicht mehr zu vereinbarenden, Risikosteigerung schützen.[138] Auf diese objektiv eintretende Risikoverlagerung hat aber der Privilegierungsgrund des § 32 a Abs. 3 S. 3 GmbHG, nämlich der Beteiligungserwerb zum Zweck der Krisenüberwindung, keine Auswirkungen. Die Risikoverlagerung tritt unabhängig davon ein, ob der Gesellschafter, der die Gesellschaft in der Krise mit seinem Fremdkapital am Leben erhält, schon vor oder erst in der Krise seine Gesellschafterstellung erwirbt.

---

136 So zutreffend *Dauner-Lieb*, DStR 1998, 1517, 1520 mit dem Hinweis auf die Materialien (*Seibert*, GmbHR 1998, 309, 310 bzw. den Bericht des Rechtsausschusses, BT-Drucks. 13/10038, S. 28) sowie Scholz/*K. Schmidt*, GmbHG, §§ 32 a, 32 b Rn. 195; *Lutter/Hommelhoff*, GmbHG, §§ 32 a/b Rn. 80. Anderer Ansicht *Dörrie*, ZIP 1999, 12, 17 sowie *Pentz*, GmbHR 1999, 437, 449 nach deren Auffassung sämtliche Alt-Gesellschafter durch den Erwerb weiterer Anteile für zukünftige Kredite die Privilegierung erlangen können. Dies ist jedoch aufgrund der abweichenden Anhaltspunkte in den Materialien nur schwer vertretbar.

137 Vgl. oben 4. Kap. § 2 A II sowie auch 4. Kap. § 2 B.

138 Vgl. oben 4. Kap. § 2 C.

Dies gilt um so mehr, als es zur Erlangung der Privilegierung nach dem Wortlaut der Norm ausreicht, daß die Anteile im Wege des derivativen Erwerbs von Altgesellschaftern erworben werden.[139] Daher ist die Fortführung zulässig, unabhängig davon, ob der Gesellschaft neues Eigenkapital zugeführt wird. Dies ist insofern bedenklich, als sich im Fall des derivativen Anteilserwerbs in Ermangelung neuen Eigenkapitals die Risikostruktur nicht ändert. Darüber hinaus entfällt die *objektiv* eintretende Risikoverlagerung insbesondere nicht aufgrund von *subjektiven* Sanierungsvorstellungen der Gesellschafter, sondern tritt unabhängig von den mit der Gesellschaftsfortführung und der Gesellschafterfremdkapitalzufuhr verfolgten Zwecken ein. Ein subjektives Tatbestandsmerkmal stellt im rein objektiv ausgestalteten System der Kapitalersatzregeln ein systemwidriges Element dar.

Da § 32 a Abs. 3 S. 3 GmbHG somit keine Gewähr dafür bietet, daß ein angemessenes Verhältnis von Chancen und Risiken gewahrt bleibt, wird wegen der letztlich rein subjektiven Ausgestaltung des Privilegierungsgrunds das Risiko des Scheiterns des Sanie-rungsversuchs auf die Gläubiger verlagert.[140]

2. Ergebnis

Vor allem aufgrund seines subjektiv ausgestalteten Privilegierungsgrunds ist das gesetzliche Sanierungsprivileg nach Maßgabe des § 32 a Abs. 3 S. 3 GmbHG nicht mit dem die Kapitalersatzregeln tragenden, allgemeinen Rechtsprinzip des angemessenen Ausgleichs von Chancen und Risiken zu vereinbaren. Es stellt demnach einen systemwidrigen Eingriff in den Kernbereich des Kapitalersatzrechts dar.[141]

3. Auswirkungen auf die ratio legis?

Ebenso wie die Freistellung geringfügig beteiligter Gesellschafter in § 32 a Abs. 3 S. 2 GmbHG hat auch das Sanierungsprivileg des § 32 a Abs. 3 S. 3 GmbHG allerdings keine Auswirkungen auf Zweck und tragenden Gedanken der gesetzlichen Kapitalersatzregeln. Es stellt gleichfalls nur eine rechtspolitisch moti-

---

139 So jetzt auch Scholz/*K. Schmidt*, GmbHG, §§ 32 a, 32 b Rn. 197 sowie *Lutter/Hommelhoff*, GmbHG, §§ 32 a/b Rn. 82.

140 So im Ergebnis auch *Dauner-Lieb*, DStR 1998, 1517, 1523 sowie ähnlich *Lutter/Hommelhoff*, GmbHG, §§ 32 a/b Rn. 83, 87 f.

141 Im Ergebnis ebenso *Altmeppen*, ZGR 1999, 291, 296; *Pentz*, GmbHR 1999, 437, 451; *Dauner-Lieb*, DStR 1998, 1517, 1523; Ähnlich jetzt auch *Casper/Ullrich*, GmbHR 2000, 472, 473 f. A. A. *Lutter/Hommelhoff*, GmbHG, §§ 32 a/b Rn. 79.

vierte Ausnahmeregel im Hinblick auf deren sachlichen Anwendungsbereich dar.[142] Durch das Sanierungsprivileg soll es Darlehensgebern ermöglicht werden, in der Gesellschaftskrise unternehmerische Verantwortung zu übernehmen, ohne Gefahr zu laufen, daß ihre Alt- bzw. Neukredite den Bindungen des Kapitalersatzrechts unterfallen. So soll ein Anreiz für Banken und andere Kreditgeber geschaffen werden, durch Beteiligung als Gesellschafter einen effizienten Beitrag zur Unternehmenssanierung zu leisten und auf diese Weise Insolvenzen mit ihren nachteiligen gesamtwirtschaftlichen Folgen zu vermeiden.[143]

4. Möglichkeit einer systemkonformen "Deutung" von § 32 a Abs. 3 S. 3 GmbHG?

Ausgehend von diesem Ergebnis stellt sich nun aber die Folgefrage, ob denn eine "Deutung" von § 32 a Abs. 3 S. 3 GmbHG möglich ist, aufgrund derer sich das darin enthaltene Sanierungsprivileg eventuell doch mit der ratio legis der gesetzlichen Kapitalersatzregeln, insbesondere mit deren tragendem Gedanken vereinbaren läßt. Zu dieser Frage soll nachfolgend kurz Stellung genommen werden.

a) Möglichkeit einer Sanierung unter Wahrung eines angemessenen Chancen-Risiken-Verhältnisses

Eine derartige Deutung des § 32 a Abs. 3 S. 3 GmbHG setzt grundlegend voraus, daß überhaupt eine Unternehmensfortführung mit Gesellschafterfremdkapital in der Krise möglich ist, bei der ein angemessener Ausgleich von Chancen und Risiken gewahrt bleibt.

Insoweit kommt allenfalls die Fortführung der Gesellschaft im Rahmen eines gesetzlich nicht geregelten sog. *"seriösen" Sanierungsversuchs*[144] in Betracht. Was unter einem solchen *seriösen Sanierungsversuch* zu verstehen ist, ist vorab kurz zu erläutern: Als Sanierung bezeichnet man ganz allgemein die Summe

---

142 In der Tendenz wie hier Scholz/*K. Schmidt*, GmbHG, §§ 32 a, 32 b Rn. 13. Ähnlich jetzt auch *Casper/Ullrich*, GmbHR 2000, 472, 474. Anders scheinbar *Vollmer/Smerdka*, DB 2000, 757.

143 BR-Drucks. 605/97, S. 47; Bericht des Rechtsausschusses, BT-Drucks. 13/10038, S. 28; *Seibert*, GmbHR 1998, 309, 310.

144 So der von *Claussen*, ZHR 147 (1983), 195, 197 ff., 218 f. im Anschluß an *K. Schmidt*, Gutachten D, 54. DJT 1984, S. 107 für den von ihm als privilegierungswürdig angesehenen Fall der Sanierung geprägte Begriff.

aller leistungs- und/oder finanzwirtschaftlichen Maßnahmen mit dem Ziel der *nachhaltigen* Wiederherstellung einer ein Unternehmen lebensfähig machenden Liquiditäts- und Rentabilitätslage und einer ausreichenden Vermögensgrundlage.[145] Wann eine solche Sanierung als seriös anzusehen ist, ist bislang noch nicht verbindlich herausgearbeitet worden und kann, in Anbetracht der Komplexität einer Unternehmenssanierung[146] und der stets zu berücksichtigenden Umstände des Einzelfalls, auch im Rahmen dieser Arbeit nicht im Detail erörtert werden. Unter Berücksichtigung des Ziels einer jeden Sanierung, also der Wiederherstellung der nachhaltigen Ertragsfähigkeit und einer ausreichenden Vermögensgrundlage der Gesellschaft, lassen sich allerdings einige allgemeine Voraussetzungen formulieren, die erfüllt sein müssen, damit ein Sanierungsversuch als erfolgversprechend bzw. *seriös* anzusehen ist.

Ein seriöser Sanierungsversuch ist zunächst dadurch gekennzeichnet, daß ein Unternehmen nicht "einfach so" in der Krise fortgeführt wird, sondern daß im Rahmen eines *Sanierungsgutachtens*[147] als erstes untersucht wird, ob die Gesellschaft überhaupt *sanierungsfähig* und *sanierungswürdig* ist[148] und daß nur bei einem positiven Untersuchungsergebnis das Krisenunternehmen fortgeführt wird.[149] Weiterhin erfolgt bei einem seriösen Sanierungsversuch die Fortführung auf der Grundlage eines anhand des Sanierungsgutachtens erstellten *Sanierungskonzepts*, welches die zur Sanierung im konkreten Fall objektiv erforderlichen und geeigneten Sanierungsmaßnahmen vorgibt.[150] Zu diesen Sanierungs-

---

[145] Vgl. *Claussen*, ZHR 147 (1983), 195, 198; *Eidenmüller*, Unternehmenssanierung, S. 262; *Vormbaum*, Finanzierung, 5. Abschnitt C 1, S. 530; *Wittig* in: K. Schmidt/Uhlenbruck, Die GmbH in Krise, Sanierung und Insolvenz, Rn. 295 ff.

[146] Siehe nur die umfangreichen Ausführungen bei *Eidenmüller*, Unternehmenssanierung, S. 261 ff.; Beck GmbH-HB/*Axhausen*, § 15, Rn. 1 ff. insbesondere 20 ff.; *Obermüller*, Insolvenzrecht, Rn. 5.104 ff. sowie die Erörterungen in K. Schmidt/Uhlenbruck, Die GmbH in Krise, Sanierung und Insolvenz, Rn. 236 ff.

[147] Vgl. dazu eingehend *Eidenmüller*, Unternehmenssanierung, S. 288 ff. sowie Beck GmbH-HB/*Axhausen*, § 15, Rn. 20 ff.

[148] Vgl. zu den Begriffen "Sanierungsfähigkeit/Sanierungswürdigkeit" im einzelnen *Eidenmüller*, Unternehmenssanierung, S. 290; Beck GmbH-HB/*Axhausen*, § 15, Rn. 20 ff., 58; *Maus* in: K. Schmidt/Uhlenbruck, Die GmbH in Krise, Sanierung und Insolvenz, Rn. 236; *Obermüller*, Insolvenzrecht, Rn. 5.126 sowie *Ullrich*, GmbHR 1983, 133, 136.

[149] *Claussen*, ZHR 147 (1983), 195, 200/201; ähnlich jetzt auch *Dauner-Lieb* in: v. Gerkan/Hommelhoff, Handbuch des Kapitalersatzrechts, Rn. 4.56, S. 114 f.

[150] Siehe zu den einzelnen Bestandteilen des Sanierungskonzepts insbesondere zu möglichen Maßnahmen *K. Schmidt, Uhlenbruck* und *Wittig* in: K. Schmidt/Uhlenbruck, Die GmbH

maßnahmen gehört insbesondere die Zufuhr von frischem Kapital. Dabei zeichnet sich der seriöse Sanierungsversuch dadurch aus, daß das zur Sanierung erforderliche frische Kapital nicht nur in Form von Fremdkapital zugeführt wird, sondern durch eine Kombination aus (Gesellschafter-) Fremdkapital zur schnellen Wiederherstellung der Liquidität und neuem Eigenkapital zur Beseitigung eventuell bestehender Insolvenzgründe und Wiederherstellung der Kreditwürdigkeit;[151] Sanierungsversuche nur durch das Stehenlassen alter bzw. die Gewährung neuer Kredite haben demgegenüber die Vermutung der Unseriosität gegen sich.[152]

Es stellt sich nun weiter die Frage, ob bei der Fortführung der Gesellschaft in der Krise im Rahmen eines solchen seriösen Sanierungsversuchs ein angemessener Ausgleich von Chancen und Risiken erhalten bleibt, selbst dann, wenn in dieser Situation weiteres Gesellschafterfremdkapital zugeführt wird.

Durch die gutachtliche Prüfung der Sanierungsfähigkeit und -würdigkeit wird gewährleistet, daß nur diesen Anforderungen genügende Unternehmen zum Zweck der Sanierung fortgeführt werden. Infolgedessen und durch die Erstellung eines zur Sanierung des konkreten Unternehmens geeigneten Sanierungskonzepts wird das nie völlig ausschließbare sanierungstypische Risiko des Scheiterns des Sanierungs*versuchs*[153] so weit wie möglich gesenkt. Darüber hinaus werden die - auch im Fall eines seriösen Sanierungsversuchs stets verbleibenden - Restrisiken bei der Unternehmensfortführung, entgegen dem typischen "Normalfall" der Geschäftsfortführung in der Krise, gerade nicht

---

in Krise, Sanierung und Insolvenz, Rn. 241 ff.; Beck GmbH-HB/*Axhausen*, § 15, Rn. 29 ff.

151 Siehe *Claussen*, ZHR 147 (1983), 195, 197 ff., 210, 213, 219; ebenso jetzt auch *Dauner-Lieb* in: v. Gerkan/Hommelhoff, Handbuch des Kapitalersatzrechts, Rn. 4.56, S. 114. Dabei wird das neue Eigenkapital in der Regel durch einen sog. "Kapitalschnitt", d. h. eine nominelle Kapitalherabsetzung (siehe §§ 58 a ff. GmbHG) kombiniert mit einer effektiven Kapitalerhöhung beschafft, siehe dazu *K. Schmidt* in K. Schmidt/Uhlenbruck, Die GmbH in Krise, Sanierung und Insolvenz, Rn. 241 ff.; *Eidenmüller*, Unternehmenssanierung, S. 294 f.

152 *Claussen*, ZHR 147 (1983), 195, 198 f., 219: "Wer nur mit dem Stehenlassen alter und der Gewährung neuer Kredite sanieren will, saniert regelmäßig nicht erfolgversprechend, sondern mit dem größtmöglichen Risiko, daß die Sanierung mißlingt."; *ders.*, GmbHR 1996, 316, 325 (Fn. 100), 326. Zu fordern ist insoweit eine "*signifikante*" Eigenkapitalzufuhr, die ausreichen muß, die Kapitalersatzfunktion bereits gewährter Kredite aufzuheben (so *Obermüller*, ZInsO 1998, 51, 53).

153 Auf dieses Risiko weist auch *Claussen*, ZHR 147 (1983), 195, 197 f. als Verfechter eines Sanierungsprivilegs nachdrücklich hin.

einseitig auf die Gläubiger verlagert. Vielmehr übernehmen die Gesellschafter bei der seriösen Sanierung durch die Zufuhr von neuem Eigenkapital das ihnen nach der Gesetzeskonzeption zukommende Risiko.[154] Zudem erfolgt eine eventuelle zusätzliche Gesellschafterfremdkapitalzufuhr in diesem Fall nicht *statt* der Zufuhr von Eigenkapital (vgl. § 32 a Abs. 3 S. 1 GmbHG), sondern im Wege der kombinierten Eigenkapital-/Fremdkapitalzufuhr nach Maßgabe des Sanierungskonzepts. Damit bleibt es bei einer Risikoteilung zwischen den Gesellschaftern und Gesellschaftsgläubigern.

Schließlich ist noch anzuführen, daß das grundsätzlich schutzwürdige Interesse der Gesellschaftsgläubiger an einem Ausschluß dieses Restrisikos durch eine sofortige Liquidation der Gesellschaft im Fall des seriösen Sanierungsversuchs nicht als fundamentaler[155] als das Interesse der Gesellschafter bzw. der Allgemeinheit an einer erfolgreichen Sanierung anzusehen ist. Eine erfolgversprechende Sanierung ist betriebswirtschaftlich und volkswirtschaftlich erwünscht, da die Alternative, nämlich die Insolvenz, die schlechtere Alternative ist. Die Sanierung gibt dem Unternehmen eine zweite Chance und bietet damit im Interesse der Allgemeinheit einem Teil der Mitarbeiter die Möglichkeit der Erhaltung des Arbeitsplatzes. Vor allem aber wird zum Vorteil von Gesellschaftern und Gläubigern die Veräußerung der Aktiva zu Zerschlagungswerten verhindert, wodurch die Gläubiger die Aussicht erhalten, ihre Forderungen eventuell doch weitgehend realisieren zu können.[156]

Es ist demnach festzuhalten, daß bei Fortführung der Gesellschaft in der Krise im Rahmen eines seriösen Sanierungsversuchs aus Sicht der Gläubiger nach wie vor die Gefahr besteht, daß der Sanierungsversuch scheitert und somit in dieser Zeit das verbliebene Gesellschaftsvermögen weiter verringert wird. Allerdings ist das Interesse der Gläubiger an einem Ausschluß dieses Risikos durch eine sofortige Liquidation der Gesellschaft nicht fundamentaler als das Interesse der Gesellschafter an einer seriösen Sanierung. Vor allem kommt es selbst bei der

---

[154] So auch *Claussen*, ZHR 147 (1983), 195, 210, 219. Zu dem von den Gesellschaftern zu tragenden Risiko siehe schon oben 2. Kap. § 2 A I und 2. Kap. § 2 B II.

[155] Siehe zu diesem Kriterium eines angemessenen Chancen- und Risikenausgleichs schon oben 3. Kap. § 2 E III 4 b bb.

[156] So *Claussen*, ZHR 147 (1983), 195, 198 f. Aus diesen Gründen hat der Gesetzgeber in die neue Insolvenzordnung ein gesetzlich geregeltes Reorganisationsverfahren innerhalb des gerichtlichen Insolvenzverfahrens aufgenommen (siehe §§ 217 ff. InsO, eingehend dazu *Eidenmüller*, Unternehmenssanierung, S. 51 ff.). Auf die aus der Konkurrenz dieses gesetzlichen Reorganisationsverfahrens und des neuen § 32 a Abs. 3 S. 3 GmbHG resultierenden Probleme wurde bereits oben hingewiesen (siehe oben 4. Kap. § 3 C II).

Zufuhr weiteren Gesellschafterfremdkapitals nicht zu einer einseitigen Risikoverlagerung zu Lasten der Gläubiger, sondern es bleibt wegen der Zufuhr frischen Eigenkapitals bei einer Risikoteilung zwischen Gläubigern und Gesellschaftern.

Daher ist ein seriöser, also den eingangs grob umrissenen Anforderungen objektiv genügender, Sanierungsversuch zwar aus Sicht der Gläubiger immer noch gefährlich, führt aber nicht zu einer Risikoverlagerung zu ihren Lasten. Deshalb ist er mit dem die Kapitalersatzregeln tragenden allgemeinen Rechtsprinzip des angemessenen Ausgleichs von Chancen und Risiken zu vereinbaren. Die erste Voraussetzung für eine mögliche regelungskonforme Deutung des § 32 a Abs. 3 S. 3 GmbHG ist demzufolge erfüllt.

b) Möglichkeit einer entsprechenden Auslegung/teleologischen Reduktion von § 32 a Abs. 3 S. 3 GmbHG?

Daran anschließend stellt sich nun aber noch die Frage, ob es möglich ist, § 32 a Abs. 3 S. 3 GmbHG anhand rechtsmethodischer Mittel so zu fassen, daß er - entsprechend den vorstehenden Ausführungen - Gesellschafterkredite nur privilegiert, wenn diese bei Fortführung der Gesellschaft im Rahmen eines (objektiv) seriösen Sanierungsversuchs gewährt oder belassen werden. Es ist also erforderlich, § 32 a Abs. 3 S. 3 GmbHG um objektive, nachprüfbare Kriterien anzureichern, die gewährleisten, daß es sich bei der Unternehmensfortführung um einen seriösen Sanierungsversuch handelt.

Nach Maßgabe der vorangegangenen Erörterungen ist insoweit zu fordern, daß die Sanierungsfähigkeit und die Sanierungswürdigkeit durch ein Sanierungsgutachten nachgewiesen wird und ein objektiv aus ex-ante Sicht geeignetes Sanierungskonzept dokumentiert ist.[157] Darüber hinaus dürfen sich die finanzwirtschaftlichen Sanierungsmaßnahmen von seiten der Gesellschafter nicht in der Fremdkapitalfinanzierung erschöpfen. Erforderlich ist vielmehr, daß diese eine signifikante Eigenkapitalzufuhr umfassen,[158] um so die Risikoteilung zwischen Gesellschaftern und Gläubigern bei der Fortführung der Gesellschaft

---

[157] Siehe zuvor 4. Kap. § 3 C II 4 a. Ebenso die bisherige Stellungnahmen im Schrifttum, siehe *Dörrie*, ZIP 1999, 12, 14; *Obermüller*, ZInsO 1998, 51, 54; *Pentz*, GmbHR 1999, 437, 449 f.; *Dauner-Lieb*, DStR 1998, 1517, 1522 f.; einschränkend *Lutter/Hommelhoff*, GmbHG, §§ 32 a/b Rn. 84. A. A. Scholz/*K. Schmidt*, GmbHG, §§ 32 a, 32 b Rn. 198.

[158] Siehe zuvor 4. Kap. § 3 C II 4 a, Fn. 152. Wie hier *Obermüller*, ZInsO 1998, 51, 53; ähnlich *Hirte*, ZInsO 1998, 147, 151. Anders *Vollmer/Smerdka*, DB 2000, 757, 758, nach denen auch die Sanierung nur unter Zufuhr von Fremdkapital dem Sanierungsprivileg unterfällt.

zu gewährleisten.[159] Denn nur wenn § 32 a Abs. 3 S. 3 GmbHG durch diese objektiven Kriterien gewährleistet, daß bei der Unternehmensfortführung zum Zweck der Sanierung ein angemessener Ausgleich von Chancen und Risiken gewahrt bleibt, läßt er sich mit der ratio legis der gesetzlichen Kapitalersatzregeln in Einklang bringen.[160]

aa) Regelungskonforme Auslegung?

Als erstes könnte man überlegen, ob sich die zuvor aufgeführten objektiven Kriterien im Wege der Auslegung in § 32 a Abs. 3 S. 3 GmbHG einfügen lassen. Das einzige Tatbestandsmerkmal, welches im Wege der Auslegung so interpretiert werden könnte, ist das Merkmal "zum Zweck der Überwindung der Krise". So könnte man daran denken, diese Privilegierungsvoraussetzung dahingehend auszulegen, daß unter Berücksichtigung der ratio legis des § 32 a GmbHG der Zweck der Überwindung der Krise nur dann erfüllt ist, wenn aufgrund von objektiv nachprüfbaren Tatsachen feststeht, daß der Beteiligungserwerb zur Durchführung eines seriösen Sanierungsversuchs erfolgt.[161] Allerdings ist der Wortlaut dieser Privilegierungsvoraussetzung eindeutig. Nach allgemeinem Sprachgebrauch lassen sich die Worte "zum Zweck" nur so verstehen, daß es zur Erlangung der Privilegierung ausreicht, daß der Darlehensgeber zum Zeitpunkt des Beteiligungserwerbs subjektiv den Zweck verfolgt, letztlich die Gesellschaftskrise zu überwinden. Der aus dem allgemeinen Sprachgebrauch zu entnehmende Wortsinn bestimmt aber die Grenze einer möglichen Auslegung, da das, was jenseits des Wortsinns liegt, mit ihm auch bei "weitester" Auslegung nicht mehr zu vereinbaren ist.[162] Folglich können in das Merkmal "zum Zweck der Überwindung der Krise" im Wege der Auslegung keine objektiven Kriterien hineininterpretiert werden.

bb) Teleologische Reduktion

In Anbetracht des Umstandes, daß das gesetzliche Sanierungsprivileg wegen der weiten subjektiven Fassung des Privilegierungsgrunds "zum Zweck der Überwindung der Krise" mit der ratio legis der gesetzlichen Kapitalersatzregeln

---

159 Vgl. zuvor 4. Kap. § 3 C II 4 a.

160 Ähnlich jetzt auch *Casper/Ullrich*, GmbHR 2000, 472, 474 ff., 477; *Götz/Hegerl*, DB 2000, 1385, 1388.

161 Siehe zu dieser sog. "objektiv-teleologischen" Auslegung *Larenz*, Methodenlehre, S. 333 ff.

162 *Larenz*, Methodenlehre, S. 343.

unvereinbar ist, könnte man jedoch noch überlegen, § 32 a Abs. 3 S. 3 GmbHG durch eine teleologische Reduktion mit dieser in Einklang zu bringen.

Als teleologische Reduktion bezeichnet man die Rückführung einer im Gesetz enthaltenen, nach ihrem eindeutigen Wortsinn zu weit gefaßten Regel auf den ihr nach dem Regelungszweck oder dem Sinnzusammenhang des Gesetzes zukommenden Anwendungsbereich. Sie erfolgt, indem der zu weit gefaßten gesetzlichen Regelung, entgegen ihrem Wortsinn, aber gemäß der immanenten Teleologie des Gesetzes, die sinngemäß erforderliche Einschränkung hinzugefügt wird.[163] Eine solche teleologische Reduktion kann entweder durch den Sinn und Zweck der einzuschränkenden Norm selbst, durch den vorrangigen Zweck einer anderen Norm, der andernfalls nicht erreicht würde, oder durch ein für eine bestimmte Fallgruppe vorrangiges, dem Gesetz immanentes Prinzip geboten sein.[164]

Überträgt man das auf den vorliegenden Fall des in das GmbH-Gesetz neu eingefügten Sanierungsprivilegs, so ergibt sich folgendes: Es ist davon auszugehen, daß der Gesetzgeber mit der Einfügung des Sanierungsprivilegs in § 32 a Abs. 3 S. 3 GmbHG keinen radikalen Systemwechsel dadurch anstrebte, daß er eine Regelung schuf, die nach ihrem Wortlaut mit dem dem GmbH-Gesetz immanenten allgemeinen Rechtsprinzip des Chancen-Risiken-Ausgleichs und der ratio legis der Normen, in die sie eingefügt wurde, nicht zu vereinbaren ist. Vielmehr ging es dem Gesetzgeber wohl auch bei dem Sanierungsprivileg um eine rechtspolitisch erwünschte systemimmanente Randkorrektur.[165] Daher sind die gesetzlichen Wertungen des GmbH-Gesetzes als vorrangig anzusehen.

Die wegen ihres allein auf subjektive Vorstellungen abstellenden Wortlauts zu weit gefaßte Privilegierungsvoraussetzung "zum Zweck der Überwindung der Krise" ist demnach teleologisch zu reduzieren, um so auch im Fall der Fortführung der Gesellschaft zum Zweck ihrer Sanierung die Verwirklichung des dem GmbH-Gesetz immanenten Rechtsprinzips des angemessenen Ausgleichs von Chancen und Risiken zu gewährleisten. Folglich ist das vorgenannte Tatbestandsmerkmal, entsprechend den obigen Ausführungen, dahingehend einzuschränken, daß der Zweck der Überwindung der Krise nur dann als erfüllt anzusehen ist, wenn im Zeitpunkt des Beteiligungserwerbs aufgrund der eingangs aufgeführten nachprüfbaren objektiven Kriterien feststeht, daß die Fortführung der Gesellschaft - und damit das Belassen bzw. Zuführen weiteren Gesell-

---

163 *Larenz*, Methodenlehre, S. 391.

164 *Larenz*, Methodenlehre, S. 392.

165 Vgl. *Seibert*, DStR 1997, 35, 36. A. A. wohl *Vollmer/Smerdka*, DB 2000, 757 ff.

schafterfremdkapitals - im Rahmen eines seriösen Sanierungsversuchs erfolgt.[166]

c) Ergebnis

Das gesetzliche Sanierungsprivileg kann im Wege einer teleologischen Reduktion des Tatbestandsmerkmals "zum Zweck der Überwindung der Krise" mit der ratio legis der gesetzlichen Kapitalersatzregeln in Einklang gebracht werden. Dieser "Zweck" ist nur dann als gegeben anzusehen, wenn zum Zeitpunkt des Beteiligungserwerbs aufgrund der angeführten objektiven Kriterien feststeht, daß die Unternehmensfortführung einem seriösen Sanierungsversuch dient. Wendet man das neue Sanierungsprivileg unter Beachtung dieser Voraussetzung an, ist es also möglich, Sanierungsversuche auf systemkonforme Art und Weise zu privilegieren.[167]

5. Geltung des Sanierungsprivilegs innerhalb der richterrechtlichen Kapitalersatzregeln

Am Ende der Auseinandersetzung mit dem neu ins Gesetz eingefügten Sanierungsprivileg ist schließlich noch festzuhalten, daß dieses, entsprechend den obigen Ausführungen zur Freistellung geringfügig beteiligter Gesellschafter, gleichfalls eine Ausstrahlungswirkung auf die richterrechtlichen Kapitalersatzregeln hat.[168] Demnach gilt es zukünftig auch bei Anwendung dieser Regeln.

---

166 Ablehnend *H. P. Westermann*, DZWiR 2000, 1, 8, der statt dessen ggf. auf die (m. E. insoweit unzureichende) Haftung wegen Insolvenzverschleppung zurückgreifen will.

167 So jetzt auch *Casper/Ullrich*, GmbHR 2000, 472, 474 ff., 477, 481; *Götz/Hegerl*, DB 2000, 1385, 1388, 1391 sowie *Vollmer/Smerdka*, DB 2000, 757, 758 f. (wobei letztere allerdings die Anforderungen an die Seriosität des Sanierungsversuchs zu weit absenken). In diesem Fall ist auch die zum Teil geäußerte Kritik, das Eigenkapitalersatzrecht sei sanierungsfeindlich oder sogar gläubigerschädigend (vgl. *Grunewald*, GmbHR 1997, 7, 8; *Claussen*, GmbHR 1996, 316, 320;*Götz/Hegerl*, DB 1997, 2365 ff.; vgl. weiterhin *T. Fischer*, Gläubigerschutz, S. 179, 189 ff.) endgültig gegenstandslos. Siehe auch *Ulmer*, ZGR 1999, 751, 761, der darauf hinweist, daß ein richtig angewandtes Sanierungsprivileg sogar eine Stärkung des Gläubigerschutzes zur Folge hat.

168 Siehe oben 4. Kap. § 3 B IV (a. E.). Wie hier auch *Pichler*, WM 1999, 411, 419; *Pentz*, GmbHR 1999, 437, 450; *Casper/Ullrich*, GmbHR 2000, 472, 480 sowie *Lutter/Hommelhoff*, GmbHG, §§ 32 a/b Rn. 79.

D. Ergebnis

Im vorhergehenden Abschnitt wurde untersucht, ob sich die Gesetzesänderungen durch die Insolvenzordnung, das Kapitalaufnahmeerleichterungsgesetz sowie das KonTraG mit der ratio legis der gesetzlichen Kapitalersatzregeln vereinbaren lassen bzw. ob sie Auswirkungen auf diese haben.

Es zeigte sich, daß die Änderungen durch die Insolvenzordnung sämtlich mit der ratio legis der §§ 32 a, 32 b GmbHG zu vereinbaren sind und auf diese keine Auswirkungen haben. Die durch das Kapitalaufnahmeerleichterungsgesetz in § 32 a Abs. 3 S. 2 GmbHG eingeführte Freistellung geringfügig beteiligter Gesellschafter von den Bindungen des Kapitalersatzrechts stellte sich als Einschränkung des personellen Anwendungsbereichs sowohl der gesetzlichen als auch der richterrechtlichen Kapitalersatzregeln dar, die mit der ratio legis nicht zu vereinbaren ist. Allerdings wurde die ratio durch das Kleinbeteiligtenprivileg nicht verändert. Das Sanierungsprivileg des § 32 a Abs. 3 S. 3 GmbHG ist schließlich nur durch eine teleologische Reduktion des Privilegierungsgrundes "zum Zweck der Überwindung der Krise" in Form einer Anreicherung dieses subjektiven Merkmals mit objektiven Kriterien mit der ratio legis in Einklang zu bringen und gilt gleichfalls sowohl im Rahmen der gesetzlichen Kapitalersatzregeln als auch der Rechtsprechungsregeln. Auswirkungen auf die ratio zeitigt auch diese Gesetzesänderung nicht.

Demnach ist die oben festgestellte ratio legis der gesetzlichen Kapitalersatzregeln durch die neueren Gesetzesänderungen nicht geändert worden.

§ 4 Zusammenfassung

Im vorangegangenen Kapitel wurde als erstes unter Heranziehung aller in Betracht kommenden Quellen im Wege eines Induktionsschlusses die ratio legis der gesetzlichen Kapitalersatzregeln geklärt. Diese ist nicht in einen Satz zu fassen, sondern ist komplexer Natur:

Tragender Gedanke der gesetzlichen Kapitalersatzregeln ist der Gedanke der Verwirklichung des allgemeinen Rechtsprinzips des angemessenen Ausgleichs von Chancen und Risiken.[169] Ausgehend davon haben die gesetzlichen Kapitalersatzregeln zum einen den präventiven Zweck, die Gesellschaftsgläubiger vor der mit der Fortführung der Gesellschaft anhand von Gesellschafterfremdkapital anstelle von Eigenkapital in der Krise verbundenen Risikoverlagerung zu ihren Lasten zu schützen. Zur Erreichung dieses Zwecks schränken sie die Finanzierungsfreiheit der Gesellschafter in der Krise ein und lassen ihnen in dieser

---

169 Siehe oben 4. Kap. § 2 B.

Situation nur die Wahl, der Gesellschaft Eigenkapital zuzuführen oder sie zu liquidieren, wenn sie nicht Gefahr laufen wollen, daß das von ihnen gewährte Fremdkapital einer eigenkapitalähnlichen Sonderbehandlung unterzogen wird. Damit soll gewährleistet werden, daß die Gesellschafter im Fall der Fortführung der Gesellschaft in der Krise von vornherein ein - der gesetzlichen Grundkonzeption entsprechendes - angemessenes Risiko übernehmen.[170] Zum anderen verfolgen sie den reaktiven Zweck, zugunsten der Gesellschaftsgläubiger eine möglichst groß bemessene Insolvenzmasse zu erhalten. So sollen die Gläubiger für den Fall geschützt werden, daß die Fortführung der GmbH in der Krise mittels Gesellschafterfremdkapital scheitert und die Gesellschaft endgültig wirtschaftlich zusammenbricht. Dies dient dazu, in dieser Situation eine der gesetzlichen Grundkonzeption entsprechende Risikobeteiligung der Gesellschafter nachträglich zu erzwingen.[171]

Sodann wurde der Frage nachgegangen, ob und ggf. wie sich die neueren Gesetzesänderungen mit dieser ratio legis vereinbaren lassen und ob die ratio legis eventuell durch die Gesetzesänderungen modifiziert wurde. Es zeigte sich, daß weder das Kleinbeteiligtenprivileg des § 32 a Abs. 3 S. 2 GmbHG noch das Sanierungsprivileg des § 32 a Abs. 3 S. 3 GmbHG mit der ratio legis, insbesondere dem tragenden Grundgedanken der Verwirklichung des allgemeinen Rechtsprinzips eines angemessenen Ausgleichs von Chancen und Risiken, in Einklang steht.[172]

Allerdings haben beide Änderungen keine Auswirkung auf die ratio legis, sondern stellen nur rechtspolitisch motivierte Einschränkungen des Anwendungsbereichs der gesetzlichen *und* auch der richterrechtlichen Kapitalersatzregeln dar.[173] Schließlich wurde noch aufgezeigt, daß es möglich ist, das Sanierungsprivileg im Wege einer teleologischen Reduktion durch eine Objektivierung des subjektiv ausgestalteten Privilegierungsgrunds "zum Zweck der Überwindung der Krise" mit der ratio legis in Einklang zu bringen.[174]

Zusammenfassend ist somit festzuhalten, daß die richterrechtlichen und die gesetzlichen Kapitalersatzregeln hinsichtlich ihrer ratio übereinstimmen. Die unterschiedlichen Konzepte zur Verwirklichung dieser ratio sind folglich nur Ausdruck verschiedener Möglichkeiten zur rechtlichen Behandlung eines als

---

170 Siehe oben 4. Kap. § 2 A II.

171 Siehe oben 4. Kap. § 2 A I.

172 Siehe 4. Kap. § 3 B I sowie 4. Kap. § 3 C II 1.

173 Siehe 4. Kap. § 3 B II bzw. 4. Kap. § 3 B IV, 4. Kap. § 3 C II 3 bzw. 4. Kap. § 3 C II 5.

174 Siehe 4. Kap. § 3 C II 4.

regelungsbedürftig erachteten Sachverhalts. Die Novellen-Regeln haben daher im Ergebnis, ebenso wie die Rechtsprechungsregeln, eine *Finanzierungsfolgeverantwortung* der Gesellschafter *zur Folge* und schreiben diese im Gesetz fest. Aufgrund dieser Finanzierungsfolgeverantwortung ist die Finanzierungsfreiheit der Gesellschafter in der Krise dahingehend eingeschränkt, daß sie nur noch die Wahl haben, die Gesellschaft zu liquidieren oder, soweit zur Fortführung erforderlich, Eigenkapital zuzuführen. Kommen sie dieser Verantwortung nicht nach, wird das von ihnen gewährte Fremdkapital zwangsweise einer eigenkapitalähnlichen Sonderbehandlung unterzogen. Damit stellen die gesetzlichen Kapitalersatzregeln einen materiellen Finanzierungsgrundsatz in der Gesellschaftskrise auf, um so sicherzustellen, daß die Gesellschafter nur seriöse Sanierungsversuche unternehmen.[175]

Betrachtet man nun die zuvor herausgearbeitete ratio der Rechtsprechungsregeln und die ratio legis der gesetzlichen Kapitalersatzregeln - insbesondere den von ihnen verfolgten Zweck der Erhaltung einer größtmöglichen Haftmasse für den Fall des wirtschaftlichen Zusammenbruchs der Gesellschaft - vor dem Hintergrund der beiden zu ihrer Verwirklichung geschaffenen Konzepte, so zeigt sich, daß das gesetzliche Konzept das im Hinblick auf den Zweck der Erhaltung einer größtmöglichen Insolvenzmasse näherliegende, systemkonformere ist. Demgegenüber ist das Konzept der richterrechtlichen Kapitalersatzregeln das im Hinblick auf das zugrunde liegende Rechtsprinzip und dessen Verwirklichung im zu ergänzenden GmbH-Gesetz näherliegende und für die Gläubiger, vor allem aufgrund seines früheren Eingreifens, noch etwas günstigere Konzept.[176]

---

[175] Siehe dazu schon oben 3. Kap. § 4 (a. E.).

[176] Der - im Anschluß daran naheliegenden - Frage, ob das Konzept der Rechtsprechung nach der Einfügung der Novellen-Regeln in das Gesetz überhaupt fortgeführt werden durfte, wird im Rahmen der vorliegenden Arbeit allerdings nicht weiter nachgegangen. Das Verhältnis von Rechtsprechungsregeln und gesetzlichen Kapitalersatzregeln stellt eine eigenständiges methodologisches Problem dar, dessen Erörterung den Rahmen der Arbeit sprengen würde. Allerdings sollte man sich im Interesse der Rechtssicherheit auf Dauer für ein Konzept entscheiden (wenngleich dies in Anbetracht der allgemeinen Anerkennung der Rechtsprechungsregeln auch durch den Gesetzgeber äußerst unwahrscheinlich ist). In diesem Fall erscheint mir das gesetzliche Konzept einfacher und daher vorzugswürdig. Den wesentlichen Nachteil des gesetzlichen Konzepts, nämlich das Fehlen einer dem § 30 Abs. 1 GmbHG entsprechenden Regel, könnte man dabei beseitigen, indem in § 32 a Abs. 1 GmbHG ein Satz aufgenommen wird, welcher für die Dauer der Krise die Rückgewähr des Darlehens sowie die Zahlung von Darlehenszinsen untersagt.

5. Kapitel: Praktische Relevanz der gewonnenen Ergebnisse

Im Anschluß an die Klärung der ratio der Eigenkapitalersatzregeln soll nunmehr am Schluß der Arbeit noch die praktische Relevanz der gewonnenen Ergebnisse aufgezeigt werden. Zu diesem Zweck wird unter Heranziehung der erarbeiteten ratio exemplarisch zu einigen, bislang noch nicht abschließend geklärten Fragen des Kapitalersatzrechts Stellung genommen.

§ 1 Erforderlichkeit zusätzlicher Voraussetzungen in den Fällen des "Belassens" von Gesellschafterfremdkapital?

Als erstes wird der umstrittenen Frage nachgegangen, ob in der für die gesellschaftsrechtliche Praxis wichtigsten Fallgruppe des sog. "Belassens" oder "Stehenlassens" von Gesellschafterfremdmitteln[1] für das Eingreifen der eigenkapitalähnlichen Sonderbehandlung zusätzliche Anforderungen erfüllt sein müssen und welche Anforderungen das ggf. sind.

In der Fallgruppe des "Belassens" von Gesellschafterfremdkapital werden die Fallgestaltungen zusammengefaßt, in denen der Gesellschaft Fremdkapitalmittel von seiten der Gesellschafter nicht erst nach Eintritt der Kreditunwürdigkeit in der Krise zugeführt werden, sondern in denen der Gesellschafter Fremdkapitalmittel, die er der Gesellschaft außerhalb der Krise und damit in Ausnutzung seiner zu diesem Zeitpunkt uneingeschränkten Finanzierungsfreiheit gewährt hat, trotz Eintritts der Gesellschaftskrise beläßt und ihr so den Fortbestand ermöglicht. Dabei kann das "Belassen" der Gesellschafterfremdmittel sowohl darin begründet sein, daß der Gesellschafter *fällige* Forderungen aus Darlehen, nicht entnommenen Gewinnen, nicht ausgezahlten Geschäftsführergehältern etc. *ausdrücklich stundet* als auch darin, daß er derartige Forderungen *schlicht stehenläßt*, sein Kredit-Engagement nicht durch eine Kündigung des Darlehens bzw. durch die Liquidation der Gesellschaft beendet oder nicht die Freistellung von einer für Fremdkapitalleistungen Dritter bestellten Sicherheit (Bürgschaft etc.) verlangt (vgl. § 775 Abs. 1 Nr. 1 BGB).[2]

---

1 Vgl. nur die überproportionale Anzahl der in der amtlichen Sammlung veröffentlichten Entscheidungen, z. B. BGHZ 75, 334 ff.; 76, 326 ff.; 81, 252 ff.; 81, 311 ff.; 81, 365 ff.; 105, 168 ff.; 121, 31 ff.; 127, 336 ff. sowie noch den entsprechenden Hinweis bei *v. Gerkan/Hommelhoff*, Kapitalersatz im Gesellschafts- und Insolvenzrecht, Rn. 4.30, S. 124.

2 Siehe zu den einzelnen Fallgestaltungen die Nachweise in der vorstehenden Fn. 1 sowie BGH WM 1985, 1028 ff.; BGH NJW 1992, 1169 ff.; BGH NJW 1995, 457 ff.; BGH NJW 1995, 658 ff. Zur Problematik "stehengelassener" Bürgschaften siehe *Pape*, ZIP 1996, 1409 ff.

A. Meinungsstand

Nach Ansicht der Rechtsprechung sind diese Fälle im Grundsatz mit denen der Zufuhr des Gesellschafterfremdkapitals in der Krise gleichzustellen.[3] Das hat in der rechtswissenschaftlichen Literatur jedenfalls insoweit einhellige Zustimmung erfahren, als die Belassung bei Eintritt der Krise auf einer ausdrücklichen rechtsgeschäftlichen Vereinbarung zwischen Gesellschaft und Gesellschaftern beruht.[4] Allerdings ist nach wie vor umstritten, ob auch in den Fällen, in denen es an einer ausdrücklichen rechtsgeschäftlichen Abrede fehlt, die Belassung von Gesellschafterfremdmitteln in der Krise deren zwangsweise eigenkapitalähnliche Sonderbehandlung zur Folge hat und wenn ja, unter welchen Voraussetzungen.

I. Erforderlichkeit einer (konkludenten) Finanzierungsabrede

Namhafte Vertreter des rechtswissenschaftlichen Schrifttums, allen voran *Ulmer* und *K. Schmidt* lehnen eine Gleichstellung des "schlichten", d. h. nicht auf einer Abrede beruhenden Belassens von Gesellschafterfremdkapital mit der Zufuhr von Gesellschafterfremdkapital in der Krise ab. Ihrer Auffassung nach ist eine Einbeziehung in der Krise belassener Gesellschafterfremdmittel in die eigenkapitalähnliche Bindung der Kapitalersatzregeln nur gerechtfertigt, wenn die Gesellschafter, obwohl sie rechtlich die Möglichkeit gehabt haben, die Fremdmittel bei Eintritt der Krise abzuziehen,[5] diese der Gesellschaft auf der Grundlage einer Finanzierungsabrede belassen haben.[6] Dabei werden an die

---

3 Vgl. nur BGHZ 75, 334, 336 ff.; 76, 326, 330 f.; 81, 252, 257; 81, 365, 367; 127, 336, 340 ff.; BGH NJW 1995, 457, 458.

4 Vgl. statt aller Hachenburg/*Ulmer*, GmbHG, § 32 a, b Rn. 25 ff., 87 ff.; *Lutter/Hommelhoff*, GmbHG, §§ 32 a/b Rn. 45 ff.; Scholz/*K. Schmidt*, GmbHG, §§ 32 a, 32 b Rn. 47 ff.; *Roth/Altmeppen*, GmbHG, § 32 a Rn. 18 ff.; *v. Gerkan*, GmbHR 1986, 218, 220 f.; *ders.*, ZGR 1997, 173, 184; *Johlke* in: v. Gerkan/Hommelhoff, Handbuch des Kapitalersatzrechts, Rn. 5.80 ff., S. 151 f.; *Hill/Schäfer*, BB 1989, 458 ff.; *Habersack*, ZHR 161 (1997), 457, 467 ff.; Baumbach/Hueck/*Hueck*, GmbHG, § 32 a Rn. 38.

5 Zu den Möglichkeiten der Beendigung der Fremdkapitalüberlassung vgl. *Habersack*, ZHR 161 (1997), 457, 470; *v. Gerkan*, ZGR 1997, 173, 186 sowie *Johlke* in: v. Gerkan/Hommelhoff, Handbuch des Kapitalersatzrechts, Rn. 5.95 ff., S. 155 ff. (jeweils mit weiteren Nachweisen).

6 Vgl. Hachenburg/*Ulmer*, GmbHG, § 32 a, b Rn. 30 ff., 57, 91 f.; *ders.*, ZIP 1984, 1163, 1165 ff., 1169 f.; Scholz/*K. Schmidt*, GmbHG, §§ 32 a, 32 b Rn. 48, 50 ff., 100; *ders.*, ZIP 1981, 689, 692; *ders.*, ZHR 147 (1983), 165, 190 f.; Baumbach/Hueck/*Hueck*, § 32 a Rn. 38.

geforderte Abrede keine hohen Anforderungen gestellt, insbesondere muß sie keine rechtsgeschäftliche Qualität aufweisen. Ausreichend soll vielmehr eine stillschweigende Abrede sein, die durch die äußeren Umstände (z. B. Belassen der Fremdmittel durch den Gesellschaftergeschäftsführer) indiziert werden kann.[7] Die Ablehnung der Einbeziehung schlicht belassener Gesellschafterfremdmittel und die Forderung nach einer Finanzierungsabrede werden, wohl ausgehend von den Grundsätzen der Unterlassungsdogmatik, im wesentlichen damit begründet, daß es keine Rechtspflicht der Gesellschafter zum Handeln gebe. Weder § 32 a Abs. 1, 3 GmbHG noch die Finanzierungsverantwortung der Gesellschafter würden eine Handlungspflicht begründen. Vielmehr beträfen diese nur Regeln, die im Fall eines Handelns einzuhalten wären. Daher sei den Gesellschaftern ihre Untätigkeit nicht als relevante Rechtshandlung (Finanzierungsentscheidung) im Sinne der Kapitalersatzregeln zuzurechnen.[8]

II. Einseitige Finanzierungsentscheidung des Gesellschafters

Nach Ansicht des BGH und anderer Vertreter des Schrifttums kommt es demgegenüber auf eine zweiseitige Finanzierungsabrede zwischen dem jeweiligen Gesellschafter und der Gesellschaft nicht an.[9] Dies wird damit begründet, daß der tragende Grund für die eigenkapitalähnliche Sonderbehandlung nicht in einer derartigen Abrede bestehe, sondern vielmehr in der Finanzierungsfolgeverantwortung der Gesellschafter zu sehen sei. Diese lasse ihnen in der Krise nur die Wahl, die Gesellschaft entweder unter Zufuhr neuen Eigenkapitals fortzuführen oder sie unmittelbar bzw. mittelbar durch die Verweigerung weiterer oder den Abzug bereits gewährter Gesellschafterfremdmittel zu liquidieren.[10] Daher ist es nach dieser Ansicht nur erforderlich, aber auch unabdingbar, daß der Gesellschafter *subjektiv* eine dementsprechende *einseitige Finanzierungsentscheidung* trifft.[11] Diese setzt ihrerseits voraus, daß der Gesellschafter zum

---

7 Hachenburg/*Ulmer*, GmbHG, § 32 a, b Rn. 30, 31; *ders.*, ZIP 1984, 1163, 1171 f.; Scholz/*K. Schmidt*, GmbHG, §§ 32 a, 32 b Rn. 48, 50; *ders.*, Gesellschaftsrecht, § 37 IV 2 b, S. 1153 f.; Baumbach/Hueck/*Hueck*, GmbHG, § 32 a Rn. 38.

8 Hachenburg/*Ulmer*, GmbHG, § 32 a, b Rn 31, 90 f.; ähnlich *K. Schmidt*, Gesellschaftsrecht, § 37 IV 2 b, S. 1153.

9 BGH NJW 1995, 457, 458; *Lutter/Hommelhoff*, GmbHG, §§ 32 a/b Rn. 47.

10 BGHZ 127, 336, 344 f.; BGH NJW 1995, 457, 458; BGH NJW 1995, 658; *Lutter/Hommelhoff*, GmbHG, §§ 32 a/b Rn. 47.

11 So ausdrücklich BGHZ 127, 136, 144/145; siehe auch *Lutter/Hommelhoff*, GmbHG, §§ 32 a/b Rn. 47.

einen subjektiv zumindest die Möglichkeit hatte, den Eintritt der Krise seiner Gesellschaft zu erkennen und daß er zum anderen objektiv in der Lage war, auf den Eintritt der Krise durch Abzug der Mittel oder Liquidation der Gesellschaft zu reagieren.[12] Dabei werden jedoch an die erforderliche Möglichkeit, die Krise der Gesellschaft zu erkennen, keine hohen Anforderungen gestellt, da die Gesellschafter aufgrund ihrer aus der Übernahme der Gesellschafterstellung folgenden Finanzierungsfolgeverantwortung verpflichtet seien, sich laufend zuverlässig über die wirtschaftliche Lage der Gesellschaft zu informieren.[13]

III. Objektives Belassen trotz Abzugsmöglichkeit

Eine dritte Ansicht in der rechtswissenschaftlichen Literatur lehnt selbst das Erfordernis einer einseitigen subjektiven Finanzierungsentscheidung der Gesellschafter ab und läßt es für das Eingreifen der eigenkapitalähnlichen Bindung genügen, daß die von den Gesellschaftern gewährten Fremdkapitalmittel der Gesellschaft in der Krise weiter zur Verfügung gestellt blieben, ohne daß die Gesellschafter von der Möglichkeit einer Beendigung ihres finanziellen Engagements Gebrauch gemacht haben.[14] Dies wird damit begründet, daß die Einführung eines subjektiven Tatbestandsmerkmals zu widersprüchlichen Kriterien für den Grundtatbestand des kapitalersetzenden Gesellschafterdarlehens einerseits und für den nachträglich durch Stehenlassen kapitalersetzend werdenden Kredit auf der anderen Seite führe. Für den Fall der effektiven Kapitalzufuhr in der Krise sei nämlich allgemein anerkannt, daß das Eingreifen der eigenkapitalähnlichen Bindung nicht von irgendeinem subjektiven Tatbestand in der Person des Gesellschafters in Form einer positiven Kenntnis oder eines Kennenmüssens abhängig sei, da die Kapitalersatzregeln keine Sanktion für ein subjektives Fehlverhalten der Gesellschafter seien, sondern lediglich

---

12 Vgl. BGHZ 127, 336, 345/346; BGH NJW 1995, 457, 458; BGH NJW 1995, 658 f. Siehe jedoch auch schon zuvor ganz ähnlich BGHZ 75, 334, 338/339; 81, 365, 367; 105, 168, 186; 121, 31, 35 ff. Ebenso *Lutter/Hommelhoff*, GmbHG, §§ 32 a/b Rn. 47 ff.; *Lutter*, DB 1980, 1317, 1321. Zu den Möglichkeiten des Abzugs des Fremdkapitals bzw. der Liquidation der Gesellschaft siehe schon die Nachweise zuvor 5. Kap., Fn. 5.

13 Vgl. statt aller BGHZ 75, 334, 339; 81, 365, 370; 127, 336, 346; *Lutter/Hommelhoff*, GmbHG, §§ 32 a/b Rn. 48, 51.

14 *Roth/Altmeppen*, GmbHG, § 32 a Rn. 20 f.; *Wiedemann*, ZIP 1986, 1293, 1297; *Hill/Schäfer*, BB 1989, 458, 461/462; *v. Gerkan*, GmbHR 1986, 218, 220 f.; *ders.*, GmbHR 1996, 400, 401 ff.

Folge der objektiv eintretenden Kapitalersatzfunktion der zugeführten Mittel.[15] Darüber hinaus berge die Forderung nach einer Finanzierungsabrede als Voraussetzung für die Einbeziehung stehengelassener Gesellschafterfremdkapitalmittel in die Kapitalersatzgrundsätze die Gefahr der Umgehung der Kapitalersatzregeln in sich. Den Gesellschaftern werde es so ermöglicht, der Gesellschaft zu gesunden Zeiten ein Darlehen zu gewähren, es ihr trotz Abzugsmöglichkeit in der Krise zu belassen und sodann ggf. in der Insolvenz das Darlehen unter Berufung auf die fehlende Finanzierungsabrede gleichberechtigt mit den sonstigen Gesellschaftsgläubigern geltend machen zu können.[16]

B. Stellungnahme

Es stellt sich in Anbetracht dieser divergierenden Auffassungen - wenngleich sie in der Praxis aufgrund der jeweils sehr niedrigen tatsächlichen Anforderungen zu im wesentlichen gleichen Ergebnissen gelangen werden -[17] die Frage, ob überhaupt und wenn ja welche zusätzlichen Voraussetzungen neben den "üblichen" Tatbestandsmerkmalen der Kapitalersatzregeln unter Zugrundelegung der hier zuvor erarbeiteten ratio für die eigenkapitalähnliche Sonderbehandlung in der Krise belassener Gesellschafterfremdmittel erforderlich sind.

I. Zulässigkeit der Einbeziehung "belassener" Fremdmittel

In diesem Zusammenhang ist vorab festzuhalten, daß die Gleichstellung der Fälle des Belassens von Gesellschafterfremdkapital in der Krise mit denen der Zufuhr von Gesellschafterfremdkapital in der Krise im Hinblick auf die erarbeitete ratio der Kapitalersatzregeln, namentlich unter Zugrundelegung des allgemeinen Rechtsprinzips des angemessenen Ausgleichs von Chancen und Risiken, im Grundsatz zutreffend ist. Zu der mit dem allgemeinen Rechtsprinzip des angemessenen Ausgleichs von Chancen und Risiken nicht mehr zu vereinbarenden einseitigen Risikoverlagerung zu Lasten der Gesellschaftsgläubiger

---

15 *v. Gerkan*, GmbHR 1986, 218, 221; *ders.*, GmbHR 1996, 400, 401; *Roth/Altmeppen*, GmbHG, § 32 a Rn. 21; *Hill/Schäfer*, BB 1989, 458, 462.

16 *Hill/Schäfer*, BB 1989, 458, 462.

17 Wie hier Scholz/*K. Schmidt*, GmbHG, §§ 32 a, 32 b Rn. 48; *Lutter/Hommelhoff*, GmbHG, §§ 32 a/b Rn. 46; *Johlke* in: v. Gerkan/Hommelhoff, Handbuch des Kapitalersatzrechts, Rn. 5.79, S. 151; *Röhricht*, Eigenkapitalersetzende Leistungen, S. 1, 16; *v. Gerkan*, GmbHR 1996, 400, 401; *Häuselmann/Rümker/Westermann*, Finanzierung der GmbH, S. 54.

kommt es nämlich nicht nur, wenn die Gesellschafter der Gesellschaft ab dem Eintritt der Kreditunwürdigkeit das Fortbestehen durch die Gewährung neuen Fremdkapitals ermöglichen. Vielmehr entsteht diese gleichfalls, wenn sie der Gesellschaft Fremdkapitalmittel, die sie ihr bereits vor Eintritt der Krise gewährt haben, in der Krise belassen und ihr auf diese Weise in dieser Situation das Fortbestehen ermöglichen.[18] Daher ist es auch in diesen Fällen erforderlich, die Finanzierungsfreiheit der Gesellschafter *angemessen* einzuschränken bzw. die belassenen Gesellschafterfremdkapitalmittel zwangsweise einer eigenkapitalähnlichen Sonderbehandlung zu unterziehen, um so eine angemessene Risikobeteiligung der Gesellschafter im Fall der derartigen Fortführung der Gesellschaft in der Krise sicherzustellen.

II. Erforderlichkeit zusätzlicher Tatbestandsvoraussetzungen?

In Anbetracht dessen stellt sich die Frage, ob es in den Fällen des "Stehenlassens" von Gesellschafterfremdmitteln überhaupt zusätzlicher Voraussetzungen für das Eingreifen der Kapitalersatzgrundsätze bedarf.

Ausgehend von dem den Kapitalersatzregeln zugrunde liegenden Gedanken der Verwirklichung des allgemeinen Rechtsprinzips des angemessenen Ausgleichs von Chancen und Risiken könnte man sich nämlich auf den Standpunkt stellen, daß nach Eintritt der Krise, aufgrund der objektiv eintretenden Risikoverlagerung auf die Gläubiger, sämtliche Gesellschafterfremdmittel sofort und automatisch den Kapitalersatzregeln unterfallen, um so eine angemessene Risikoteilung zu gewährleisten.

Eine solche absolute Anwendung der Kapitalersatzregeln würde aber dazu führen, daß jegliches, zu beliebigen Zeitpunkten zugeführtes Gesellschafterfremdkapital Gefahr liefe, mit Eintritt der Krise plötzlich den Bindungen des Kapitalersatzrechts zu unterfallen. Das hätte in der Praxis zur Konsequenz, daß die Gesellschafter zukünftig von der Finanzierung ihrer GmbH mittels Gesellschafterfremdkapital aus Angst vor der stets drohenden eigenkapitalähnlichen Bindung absehen würden, und damit insbesondere auch von eventuell wirtschaftlich durchaus sinnvollen längerfristigen Darlehen. Es würde ihnen also *faktisch* ein vom Gesetzgeber nicht verbotenes und im Grundsatz wirtschaftlich sinnvolles Finanzierungsmittel[19] vollständig genommen. Durch die absolute Anwendung der Kapitalersatzregeln auf die Fälle belassener Darlehen würde demnach die positiv rechtlich gewährleistete Finanzierungsfreiheit der Gesell-

---

18 Vgl. oben 2. Kap. § 3 sowie 3. Kap. § 2 E III 4 d, e.

19 Siehe dazu oben 2. Kap. § 2 D.

schafter nicht nur in der Krise eingeschränkt, sondern vollständig ausgeschlossen.

Ein vollständiger Ausschluß der Finanzierungsfreiheit läßt sich jedoch auf der Grundlage der erarbeiteten ratio nicht rechtfertigen. Das GmbH-Gesetz wies ursprünglich vor dem Hintergrund des allgemeinen Rechtsprinzips des angemessenen Ausgleichs von Chancen und Risiken wegen der uneingeschränkten Finanzierungsfreiheit der Gesellschafter in der Krise eine Regelungslücke auf.[20] Diese Lücke füllen die Kapitalersatzregeln zutreffend aus, soweit sie die Finanzierungsfreiheit *in der Krise angemessen einschränken*, da das den Kapitalersatzregeln zugrunde liegende Rechtsprinzip nur eine Einschränkung der Finanzierungsfreiheit in bestimmten wirtschaftlichen Situationen fordert.[21] Ein vollständiger Ausschluß der Finanzierungsfreiheit würde demgegenüber eine unzulässige und mit dem tragenden Grundgedanken bzw. dem Zweck der Einschränkung der Finanzierungsfreiheit nicht mehr zu rechtfertigende Rechtsfortbildung contra legem darstellen.[22]

Um diesen völligen Ausschluß der Finanzierungsfreiheit zu verhindern, muß es dem Gesellschafter möglich sein, die eigenkapitalähnliche Sonderbehandlung vor der Krise gewährter Fremdmittel ab dem Eintritt der Krise zu vermeiden. Dies läßt sich dadurch erreichen, daß man dem Gesellschafter die Möglichkeit einräumt, bei Eintritt der Krise entweder - soweit *rechtlich* möglich -[23] die Fremdmittel abzuziehen[24] oder die Gesellschaft zu liquidieren bzw. sofern ihm das rechtlich nicht möglich ist, zumindest eine Beschlußfassung der Gesell-

---

20 Oben 3. Kap. § 2 E III 4, 3. Kap. § 2 E IV.

21 Oben 3. Kap. § 2 F I 2.

22 Oben 3. Kap. § 2 F II 2.

23 Eine nur tatsächliche Unmöglichkeit der Abzugs der Mittel steht also entgegen verbreiteter Ansicht (vgl. nur Scholz/*K. Schmidt*, GmbHG, §§ 32 a, 32 b Rn. 50; Baumbach/Hueck/*Hueck*, GmbHG, § 32 a Rn. 39) der eigenkapitalähnlichen Sonderbehandlung *nicht* entgegen, da der Gesellschafter ja regelmäßig noch die Möglichkeit hat, die Gesellschaft zu liquidieren (vgl. *v. Gerkan*, GmbHR 1996, 400, 403; BGH NJW 1992, 1764, 1766; BGH NJW 1995, 658 f.).

24 Zu den Möglichkeiten der Beendigung des schuldrechtlichen Überlassungsvertrags siehe nur *Habersack*, ZHR 161 (1997), 457, 470; *Lutter/Hommelhoff*, GmbHG, §§ 32 a/b Rn. 49 f.; *v. Gerkan*, ZGR 1997, 173, 186; *Roth/Altmeppen*, GmbHG, § 32 a Rn. 18; *Johlke* in: v. Gerkan/Hommelhoff, Handbuch des Kapitalersatzrechts, Rn. 5.95 ff., S. 155 ff. (jeweils mit weiteren Nachweisen zu Rechtsprechung und Literatur) sowie speziell für den Fall des Darlehens MünchKomm/*Westermann*, BGB, § 610, Rn. 13 ff.

schafterversammlung bezüglich einer Liquidation anzustrengen.[25] Im Hinblick darauf ist ihm eine angemessene, z. B. an § 64 Abs. 1 GmbHG orientierte Handlungsfrist einzuräumen.[26]

Demnach ist als Voraussetzung für die eigenkapitalähnliche Sonderbehandlung in der Krise belassener Gesellschafterfremdmittel - insoweit in Übereinstimmung mit der Rechtsprechung und der ganz herrschenden Lehre - jedenfalls erforderlich, daß der Gesellschafter *objektiv* in der Lage war, auf den Eintritt der Krise durch den Abzug der in früherer Zeit gewährten Fremdmittel oder durch die Liquidation der Gesellschaft zu reagieren.[27] Tut er dies innerhalb einer angemessenen Zeitspanne, ist er in der Krise wie ein gewöhnlicher Drittgläubiger zu behandeln, d. h. er kann seine Fremdkapitalforderung in der Insolvenz geltend machen und so zumindest die Insolvenzquote realisieren.

Fraglich bleibt, ob daneben, wie in Rechtsprechung und Literatur gefordert, noch weitere tatbestandliche Voraussetzungen für die eigenkapitalähnliche Sonderbehandlung belassener Gesellschafterfremdmittel notwendig sind.

Wie zuvor gesehen, tritt im Fall der Fortführung der Gesellschaft in der Krise mittels belassenem Gesellschafterfremdkapital die mit dem allgemeinen Rechtsprinzip des angemessenen Ausgleichs von Chancen und Risiken nicht mehr zu vereinbarende Risikoverlagerung auf die Gläubiger unabhängig davon ein, ob die Belassung auf einer irgendwie gearteten zweiseitigen Finanzierungsabrede zwischen Gesellschaftern und Gesellschaft beruht. Folglich kann ein derartiges Tatbestandsmerkmal auf der Grundlage der ratio der Kapitalersatzregeln nicht gerechtfertigt werden. Somit ist zunächst der überwiegenden Auffassung im Schrifttum, die eine zweiseitige Finanzierungsabrede als Voraus-

---

[25] Zu den diesbezüglichen Möglichkeiten vgl. BGH NJW 1992, 1764, 1766; *Habersack*, ZHR 161 (1997), 457, 471 ff.; *Lutter/Hommelhoff*, GmbHG, §§ 32 a/b Rn. 50; *v. Gerkan*, ZGR 1997, 173, 186; *Johlke* in: v. Gerkan/Hommelhoff, Handbuch des Kapitalersatzrechts, Rn. 5.100 ff., S. 157 f.

[26] Vgl. BGH NJW 1995, 658, 659; BGH NJW 1996, 722, 723; BGH GmbHR 1998, 937; *Lutter/Hommelhoff*, GmbHG, §§ 32 a/b Rn. 49; Baumbach/Hueck/*Hueck*, GmbHG, § 32 a Rn. 37; GmbH-Handbuch I/*Kallmeyer*, Rn. 374.

[27] BGHZ 121, 31, 35 f.; 127, 336, 345; *Lutter/Hommelhoff*, GmbHG, §§ 32 a/b Rn. 47 ff.; *v. Gerkan*, ZGR 1997, 173, 185 f.; *Hill/Schäfer*, BB 1989, 458, 461 f.; *Roth/Altmeppen*, GmbHG, § 32 a Rn. 18, 20; Baumbach/Hueck/*Hueck*, GmbHG, § 32 a Rn. 39 ff.; *Johlke* in: v. Gerkan/Hommelhoff, Handbuch des Kapitalersatzrechts, Rn. 5.90, S. 154.

setzung für die eigenkapitalähnliche Sonderbehandlung der belassenen Gesellschafterfremdmittel verlangt,[28] eine eindeutige Absage zu erteilen.

Dies gilt ebenfalls für das von der Rechtsprechung und Teilen der Literatur geforderte zusätzliche *subjektive Tatbestandsmerkmal* der positiven Kenntnis bzw. des Kennenmüssens von der Krise auf Seiten der Gesellschafter.[29] Die den Ausgangspunkt und die Grundlage der Kapitalersatzregeln bildende Risikoverlagerung zu Lasten der Gesellschaftsgläubiger tritt im Fall der Gesellschafterfremdkapitalzufuhr in der Krise unabhängig von subjektiven Vorstellungen der Gesellschafter, namentlich deren Kenntnis von der Krise, ein. Die Kapitalersatzregeln dienen dazu, diese objektiv eintretende Risikoverlagerung zu verhindern bzw. einen Ausgleich dafür zu bieten[30] und stellen nach allgemeiner Ansicht nicht etwa eine Sanktion für ein subjektives Fehlverhalten der Gesellschafter dar.[31] Folgerichtig sind die richterrechtlichen und die gesetzlichen Kapitalersatzregeln auch rein objektiv ausgestaltet. Dementsprechend lassen sich subjektive Tatbestandsmerkmale in dieses objektive Regelungssystem nicht einfügen, sondern sind, wie sich schon an früherer Stelle am Beispiel des in § 32 a Abs. 3 S. 3 GmbHG eingefügten Privilegierungsgrunds "zum Zweck der Sanierung" gezeigt hat, als systemwidrig abzulehnen.[32]

Allerdings ist das Abstellen auf die Kenntnisnahmemöglichkeit der Gesellschafter vom Eintritt der Krise als Voraussetzung für die eigenkapitalähnliche Sonderbehandlung belassener Gesellschafterfremdmittel bei genauer Betrachtung in der Grundtendenz zutreffend. Soll nämlich die oben geforderte objektive Möglichkeit der Gesellschafter zum Abzug ihrer Fremdmittel bzw. zur Liquidation der Gesellschaft als zur Erhaltung der Finanzierungsfreiheit erforderliche einschränkende Voraussetzung nicht leerlaufen, so muß der Gesellschafter zumindest bei objektiver Betrachtung in der Lage gewesen sein, den Eintritt der

---

28 Vgl. zuvor 5. Kap. § 1 A I.

29 Vgl. zuvor 5. Kap. § 1 A II.

30 Oben 3. Kap. § 3 A, 3. Kap. § 3 C, 4. Kap., § 2 A.

31 BGHZ 75, 334, 337 f.; 81, 311, 314/315; Hachenburg/*Ulmer*, GmbHG, § 32 a, b Rn. 31, 43, 56; *Roth/Altmeppen*, GmbHG, § 32 a Rn. 9, 21; Scholz/*K. Schmidt*, GmbHG, §§ 32 a, 32 b Rn. 8, 44; Baumbach/Hueck/*Hueck*, GmbHG, § 32 a Rn. 49; *v. Gerkan/Hommelhoff*, Kapitalersatz im Gesellschafts- und Insolvenzrecht, Rn. 3.47, S. 84; *v. Gerkan*, GmbHR 1986, 218, 221; *ders.*, GmbHR 1996, 400, 401.

32 Oben 4. Kap. § 3 C II 1.

Krise zu erkennen. Entgegen der Auffassung von Rechtsprechung und Literatur kommt es also nicht auf die *subjektive,* sondern die *objektive Möglichkeit* der Kenntnisnahme an,[33] wobei diese, - insoweit wieder in Übereinstimmung mit Rechtsprechung und Literatur - wegen des umfassenden Auskunfts- und Einsichtsrechts der Gesellschafter (siehe § 51 a GmbHG) nur in ganz engen Ausnahmefällen[34] zu verneinen ist[35].

C. Ergebnis

Die Einbeziehung des der Gesellschaft in der Krise belassenen Gesellschafterfremdkapitals in das Kapitalersatzrecht ist unter Zugrundelegung der erarbeiteten ratio der Kapitalersatzregeln zutreffend.[36] Allerdings ist entgegen überwiegender Auffassung in Rechtsprechung und rechtswissenschaftlichem Schrifttum für die eigenkapitalähnliche Sonderbehandlung neben den allgemeinen Tatbestandsvoraussetzungen der Kapitalersatzregeln weder eine zweiseitige Finanzierungsabrede zwischen Gesellschaftern und Gesellschaft noch eine einseitige (subjektive) Finanzierungsentscheidung der Gesellschafter erforderlich. Vielmehr greift die eigenkapitalähnliche Sonderbehandlung dann Platz, wenn die Gesellschafter der Gesellschaft ab dem Eintritt der Kreditunwürdigkeit Fremdkapitalmittel belassen, obwohl sie *objektiv* in der Lage waren, die Krise zu erkennen und darauf durch Abzug der Mittel bzw. Liquidation der Gesellschaft zu reagieren.[37] Letzteres ist in den Fällen des Belassens von Gesellschafterfremdkapital in der Krise als einschränkende Voraussetzung notwendig, um einen vollständigen Ausschluß der Finanzierungsfreiheit durch die Kapitalersatzregeln zu vermeiden.[38]

---

[33] Ähnlich jetzt *Johlke* in: v. Gerkan/Hommelhoff, Handbuch des Kapitalersatzrechts, Rn. 5.93 f., S. 155.

[34] Vgl. zu solchen engen Ausnahmefällen z. B. BGHZ 127, 336, 342 f.; BGH NJW 1995, 457, 459.

[35] Wie hier BGHZ 75, 334, 339; 81, 365, 370; 127, 336, 346 f.; BGH NJW 1992, 1169; BGH NJW 1992, 1763, 1764; BGH NJW 1995, 457, 459; *Lutter/Hommelhoff,* GmbHG, §§ 32 a/b Rn. 48; Rowedder/*Rowedder*, GmbHG, § 32 a Rn. 43, 44; *Häuselmann/Rümker/Westermann*, Finanzierung der GmbH, S. 55; *K. Schmidt,* Gesellschaftsrecht, § 37 IV 2 b, S. 1153.

[36] Oben 5. Kap. § 1 B I.

[37] Zuvor 5. Kap. § 1 B II.

[38] Zuvor 5. Kap. § 1 B II.

§ 2 Eigenkapitalersetzende Gebrauchsüberlassung

Weiterhin soll nunmehr auf der Grundlage der erarbeiteten ratio der Kapitalersatzregeln noch zu dem nach wie vor nicht abschließend geklärten Problembereich der Fälle der sog. "eigenkapitalersetzenden Gebrauchsüberlassung" Stellung genommen werden.

Dieser Problembereich war seit Mitte der 80er Jahre verstärkt Gegenstand der rechtswissenschaftlichen Diskussion[39] und der höchstrichterlichen Rechtsprechung[40]. Die praktische Relevanz dieser Fallgruppe zeigt sich vor allem am Beispiel der sog. "Betriebsaufspaltung". Bei dieser verpachtet oder vermietet typischerweise eine Besitz- oder Anlage-KG/OHG einer - in der Regel unterkapitalisierten - Betriebs-GmbH das gesamte oder zumindest das überwiegende, für deren Geschäftsbetrieb erforderliche Anlagevermögen.[41] Allerdings ist die Problematik der eigenkapitalersetzenden Gebrauchsüberlassung nicht auf diese Fälle beschränkt. Vielmehr betrifft sie ganz allgemein die Fallgestaltungen, in denen die Gesellschafter (oder ihnen gleichgestellte Dritte) der Gesellschaft mit oder ohne schuldrechtliche Abrede (Miete, Pacht, Leihe) in der Krise Vermögensgüter (Betriebs- oder Lagergrundstücke, Maschinen, etc.) zum Gebrauch überlassen bzw. in denen sie die der Gesellschaft in wirtschaftlich gesunden Zeiten überlassenen Güter trotz Eintritts einer Krise und trotz der Möglichkeit, die Güter der Gesellschaft zu entziehen bzw. die Gesellschaft zu liquidieren, weiter belassen und so der Gesellschaft den Fortbestand ermöglichen.

Auf den ersten Blick scheint es keinen Unterschied zu machen, ob der Gesellschafter der Gesellschaft in der Krise das Fortbestehen dadurch ermöglicht, daß er ihr Fremdkapital in Form von Barmitteln zuführt bzw. beläßt oder dadurch,

---

39 Vgl. - ganz abgesehen von den einschlägigen Kommentierungen zum GmbH-Gesetz - nur *Knobbe-Keuk*, BB 1984, 1 ff.; *dies.*, FS Kellermann (1991), S. 227 ff.; *Brandes*, ZGR 1989, 244 ff.; *Hueck*, ZGR 1989, 216 ff.; *ders.*, FS Odersky (1996), S. 823 ff.; *Ulmer*, FS Kellermann (1991), S. 485 ff.; *Wiedemann*, ZIP 1986, 1293 ff.; *Vonnemann*, DB 1990, 261 ff.; *K. Schmidt*, ZIP 1990, 69 ff.; *ders.*, ZIP 1993, 161 ff.; *v. Gerkan*, ZHR 158 (1994), 668 ff.; *Michalski*, NZG 1998, 41 ff.; *Oppenländer*, GmbHR 1998, 505 ff.; *Jungmann*, ZIP 1999, 601 ff.; *Wahlers*, GmbHR 1999, 157 ff.; *Kallmeyer*, GmbHR 1999, 59 ff.; *Ziegler*, Kapitalersetzende Gebrauchsüberlassungsverhältnisse, S. 1 passim; *Fabritius*, Überlassung von Anlagevermögen an die GmbH, S. 1 passim; *Kaiser*, Schuldrechtliche Gebrauchsüberlassungen durch den Gesellschafter, S. 1 passim.

40 Siehe die sog. "Lagergrundstück I bis V" - Entscheidungen BGHZ 109, 55 ff.; 121, 31 ff.; 127, 1 ff.; 127, 17 ff.; BGH ZIP 1997, 1365 ff. sowie auch noch BGH ZIP 1999, 65 ff.

41 Zu Begriff und Tatbestand der Betriebsaufspaltung siehe *Drygala*, Gläubigerschutz, S. 1 ff.; *Knobbe-Keuk*, Bilanz- und Unternehmenssteuerrecht, § 22 X, S. 862 ff., jeweils mit Nachweisen. Vgl. auch die zuvor angeführten Entscheidungen "Lagergrundstück I - IV".

daß er ihr in dieser Situation für den Geschäftsbetrieb erforderliche Vermögensgüter zur Nutzung überläßt bzw. beläßt. Insofern könnte man versucht sein, die Erstreckung des Eigenkapitalersatzrechts auf die Fälle der Gebrauchsüberlassung anhand einer weiteren Fortbildung der richterrechtlichen Kapitalersatzregeln bzw. mittels einer Einbeziehung in die gesetzlichen Kapitalersatzregeln nach Maßgabe des § 32 a Abs. 3 S. 1 GmbHG ("wirtschaftlich entsprechende Rechtshandlung") als unproblematisch anzusehen.

Allerdings weist die Gebrauchsüberlassung von Vermögensgütern bei näherer Betrachtung einige typische Besonderheiten gegenüber der Gewährung oder Belassung von Gesellschafterdarlehen auf: Durch die Gebrauchsüberlassung werden der Gesellschaft keine liquiden Mittel zugeführt, und es wird kein Passivposten in der Bilanz begründet. Vor allem aber findet der dingliche Übergang des Darlehensgegenstands in das Gesellschaftsvermögen in den Fällen der Gebrauchsüberlassung keine Entsprechung. Bei letzterer bleibt der überlassene Gegenstand im Eigentum des Gesellschafters, so daß dieser im Fall der Insolvenz der Gesellschaft ein Aussonderungsrecht hat (§ 47 InsO). Entgegen der darlehensweisen Überlassung von liquiden Mitteln, die in der Insolvenz dazu führt, daß der Darleihende allenfalls noch die Aussicht auf die Realisierung der - in der Praxis regelmäßig ganz geringen - Insolvenzquote hat, birgt die Gebrauchsüberlassung also in der Insolvenz kein Substanzwertverlustrisiko in sich.[42]

Insbesondere aufgrund dieser Unterschiede zwischen Darlehensgewährung und Gebrauchsüberlassung ist die Frage, ob überhaupt und mit welchen Rechtsfolgen die richterrechtlichen und die gesetzlichen Kapitalersatzregeln auf die Fälle der Überlassung des Gebrauchs von Vermögensgegenständen an die Gesellschaft erstreckt werden können, nicht unproblematisch und wird, trotz einer inzwischen gefestigten höchstrichterlichen Rechtsprechung,[43] noch immer kontrovers diskutiert.

A. Meinungsstand

Im rechtswissenschaftlichen Schrifttum wird vereinzelt die Möglichkeit der Erstreckung der Kapitalersatzregeln auf die Fälle der Gebrauchsüberlassung anhand von § 32 a Abs. 3 S. 1 GmbHG bzw. anhand einer weiteren Fortbildung

---

42 So zutreffend *K. Schmidt,* ZIP 1990, 69, 75; *Knobbe-Keuk,* BB 1984, 1, 2 ff.; *dies.*, FS Kellermann (1991), S. 227, 233 ff.; *Hueck,* FS Odersky (1996), S. 823, 828.

43 Vgl. die zuvor in Fn. 40 angeführten Entscheidungen Lagergrundstück I - V.

der richterrechtlichen Kapitalersatzregeln abgelehnt.[44] Dies wird damit begründet, daß die Überlassung von Sachen zur Nutzung keine der Darlehensgewährung "wirtschaftlich entsprechende" Rechtshandlung sei. Was der Darlehensgewährung wirtschaftlich entspreche, richte sich nach der ratio legis der Kapitalersatzregeln. Bei diesen gehe es darum, Finanzierungsleistungen der Gesellschafter, die im Wege der Fremdkapitalzuführung erbracht worden seien, aber wie Eigenkapital funktionieren würden, in der Krise als Risikokapital zu behandeln. Zweck der Kapitalersatzregeln sei demnach die richtige Abgrenzung von Eigen- und Fremdkapital. Für die Vergleichbarkeit von Darlehen und anderen Rechtshandlungen komme es somit auf eine funktionelle Gleichartigkeit an. Da die Gebrauchsüberlassung jedoch nicht auf der Passivseite der Bilanz erscheine, könne sie weder Eigenkapital noch Fremdkapital begründen, so daß sie nach Sinn und Zweck der Kapitalersatzregeln auch nicht der Darlehensgewährung wirtschaftlich entsprechen könne. Vielmehr handele es sich bei den Fällen der Gebrauchsüberlassung um vom Kapitalersatzrecht nicht erfaßte Fälle der materiellen Unterkapitalisierung.[45]

Im Gegensatz zu dieser Auffassung war von großen Teilen der Literatur schon früh die Möglichkeit der Erstreckung der Kapitalersatzregeln auf die Gebrauchsüberlassung bejaht worden.[46] Dieser Ansicht entsprechend hat dann auch der BGH in der "Lagergrundstück I"-Entscheidung von 1989 erstmals entschieden, daß die Überlassung von Wirtschaftsgütern zur Nutzung eigenkapitalersetzenden Charakter haben und daher in den Anwendungsbereich der richterlichen und gesetzlichen Kapitalersatzregeln einbezogen werden kann.[47] Zur Begründung führte der BGH im wesentlichen aus: Bei der Beantwortung der

---

[44] Scholz/*K. Schmidt*, GmbHG, §§ 32 a, 32 b Rn. 127; *ders.*, ZIP 1990, 69 ff.; *ders.*, ZIP 1993, 161 ff. sowie *ders.*, Gesellschaftsrecht, § 37 IV 3 b, S. 1157 f. Kritisch ebenfalls *Roth/Altmeppen*, GmbHG, § 32 a Rn. 86 ff.; *Altmeppen*, ZIP 1995, 26, 28; *ders.*, ZIP 1996, 909 ff. sowie für das österreichische Recht *Weisz*, GesRZ 1998, 14 ff. Früher ebenfalls ablehnend *Ulmer*, ZIP 1984, 1163, 1171 ff.; *ders.*, Die neuen Vorschriften über kapitalersetzende Darlehen, S. 55, 59.

[45] Vgl. Scholz/*K. Schmidt*, GmbHG, §§ 32 a, 32 b Rn. 127; *ders.*, ZIP 1990, 69, 74; *ders.*, ZIP 1993, 161, 162.

[46] Vgl. mit jeweils unterschiedlichen Begründungen *Wiedemann*, Haftungsbeschränkung, S. 5, 33 f.; *ders.*, ZIP 1986, 1293, 1294 ff.; *Immenga*, Personalistische Kapitalgesellschaft, S. 416 f.; *Fabritius*, Überlassung von Anlagevermögen an die GmbH, S. 77 ff.; *Ziegler*, Kapitalersetzende Gebrauchsüberlassungsverhältnisse, S. 47 ff.; *Schulze-Osterloh*, ZGR 1983, 123, 136 ff.; *Hueck*, ZGR 1989, 216 ff.; *Brandes*, ZGR 1989, 244 ff.

[47] BGHZ 109, 55 ff.

Frage, ob die Gebrauchsüberlassung der Darlehensgewährung wirtschaftlich entspreche, sei auf den Zweck von § 32 a Abs. 3 GmbHG abzustellen, der mit dem der richterrechtlichen Kapitalersatzregeln auf Grundlage der §§ 30, 31 GmbHG übereinstimme. Durch die Kapitalersatzregeln solle nicht nur verhindert werden, daß sich die Gesellschafter im Falle des Gesellschaftszusammenbruchs vorrangig oder konkurrierend mit anderen Gläubigern aus dem noch vorhandenen Vermögen der Gesellschaft befriedigen. Vielmehr müsse gewährleistet werden, daß die Gesellschafter nur haftendes Kapital einsetzen, wenn sie der Gesellschaft den Fortbestand in der Krise ermöglichen, um so zu verhindern, daß die Gesellschaftskrise durch Gesellschafterleistungen verschleppt und das verbliebene Vermögen zu Lasten der Gläubiger weiter verringert werde. Zwar sei die Darlehensgewährung die gebräuchlichste Art, die Gesellschaft am Leben zu erhalten. Jedoch könne auch die Gebrauchsüberlassung es einer nicht mehr lebensfähigen Gesellschaft ermöglichen, ihren Geschäftsbetrieb fortzusetzen. Daher sei eine Erstreckung der Kapitalersatzregeln auf die Gebrauchsüberlassung möglich.[48] Eigenkapitalersetzender Charakter komme der Gebrauchsüberlassung dabei dann zu, wenn die Gesellschaft zum Zeitpunkt der Über- bzw. Belassung des Wirtschaftsguts überschuldet gewesen sei, *oder* wenn die Gesellschaft zu diesem Zeitpunkt außerstande gewesen wäre, sich einen für den Kauf des Wirtschaftsguts erforderlichen Kredit auf dem Kapitalmarkt zu besorgen, *und* ein wirtschaftlich vernünftig denkender Dritter der Gesellschaft in dieser Situation das Gut nicht mehr überlassen bzw. eine bereits überlassene Sache abgezogen hätte, was je nach Art des Wirtschaftsgutes unterschiedlich zu beurteilen sein könnte (sog. *Überlassungsunwürdigkeit*).[49] Die unterschiedliche dingliche Zuordnung von Darlehen und Gebrauchsüberlassung könne nicht zu einem Scheitern der Anwendung der Kapitalersatzregeln führen, sondern sei nur für die Rechtsfolgen der Einbeziehung der Gebrauchsüberlassung von Bedeutung.[50] Diese Entscheidung hat der BGH dann noch in vier weiteren Urteilen bestätigt[51] und insbesondere zur Frage der Rechtsfolgen der Einbeziehung der Gebrauchsüberlassung in die Kapitalersatzregeln Stellung bezogen.[52]

---

48 Vgl. BGHZ 109, 55, 57 ff.

49 Vgl. BGHZ 109, 55, 62 ff.

50 Vgl. BGHZ 109, 55, 59.

51 Vgl. Lagergrundstück II - V, BGHZ 121, 31 ff.; 127, 1 ff.; 127, 17 ff.; BGH ZIP 1997, 1375 ff.

52 Siehe Lagergrundstück III, IV, BGHZ 127, 1, 7 ff.; 127, 17, 22 ff.

Die Erstreckung der Kapitalersatzregeln auf die Fälle der Gebrauchsüberlassung hat im grundsätzlichen auch bei der ganz überwiegenden rechtswissenschaftlichen Literatur Zustimmung gefunden.[53] Umstritten sind, jedenfalls in Teilbereichen, nur noch die Rechtsfolgen der Erstreckung der Kapitalersatzregeln.

Unproblematisch und inzwischen wohl unstreitig führt die Qualifizierung der zum Gebrauch überlassenen Wirtschaftsgüter als eigenkapitalersetzend zunächst automatisch zum Eingreifen der eigenkapitalähnlichen Sonderbehandlung bezüglich des geschuldeten Nutzungsentgelts. Dieses darf also nach Maßgabe der Rechtsprechungsregeln von dem Zeitpunkt an, in dem der Gebrauchsüberlassung eigenkapitalersetzender Charakter zukommt, gem. § 30 Abs. 1 GmbHG nicht aus dem zur Deckung des Stammkapitals erforderlichen Vermögen ausgezahlt werden, und dagegen verstoßende Zahlungen sind nach Maßgabe des § 31 GmbHG zu erstatten. Zugleich werden die Ansprüche auf das Nutzungsentgelt mit der Eröffnung des Insolvenzverfahrens gem. § 32 a Abs. 1, 3 GmbHG, § 39 Abs. 1 Nr. 5 InsO sämtlich zu nachrangigen Insolvenzforderungen, und im letzten Jahr vor dem Antrag auf Eröffnung des Insolvenzverfahrens geleistete Zahlungen sind nach §§ 135 Nr. 2, 146 Abs. 1 InsO unabhängig von einer Beeinträchtigung des Stammkapitals anfechtbar.[54] Zudem ist gleichfalls allgemein anerkannt, daß mit dem Eingreifen der Kapitalersatzregeln weder das Eigentum an den zur Nutzung überlassenen Gegenständen unmittelbar auf die Gesellschaft übergeht noch die Gesellschaft einen Anspruch auf den Erwerb des Eigentums an den Gegenständen erwirbt, da sich eine solche von selbst eintretende Änderung der dinglichen Rechtslage weder aus §§ 32 a, 32 b

---

53 Vgl. statt aller *Lutter/Hommelhoff*, GmbHG, §§ 32 a/b Rn. 138 ff.; Rowedder/*Rowedder*, GmbHG, § 32 a Rn. 57; Hachenburg/*Ulmer*, GmbHG, § 32 a, b Rn. 106 ff.; *ders.*, FS Kellermann (1991), S. 485, 488 ff.; *Hueck*, FS Odersky (1996), S. 823, 825 ff.; *Knobbe-Keuk*, FS Kellermann (1991), S. 227 ff.; *Vonnemann*, DB 1990, 261 ff.; *Drygala*, BB 1992, 80 ff.; *Boujong*, WiB 1997, 292, 295 ff.; *Kaiser*, Schuldrechtliche Gebrauchsüberlassungen durch den Gesellschafter, S. 57 f.

54 Ganz herrschende Meinung, vgl. nur BGHZ 109, 55, 66 ; 121, 31, 42; 127, 1, 7; 127, 17, 21; Hachenburg/*Ulmer*, GmbHG, § 32 a, b Rn. 112; *ders.*, FS Kellermann (1991), S. 485, 492 f., 498; *Lutter/Hommelhoff*, GmbHG, §§ 32 a/b Rn. 145; *Knobbe-Keuk*, FS Kellermann (1991), S. 227, 235; Baumbach/Hueck/*Hueck*, GmbHG, § 32 a Rn. 33 g; *ders.*, FS Odersky (1996), S. 823, 839 f.

GmbHG noch aus den in Anlehnung an §§ 30, 31 GmbHG entwickelten Kapitalersatzregeln herleiten läßt.[55]

Welche Rechtsfolgen die Erstreckung der Kapitalersatzregeln auf die Gebrauchsüberlassung darüber hinaus nach sich zieht, ist jedoch nach wie vor umstritten. Diesbezüglich werden im wesentlichen folgende Auffassungen vertreten:[56] Der Gesellschafter müsse für die Dauer der Krise der Gesellschaft den Gegenstand zum Gebrauch belassen, und in der Insolvenz sei ihm das Aussonderungsrecht wegen eines Verwertungsrechts des Insolvenzverwalters zu versagen;[57] es entstehe eine Pflicht des Gesellschafters zum Ersatz des Substanzwertes durch Zahlungen in die Insolvenzmasse, von der er sich durch die Übertragung des Eigentums befreien könne;[58] der Gesellschafter sei verpflichtet, den Nutzungswert[59] oder den kapitalisierten Wert der vertragsmäßigen Nutzung[60] in die Insolvenzmasse zu zahlen. Die mittlerweile ganz überwiegende Ansicht lehnt demgegenüber ausgehend davon, daß die eigenkapitalersetzende Leistung das "Nutzungsrecht" sei, aufgrund der damit verbundenen Besonderheiten der Gebrauchsüberlassung, vor allem der dinglichen Rechtslage, jede auch nur mittelbare Beeinträchtigung des Sachsubstanzwertes ebenso ab wie bloße Ansprüche auf den Ersatz des Nutzungswerts. Vielmehr muß nach herrschender Meinung der Gesellschafter der Gesellschaft das Nutzungsrecht, unter Ausschluß etwaiger an den Krisen- oder Insolvenzfall anknüpfender gesetzlicher oder vertraglicher Kündigungsrechte, weiter gewähren und die Ver-

---

55 BGHZ 121, 31, 45; 127, 1, 8 f.; 127, 17, 22 f.; Baumbach/Hueck/*Hueck*, GmbHG, § 32 a Rn. 33 h; *ders.*, FS Odersky (1996), S. 823, 841; Hachenburg/*Ulmer*, GmbHG, § 32 a, b Rn. 113; *Brandes*, ZGR 1989, 244, 246; *Lutter/Hommelhoff*, GmbHG, §§ 32 a/b Rn. 146.

56 Eine ausführliche Darstellung sämtlicher vertretener Ansichten würde zu weit führen, weshalb es bei einer groben Zusammenfassung der wesentlichen Ansichten bleiben muß.

57 Vgl. mit Unterschieden im Detail: *Lutter/Hommelhoff*, ZGR 1979, 31, 51 f.; *Wiedemann*, ZIP 1986, 1293, 1300; *Immenga*, Personalistische Kapitalgesellschaft, S. 416 f.; *Schulze-Osterloh*, ZGR 1983, 123, 142; für verbrauchbare Güter auch *Drygala*, Gläubigerschutz, S. 67 ff.; *ders.*, BB 1992, 80, 81 sowie *Ziegler*, Kapitalersetzende Gebrauchsüberlassungsverhältnisse, S. 101.

58 *Vonnemann*, BB 1990, 261, 263; *Bäcker*, ZIP 1989, 681, 690 f.; für verbrauchbare Güter auch *Ziegler*, Kapitalersetzende Gebrauchsüberlassungsverhältnisse, S. 101 f.

59 *Fabritius*, Überlassung von Anlagevermögen an die GmbH, S. 180 f.; auch noch *Hueck*, ZGR 1989, 216, 237 ff.

60 *Knobbe-Keuk*, FS Kellermann (1991), S. 227, 239 ff.; *v. Gerkan*, GmbHR 1986, 218, 223; für unverbrauchbare Wirtschaftsgüter *Drygala*, BB 1992, 80, 81 f.

wertung des Nutzungsrechts durch den Insolvenzverwalter hinnehmen,[61] wobei sich die Dauer der Überlassung grundsätzlich nach den vertraglichen Vereinbarungen richten soll.[62]

B. Stellungnahme

Die von der ganz herrschenden Meinung vorgenommene Einbeziehung der Gebrauchsüberlassungverhältnisse in den Anwendungsbereich der richterrechtlichen und der gesetzlichen Kapitalersatzregeln ist sowohl im Grundsätzlichen als auch im Hinblick auf die Rechtsfolgen im wesentlichen zutreffend.

I. Zulässigkeit der Erfassung von Gebrauchsüberlassungsverhältnissen

Betrachtet man zunächst die Grundfrage, ob überhaupt eine Erstreckung der Kapitalersatzregeln auf die Gebrauchsüberlassungverhältnisse möglich ist, so kann diese nur auf der Grundlage der ratio, insbesondere des tragenden Gedankens der Regeln, beantwortet werden.[63] Die ratio ist nämlich für die Auslegung des unbestimmten Rechtsbegriffs der "wirtschaftlich entsprechenden Rechtshandlung" in § 32 a Abs. 3 S. 1 GmbHG ebenso maßgeblich wie für die Legitimation einer weiteren Fortbildung der richterrechtlichen Kapitalersatzregeln.

Auf der Grundlage der hier an früherer Stelle herausgearbeiteten ratio der Kapitalersatzregeln ist jedoch die Erstreckung dieser Regeln auf die Gebrauchsüberlassung von Wirtschaftsgütern an eine Gesellschaft nicht nur möglich, sondern sogar geboten. Entgegen der Ansicht *K. Schmidt*[64] ist der tragenden Gedanke der Kapitalersatzregeln nicht darin zu sehen, daß die Ge-

---

61 Statt aller BGHZ 127, 1, 10 ff.; 127, 17, 25 f.; *Lutter/Hommelhoff*, GmbHG, §§ 32 a/b Rn. 146 f.; *Hommelhoff/Kleindiek*, FS 100 Jahre GmbHG (1992), S. 421, 435; Hachenburg/*Ulmer*, GmbHG, § 32 a, b Rn. 113, *ders.*, FS Kellermann (1991), S. 485, 489 f., 502 f.; Baumbach/Hueck/*Hueck*, GmbHG, § 32 a Rn. 33 i; *ders.*, FS Odersky (1996), S. 823, 842.

62 BGHZ 127, 1, 10 f.; *Lutter/Hommelhoff*, GmbHG, §§ 32 a/b Rn. 149 ff.; Hachenburg/*Ulmer*, GmbHG, § 32 a, b Rn. 114 f.; *ders.*, FS Kellermann (1991), S. 485, 499 ff.; Baumbach/Hueck/*Hueck*, GmbHG, § 32 a Rn. 33 k; *ders.*, FS Odersky (1996), S. 823, 843; *Knobbe-Keuk*, FS Kellermann (1991), S. 227, 240/241; *Hommelhoff/Kleindiek*, FS 100 Jahre GmbHG (1992), S. 421, 436.

63 So zutreffend BGHZ 109, 55, 57 ff.; *Schulze-Osterloh*, ZGR 1983, 123, 130; *Fabritius*, Überlassung von Anlagevermögen an die GmbH, S. 90 f.; *Kaiser*, Schuldrechtliche Gebrauchsüberlassungen durch den Gesellschafter, S. 4, 57; Scholz/*K. Schmidt*, GmbHG, §§ 32 a, 32 b Rn.127; *ders.*, ZIP 1990, 69, 73 f.

64 Siehe die Nachweise oben 5. Kap., Fn. 44,45.

sellschafterfremdmittel entsprechend ihrer Funktion aufgrund der Natur der Sache wie Eigenkapital behandelt werden,[65] und der Zweck der Kapitalersatzregeln ist auch nicht auf eine zutreffende Abgrenzung von Eigen- und Fremdkapital beschränkt. Somit scheitert eine Erstreckung der Kapitalersatzregeln nicht daran, daß es an der funktionellen Gleichartigkeit der zum Gebrauch überlassenen Sachen mit dem Eigenkapital fehlt, weil die Gebrauchsüberlassung keinen Passivposten in der Bilanz begründet und daher weder Fremd- noch Eigenkapital ist.[66]

Tragender Gedanke der Kapitalersatzregeln ist vielmehr der Gedanke der Verwirklichung des allgemeinen Rechtsprinzips des angemessenen Ausgleichs von Chancen und Risiken im Fall der Fortführung der Gesellschaft in einer Gesellschaftskrise. Um dies zu erreichen, bezwecken die Kapitalersatzregeln eine Einschränkung der Finanzierungsfreiheit in der Krise sowie die Erhaltung einer möglichst großen Vermögensmasse zugunsten der Gläubiger für den Fall des endgültigen wirtschaftlichen Zusammenbruchs der Gesellschaft.[67]

Vor dem Hintergrund dieser ratio bestehen zwischen der Fortführung der Gesellschaft in der Krise mittels der Gewährung oder Belassung liquider Fremdkapitalmittel der Gesellschafter und der Ermöglichung der Fortführung der Gesellschaft in der Krise anhand der Über- bzw. Belassung von Wirtschaftsgütern seitens der Gesellschafter keine wesentlichen, eine grundsätzlich andere Behandlung der verschiedenen Finanzierungsmittel rechtfertigenden, Unterschiede:

Durch die Fortführung der Gesellschaft in der Krise anhand der Überlassung von Wirtschaftsgütern zur Nutzung kann zunächst ebenfalls eine eigentlich aufgrund der Insolvenzreife der Gesellschaft - z. B. wegen der drohenden Unmöglichkeit zur Zahlung des entsprechenden Nutzungsentgelts (siehe § 18 InsO) - erforderliche Liquidation verhindert bzw. die wegen einer Kreditunwürdigkeit wahrscheinliche Liquidation hinausgeschoben werden. Es besteht also auch im Fall der Gebrauchsüberlassung die Gefahr, daß das im Fall der sofortigen Liquidation der Gesellschaft in diesem Zeitpunkt noch vorhandene Gesellschaftsvermögen weiter verwirtschaftet wird. Infolgedessen steigt auf seiten der "Alt"-Gläubiger das Risiko der weiteren Verringerung der in der Praxis regelmäßig per se sehr niedrigen Insolvenzquote oder gar der vollständigen Uneinbring-

---

65 Vgl. dazu schon oben 3. Kap. § 2 E II 2.

66 So aber *K. Schmidt,* ZIP 1990, 69, 73 ff.; *ders.*, ZIP 1993, 161 f. Gegen diese Ansicht dezidiert *Knobbe-Keuk*, FS Kellermann (1991), S. 227, 228 ff.

67 Vgl. oben 3. Kap. § 3 A, C sowie 4. Kap. § 2 A I, II.

lichkeit ihrer Forderungen an. Ebenso zieht die Fortführung der Gesellschaft mittels der Gebrauchsüberlassung auf seiten der "Neu"-Gläubiger das von Anfang an überproportionale Risiko des vollständigen Ausfalls ihrer Forderungen im Fall des Gesellschaftszusammenbruchs nach sich. Schließlich haben die Gesellschafter im Fall der Gebrauchsüberlassung gleichfalls die Möglichkeit, mit ihren Pacht-/Mietzinsforderungen im Insolvenzverfahren mit den übrigen Gläubigern zu konkurrieren oder aufgrund ihres "Insiderwissens" noch kurz vor dem endgültigen Zusammenbruch der Gesellschaft eventuell offen gebliebene Pacht-/Mietzinsforderungen zu befriedigen und sich so zum Nachteil der Gläubiger einen Vorteil zu verschaffen.[68]

Ein Unterschied zur Fortführung der Gesellschaft anhand von Gesellschafterdarlehen besteht allerdings insoweit, als im Fall der Gebrauchsüberlassung ein Abzug des Wirtschaftsguts kurz vor dem endgültigen Zusammenbruch der Gesellschaft im Gegensatz zum Abzug der Darlehensvaluta nicht zu einer Verringerung der Insolvenzmasse zu Lasten der Gläubiger führt. Die zur Nutzung überlassenen Gegenstände waren nämlich nie Bestandteil des Gesellschaftsvermögens und damit der Insolvenzmasse, sondern können stets nach Maßgabe der §§ 47, 108 ff. InsO im Insolvenzverfahren ausgesondert werden.

Auch bei Fortführung der Gesellschaft in der Krise mittels der Über- bzw. Belassung von Wirtschaftsgütern tritt also eine - wenn auch im Vergleich zur darlehensweisen Überlassung liquider Gesellschaftermittel etwas geringfügigere - Steigerung des Gläubigerrisikos ein.[69]

Gleichzeitig bleibt auf der Seite der Gesellschafter das Risiko bezüglich des bereits eingesetzten Eigenkapitals unverändert, und im Hinblick auf die Gebrauchsüberlassung als "Krisen"-Finanzierungsmittel übernehmen die Gesellschafter nicht das ihnen eigentlich zukommende Eigenkapitalrisiko, sondern nur das Risiko gewöhnlicher Drittgläubiger. Dabei ist dieses *Risiko* sogar im Vergleich zu den Fällen der Darlehensgewährung *noch geringer*, da die Gesellschafter im Fall der Gebrauchsüberlassung, wegen des Aussonderungsrechts in der Insolvenz (§ 47 InsO), kein Sachsubstanzwertverlustrisiko tragen.[70] Die Gebrauchsüberlassung hat also letztlich ebenfalls eine - im Vergleich zur Dar-

---

68 Vgl. zu diesen Gefahren im Hinblick auf die darlehensweise Zufuhr liquider Mittel schon oben 2. Kap. § 3 B I.

69 Ähnlich *Fabritius*, Überlassung von Anlagevermögen an die GmbH, S. 109.

70 Siehe dazu oben 5. Kap. § 2.

lehensgewährung sogar noch weitergehendere - Reduzierung des Gesellschafterrisikos zur Folge.[71]

Zusammenfassend ist festzustellen, daß es auch dann, wenn die Gesellschafter die Fortführung ihrer Gesellschaft durch die Überlassung von Wirtschaftsgütern ermöglichen, in der Krise zu der mit dem allgemeinen Rechtsprinzip des angemessenen Ausgleichs von Chancen und Risiken nicht mehr zu vereinbarenden einseitigen Risikoverlagerung zu Lasten der Gesellschaftsgläubiger kommt. Daher ist es zutreffend gewesen, die Kapitalersatzregeln auf diese Art der Unterstützung der Gesellschaft zu erstrecken, um so in der Krise zum einen die Finanzierungsfreiheit der Gesellschaft angemessen dahingehend einzuschränken, daß sie nur die Wahl haben, die Gesellschaft entweder - unmittelbar oder mittelbar durch den Abzug der Wirtschaftsgüter - zu liquidieren oder ihr das zur Fortführung erforderliche Kapital als Risikokapital zur Verfügung zu stellen bzw. zum anderen eine angemessene Risikobeteiligung der Gesellschafter zu erzwingen, falls sie diese Einschränkung ihrer Finanzierungsfreiheit nicht beachten.

II. Eintritt der Überlassungsunwürdigkeit als einschränkendes Kriterium

Weiterhin ist der herrschenden Meinung zuzustimmen, soweit sie für das Eingreifen der Kapitalersatzregeln, neben dem Eintritt der Kreditunwürdigkeit, zusätzlich noch eine Überlassungsunwürdigkeit verlangt, deren Anforderungen je nach Art des jeweiligen Wirtschaftsguts (Standardwirtschaftsgut oder sonstiges Wirtschaftsgut) unterschiedlich hoch sind.[72]

Wie schon an früherer Stelle gezeigt wurde, ist ein wesentlicher Bestandteil des im GmbH-Gesetz verfolgten Konzepts zum Ausgleich von Chancen und Risiken der durch die Risikoeinschätzung der Gläubiger geprägte Selbstregulierungsmechanismus, der sich in der ab einer bestimmten Risikostruktur eintretenden Kreditunwürdigkeit zeigt. Ab diesem Zeitpunkt ist der "Markt", d. h. die Gläubiger, nicht mehr bereit, das Risiko zu tragen, d. h., es liegt aus seiner

---

71 Ähnlich *Fabritius*, Überlassung von Anlagevermögen an die GmbH, S. 22 f. In Anbetracht dessen steht das Fehlen des Substanzwertverlustrisikos der Einbeziehung der Gebrauchsüberlassungsverhältnisse in den Anwendungsbereich der Kapitalersatzregeln also nicht entgegen (so aber *K. Schmidt*, ZIP 1990, 69, 75) sondern spricht aufgrund der damit verbundenen, noch weitergehenden Reduzierung des Gläubigerrisikos für eine Erstreckung der Kapitalersatzregeln auf diese Fälle.

72 Vgl. dazu BGHZ 109, 55, 62 ff.; 121, 31, 38 ff.; *Lutter/Hommelhoff*, GmbHG, §§ 32 a/b Rn. 142 ff.; Baumbach/Hueck/*Hueck*, GmbHG, § 32 a Rn. 33 b ff.; *ders.*, FS Odersky (1996), S. 823, 834 ff.; Hachenburg/*Ulmer*, GmbHG, § 32 a, b Rn. 108 ff.

Sicht ein unangemessenes Verhältnis von Chancen und Risiken vor.[73] Im Hinblick auf die Überlassung eines Wirtschaftsguts ist es nun allerdings in Anbetracht der Tatsache, daß diesbezüglich im Insolvenzverfahren kein Sachsubstanzwertverlustrisiko besteht, durchaus denkbar, daß ein Gläubiger bereit wäre, der Gesellschaft das Wirtschaftsgut zur Nutzung zu überlassen, obwohl sie bereits kreditunwürdig ist. In diesem Fall bleibt das Verhältnis von Chancen und Risiken also nach Einschätzung der zu schützenden Gesellschaftsgläubiger noch angemessen. Daher ließe sich zu diesem Zeitpunkt eine Einbeziehung des zum Gebrauch überlassenen Wirtschaftsguts in den Anwendungsbereich der Kapitalersatzregeln nicht rechtfertigen.

Insofern ist es zutreffend, neben der Kreditunwürdigkeit zusätzlich den Eintritt einer auf das konkrete Wirtschaftsgut bezogenen Überlassungswürdigkeit zu verlangen, ab dem - um das an früherer Stelle angeführte Bild von der "Waage" nochmals zu bemühen -[74] der nach der gesetzlichen Grundkonzeption bestehende Ausgleich von Chancen und Risiken aufgrund der maßgeblichen Risikoeinschätzung der Gläubiger zu einem unangemessenen Verhältnis von Chancen und Risiken "kippt".

III. Zutreffend ausgebildete Rechtsfolgen

Schließlich ist der herrschenden Meinung auch bezüglich der von ihr an die Einbeziehung der Gebrauchsüberlassungsverhältnisse in den Anwendungsbereich der Kapitalersatzregeln geknüpften Rechtsfolgen im wesentlichen zuzustimmen.

Ausgangspunkt der Festlegung, welche Rechtsfolgen an die Einbeziehung zum Gebrauch überlassener Wirtschaftsgüter in den Anwendungsbereich der Kapitalersatzregeln zu knüpfen sind, ist die Bestimmung der als eigenkapitalersetzend anzusehenden Leistung des Gesellschafters. Welche Leistung das ist, liegt bei näherer Betrachtung der tatsächlichen Vorgänge auf der Hand: Der Gesellschafter hat in wirtschaftlich gesunden Zeiten oder in der Krisensituation einen Vertrag mit der Gesellschaft geschlossen, durch den er sich verpflichtet hat, der Gesellschaft - in der Regel gegen Zahlung eines Entgelts - für einen vertraglich festgelegten Zeitraum ein Wirtschaftsgut zur Nutzung zu überlassen und hat ihr so in der Krise den Fortbestand ermöglicht.[75] Somit ist die *Gewäh-*

---

73 Siehe oben 2. Kap. § 2 B III, IV bzw. 2. Kap. § 2 C I und 3. Kap. § 2 E III 4 d bb sowie 3. Kap. § 2 F I 2.

74 Siehe oben 3. Kap. § 2 F I 2.

75 Ähnlich *Knobbe-Keuk*, FS Kellermann (1991), S. 227, 240 f.

rung des Nutzungsrechts für den vertraglich festgelegten Zeitraum die eigenkapitalersetzende Finanzierungsleistung des Gesellschafters.[76]

Auf dieses Nutzungsrecht können jedoch, wegen der Besonderheiten der schuldrechtlichen Gebrauchsüberlassung,[77] die Rechtsfolgen der gesetzlichen und richterrechtlichen Kapitalersatzregeln nicht unmittelbar übertragen werden. Vielmehr sind die konkreten Rechtsfolgen auf der Grundlage der ratio der Kapitalersatzregeln festzulegen. Diese beruhen, wie an früherer Stelle herausgearbeitet wurde, auf dem Gedanken der Verwirklichung des allgemeinen Rechtsprinzips des angemessenen Ausgleichs von Chancen und Risiken im Fall der Fortführung der Gesellschaft in der Krise. Um dementsprechend in dieser Situation eine angemessene Risikobeteiligung der Gesellschafter zu gewährleisten, verfolgen sie den Zweck, zugunsten der Gesellschaftsgläubiger ein größtmögliches *Gesellschaftsvermögen* zu *erhalten.*[78]

Hält man sich das vor Augen, so ist zunächst sämtlichen Auffassungen im rechtswissenschaftlichen Schrifttum, die in Bezug auf das zur Nutzung überlassene Wirtschaftsgut im Insolvenzverfahren einen unmittelbaren oder mittelbaren Verlust der dinglichen Rechte befürworten,[79] ebenso eine Absage zu erteilen wie den Auffassungen, die als Folge der Gebrauchsüberlassung in der Insolvenz das Entstehen von Geldforderungen der Gesellschaft gegen den Gesellschafter in Höhe des Sachsubstanzwertes ansehen[80].

Wie bereits an früherer Stelle ausgeführt, bleibt im Fall der Gebrauchsüberlassung das der Gesellschaft überlassene Wirtschaftsgut Eigentum des Gesellschafters und wird somit *nicht* Bestandteil des Gesellschaftsvermögens. Würde man nun im Insolvenzverfahren, auf welchem Weg auch immer, den Substanzwert des zur Nutzung überlassenen Wirtschaftsguts in das Gesellschaftsvermögen bzw. die Insolvenzmasse einbeziehen, würde das Gesellschaftsvermögen nicht nur so weit wie möglich *erhalten*, sondern vergrößert. Eine derartige Ver-

---

76 So zutreffend die ganz herrschende Meinung BGHZ 127, 1, 9; 127, 17, 25; Hachenburg/*Ulmer*, GmbHG, § 32 a, b Rn. 113 f.; *ders.*, FS Kellermann (1991), S. 485 , 499 f.; Baumbach/Hueck/*Hueck*, GmbHG, § 32 a Rn. 33 i; *ders.*, ZGR 1989, 217, 236 ff.; *Brandes*, ZGR 1989, 244, 246 ff.; *Lutter/Hommelhoff*, GmbHG, §§ 32 a/b Rn. 146, 147.

77 Siehe oben 5. Kap. § 2.

78 Vgl. oben 3. Kap. § 3 A, 4. Kap. § 2 A I.

79 Siehe die Nachweise oben 5. Kap., Fn. 57.

80 Siehe dazu die Nachweise oben 5. Kap., Fn. 58.

größerung des Gesellschaftsvermögens läßt sich jedoch auf der Grundlage der erarbeiteten ratio der Kapitalersatzregeln nicht legitimieren.[81]

Rechtsfolge der Erstreckung der Kapitalersatzregeln auf die Gebrauchsüberlassung kann daher nur sein, daß das "Nutzungsrecht" ab Eintritt der Krise zugunsten des Gesellschaftsvermögens einer einlagenähnlichen Sonderbehandlung unterzogen wird.

Das bedeutet zum einen, daß das von der Gesellschaft für die Nutzungsüberlassung zu zahlende Entgelt ab dem Eintritt der Kredit- und Überlassungsunwürdigkeit einer eigenkapitalähnlichen Bindung zu unterziehen ist. In Übereinstimmung mit der ganz herrschenden Meinung darf es also ab dem Zeitpunkt, ab dem der Gebrauchsüberlassung eigenkapitalersetzender Charakter zukommt, nach Maßgabe der Rechtsprechungsregeln nicht aus dem rechnerisch zur Deckung des Stammkapitals erforderlichen Gesellschaftsvermögen ausgezahlt werden und dagegen verstoßende Zahlungen sind an die Gesellschaft zurückzuerstatten. Zudem werden die Entgeltforderungen mit der Eröffnung des Insolvenzverfahrens zu nachrangigen Insolvenzforderungen, und im letzten Jahr vor dem Antrag auf Eröffnung des Verfahrens geleistete Zahlungen sind unabhängig von einer Beeinträchtigung des Stammkapitals anfechtbar.[82]

Zum anderen muß der Gesellschafter der Gesellschaft ab dem Eintritt der Krise das Nutzungsrecht unter Ausschluß an den Krisenfall anknüpfender Kündigungs- oder Beendigungsgründe weiter gewähren, so daß es durch Weiternutzung innerhalb des Gesellschaftsunternehmens oder durch Weitervermietung/-verpachtung im Interesse der Befriedigung der Gesellschaftsgläubiger verwertet werden kann.[83] Durch diese Bindung des Nutzungsentgelts und des

---

81 Im Ergebnis ähnlich, wenn gleich mit anderer Begründung, BGHZ 127, 1, 8 f., 14 f.; 127, 17, 22 f., 28 f.; siehe auch im Zusammenhang mit den sog. "Finanzplankrediten" BGH ZIP 1999, 1263, 1264, wo der BGH betont, daß Rechtsfolge des Eingreifens der Kapitalersatzregeln stets *nur* ein Abzugsverbot, aber keine Pflicht zur Zuführung neuer Eigenmittel sein kann.

82 Siehe oben 5. Kap. § 2 A sowie die Nachweise in Fn. 54.

83 So gleichfalls die ganz herrschende Meinung siehe oben 5. Kap. § 2 A mit Nachweisen in Fn. 61. Anderer Ansicht *Knobbe-Keuk*, FS Kellermann (1991), S. 227, 240/241, die einen dem Nutzungswert entsprechenden Zahlungsanspruch annimmt. Ein solcher kann jedoch auf der Grundlage der ratio der Kapitalersatzregeln gleichfalls nicht gerechtfertig werden, da diese nur die Bindung der erbrachten Finanzierungsleistung (also dem Nutzungsrecht) rechtfertigen, die Finanzierungsleistung aber nicht inhaltlich ändern können (so *Knobbe-Keuk*, BB 1984, 1, 4 sogar selber!). Freigestellt ist es den Gesellschaftern allerdings, freiwillig durch Zahlung des Nutzungswerts der Gesellschaft das Nutzungsrecht "abzukaufen".

Nutzungsrechts zugunsten des Gesellschaftsvermögens wird, dem Zweck der Kapitalersatzregeln entsprechend, das Gesellschaftsvermögen soweit wie möglich im Interesse der Gesellschaftsgläubiger erhalten. Zugleich wird sichergestellt, daß sich der Gesellschafter keine Vorteile zum Nachteil der Gläubiger verschafft, sondern in der Krise bezüglich des Nutzungsentgelts das ihm nach der gesetzlichen Grundkonzeption zukommende - weil der Eigenkapitalzufuhr entsprechende - Risiko des vollständigen Forderungsausfalls trägt.

Darüber hinaus ist in diesem Zusammenhang noch auf Folgendes hinzuweisen: Die früher als *begründungsbedürftige* Rechtsfolge der Einbeziehung der Gebrauchsüberlassung in den Anwendungsbereich der Kapitalersatzregeln angesehene Pflicht zur Belassung des Wirtschaftsguts im Gesellschaftsunternehmen unter Ausschluß an den Krisenfall anknüpfender gesetzlicher oder vertraglicher Beendigungs- und Kündigungsgründe entspricht, seit dem Inkrafttreten der Insolvenzordnung, nunmehr *unabhängig vom Eingreifen der Kapitalersatzregeln* geltendem Recht, und zwar selbst für Dritte, die der Gesellschaft Wirtschaftsgüter überlassen haben. Das früher in § 19 KO enthaltene gesetzliche Sonderkündigungsrecht im Fall des Konkurses ist in die Insolvenzordnung nicht übernommen worden. Vielmehr sind gem. §§ 108, 109 InsO der Schuldnergesellschaft miet- oder pachtweise überlassene unbewegliche Gegenstände zu Lasten der Insolvenzmasse zu belassen. Zudem kann gem. § 112 InsO das Miet- oder Pachtverhältnis nicht wegen eines in der Zeit vor dem Eröffnungsantrag eingetretenen Verzugs mit dem Miet- oder Pachtzins bzw. wegen einer Verschlechterung der Vermögensverhältnisse des Schuldners gekündigt werden. Sowohl für Dritte als auch für Gesellschafter ist also eine Beendigung der Nutzungsüberlassung in der Insolvenz nur noch im Wege der ordentlichen Kündigung bzw. nach Vertragsablauf möglich.

Abschließend ist noch festzuhalten, daß sich die Dauer der Pflicht zur Belassung des Gegenstandes im Gesellschaftsvermögen nach den vertraglichen Vereinbarungen zwischen der Gesellschaft und den Gesellschaftern richtet.[84] Das ergibt sich daraus, daß die eigenkapitalersetzende Nutzungsüberlassung von vornherein vertraglich auf eine bestimmte Dauer beschränkt war, und somit nur dies im Vermögen der Gesellschaft im Interesse der Gläubiger "erhalten" werden kann. Soweit jedoch - ebenfalls von der ganz herrschenden Meinung - die Ansicht vertreten wird, den schuldrechtlichen Vereinbarungen sei nur inso-

---

84 So zutreffend auch die ganz herrschende Meinung, vgl. die Nachweise oben 5. Kap. § 2 A mit Nachweisen in Fn. 62. Anderer Ansicht z. B. *Brandes*, ZGR 1989, 244, 248/249.

weit eine Wirkung beizumessen, als sie ernst gemeint seien und nicht gegen Kapitalersatzgrundsätze verstoßen würden, und daran insbesondere die Folgerung geknüpft wird, dies sei bei kurzen Überlassungszeiten in der Regel stets zu verneinen,[85] ist das in dieser Allgemeinheit abzulehnen. Konsequenz daraus wäre nämlich, daß die Überlassungsdauer anhand eines an objektiven Maßstäben zu bestimmenden hypothetischen Parteiwillens zu bemessen wäre. Es würde folglich von Außen bestimmt, welche Überlassungsdauer angemessen ist.[86] So würde letztlich die allgemein abgelehnte Pflicht zu einer angemessenen Kapitalausstattung der Gesellschaft auf einem Umweg als Rechtsfolge der Kapitalersatzregeln statuiert. Eine solche Pflicht kann jedoch auf der Grundlage der erarbeiteten ratio der Kapitalersatzregeln nicht legitimiert werden, da diese nur die Erhaltung des Gesellschaftsvermögens durch eine eigenkapitalähnliche Bindung der tatsächlich erbrachten Finanzierungsleistung des Gesellschafters bezwecken.[87] Vielmehr beträfe eine derartige Pflicht die Frage der - hier nicht zu erörternden - Haftung wegen materieller Unterkapitalisierung.

C. Ergebnis

Die vorstehenden Ausführungen haben gezeigt, daß die Erstreckung der Kapitalersatzregeln auf die Gebrauchsüberlassungsverhältnisse durch Rechtsprechung und Literatur sowie die daran angeknüpften Rechtsfolgen auf der Grundlage der oben herausgearbeiteten ratio der Kapitalersatzregeln insgesamt zutreffend war und daß die ratio legis vor allem zur Auslegung des unbestimmten Rechtsbegriffs "wirtschaftlich entsprechende Rechtshandlung" in § 32 a Abs. 3 S. 1 GmbHG nutzbar gemacht werden kann.

---

85 Vgl. statt aller BGHZ 127, 1, 10 f.; *Lutter/Hommelhoff*, GmbHG, §§ 32 a/b Rn. 150 ff.; Hachenburg/*Ulmer*, GmbHG, § 32 a, b Rn. 114 ff.; *ders.*, FS Kellermann (1991), S. 485, 499 ff.

86 Daß dies problematisch ist, zeigt ein Vergleich mit der eigenkapitalähnlichen Sonderbehandlung von Gesellschafterdarlehen: Dort käme wohl niemand auf den Gedanken, mit dem Argument, ein wirtschaftlich vernünftig denkender Dritter hätte der Gesellschaft nicht nur den Betrag X sondern den höheren Betrag Y darlehensweise zur Verfügung gestellt, den Darlehensvertrag zu ignorieren und den Gesellschafter zur Zahlung eines "angemessenen" Darlehensbetrages zu verpflichten.

87 Es ist allenfalls in *Ausnahmefällen* möglich, in Gläubigerschädigungsabsicht getroffene Vereinbarungen, über § 242 BGB zu überprüfen.

§ 3 Möglichkeit der Übertragung der Kapitalersatzregeln auf andere Gesellschaftstypen?

Abschließend wird nun noch der Frage nachgegangen, ob die Kapitalersatzregeln rechtsformspezifisch sind und nur auf die Gesellschafterfremdkapitalfinanzierung in der Krise der GmbH angewandt werden können oder ob die zum Teil schon durch Gesetzgebung und/oder Rechtsprechung bzw. Literatur vorgenommenen und überwiegend anerkannten, zum Teil aber auch nur im Schrifttum geforderten Ausdehnungen der Kapitalersatzregeln auf andere Gesellschaftstypen unter Zugrundelegung der erarbeiteten ratio gerechtfertigt sind. Dabei soll die ratio - insbesondere bei den bereits grundsätzlich anerkannten Übertragungen auf die GmbH & Co. KG sowie die Aktiengesellschaft - zur Klärung noch offener Streitfragen bezüglich von Modifikationen in Tatbestand und Rechtsfolgen der Kapitalersatzregeln bei diesen Gesellschaftstypen nutzbar gemacht werden.

A. GmbH & Co. KG

Als erstes wird überprüft, ob die Erstreckung der Kapitalersatzregeln auf die GmbH & Co. KG, namentlich die Erfassung von Darlehen sog. "Nur-Kommanditisten" unter Berücksichtigung der ratio der Kapitalersatzregeln zulässig war.

I. Entwicklung und Stand des Meinungsbildes

Die Rechtsprechung hat schon früh die von ihr entwickelten Kapitalersatzregeln auf die GmbH & Co. KG in entsprechender Weise angewandt, soweit an dieser keine unbeschränkt haftenden natürlichen Personen als Gesellschafter beteiligt sind und sie daher, ebenso wie eine GmbH, nur über eine beschränkte Haftmasse verfügt. Anknüpfend an den Gesichtspunkt der Stammkapitalerhaltung bei der Komplementär-GmbH hat sie Darlehen, die die Kommanditisten, die zugleich Gesellschafter der GmbH sind, der GmbH und Co. KG in der Krise gewährt haben, entsprechend §§ 30, 31 GmbHG wie Eigenkapital behandelt, soweit und solange die Mittel rechnerisch zum Ausgleich einer Unterbilanz oder Überschuldung der Komplementär-GmbH erforderlich sind. Rückzahlungen von Darlehen der Gesellschafter aus dem Vermögen der KG sind danach unzulässig, soweit sie das Stammkapital der GmbH beeinträchtigen.[88] Dies ist zum einen dadurch möglich, daß eine in der Bilanz der GmbH aktivierte Beteiligung an der KG durch die Rückzahlung aus dem Vermögen der KG so entwertet wird, daß durch die Abschreibung bei der GmbH eine Unterbilanz ent-

---

88 Vgl. BGHZ 60, 324, 328 f.; 67, 171, 174 ff.; 76, 326, 329 f.; 81, 252, 255 ff.

steht. Zum anderen kann das Vermögen der Komplementär-GmbH auch ohne eine solche Beteiligung unter die Stammkapitalziffer absinken, wenn die Auszahlung eine Überschuldung der KG zur Folge hat und die GmbH, die aufgrund ihrer Komplementär-Haftung (§§ 161 Abs. 2, 128 HGB) für diese Fehlbeträge aufzukommen hat, keinen realisierbaren Freistellungsanspruch zum Ausgleich der dadurch bei ihr entstehenden Passivposten hat.[89]

Im Zuge der GmbH-Novelle 1980 ordnete dann der Gesetzgeber in § 172 a HGB eine entsprechende Anwendung der neu eingeführten §§ 32 a, 32 b GmbHG auf die GmbH & Co. KG, an der weder unmittelbar noch mittelbar natürliche Personen als Komplementäre beteiligt sind, an und erstreckte die gesetzlichen Kapitalersatzregeln auf die GmbH & Co. KG.[90] Die Erstreckung des Kapitalersatzrechts auf die GmbH & Co. KG fand auch in der rechtswissenschaftlichen Literatur einhellige Zustimmung.[91] Zur Begründung dieser Ausdehnung der Kapitalersatzregeln wurde im wesentlichen übereinstimmend die haftungsrechtliche Vergleichbarkeit von GmbH und GmbH & Co. KG angeführt. Auch bei der GmbH & Co. KG stehe den Gläubigern mangels einer unbeschränkt haftenden natürlichen Person nur eine beschränkte Haftmasse zur Verfügung, so daß Minderungen des Gesellschaftsvermögens zugunsten der Gesellschafter letztlich zu Lasten der Komplementär-GmbH gingen. Daher komme es bei Fortführung der Gesellschaft in der Krise anhand von Gesellschafterdarlehen auch bei der GmbH & Co. KG zu einer Risikoverlagerung auf die Gesellschaftsgläubiger.[92]

Streitig war lange Zeit nur, ob im Rahmen der Rechtsprechungsregeln - ebenso wie in § 172 a HGB - auch solche Darlehen erfaßt werden, die der KG von Darlehensgebern gewährt werden, die nur der KG, nicht aber der GmbH

---

89 BGHZ 67, 171, 175; 76, 326, 336. Siehe auch *Karollus*, FS Kropff (1997), S. 669, 671, *Wilken*, ZIP 1996, 61, 63.

90 Zugleich erstreckte er die gesetzlichen Kapitalersatzregeln in § 129 a HGB auch auf die OHG ohne eine natürliche Person als Komplementär.

91 Vgl. statt aller Hachenburg/*Goerdeler/Müller*, GmbHG, § 30 Rn. 81 ff.; Hachenburg/*Ulmer*, GmbHG, § 32 a, b Rn. 193 ff.; *ders.*, FS Duden (1977), S. 661, 681 f.; *Lutter/Hommelhoff*, GmbHG, § 30 Rn. 46 ff.; Scholz/*H. P. Westermann*, GmbHG, § 30 Rn. 39; Scholz/*K. Schmidt*, GmbHG, §§ 32 a, 32 b, Rn. 206.; *ders.*, Gesellschaftsrecht, § 56 V 1 b, S. 1657 ff.; *Hunscha*, GmbHR 1973, 257 ff.; *Groß*, BB 1991, 2386, 2388 f.

92 Vgl. BGHZ 60, 324, 329; 67, 171, 175 f.; 110, 342, 355 ff.; *Ulmer*, FS Duden (1977), S. 661, 681; *Hunscha*, GmbHR 1973, 257, 259 ff.; *Müller*, Ersatzkapitalregeln, S. 134; Begründung RegE 1977, BT-Drucks. 8/1347, S. 58.

angehören (sog. "Nur-Kommanditisten").[93] Nachdem jedoch der BGH diese Frage inzwischen mit dem Hinweis auf eine entsprechende Finanzierungsverantwortung des Nur-Kommanditisten bejaht hat,[94] wird auch im Schrifttum praktisch keine abweichende Ansicht mehr vertreten.[95]

II. Stellungnahme

Damit sich diese Erstreckung der Kapitalersatzregeln auf die GmbH & Co. KG, namentlich auf Darlehen des Nur-Kommanditisten, unter Berücksichtigung der ratio als zulässige Ausdehnung des Kapitalersatzrechts darstellt, müßten sie auch bei dieser Gesellschaftsform zur Sicherung eines angemessenen Chancen-Risiken-Ausgleichs sowie zur präventiven Verhinderung einer Risikoverlagerung bzw. zur Erhaltung einer größtmöglichen Haftmasse für den Fall des Zusammenbruchs der Gesellschaft erforderlich sein. Das bedeutet, auch bei Fortführung der GmbH & Co. KG in der Krise anhand von Gesellschafterfremdkapital müßte ein unangemessenes Verhältnis von Chancen und Risiken entstehen bzw. durch die eigenkapitalähnliche Sonderbehandlung des Gesellschafterfremdkapitals wieder ein angemessener Chancen-Risiken-Ausgleich hergestellt werden. In diesem Fall hätte nämlich das HGB eine dem GmbH-Gesetz entsprechende ergänzungsbedürftige Unvollständigkeit aufgewiesen, die durch die Erstreckung der Kapitalersatzregeln ausgefüllt worden wäre.

1. Zulässigkeit der Erstreckung auf die GmbH & Co. KG

Um dies untersuchen zu können, ist zuerst ein Blick auf die *gesetzliche Grundkonzeption* des Ausgleichs von Chancen und Risiken bei der *gesetzestypischen KG* erforderlich.

Die Gesellschafter (und zwar sowohl Komplementäre als auch Kommanditisten) haben zunächst die Möglichkeit, aus dem Betrieb der KG wirtschaftliche Vorteile in Form von Gewinnen zu ziehen (§§ 168; 121 Abs. 1, 2 HGB). Im Gegenzug tragen die Kommanditisten das Risiko des Verlusts der eingezahlten

---

93 Ablehnend noch OLG Hamburg, BB 1986, 1328, 1329 f.; Staub/*Schilling*, HGB, § 172 a Rn. 19. Differenzierend *v. Gerkan*, GmbHR 1986, 218, 224; *Müller*, Ersatzkapitalregeln, S. 135 f. Bejahend *Hunscha*, GmbHR 1973, 257 ff.; *Lutter/Hommelhoff*, ZGR 1979, 31, 48; Hachenburg/*Goerdeler/Müller*, GmbHG, § 30 Rn. 85; Hachenburg/*Ulmer*, GmbHG, § 32 a, b Rn. 195; *Schnelle*, GmbHR 1995, 853 ff. (jeweils mit weiteren Nachweisen zum Streitstand).

94 BGHZ 110, 342, 355 ff.

95 Kritisch noch Scholz/*H. P. Westermann*, GmbHG, § 30 Rn. 40.

Kommanditeinlage bzw. haften sie den Gesellschaftsgläubigern persönlich bis zur Höhe der zugesagten Einlage, sofern diese nicht (voll) eingezahlt oder an sie zurückgewährt worden ist (siehe §§ 171, 172 HGB), und die Komplementäre tragen das betragsmäßig unbeschränkte Risiko, den Gesellschaftsgläubigern für die Verbindlichkeiten der Gesellschaft mit ihrem gegenwärtigen und zukünftigen Vermögen einstehen zu müssen (siehe §§ 161 Abs. 1, 2; 128 HGB). Im Gegensatz zur bereits an früherer Stelle dargestellten Grundkonzeption des GmbH-Gesetzes[96] wird der angemessene Ausgleich von Chancen und Risiken also nicht durch ein bestimmtes, von den Gesellschaftern aufzubringendes und zu erhaltendes Gesellschaftsvermögen gewährleistet. Die Gesellschafter können, sofern sie sich einig sind, der Gesellschaft jederzeit Vermögen entnehmen. Das gilt selbst für die Kommanditisten, deren Haftung für die Gesellschaftsverbindlichkeiten auf die Kommanditeinlage beschränkt ist. Entnehmen sie der KG Vermögen, so lebt zwar ihre Haftung gegenüber den Gläubigern wieder auf (§ 172 Abs. 4 HGB), so daß diese auf das Privatvermögen der Kommanditisten zugreifen können. Diese Haftung ist jedoch stets durch die Höhe der eingetragenen Kommanditeinlage selbst für den Fall beschränkt, daß ein Kommanditist ein Mehrfaches der Einlage entnommen hat. Nach der Konzeption des HGB wird das Fehlen einer Pflicht zur Aufbringung und Erhaltung eines bestimmten Gesellschaftsvermögens sowie die Haftungsbegrenzung der Kommanditisten bei der gesetzestypischen KG[97] vielmehr dadurch kompensiert, daß sich die Gesellschaftsgläubiger stets an den Komplementär halten können, der ihnen mit seinem gegenwärtigen und zukünftigen Privatvermögen unbeschränkt haftet.[98] Dem liegt die Vorstellung zugrunde, daß die Komplementäre im Hinblick auf ihre unbegrenzte Einstandspflicht zum einen eine wirtschaftlich vernünftige Unternehmensführung gewährleisten und im eigenen Interesse - und damit zugleich zum Vorteil der gegenwärtigen und zukünftigen Gesellschaftsgläubiger - darauf hinwirken, daß die KG nur solche Verbindlichkeiten eingeht bzw. nur solche Zahlungen vornimmt, die die private Existenz der Komplementäre nicht gefährden und zum anderen dafür Sorge tragen, daß die Kommanditisten eine ihren Chancen entsprechende Kommanditeinlage über-

---

96 Oben 3. Kap. § 2 E III 4 d aa, bb.

97 Ebenso wie bei der gesetzestypischen OHG.

98 Vgl. dazu schon oben 3. Kap. § 2 E III 4 a aa (3).

nehmen und das Gesellschaftsvermögen nicht zugunsten der Kommanditisten ausgehöhlt wird, so daß sie einen angemessenen Risikobeitrag leisten.[99]

Dieses Konzept zur Gewährleistung eines angemessenen Ausgleichs von Chancen und Risiken wird jedoch bei der GmbH & Co. KG dadurch außer Kraft gesetzt, daß die Gesellschafter die Komplementärstelle mit einer juristischen Person in Form der GmbH statt einer natürlichen Person besetzen. Es entsteht eine (einer Kapitalgesellschaft vergleichbare) Personenhandelsgesellschaft mit einem begrenzten Gesellschaftsvermögen, bei der keine natürliche Person einer unbeschränkten Haftung mit ihrem Privatvermögen ausgesetzt ist.[100] Infolgedessen entfällt die oben dargestellte Risikobegrenzung.[101]

Die Ausschaltung des Chancen-Risiken-Ausgleichs nach der Konzeption des HGB, die im Hinblick darauf, daß die Gestaltungsform der GmbH & Co. KG einhellig anerkannt ist,[102] als zulässig anzusehen ist, führt aber nicht dazu, daß nunmehr von vornherein kein Ausgleich von Chancen und Risiken mehr erfolgt. Vielmehr tritt, im Fall der Besetzung der Komplementärstelle mit einer GmbH, an die Stelle des Chancen-Risiken-Ausgleichs durch die unbeschränkte Haftung einer natürlichen Person das maßgeblich durch das System der Kapitalaufbringung und Kapitalerhaltung geprägte Konzept des Chancen- und Risiken-Ausgleichs des GmbH-Gesetzes.[103]

Als Konsequenz daraus entsteht allerdings nun im Fall der Fortführung der GmbH & Co. KG in der Krise anhand von Gesellschafterfremdkapital ein unangemessenes Verhältnis von Chancen und Risiken. Wird der Gesellschaft durch

---

[99] Vgl. BGHZ 60, 324, 332; 110, 342, 356 f.; *Wiedemann*, Haftungsbeschränkung, S. 8/9; ausführlich auch *Hunscha*, GmbHR 1973, 257, 260 f.; *Karollus*, FS Kropff (1997), S. 669, 676.

[100] Insoweit ist es also zutreffend mit der ganz herrschenden Meinung von einer haftungsrechtlichen Vergleichbarkeit von GmbH sowie GmbH & Co. KG zu sprechen, siehe nur *Ulmer*, FS Duden (1977), S. 661, 681 f.; *Müller*, Ersatzkapitalregeln, S. 134 f.

[101] Ähnlich auch BGHZ 60, 324, 332; 110, 342, 356 f. sowie *Hunscha*, GmbHR 1973, 257, 260, die insoweit von einer "Bremsfunktion" des Komplementärs sprechen, die bei der GmbH & Co. wegfalle. Vgl. auch *Karollus*, FS Kropff (1997), S. 671, 676/677.

[102] Siehe nur statt aller *Grunewald*, Gesellschaftsrecht, 1. Teil C, Rn. 63 ff.; *K. Schmidt*, Gesellschaftsrecht, § 56 I 2, S. 1623 f.; *Kübler*, Gesellschaftsrecht, § 21 II, S. 297 ff; *Binz*, Die GmbH & Co., § 1 III, Rn. 18 ff.

[103] Siehe dazu oben 3. Kap. § 2 E III 4 d aa, bb. Ähnlich, allerdings allgemeiner auf die Übertragung des gesamten Gläubigerschutzkonzepts bezogen, *Hunscha*, GmbHR 1973, 257, 261; *Wiedemann*, Haftungsbeschränkung, S. 60 f. sowie eingehend *Karollus*, FS Kropff (1997), S. 671, 676 f., 678.

die Zufuhr oder Belassung von Fremdmitteln der Gesellschafter in der Krise die Fortführung ihrer Geschäfte ermöglicht, hat das - ebenso wie bei der einfachen GmbH - zur Folge, daß die eigentlich erforderliche Liquidation verzögert und eventuell das verbliebene Gesellschaftsvermögen weiter verwirtschaftet wird.[104] Das zieht aufgrund der bei der GmbH & Co. KG ja gleichfalls begrenzten Haftmasse und der Tatsache, daß Vermögensverluste der KG letztlich auf die Komplementär-GmbH durchschlagen,[105] auf seiten der Gläubiger eine Steigerung der Gefahr des vollständigen Ausfalls ihrer Forderungen nach sich. Dieses Gläubigerrisiko wird weiterhin noch dadurch verschärft, daß die Kommanditisten, sofern sie ihre Kommanditeinlage erbracht haben und somit nicht mehr persönlich haften, im Fall der Insolvenz der Gesellschaft mit den übrigen Gläubigern konkurrieren können. Schließlich könnten auch noch weitere potentielle Gläubiger zu einem Vertragsschluß mit der KG verleitet werden, was mit einem überproportionalen Risiko des Ausfalls ihrer Forderung verbunden ist.[106] Zugleich bleiben den Gesellschaftern ihre Gewinnchancen erhalten und sie reduzieren ihr Risiko bezüglich des für die Gesellschaftsfortführung benötigten Kapitals auf das gewöhnlicher Drittgläubiger. Es kommt also auch bei der Fortführung der GmbH & Co. KG anhand von Gesellschafterfremdkapital in der Krise zu der mit dem allgemeinen Rechtsprinzip des angemessen Ausgleichs von Chancen und Risiken nicht mehr zu vereinbarenden einseitigen Risikoverlagerung auf die Gesellschaftsgläubiger.[107]

Durch die eigenkapitalähnliche Sonderbehandlung des Gesellschafterfremdkapitals in der Krise wird jedoch auch bei der GmbH & Co. KG im Ergebnis wieder eine angemessene Risikobeteiligung der Gesellschafter durch die Sicherung des Stammkapitals der Komplementär-GmbH gewährleistet und so ein - im Hinblick darauf, daß der Austausch der Konzepte zur Risikosteuerung zulässig ist -[108] angemessener Ausgleich von Chancen und Risiken hergestellt. Daher ist die Erstreckung der Kapitalersatzregeln auf die GmbH & Co. KG ohne natürliche Personen als persönlich haftende Gesellschafter unter Zugrundelegung der ratio der Kapitalersatzregeln zulässig gewesen.

---

[104] Siehe dazu oben 2. Kap. § 3 B I.

[105] Siehe soeben 5. Kap. § 3 A I.

[106] Dazu schon oben 2. Kap. § 3 B I.

[107] Vgl. dazu oben 3. Kap. § 2 E III 4 d dd, ee.

[108] Siehe soeben Fn. 102.

2. Zulässigkeit der Erstreckung auf "Nur-Kommanditisten"

Dies gilt darüber hinaus ebenfalls für die Einbeziehung von Fremdmitteln der Nur-Kommanditisten. Zwar trifft diese, entgegen der von der herrschenden Meinung immer wieder vorgebrachten Argumentation,[109] keine Verantwortung für eine ordnungsgemäße Finanzierung der GmbH. Denn selbst unter der Prämisse, daß die GmbH-Gesellschafter eine derartige Finanzierungsfolgeverantwortung trifft, wäre diese nicht auf die an der GmbH nicht beteiligten Kommanditisten übertragbar.[110] Allerdings kommt es letztlich auch nicht auf eine Finanzierungsverantwortung der Kommanditisten für die GmbH an.

Entscheidend ist vielmehr folgendes: Bei der GmbH & Co. KG haben sämtliche Gesellschafter, also Nur-Kommanditisten ebenso wie sonstige Gesellschafter, kraft ihrer Rechtsstellung die Möglichkeit, aus der KG wirtschaftliche Vorteile in Form von Gewinnen zu erzielen, d. h. ihnen kommen die Chancen aus dem Betrieb der Gesellschaft zu. Daher sind auch die Nur-Kommanditisten stets verpflichtet, ein angemessenes Risiko zu übernehmen. Bei der gesetzestypischen KG erschöpft sich dieses Risiko in der Pflicht zur Einbringung der zugesagten Kommanditeinlage bzw. in der persönlichen Haftung in Höhe dieser Einlage, soweit sie nicht aufgebracht oder an den Kommanditisten zurückgeflossen ist. Wegen der unbeschränkten Komplementärhaftung einer natürlichen Person mit ihrem gegenwärtigen und zukünftigen Privatvermögen kommt es bei der gesetzestypischen KG nämlich, wie zuvor gesehen, selbst im Fall der Gesellschaftsfortführung in der Krise anhand von Gesellschafterfremdkapital letztlich nicht zu der *einseitigen*, mit dem allgemeinen Rechtsprinzip des angemessenen Ausgleichs von Chancen und Risiken nicht mehr zu vereinbarenden Risikoverlagerung auf die Gläubiger. Aus diesem Grund ist die Haftung mit der Kommanditeinlage selbst bei Fortführung der gesetzestypischen KG mittels Gesellschafterfremdmitteln in der Krise als angemessen anzusehen.

Im Gegensatz dazu führt die Fortführung der GmbH & Co. KG mittels Gesellschafterfremdkapital mangels eines Zeitlebens unbeschränkt mit seinem Privatvermögen haftenden Gesellschafters in der Krise zu einer einseitigen Risikoverlagerung auf die Gesellschaftsgläubiger.[111] Das gilt jedoch unabhängig davon,

---

[109] Vgl. nur BGHZ 110, 342, 356; *v. Gerkan* in: v. Gerkan/Hommelhoff, Handbuch des Kapitalersatzrechts, Rn. 10.13, S. 303; Hachenburg/*Ulmer*, GmbHG, § 32 a, b Rn. 195; *Lutter/Hommelhoff*, GmbHG, §§ 32 a/b Rn. 57; *Groß*, BB 1991, 2386, 2389.

[110] Insoweit zutreffend OLG Hamburg, DB 1986, 1328, 1330, wenn auch mit unzutreffendem Ergebnis. Ähnlich wie hier auch *Karollus*, FS Kropff (1997), S. 671, 673.

[111] Siehe zuvor unter 5. Kap. § 3 A II 1.

ob das zur Fortführung erforderliche Kapital von Nur-Kommanditisten gewährt wurde oder von Gesellschaftern, die sowohl an der KG als auch an der Komplementär-GmbH beteiligt sind. Aus diesem Grund ist es auch den Nur-Kommanditisten verwehrt, sich darauf zu berufen, sie trügen mit ihrer Kommanditeinlage ein angemessenes Risiko, wenn sie die Fortführung der GmbH & Co. KG in der Krise mit ihrem Fremdkapital ermöglicht und so die einseitige Risikoverlagerung auf die Gläubiger bewirkt haben. In Anbetracht der Tatsache, daß ihre Chancen in dieser Situation erhalten bleiben, müssen sie nämlich dafür Sorge tragen, daß ein angemessenes Verhältnis von Chancen und Risiken - also konkret: eine angemessene Risikobeteiligung ihrerseits - erhalten bleibt. Zu diesem Zweck müssen sie entweder auf die Liquidation der KG hinwirken, weiteres Eigenkapital zuführen oder wenigstens die Erhaltung des Mindestausgleichs von Chancen und Risiken durch das garantierte Stammkapital der Komplementär-GmbH sicherstellen, indem sie der KG das gewährte Fremdkapital nicht entziehen, soweit und solange es im Hinblick auf die Komplementärhaftung der GmbH rechnerisch zur Erhaltung von deren Stammkapital erforderlich ist.

3. Ergebnis

Es ist also festzuhalten, daß die Erstreckung der Kapitalersatzregeln auf die GmbH & Co. KG, namentlich die Einbeziehung von Fremdmitteln der Nur-Kommanditisten, auf der Grundlage der erarbeiteten ratio des Kapitalersatzrechts gerechtfertigt ist.

B. Gesetzestypische KG und OHG

Neben dieser allgemein anerkannten und wie gesehen zutreffenden Ausdehnung des Kapitalersatzrechts auf die GmbH & Co. KG, bei der kein persönlich haftender Gesellschafter eine natürliche Person ist, stellt sich weiterhin die bislang in der rechtswissenschaftlichen Literatur noch selten erörterte Frage, ob die Kapitalersatzregeln auch auf die dem gesetzlichen Leitbild entsprechende KG bzw. sogar auf die OHG erstreckt werden können.

I. Meinungsstand

Eine derartige Erstreckung der Kapitalersatzregeln auf die Gesellschafterfremdkapitalfinanzierung bei der gesetzestypischen KG und (wohl auch) bei der OHG hat namentlich *K. Schmidt* in einer Reihe verschiedener Beiträge befürwortet.[112] Seiner Auffassung nach ist das Kapitalersatzrecht kein Spezifikum des Rechts der GmbH bzw. der GmbH & Co. KG. Dies begründet er damit, daß die gesetzlichen ebenso wie die richterrechtlichen Kapitalersatzregeln, Ausdruck des allgemeinen Grundsatzes seien, daß die Mittel, die nach den - von ihm als gegeben unterstellten -[113] Grundsätzen ordnungsgemäßer Unternehmensfinanzierung Haftkapitalfunktion hätten, ihrer Natur entsprechend auch wie Haftkapital zu behandeln seien.[114] Daher stehe einer Erstreckung der Kapitalersatzregeln auf andere Gesellschaftstypen insbesondere nicht entgegen, daß sich die §§ 32 a, 32 b GmbHG, §§ 129 a, 172 a HGB nur auf die GmbH bzw. die GmbH & Co. OHG/KG bezögen. Die Kapitalersatzregeln würden nämlich nicht aus diesen Normen abgeleitet, sondern seien Ausdruck des angeführten allgemeinen Grundsatzes. Folglich sollten die Kapitalersatzregeln auf alle Verbände erstreckt werden, bei denen das Phänomen der Gesellschafterfremdkapitalfinanzierung existiere und bei denen zwischen Eigen- und Fremdkapital unterschieden werden müsse.[115]

II. Stellungnahme

Dieser Auffassung ist zwar zuzugeben, daß es sich bei den richterrechtlichen und gesetzlichen Kapitalersatzregeln, entgegen dem ersten Anschein, in der Tat nicht um ein Spezifikum des GmbH-Rechts handelt, sondern daß sie nur ein - rechtsformspezifisch geregelter - Ausdruck allgemeiner Grundsätze sind.[116]

---

112 Vgl. Scholz/*K. Schmidt*, GmbHG, §§ 32 a, 32 b Rn. 22; Schlegelberger/*ders.*, HGB, § 172 a Rn. 54; *ders.*, Gesellschaftsrecht, § 18 III 4, S. 530 ff.; *ders.*, ZIP 1981, 689, 698 f.; *ders.*, ZHR 147 (1983), 165, 172; *ders.*, GmbHR 1986, 337 ff. Ähnlich, wenn auch mit anderer Begründung *Koller*, FS Heinsius (1991), S. 357, 372 f. sowie noch anders *Joost*, ZGR 1987, 370 ff. Im Grundsatz ablehnend *Rümker*, ZGR 1988, 494, 511 ff.; ähnlich auch *Habersack*, ZHR 162 (1998), 201, 214 der eine Ausdehnung nur für das sog. "gewillkürte Eigenkapital", also Fremdkapital, das nach dem Willen der Gesellschafter (z. B. aufgrund von Rangrücktrittsvereinbarungen), als Risikokapital fungieren soll, akzeptiert.

113 Siehe dazu, daß bislang allgemein anerkannte Grundsätze einer ordnungsgemäßen Unternehmensfinanzierung gerade noch nicht herausgearbeitet werden konnten, oben 3. Kap. § 2 E II 3.

114 Scholz/*K. Schmidt*, GmbHG, §§ 32 a, 32 b Rn. 22; Schlegelberger/*ders.*, HGB, § 172 a Rn. 54; *ders.*, Gesellschaftsrecht, § 18 III 4, S. 530 ff.; *ders.*, ZHR 147 (1983), 165, 172.

115 Siehe die Nachweise in der vorhergehenden Fn. 114 sowie *K. Schmidt*, ZIP 1981, 689, 698 f. und *ders.*, GmbHR 1986, 337, 341 f.

116 Insoweit zutreffend Scholz/*K. Schmidt*, GmbHG, §§ 32 a, 32 b Rn. 22.

Entgegen der Ansicht von *K. Schmidt* ist es aber nicht die *Natur der Gesellschafterfremdmittel*, die es gebietet, funktionelles Haftkapital wie Eigenkapital zu behandeln.[117] Statt dessen beruhen die Kapitalersatzregeln auf dem Gedanken der Verwirklichung des allgemeinen Rechtsprinzips des angemessenen Ausgleichs von Chancen und Risiken.[118]

Unter diesem Aspekt ist jedoch eine Erstreckung der Kapitalersatzregeln auf die Gesellschafterfremdkapitalfinanzierung in der gesetzestypischen KG/OHG unzulässig. Es ist Sache des Gesetzgebers das allgemeine Rechtsprinzip zu verwirklichen und festzulegen, wann die Chancen und Risiken als angemessen verteilt anzusehen sind.[119] Im Fall der gesetzestypischen KG/OHG hat der Gesetzgeber es dadurch verwirklicht, daß den Gesellschaftsgläubigern - neben dem, allerdings in keiner Weise gegen den Zugriff der Gesellschafter geschützten Gesellschaftsvermögen und den Kommanditisten mit ihren Kommanditeinlagen - zumindest eine natürliche Person mit ihrem gegenwärtigen und zukünftigen Privatvermögen unbeschränkt für die Gesellschaftsverbindlichkeiten haftet, die bereits im eigenen Interesse dafür Sorge tragen wird, daß ihr Haftungsrisiko nicht zu groß wird.[120] Dieses System wird bei der Fortführung der gesetzestypischen OHG/KG in der Krise anhand von Gesellschafterfremdkapital allerdings nicht außer Kraft gesetzt. Zwar steigt auch hier das Gläubigerrisiko unzweifelhaft an. Da den Gesellschaftsgläubigern aber stets zumindest eine natürliche Person als Komplementär unbeschränkt auch für die Zukunft haftet, bleibt es bei einer Risikoteilung. Es kommt also, im Gegensatz zur GmbH sowie GmbH & Co. KG, in dieser Situation nicht zu der mit dem allgemeinen Rechtsprinzip des angemessenen Ausgleichs von Chancen und Risiken nicht mehr zu vereinbarenden einseitigen Risikoverlagerung auf die Gesellschaftsgläubiger.[121] Da es demnach bezüglich der dem gesetzlichen Leitbild entsprechenden KG/OHG an einer ausfüllungsbedürftigen Regelungslücke des HGB vor dem Hintergrund des allgemeinen Rechtsprinzips des angemessenen

---

117 Vgl. dazu schon eingehend oben 3. Kap. § 2 E II.

118 Siehe oben 3. Kap. § 2 G (mit Verweisen) bzw. 4. Kap. § 2 B.

119 Siehe oben 3. Kap. § 2 E III 4 b bb.

120 Siehe schon zuvor 5. Kap. § 3 A II 1.

121 Etwas anderes könnte allenfalls dann gelten, wenn die Gesellschafter die Komplementärstelle ganz bewußt mit einem Strohmann oder einer völlig mittellosen Person besetzen, die weder die vom Gesetzgeber intendierte Risikosteuerung gewährleistet, noch über Haftvermögen zugunsten der Gläubiger verfügt. In diesem "Ausnahmefall" käme dann jedoch meines Erachtens eher eine Haftung der Gesellschafter gem. § 826 BGB in Betracht.

Ausgleichs von Chancen und Risiken fehlt, können die Kapitalersatzregeln nicht auf diese Gesellschaftstypen übertragen werden.[122]

C. Aktiengesellschaft

Schließlich ist noch zu überprüfen, ob das Kapitalersatzrecht auch auf die Aktiengesellschaft erstreckt werden kann.

I. Meinungsstand

Dies war in der rechtswissenschaftlichen Literatur lange Zeit umstritten[123] und in der Rechtsprechung mangels entsprechenden Entscheidungsmaterials ungeklärt geblieben. In der bereits in anderem Zusammenhang mehrfach angeführten Beton- und Monierbau-Entscheidung[124] hatte dann der BGH zum ersten und bislang auch letzen Mal Gelegenheit, zu dieser Problematik Stellung zu nehmen. Er vertrat in dieser Entscheidung die Auffassung, daß zwar die gesetzlichen Kapitalersatzregeln der GmbH-Novelle 1980 weder unmittelbar noch entsprechend auf die Aktiengesellschaft angewandt werden können,[125] daß aber eine Übertragung der diesen Regeln zugrunde liegenden Grundsätze auf die Aktiengesellschaft sehr wohl möglich sei.[126] Dabei verbiete sich jedoch eine schematische Übertragung der für die GmbH entwickelten Regeln auf die Aktiengesellschaft. Vielmehr seien die aktienrechtlichen Besonderheiten, namentlich die vom typischen GmbH-Gesellschafter abweichende Rechtsstellung der Gesellschafter einer Aktiengesellschaft, zu berücksichtigen. Diese hätten weder eine Weisungsbefugnis gegenüber dem Vorstand noch ein laufendes Informationsrecht außerhalb der Hauptversammlung und der dort anstehenden Tagesordnung (siehe § 131 AktG im Gegensatz zu § 51 a

---

[122] Im Ergebnis ebenso, wenn auch mit anderer Begründung, *Rümker*, ZGR 1988, 494, 514; *Groß*, BB 1991, 2386, 2390, 2391; *Herrmann*, Quasi-Eigenkapital, S. 107 ff.

[123] Ablehnend z. B. *H. P. Westermann*, ZIP 1982, 379, 388; *Rümker*, ZIP 1982, 1385, 1395; *Obermüller*, ZIP 1982, 915, 921. Bejahend *Immenga*, ZIP 1983, 1405 ff.; *K. Schmidt*, ZHR 147 (1983), 165, 171 ff.; *ders.*, AG 1984, 12 ff.; *Lutter/Hommelhoff/Timm*, BB 1980, 737, 741 ff.

[124] BGHZ 90, 381 ff.

[125] BGHZ 90, 381, 385. A. A. nur *Ehricke*, Konzernunternehmen in der Insolvenz, S. 198 ff. sowie *Bayer* in: v. Gerkan/Hommelhoff, Handbuch des Kapitalersatzrechts, Rn. 11.32, S. 323, die - allerdings mit m. E. wenig überzeugender Begründung - eine analoge Anwendung der §§ 32 a, 32 b GmbHG bejahen.

[126] BGHZ 90, 381, 386 f.

GmbHG).[127] Im Hinblick darauf ergebe eine Übertragung des den Kapitalersatzregeln (nach Ansicht des BGH) zugrunde liegenden Gedankens der Verantwortung der Gesellschafter für eine ordnungsgemäße Unternehmensfinanzierung auf die Aktiengesellschaft, daß die Finanzierungsverantwortung nicht unterschiedslos jedem Aktionär obliege. Erforderlich sei eine unternehmerische Beteiligung mit einem Mindestmaß an Einfluß, die regelmäßig erst vorliege, wenn der Aktionär über eine Sperrminorität verfüge.[128]

Die Erstreckung der Kapitalersatzgrundsätze auf die Aktiengesellschaft ist seitdem auch in der Literatur im Grundsatz einhellig anerkannt.[129] Differenzen bestehen nur noch hinsichtlich des - vom BGH in der oben angeführten Entscheidung ausdrücklich offen gelassenen -[130] Umfangs der eigenkapitalähnlichen Sonderbehandlung des Gesellschafterfremdkapitals in der Aktiengesellschaft. Zum Teil wird, allerdings ohne nähere Begründung, im Hinblick auf den im Verhältnis zum GmbH-Recht erweiterten aktienrechtlichen Gläubigerschutz (siehe § 57 Abs. 1, 3 AktG) vertreten, daß jede Rückzahlung von Gesellschafterdarlehen, außerhalb des Anteils am ordnungsgemäß ermittelten Gewinn, unzulässig sei.[131] Nach anderer Ansicht erfaßt die Sonderbehandlung die Gesellschafterfremdmittel, soweit sie rechnerisch zur Deckung des Grundkapitals und der Rücklage der Aktiengesellschaft gem. § 150 Abs. 1, 2 AktG, § 272 Abs. 2 Nr. 1 - 3 HGB erforderlich sind.[132] Zur Begründung wird ausgeführt, daß für die Beurteilung dieser Frage, wie im GmbH-Recht, von der durch die Kapitalersatzregeln zu schützenden Position der Gläubiger auszugehen sei. Soweit diese darauf vertrauen könnten, daß das Eigenkapital der Gesellschaft erhalten bleibe, falls es nicht durch Jahresfehlbeträge aufgezehrt werde, seien an die Gesellschafter zurückgezahlte Darlehen der Gesellschaft zurück zu gewähren. Das sei bei der Aktiengesellschaft im Hinblick auf das Grundkapital und die Rücklage gemäß § 150 Abs. 1, 2 AktG der Fall. Demgegenüber lasse sich hinsichtlich des

---

127 BGHZ 90, 381, 387 f.

128 BGHZ 90, 381, 389 ff.

129 Vgl. statt aller KölnerKomm-AktG/*Lutter*, § 57 Rn. 84 ff., 87; *Hüffer*, AktG, § 57 Rn. 17 f.; MünchHdb.GesR IV/*Wiesner*, § 16, Rn 44 ff.; *Ketzer*, Eigenkapitalersetzende Aktionärsdarlehen, S. 21; *Müller*, Ersatzkapitalregeln, S. 138 ff.; *Bayer* in: v. Gerkan/Hommelhoff, Handbuch des Kapitalersatzrechts, Rn. 11.5, S. 314; *Junker*, ZHR 156 (1992), 394, 411 f.; *Claussen*; AG 1985, 173, 175/176.

130 BGHZ 90, 381, 387.

131 *H. P. Westermann*, ZIP 1982, 379, 387.

132 *Schwarck*, JZ 1984, 1036; KölnerKomm-AktG/*Lutter*, § 57 Rn. 94.

darüber hinaus der Gesellschaft zur Verfügung stehenden ausschüttungsfähigen Eigenkapitals, selbst wenn es zur notwendigen oder angemessenen Kapitalausstattung des Unternehmens gehöre, keine schutzwürdige Position der Gläubiger begründen.[133] Schließlich wird noch vertreten, die eigenkapitalähnliche Sonderbehandlung erfasse das Gesellschafterfremdkapital nur, soweit es rechnerisch zur Deckung des satzungsgemäßen Grundkapitals und einer darüber hinausgehenden Überschuldung erforderlich sei.[134] Dies wird im wesentlichen mit dem Zweck der gesetzlichen Rücklage und der Kapitalrücklage gem. § 150 Abs. 1, 2 AktG, § 272 Abs. 2 Nr. 1 - 3 HGB begründet. Diese würden weniger dem Schutz der Gesellschaftsgläubiger, als vielmehr dem Schutz potentieller Aktionäre vor einem unzutreffenden Gewinnausweis bzw. dem Schutz der Gesellschaft vor dem "Dividendenhunger" der Aktionäre dienen.[135]

II. Stellungnahme

Es stellt sich daher auch hier wieder die Frage, ob auf der Grundlage des oben erarbeiteten Grundgedankens und der erarbeiteten Zwecke der GmbH-rechtlichen Kapitalersatzregeln eine Erstreckung des Kapitalersatzrechts auf die Gesellschafterfremdkapitalfinanzierung in der Aktiengesellschaft zulässig ist. Sollte dies zu bejahen sein, ist weiterhin der Frage nachzugehen, ob die Modifikationen, die in Rechtsprechung und Schrifttum bezüglich der Gesellschafterstellung gefordert werden, zutreffend sind und welchen Umfang die eigenkapitalähnliche Sonderbehandlung in der Aktiengesellschaft hat.

1. Zulässigkeit der Erstreckung des Kapitalersatzrechts auf die Aktiengesellschaft

Voraussetzung dafür, daß sich die Erstreckung der Kapitalersatzgrundsätze auf die Aktiengesellschaft als zulässig darstellt, ist, daß auch das Aktiengesetz im Hinblick auf die Gesellschafterfremdkapitalfinanzierung in der Krise vor dem Hintergrund des allgemeinen Rechtsprinzips des angemessenen Ausgleichs von Chancen und Risiken eine ergänzungsbedürftige Unvollständigkeit aufweist. Das bedeutet, daß auch bei Fortführung der Aktiengesellschaft in der Krise an-

---

133 *Schwarck*, JZ 1984, 1036.

134 *Immenga*, ZIP 1983, 1405, 1411 f.; *Ketzer*, Eigenkapitalersetzende Aktionärsdarlehen, S. 185.

135 *Immenga*, ZIP 1983, 1405, 1411; ausführlich *Ketzer*, Eigenkapitalersetzende Aktionärsdarlehen, S. 177 ff.

hand von Gesellschafterfremdkapital eine einseitige Risikoverlagerung auf die Gläubiger eintreten müßte.

Vergegenwärtigt man sich die Verteilung von Chancen und Risiken nach der Grundkonzeption der Aktiengesetzes, so entspricht diese im Ausgangspunkt der schon an früherer Stelle dargestellten Situation bei der GmbH. Auch bei der Aktiengesellschaft strebte der Gesetzgeber eine *Risikoteilung* zwischen Gesellschaftern und Gläubigern und damit eine dem allgemeinen Rechtsprinzip grundsätzlich entsprechende Verteilung von Chancen und Risiken an. Zu diesem Zweck stellte er die Aktionäre, denen die Chancen in Form der Ansprüche auf den unternehmerischen Bilanzgewinn zustehen, soweit er nicht nach Gesetz, Satzung oder durch Hauptversammlungsbeschluß von der Verteilung ausgeschlossen ist,[136] und die trotz fehlenden Einflusses auf die Geschäftsführung mittels der Hauptversammlung die eigentliche Verfügungsgewalt über die AG ausüben sollen,[137] durch die Gewährung eines Haftungsprivilegs[138] von einer unbeschränkten Außenhaftung frei. Gleichzeitig versuchte er als Ausgleich eine angemessene Risikobeteiligung der Aktionäre dadurch sicherzustellen, daß er sie - der Rechtslage bei der GmbH vergleichbar - zur realen Aufbringung[139] und nominellen Erhaltung[140] des satzungsmäßig festgelegten Grundkapitals von mindestens 50.000 Euro[141] verpflichtete. Allerdings ist - obwohl der Vermögensschutz gemäß § 57 Abs. 1 AktG umfassender ist als der der §§ 30, 31 GmbHG -[142] auch in der AG das durch die Kapitalerhaltungsvorschriften vor einer Rückführung an die Aktionäre geschützte Vermögen nicht als Garantiefonds für die Gläubiger reserviert, sondern steht der Aktiengesellschaft als Betriebskapital zur Verfügung. Somit kann es durch Verluste der Gesellschaft vermindert werden.[143] Daher tragen auch hier die Gläubiger in Anbetracht der

---

[136] Vgl. §§ 58 Abs. 4, 60 AktG.

[137] Siehe §§ 118 ff., 119 Abs. 2 AktG.

[138] Siehe § 1 Abs. 1 S. 2 AktG.

[139] Siehe § 27 Abs. 2; 36 Abs. 2; 54 Abs. 2, 3; 66 AktG. Vgl. zu diesem Grundsatz bei der Aktiengesellschaft *K. Schmidt,* Gesellschaftsrecht, § 29 II 1, S. 887 ff.; KölnerKomm-AktG/*Lutter*, § 66 Rn. 2.

[140] Siehe §§ 57; 58 Abs. 4; 62; 71 ff. AktG. Vgl. zu diesem Grundsatz *K. Schmidt,* Gesellschaftsrecht, § 29 II 2, S. 896 ff.; KölnerKomm-AktG/*Lutter*, § 57 Rn. 2.

[141] Siehe §§ 23 Abs. 3 Nr. 3; 7 AktG.

[142] Dazu zu unten 5. Kap. § 3 C II 3.

[143] *Immenga*, ZIP 1983, 1405, 1408. Zur Betriebsmittelfunktion des Eigenkapitals siehe auch schon oben 2. Kap. § 2 B IV.

begrenzten und vor einer Aufzehrung durch Verluste nicht geschützten Haftmasse der Aktiengesellschaft das Risiko der Uneinbringlichkeit ihrer Forderungen gegen die Aktiengesellschaft bei deren wirtschaftlichem Zusammenbruch. Dieses Risiko soll nach der Konzeption des Aktiengesetzes wiederum durch die Pflicht zur Stellung des Insolvenzantrags bereits ab Eintritt der Überschuldung (siehe § 92 Abs. 2 AktG) gesenkt werden. Die Gesellschaft soll möglichst frühzeitig vom Markt genommen werden, um den Gesellschaftsgläubigern ein möglichst weitreichendes Haftvermögen zu erhalten.[144] Daneben ist auch hier davon auszugehen, daß der Gesetzgeber eine Risikobegrenzung durch den Markt dergestalt, daß die Gesellschaftsgläubiger, wenn ihnen das Risiko, insbesondere das Kapitalstrukturrisiko,[145] zu groß wird, von einer weiteren Unterstützung der Gesellschaft durch Fremdkapital absehen und so die Gesellschafter zwingen, die Aktiengesellschaft zu liquidieren oder neues Eigenkapital zuzuführen, um so die Risikoeinschätzung der Gläubiger zu ändern, mit einbezog.[146]

Auch das Aktiengesetz weist also ein komplexes System zur Verwirklichung eines angemessenen Ausgleichs von Chancen und Risiken auf.

Gleichwohl ist das allgemeine Rechtsprinzip des angemessenen Ausgleichs von Chancen und Risiken auch im Aktiengesetz - ebenso wie im GmbH-Gesetz - letztlich nur unvollkommen verwirklicht: Der Gesetzgeber hat es auch den Aktionären unabhängig von der konkreten wirtschaftlichen Situation der Gesellschaft freigestellt, ob und wie sie ihre Gesellschaft über das gesetzliche Mindestgrundkapital hinaus mit Kapitalmitteln versorgen.[147] Den Aktionären steht es also grundsätzlich offen, der Gesellschaft in der Krise den Fortbestand dadurch zu ermöglichen, daß sie ihr Fremdkapital anstelle des im Hinblick auf die Marktsituation eigentlich erforderlichen Eigenkapitals zuführen. Führen die Aktionäre die Aktiengesellschaft aber über den Punkt der Kreditunwürdigkeit hinaus anhand der Zufuhr oder Belassung von Gesellschafterfremdkapital anstelle von Eigenkapital fort, so schalten sie die Risikobegrenzung durch den Markt aus. Die eigentlich aufgrund der Kreditunwürdigkeit wahrscheinliche oder aufgrund einer Insolvenzreife der Aktiengesellschaft schon erforderliche Liquidation wird so hinausgeschoben. Dadurch kumulieren auch hier, ent-

---

[144] *Hüffer*, AktG, § 92 Rn. 1; KölnerKomm-AktG/*Mertens*, § 92 Rn. 3; GroßKomm-AktG/*Habersack*, § 92 Rn. 3.

[145] Siehe dazu sowie zu der damit verbundenen Kreditrationierungsthese oben 2. Kap. § 2 B III.

[146] Vgl. zu dieser Risikobegrenzung durch den Markt oben 2. Kap. § 3 A II.

[147] *Ketzer*, Eigenkapitalersetzende Aktionärsdarlehen, S. 20.

sprechend der Situation bei der GmbH, die Gefahren bei den Gesellschaftsgläubigern. Es besteht die Gefahr der weiteren Verringerung der regelmäßig niedrigen Insolvenzquote durch die Verwirtschaftung des Gesellschaftsvermögens und durch die mögliche Konkurrenz der Gesellschafter mit den übrigen Gläubigern im Insolvenzverfahren. Zudem könnten die Gesellschaftergläubiger aufgrund ihrer Insiderstellung ihr Fremdkapital noch kurz vor dem Zusammenbruch der Gesellschaft abziehen oder ihre Forderungen befriedigen, was das Risiko der Gläubiger weiter erhöht. Auf der anderen Seite bleiben den Gesellschaftern ihre Chancen erhalten und sie senken ihr Risiko auf das gewöhnlicher Drittgläubiger.[148] Es kommt also auch bei der Fortführung der Aktiengesellschaft in der Krise anhand von Gesellschafterfremdkapital zu der mit dem allgemeinen Rechtsprinzip des angemessenen Ausgleichs von Chancen und Risiken nicht mehr zu vereinbarenden Risikoverlagerung auf die Gesellschaftsgläubiger.

Somit weist auch das Aktiengesetz im Hinblick auf die uneingeschränkte Finanzierungsfreiheit der Gesellschafter in der Gesellschaftskrise eine ergänzungsbedürftige Unvollständigkeit vor dem Hintergrund dieses allgemeinen Rechtsprinzips auf. Daher ist grundsätzlich eine entsprechende Übertragung der Kapitalersatzregeln auf die Aktiengesellschaft zulässig, um durch die eigenkapitalähnliche Sonderbehandlung des in der Krise zugeführten oder belassenen Gesellschafterfremdkapitals und die daraus resultierende Einschränkung der Finanzierungsfreiheit der Gesellschafter in der Krise auch bei Fortführung der Aktiengesellschaft in der Unternehmenskrise einen angemessenen Chancen-Risiken-Ausgleich zu gewährleisten.

2. Modifikationen im Hinblick auf die Gesellschafterstellung

Nach Ansicht der Rechtsprechung, gefolgt von der ganz herrschenden Literatur, erfassen die Kapitalersatzregeln allerdings bei der Aktiengesellschaft nur das Fremdkapital, welches von unternehmerisch beteiligten Gesellschaftern zugeführt wurde, wobei eine solche unternehmerische Beteiligung in der Regel erst ab einem Gesellschaftsanteil von 25 % als gegeben angesehen wird.[149]

Das Erfordernis einer solchen unternehmerischen Beteiligung als Voraussetzung für die eigenkapitalähnliche Sonderbehandlung des von den Gesellschaftern in der Krise gewährten Fremdkapitals ist jedoch an früherer Stelle für die GmbH gerade abgelehnt worden. Die Untersuchung der in § 32 a Abs. 3 S. 2

---

[148] Siehe dazu schon oben 2. Kap. § 3 B (für die GmbH).

[149] Vgl. oben 5. Kapitel § 1 C I mit Nachweisen zu Rechtsprechung und Literatur.

GmbHG neu eingefügten Freistellung von geringfügig beteiligten Gesellschaftern von den Bindungen der Kapitalersatzregeln hatte ergeben, daß die Kapitalersatzregeln allein an die Stellung als Gesellschafter anknüpfen und die Freistellung bestimmter Gesellschaftergruppen nicht systemkonform ist.[150]

Daher stellt sich die Frage, ob die Rechtslage bei der Aktiengesellschaft anders zu bewerten ist als bei der GmbH und demnach die von der herrschenden Meinung vorgenommenen Modifikationen hinsichtlich der Anforderungen an die Gesellschafterstellung zutreffend sind.

a) Grundsatz

Eine Überprüfung der Rechtslage bei der Aktiengesellschaft ergibt jedoch, daß sich diese im Grundsatz nicht von der bei der GmbH unterscheidet. Auch hier kommt es im Fall der Fortführung der Gesellschaft in der Krise mittels Gesellschafterfremdkapital zu der einseitigen Risikoverlagerung auf die Gläubiger, und zwar unabhängig davon, in welchem Umfang der Aktionär, der der Aktiengesellschaft den Fortbestand durch sein Fremdkapital ermöglicht hat, an ihr beteiligt ist. Da jedoch die Aktionäre nach der gesetzlichen Grundkonzeption über die Hauptversammlung die eigentliche Verfügungsgewalt über die Gesellschaft haben und ihnen die Chancen aus dem Betrieb der Gesellschaft zugewiesen sind,[151] ist es ihnen aus rechtlichen Gründen untersagt, die Risiken einseitig auf die Gläubiger zu verlagern. Daher sind die von der herrschenden Meinung hinsichtlich der Gesellschafterstellung vorgenommenen Modifikationen im Grundsatz vor dem Hintergrund des den Kapitalersatzregeln zugrunde liegenden allgemeinen Rechtsprinzips des angemessenen Ausgleichs von Chancen und Risiken unzutreffend.

b) Aktienrechtliche Besonderheiten

Allerdings sind die aktienrechtlichen Besonderheiten bei der Anwendung des Rechtsprinzips auf diese Gesellschaftsform und bei der Ausgestaltung der entsprechenden Kapitalersatzregeln zu berücksichtigen.

Von der gesetzlichen Grundkonzeption her ist die Aktiengesellschaft - im Gegensatz zur später geschaffenen GmbH - nicht als Mitunternehmergemeinschaft[152], sondern als Publikumsgesellschaft angelegt. Durch diese Gesellschaftsform sollte es großen Unternehmen ermöglicht werden, ihren er-

---

[150] Oben 4. Kap. § 3 B I 2 und 4. Kap. § 3 B III.

[151] Siehe oben 5. Kapitel § 1 C II 1.

[152] Oben 3. Kapitel § 2 E III 4 d aa.

heblichen Kapitalbedarf dadurch zu decken, daß sie ihre Mitgliedschaftsrechte auf dem öffentlichen Markt an eine große Zahl von Anlegern verkaufen.[153] Die Aktiengesellschaft ist also konzipiert als "Kapitalsammelbecken".[154] Dementsprechend sind die Anteile an einer Aktiengesellschaft auf eine Vielzahl von Aktionären verteilt, ohne daß typischerweise bei diesen ein Zusammenhang zwischen einem Anteilsbesitz und einem unternehmerischen Interesse an der Gesellschaft besteht. Der Großteil der Aktionäre verfolgt mit der Beteiligung an der Gesellschaft lediglich Anlagezwecke.[155]

Würde man nun das allgemeine Rechtsprinzip des angemessenen Ausgleichs von Chancen und Risiken in der oben angeführten Absolutheit auf die Aktiengesellschaft anwenden, bestünde die Gefahr, daß Fremdkapital von institutionellen Kreditgebern, die zufällig im Rahmen ihres Wertpapiergeschäfts Anteile an einer Aktiengesellschaft halten, in der Krise den Bindungen des Kapitalersatzrechts unterfiele. Gleiches würde auch für sonstige Gläubiger der Gesellschaft, wie z. B. Zulieferer gelten, die der Gesellschaft in der Krise Forderungen in der Hoffnung stunden, sie so eventuell später noch realisieren zu können und die ohne Zusammenhang damit Aktien der Gesellschaft zu Anlagezwecken an der Börse erworben haben.[156] Dies hätte jedoch zur Konsequenz, daß potentielle Gesellschaftsgläubiger aufgrund der Befürchtung, daß ihre Fremdmittel irgendwann den Bindungen des Kapitalersatzrechts unterfallen könnten, entweder den Aktiengesellschaften gar keine Fremdmittel mehr überlassen oder keine Anteile von Aktiengesellschaften mehr erwerben würden. Insbesondere letzteres wäre aber im Hinblick auf den Zweck der Aktiengesellschaft als Kapitalsammelbecken äußerst bedenklich. Es würde nämlich dazu führen, daß die Zahl der in dieser Gesellschaftsform geführten Unternehmen - entgegen der allgemein vorherrschenden Tendenz, die Aktiengesellschaft als Gesellschaftstyp

---

153 *Raiser*, Kapitalgesellschaftsrecht, § 4, Rn. 11 ff.; *Wiedemann*, Gesellschaftsrecht, § 2 II 2 c, S. 121 ff.

154 *Wiedemann*, Gesellschaftsrecht, § 2 II 2 c, S. 123; *Kübler*, Gesellschaftsrecht, § 14 II, S. 152; GroßKomm-AktG/*Assmann*, Einleitung Rn. 292 f.; Geßler/Hefermehl u.a./*Eckardt*, AktG, Vorb. vor § 1 Rn. 4.

155 *Wiedemann*, Gesellschaftsrecht, § 2 I 3 b, S. 103 f., § 2 II 2 c, S. 121 ff.; *Raiser*, Kapitalgesellschaftsrecht, § 4, Rn. 11 ff.; vgl. zu allem auch *Ketzer*, Eigenkapitalersetzende Aktionärsdarlehen, S. 67.

156 So zutreffend BGHZ 90, 381, 389.

attraktiver zu machen und ihren Anteil an der Gesamtzahl der Gesellschaften zu steigern -[157] eher verringert würde.

c) Ergebnis

Von daher sollten in der Aktiengesellschaft in der Tat die Anforderungen an die Gesellschafterstellung modifiziert werden, um solche "zufälligen" Kollisionen zwischen Fremdmittelüberlassung und Gesellschaftsbeteiligung zu vermeiden.

Dabei bietet es sich aus Gründen der Rechtssicherheit an, mit der herrschenden Meinung an den Umfang der Beteiligung anzuknüpfen. Ausgehend davon, daß Adressat des zugrunde liegenden Rechtsprinzips des Chancen-Risiken-Ausgleichs derjenige ist, der über die Gesellschaft die tatsächliche Verfügungsgewalt hat,[158] erscheint es dann auch angemessen, die Grenze bei einem Gesellschaftsanteil zu ziehen, der dem Gesellschafter zumindest die Sperrminorität sichert. Nach der gesetzlichen Grundkonzeption haben die Aktionäre mittels der Hauptversammlung in ihrer Gesamtheit die Verfügungsgewalt über die Aktiengesellschaft; faktisch vermittelt aber in der Regel erst eine Sperrminorität einen Einfluß auf deren Geschicke.[159]

Folglich ist die Beschränkung der Kapitalersatzregeln auf Aktionäre mit einem Geschäftsanteil von 25 % zwar auf der Grundlage des Gedankens des angemessenen Ausgleichs von Chancen und Risiken nicht zu rechtfertigen, aber in Anbetracht der aktienrechtlichen Besonderheiten ist eine Einschränkung des Rechtsprinzips geboten. Folglich ist die von der herrschenden Meinung im Hinblick auf die Anforderungen an die Gesellschafterstellung vorgenommene Modifikation als zutreffend anzusehen.

3. Umfang der eigenkapitalähnlichen Sonderbehandlung

Es stellt sich im Hinblick auf die Übertragung der Kapitalersatzregeln auf die Aktiengesellschaft nun abschließend noch die Frage, welchen Umfang die eigenkapitalähnliche Sonderbehandlung von Gesellschafterfremdmitteln in der Krise bei dieser Gesellschaftsform hat.

---

[157] Vgl. dazu *K. Schmidt,* Gesellschaftsrecht, § 26 II 1 c, S. 768 f. sowie *Seibert* in Seibert/Köster/Kiem, Die Kleine AG, Rn. 5 ff.

[158] Siehe oben 3. Kapitel § 2 E III 4 b aa.

[159] Diese Grenze ist jedoch, im Anschluß an die herrschende Meinung, nicht absolut, d. h. hat ein Aktionär mit einer geringeren Beteiligung Einfluß auf die Geschicke der AG, so unterfallen auch seine Fremdmittel den Bindungen des Kapitalersatzrechts. Vgl. dazu z. B. *Junker*, ZHR 156 (1992), 395, 403 ff.

Diese Frage, die der BGH in der Beton- und Monierbau-Entscheidung offen gelassen hat, wird im rechtswissenschaftlichen Schrifttum, wie bereits eingangs ausgeführt, bislang noch nicht übereinstimmend beantwortet. Vertreten wird diesbezüglich: Schutz des gesamten Gesellschaftsvermögens bis auf den Bilanzgewinn, Schutz des Grundkapitals und der gesetzlichen Rücklage bzw. schließlich Schutz der Grundkapitalziffer.[160]

Ob überhaupt einer der genannten Auffassungen zugestimmt werden kann und wenn ja welcher, ist unter Heranziehung des vom Aktiengesetz verfolgten Konzepts zur Verwirklichung des Ausgleichs von Chancen und Risiken zu bestimmen. Denn die eigenkapitalähnliche Sonderbehandlung von Gesellschafterfremdkapital in der Krise stellt auch bei der AG eine gesetzesübersteigende Rechtsfortbildung auf der Grundlage des allgemeinen Rechtsprinzips des angemessenen Ausgleichs von Chancen und Risiken dar. Insofern ist die Rechtsprechung, falls sie die Frage nach dem Umfang der eigenkapitalähnlichen Sonderbehandlung zu entscheiden hat, aufgrund der konkretisierenden bzw. limitierenden Funktion[161] des zu ergänzenden Aktiengesetzes an das dort verfolgte Konzept zur Verwirklichung eines angemessen Chancen-Risiken-Ausgleichs gebunden.

Nach der gesetzlichen Grundkonzeption sollte ein angemessener Ausgleich von Chancen und Risiken vor allem durch die Pflicht der Aktionäre zur realen Aufbringung und nominellen Erhaltung des satzungsmäßigen Grundkapitals gewährleistet werden.[162] Daher erfaßt die eigenkapitalähnliche Sonderbehandlung das in der Krise gewährte oder belassene Gesellschafterfremdkapital jedenfalls, soweit es rechnerisch zur Deckung des Grundkapitals und einer darüber hinaus gehenden Überschuldung erforderlich ist.

Fraglich bleibt allerdings, ob sich die Sonderbehandlung auch auf das zur Deckung der gesetzlichen Rücklage und der Kapitalrücklage gem. § 50 Abs. 1, 2 AktG, § 272 Abs. 2 Nr. 1 - 3 HGB oder gar das gesamte Gesellschaftsvermögen erstreckt.

Dafür könnte sprechen, daß der den §§ 30, 31 GmbHG, die von der Rechtsprechung zur Ausfüllung der Lücke des GmbH-Gesetzes herangezogen werden, entsprechende § 57 AktG einen weitreichenderen Kapitalschutz als erstere gewährleistet. Entgegen seinem mißverständlichen Wortlaut erfaßt er nicht nur die Einlagen, sondern das *gesamte* Vermögen der Aktiengesellschaft,

---

160 Vgl. dazu oben 5. Kap. § 3 C I (mit Nachweisen).

161 Vgl. dazu schon oben 3. Kap. § 2 F.

162 Siehe zuvor 5. Kap. § 3 C II 1.

auch soweit es den Betrag des Grundkapitals und die gesetzliche Rücklage sowie die Kapitalrücklage übersteigt. Ausschüttungsfähig ist gem. § 57 Abs. 1, 3 AktG nur der ordnungsgemäß festgestellte und zur Ausschüttung beschlossene Bilanzgewinn.[163]

Aus dieser umfassenden aktienrechtlichen Kapitalbindung kann allerdings nicht ohne weiteres gefolgert werden, daß alle Fremdmittel, die die Aktionäre der Gesellschaft in der Krise zur Verfügung stellen, einer eigenkapitalähnlichen Sonderbehandlung unterzogen werden können. Vielmehr ist entscheidend, ob der erweiterte Vermögensschutz, namentlich die Pflicht zur Bildung der gesetzlichen Rücklage bzw. der Kapitalrücklage, Teil des gesetzlichen Konzepts zum Ausgleich von Chancen und Risiken ist.

Eine kurze Analyse der mit dieser erweiterten Kapitalbindung verfolgten Zwecke zeigt jedoch, daß dies nicht der Fall ist. Durch die Pflicht, die in § 272 Abs. 2 Nr. 1 - 3 HGB aufgeführten Leistungen der Aktionäre in eine Kapitalrücklage einzustellen, soll, ausweislich der Begründung der Aktienrechtsnovelle von 1884, verhindert werden, daß diese Beiträge in die Gewinn- und Verlustrechnung eingehen und sodann als Gewinn der Gesellschaft ausgewiesen werden.[164] Damit soll eine Trennung von zugeführten Kapitalmitteln und Betriebsgewinnen erreicht werden, um so zu verhindern, daß potentielle Aktienkäufer durch eine Ausweisung von Scheingewinnen über die tatsächliche Ertragskraft der Aktiengesellschaft getäuscht werden.[165] Zweck der Bildung einer Kapitalrücklage ist demnach nur eine unverfälschte Gewinndarstellung zum Schutz potentieller Aktienkäufer,[166] nicht jedoch die Gewährleistung eines angemessenen Ausgleichs von Chancen und Risiken.[167] Ähnliches gilt auch für die Pflicht der Aktionäre zur Bildung der gesetzlichen Rücklage. Durch die in § 150 Abs. 1, 2 AktG angeordnete Einschränkung des Rechts der Gewinnverteilung an die Aktionäre soll im Wege der Selbstfinanzierung ein zusätzlicher

---

163 *Hüffer*, AktG, § 57 Rn. 1 ff.; Geßler/Hefermehl u.a./*Hefermehl/Bungeroth*, AktG, § 57 Rn. 4; KölnerKomm-AktG/*Lutter*, § 57 Rn. 5 f.

164 Vgl. die Begründung zum Entwurf betreffend die KGaA und die AG vom 07.03.1884, abgedruckt in: ZGR Sonderheft 4, 1985, S. 386, 454, 476.

165 *Fabritius*, ZHR 144 (1980), 628, 630; *Wilhelm*, FS Flume (1978), S. 337, 353 ff.; *Ballerstedt*, Kapital, S. 47; *Lutter*, Kapital, S. 469; *Ketzer*, Eigenkapitalersetzende Aktionärsdarlehen, S. 178.

166 *Ketzer*, Eigenkapitalersetzende Aktionärsdarlehen, S. 179; *Ballerstedt*, Kapital, S. 47.

167 Ähnlich, wenn auch auf den Gläubigerschutz bezogen, *Ketzer*, Eigenkapitalersetzende Aktionärsdarlehen, S. 179.

Sicherungsring um das Grundkapital aufgebaut werden, um so die finanzielle Solidität der Aktiengesellschaft zu stärken.[168] Damit trägt das Gesetz der typisch kapitalistischen Struktur der Aktiengesellschaft Rechnung. Diese Struktur hat nämlich regelmäßig zur Folge, daß sich das Interesse des Aktionärs nach der Erbringung seiner Kapitaleinlage auf die Auszahlung der jährlichen Dividende als Rendite seiner Einlage beschränkt. Infolgedessen ist es bei der Aktiengesellschaft erforderlich, einen Teil des Jahresüberschusses vor dem "Dividendenhunger" der Aktionäre zu schützen. Die Pflicht zur Bildung einer gesetzlichen Rücklage dient folglich der Sicherung des Gesellschaftsvermögens als Betriebskapital bzw. zum Ausgleich eventueller Verluste und damit vorrangig dem Schutz der Interessen der Aktiengesellschaft gegenüber den Aktionären und nur ganz mittelbar dem Schutz der Gesellschaftsgläubiger.[169]

Demnach ist auch die Pflicht der Aktionäre zur Bildung der gesetzlichen Rücklage nicht Teil des gesetzlichen Konzepts zum Ausgleich von Chancen und Risiken. Dies zeigt sich überdies noch daran, daß die Aktionäre nicht verpflichtet sind, den durch Verluste verminderten Reservefonds der Aktiengesellschaft aus eigenen Mitteln aufzufüllen und es sogar erlaubt ist, in dieser Situation Gewinne an die Aktionäre auszuschütten, sofern nur 5 % des Jahresüberschusses in die gesetzliche Rücklage eingestellt werden.[170]

Es ist also festzuhalten, daß die Verpflichtung zur Bildung einer gesetzlichen Rücklage und zur Bildung einer Kapitalrücklage nicht Teil des gesetzlichen Grundkonzepts zur Gewährleistung eines angemessenen Ausgleichs von Chancen und Risiken ist. Daher kann die eigenkapitalähnliche Bindung auch nicht auf den Teil des Gesellschafterfremdkapitals erstreckt werden, der über den zur Deckung des Grundkapitals erforderlichen Teil hinaus zur Deckung des Reservefonds benötigt würde. Dies gilt erst recht im Hinblick auf den zur Deckung des Gesellschaftsvermögens noch über Rücklagen und Grundkapital hinaus erforderlichen Betrag.

---

168 Begründung zum Entwurf betreffend die KGaA und die Aktiengesellschaft von 07.03.1884, abgedruckt in: ZGR Sonderheft 4, 1985, S. 386, 454, 476; *Fabritius*, ZHR 144 (1980), 628, 631; *Lutter*, Kapital, S. 469; *Wilhelm*, FS Flume (1978), S. 337, 357; *Ketzer*, Eigenkapitalersetzende Aktionärsdarlehen, S. 180.

169 *Immenga*, ZIP 1983, 1405, 1411; *Fabritius*, ZHR 144 (1980), 628, 631; *Wilhelm*, FS Flume (1978), S. 337, 357; *Ketzer*, Eigenkapitalersetzende Aktionärsdarlehen, S. 180.

170 *Ketzer*, Eigenkapitalersetzende Aktionärsdarlehen, S. 181; Geßler/Hefermehl u.a./*Kropff*, AktG, § 150 Rn. 3; *Immenga*, ZIP 1983, 1405, 1411/1412.

Folglich ist der Ansicht, die eine Erstreckung der Eigenkapitalersatzregeln nur auf das zur Deckung des Grundkapitals erforderliche Gesellschafterfremdkapital bejaht, im Hinblick auf das Ergebnis zuzustimmen.

4. Zusammenfassung

Die vorstehenden Erörterungen haben ergeben, daß die Erstreckung der Eigenkapitalersatzgrundsätze auf die Aktiengesellschaft durch Rechtsprechung und rechtswissenschaftliches Schrifttum zutreffend ist. Das Aktiengesetz weist im Hinblick auf die Gesellschafterfremdkapitalfinanzierung in der Krise vor dem Hintergrund des allgemeinen Rechtsprinzips des angemessenen Ausgleichs von Chancen und Risiken eine ergänzungsbedürftige Unvollständigkeit auf. Auch die Modifikationen, die die ganz herrschende Meinung im Hinblick auf die Gesellschafterstellung vorgenommen hat, erweisen sich - zwar nicht auf der Grundlage des allgemeinen Rechtsprinzips des Chancen-Risiken-Ausgleichs, aber aus rechtspolitischen Erwägungen - als zutreffend. Schließlich ist die eigenkapitalähnliche Sonderbehandlung des Gesellschafterfremdkapitals bei der Aktiengesellschaft in der Krise - ebenso wie bei der GmbH - trotz des stärkeren Kapitalschutzes im Aktiengesetz, nur auf das rechnerisch zur Deckung des Grundkapitals oder einer Überschuldung erforderliche Gesellschafterfremdkapital zu erstrecken.

D. Ergebnis

Die Kapitalersatzregeln sind demnach nicht rechtsformspezifisch auf die Gesellschafterfremdkapitalfinanzierung in der Krise der GmbH beschränkt. Vielmehr können sie auf sämtliche Gesellschaftsformen übertragen werden, bei denen es im Fall der Fortführung der Gesellschaft in der Krise anhand von Gesellschafterfremdkapital zu einer einseitigen Verlagerung von Chancen und Risiken zu Lasten der Gläubiger kommt. Dies ist regelmäßig der Fall bei Gesellschaftsformen, in denen den Gesellschaftsgläubigern in Ermangelung einer unbeschränkt mit ihrem gegenwärtigen und zukünftigen Privatvermögen haftenden natürlichen Person nur ein begrenztes Gesellschaftsvermögen als Haftmasse zur Verfügung steht. Derartige Gesellschaftsformen sind neben der GmbH namentlich die GmbH & Co. KG sowie die Aktiengesellschaft.

6. Kapitel: Wesentliche Ergebnisse der Arbeit

Den Ausgangspunkt der Arbeit bildete die bislang weitgehend ungeklärte, aber aus rechtstheoretischen und praktischen Erwägungen wichtige Frage nach dem tragenden Grundgedanken sowie dem Zweck der Kapitalersatzregeln, also die Frage nach deren ratio. Im Rahmen der Untersuchung dieser Frage konnten folgende Ergebnisse gewonnen werden:

1. Die Finanzierung der Gesellschaft mit Fremdkapital von seiten der Gesellschafter ist legitim und im Grundsatz wirtschaftlich sinnvoll.[1] In der Unternehmenskrise führt sie allerdings zu einer Risikoverlagerung auf die Gesellschaftsgläubiger.[2]

2. Keines der bislang von Rechtsprechung und Rechtswissenschaft herausgearbeiteten, auf die unmittelbare oder analoge Anwendung allgemeiner Regeln gestützten Modelle zur Legitimation der *richterrechtlichen Kapitalersatzregeln* bietet diesen eine überzeugende dogmatische Grundlage.[3]

3. Die richterrechtlichen Kapitalersatzregeln sind vielmehr als zulässige gesetzesübersteigende Rechtsfortbildung auf der Grundlage des *allgemeinen Rechtsprinzips des angemessenen Ausgleichs von Chancen und Risiken* zu qualifizieren.

Dieses Rechtsprinzip besagt, daß die aus einer Rechtsposition resultierenden Chancen und die mit der Realisierung dieser Chancen verbundenen Risiken in einem angemessenen Ausgleich stehen müssen, d. h. es ist regelmäßig eine vor dem Hintergrund der jeweiligen Regelungsmaterie angemessene Risikoteilung erforderlich.[4]

Der Gesetzgeber hat, um diesem Rechtsprinzip zu entsprechen, im GmbH-Gesetz ein ausdifferenziertes selbstregulierendes System zum Ausgleich von

---

1 2. Kap. § 2 E (mit Verweisen).

2 2. Kap. § 3 C (mit Verweisen).

3 3. Kap. § 1 A VI sowie 3. Kap. § 1 B IV (jeweils mit Verweisen).

4 3. Kap. § 2 E III 4 b cc.

Chancen und Risiken geschaffen.[5] Allerdings ist das Prinzip letztlich nur unvollkommen verwirklicht worden. Aufgrund der Finanzierungsfreiheit können die Gesellschafter nämlich in der Gesellschaftskrise die Gesellschaft mit Gesellschafterfremdkapital anstelle von Eigenkapital fortführen. Dadurch wird das gesetzliche Konzept des Ausgleichs von Chancen und Risiken außer Kraft gesetzt. Infolgedessen steigt auf seiten der Gesellschaftsgläubiger das Risiko der Verringerung der regelmäßig in der Praxis sowieso sehr niedrigen Insolvenzquote bzw. des vollständigen Forderungsausfalls erheblich an. Zugleich wird das Risiko der Gesellschafter minimiert, es kommt also zu einer Risikoverlagerung auf die Gläubiger. Zugleich werden die Chancen der Gesellschafter gesteigert.[6] Das ist mit dem allgemeinen Rechtsprinzip des angemessenen Ausgleichs von Chancen und Risiken nicht mehr zu vereinbaren, so daß das GmbH-Gesetz vor dem Hintergrund dieses Rechtsprinzips eine Regelungslücke i. w. S. aufweist.[7] Diese Regelungslücke hat die Rechtsprechung durch die Ausbildung der richterrechtlichen Kapitalersatzregeln in zutreffender Weise ausgefüllt.[8]

4. Die *ratio* dieser *Rechtsprechungsregeln* läßt sich wie folgt fassen:

Tragender Grundgedanke ist der Gedanke der Verwirklichung des allgemeinen Rechtsprinzips des angemessenen Ausgleichs von Chancen und Risiken.

Um dies zu erreichen schränken die Rechtsprechungsregeln zum einen die Finanzierungsfreiheit der Gesellschafter im Fall der Fortführung der Gesellschaft in der Krise im Hinblick auf die Art der Kapitalausstattung (das "wie") ein, um präventiv zu verhindern, daß die Gesellschafter das mit der Gesellschaftsfortführung verbundene Risiko willkürlich von sich auf die Gläubiger verlagern und so von vornherein eine angemessene Risikobeteiligung der Gesellschafter zu gewährleisten.[9]

---

[5] 3. Kap. § 2 E III 4 d aa, bb und 2. Kap. § 3 A.

[6] 3. Kap. § 2 E III 4 d dd (mit Verweisen).

[7] 3. Kap. § 2 E III 4 e.

[8] 3. Kap. § 2 F I 3 und 3. Kap. § 2 F II 3.

[9] 3. Kap. § 3 C IV.

Zum anderen verfolgen sie den Zweck, im Interesse der Gesellschaftsgläubiger das Gesellschaftsvermögen durch die Sicherung des Stammkapitals soweit wie möglich als Haftmasse für den Fall zu erhalten, daß die Fortführung der Gesellschaft mittels Gesellschafterfremdkapital in der Krise endgültig scheitert und die Gesellschaft wirtschaftlich zusammenbricht. So soll für diesen Fall nachträglich eine angemessene Risikobeteiligung der Gesellschafter erzwungen werden.[10]

5. Die *gesetzlichen Kapitalersatzregeln* haben gleichfalls eine komplexe *ratio legis*:

Zunächst haben die gesetzlichen Kapitalersatzregeln den präventiven Zweck, die Gesellschaftsgläubiger vor der mit der Fortführung der Gesellschaft anhand von Gesellschafterfremdkapital anstelle von Eigenkapital in der Krise verbundenen Risikoverlagerung zu ihren Lasten zu schützen. Zu diesem Zweck schränken sie die Finanzierungsfreiheit der Gesellschafter in der Krise dahingehend ein, daß sie in dieser Situation nur die Wahl haben, der Gesellschaft Eigenkapital zuzuführen oder sie zu liquidieren, wenn sie nicht Gefahr laufen wollen, daß das von ihnen gewährte Fremdkapital einer eigenkapitalähnlichen Sonderbehandlung unterzogen wird. So soll gewährleistet werden, daß die Gesellschafter im Fall der Fortführung der Gesellschaft in der Krise - entsprechend der gesetzlichen Grundkonzeption - von vornherein ein angemessenes Risiko übernehmen.[11]

Weiterhin verfolgen die gesetzlichen Kapitalersatzregeln den reaktiven Zweck, zugunsten der Gesellschaftsgläubiger eine möglichst groß bemessene Konkursmasse zu erhalten, um sie so für den Fall zu schützen, daß die Fortführung der GmbH in der Krise mittels Gesellschafterfremdkapital scheitert und die Gesellschaft endgültig wirtschaftlich zusammenbricht. Dies dient dazu, in dieser Situation eine der gesetzlichen Grundkonzeption entsprechende Risikobeteiligung der Gesellschafter nachträglich zu erzwingen.[12]

---

[10] 3. Kap. § 3 A III.

[11] 4. Kap. § 2 A II 3.

[12] 4. Kap. § 2 A I 4.

Tragender Gedanke der gesetzlichen Kapitalersatzregeln ist daher letztlich ebenfalls der Gedanke der Verwirklichung des allgemeinen Rechtsprinzips des angemessenen Ausgleichs von Chancen und Risiken.[13]

6. Die immer wieder angeführte *Finanzierungsfolgeverantwortung* der Gesellschafter ist demnach das *Ergebnis und nicht die Grundlage der* richterrechtlichen und der gesetzlichen *Kapitalersatzregeln.* Aufgrund dieser Finanzierungsfolgeverantwortung ist die Finanzierungsfreiheit der Gesellschafter in der Krise dahingehend eingeschränkt, daß sie nur noch die Wahl haben, die Gesellschaft zu liquidieren oder, soweit zur Fortführung erforderlich, Eigenkapital zuzuführen. Kommen sie dieser Verantwortung nicht nach, wird das von ihnen gewährte Fremdkapital zwangsweise einer eigenkapitalähnlichen Sonderbehandlung unterzogen. Damit stellen die gesetzlichen Kapitalersatzregeln einen materiellen Finanzierungsgrundsatz in der Gesellschaftskrise auf, um so sicherzustellen, daß die Gesellschafter nur seriöse Sanierungsversuche unternehmen.[14]

7. Das in § 32 a Abs. 3 S. 2 GmbHG neu eingeführte Kleinbeteiligtenprivileg schränkt den personellen Anwendungsbereich sowohl der gesetzlichen als auch der richterrechtlichen Kapitalersatzregeln in systemwidriger Art und Weise ein. Auf der Grundlage der herausgearbeiteten ratio läßt sich die Freistellung geringfügig beteiligter Gesellschafter nicht begründen. Die mit dem allgemeinen Rechtsprinzip des angemessenen Ausgleichs von Chancen und Risiken nicht zu vereinbarende Risikoverlagerung tritt nämlich im Fall der Unternehmensfortführung in der Krise anhand von Gesellschafterfremdmitteln unabhängig davon ein, in welchem Umfang der Gesellschafter, der den Fortbestand der Gesellschaft ermöglicht, an dieser beteiligt ist.[15]

8. Das gleichfalls neu in das Kapitalersatzrecht eingefügte Sanierungsprivileg des § 32 a Abs. 3 S. 3 GmbHG ist aufgrund seines subjektiv ausgestalteten Privilegierungsgrunds "zum Zweck der Überwindung der Krise" gleichfalls

---

13 4. Kap. § 2 B IV.

14 3 Kap. § 4 (a. E.) sowie 4. Kap. § 4 (a. E.).

15 4. Kap. § 3 B III.

systemwidrig.[16] Es läßt sich allerdings durch eine teleologische Reduktion des Privilegierungsgrunds in Form einer Anreicherung dieses subjektiven Merkmals mit objektiven Kriterien, die sicherstellen, daß nur die Fortführung der Gesellschaft im Rahmen eines "seriösen" Sanierungsversuchs privilegiert wird, mit der ratio der Kapitalersatzregeln in Einklang bringen.[17]

9. Die Einbeziehung "stehengelassener" Gesellschafterfremdmittel ist auf der Grundlage der herausgearbeiteten ratio zutreffend. Allerdings ist entgegen überwiegender Auffassung in Rechtsprechung und rechtswissenschaftlichem Schrifttum für die eigenkapitalähnliche Sonderbehandlung neben den allgemeinen Tatbestandsvoraussetzungen der Kapitalersatzregeln weder eine zweiseitige Finanzierungsabrede zwischen Gesellschaftern und Gesellschaft, noch eine einseitige (subjektive) Finanzierungsentscheidung der Gesellschafter erforderlich. Vielmehr greift die eigenkapitalähnliche Sonderbehandlung dann ein, wenn die Gesellschafter der Gesellschaft ab dem Eintritt der Kreditunwürdigkeit Fremdkapitalmittel belassen, obwohl sie *objektiv* in der Lage waren, die Krise zu erkennen *und* darauf durch Abzug der Mittel bzw. Liquidation der Gesellschaft zu reagieren.[18]

10. Auch die Erfassung der Fälle der schuldrechtlichen Überlassung von Wirtschaftsgütern an die Gesellschaft ist unter Zugrundelegung der ratio der Kapitalersatzregeln sowohl im Grundsätzlichen als auch im Hinblick auf die diesbezüglich herausgebildeten weiteren Tatbestandsvoraussetzungen ("Überlassungsunwürdigkeit") sowie die Rechtsfolgen zutreffend.[19] Insofern konnte die ratio zur Konkretisierung des unbestimmten Rechtsbegriffs "wirtschaftlich entsprechende Rechtshandlung" in § 32 a Abs. 3 S. 1 GmbHG nutzbar gemacht werden.

---

16 4. Kap. § 3 C II 2.

17 4. Kap. § 3 C II 4 c.

18 5. Kap. § 1C.

19 5. Kap. § 2 C.

11. Das Kapitalersatzrecht ist schließlich nicht rechtsformspezifisch auf die GmbH beschränkt.

a) Unter Zugrundelegung der herausgearbeiteten ratio ist zum einen die Erstreckung der Kapitalersatzregeln auf die GmbH & Co. KG zutreffend. Dies gilt namentlich für die Einbeziehung von Darlehen, die der Gesellschaft von sog. "Nur-Kommanditisten" gewährt werden.[20] Eine Erstreckung der Kapitalersatzregeln auf die gesetzestypische KG/OHG ist demgegenüber nicht möglich.[21]

b) Zum anderen ist unter Berücksichtigung der ratio auch die Erstreckung der Kapitalersatzregeln auf die Gesellschafterfremdkapitalfinanzierung bei der Aktiengesellschaft zutreffend.[22] Die dort vorgenommene Einschränkung auf die Fremdmittel, die der Gesellschaft von unternehmerisch beteiligten Aktionären gewährt oder belassen wurden, ist zwar vor dem Hintergrund der ratio unzutreffend, aber aufgrund der aktienrechtlichen Besonderheiten zur Vemeidung zufälliger Kollisionen zwischen Fremdmittelüberlassung und Gesellschaftsbeteiligung geboten.[23] Greifen die Kapitalersatzregeln ein, so erfassen sie auch bei der Aktiengesellschaft - trotz des stärkeren Kapitalschutzes - die Gesellschafterfremdkapitalmittel nur, soweit und solange sie rechnerisch zur Deckung des Grundkapitals oder einer Überschuldung erforderlich sind.[24]

12. Zusammenfassend ist demnach festzuhalten, daß die richterrechtlichen und gesetzlichen Kapitalersatzregeln, entgegen zum Teil geäußerter Kritik, kein konzeptionsloses Rechtsinstitut darstellen, welches aufgrund seiner ungeklärten ratio unendlich weiterzuwuchern droht. Vor dem Hintergrund der im Rahmen dieser Arbeit herausgearbeiteten ratio stellen sie vielmehr ein legitimes Regelwerk dar, das aus Sicht der Gesellschaftsgläubiger erforderlich ist, um im Fall der Fortführung einer Gesellschaft in der Unternehmenskrise anhand von Ge-

---

[20] 5. Kap. § 3 A II 3.

[21] 5. Kap. § 3 B II (a. E.).

[22] 5. Kap. § 3 C II 1.

[23] 5. Kap. § 3 C II 2 c.

[24] 5. Kap. § 3 C II 3.

sellschafterfremdkapital einen angemessenen Ausgleich von Chancen und Risiken zu gewährleisten.

Im Hinblick darauf sind insbesondere auch die im Laufe der Zeit vorgenommenen - vor allem aus dem praktisch unerschöpflichen Ideenreichtum der Gesellschafter im Hinblick auf die Finanzierung ihrer Gesellschaft resultierenden - Ausdehnungen des Eigenkapitalersatzrechts im wesentlichen gerechtfertigt.

Literaturverzeichnis

Albach, Horst: Zur Finanzierung von Kapitalgesellschaften durch ihre Gesellschafter, in: ZStaatsW 118 (1962), 653 ff.

ders.: Finanzierung mittelständischer Unternehmen, ifm-Materialien Nr. 8, Bonn 1983 (zit.: Finanzierung mittelständischer Unternehmen).

ders./Hunsdiek, Detlef/Kokalj, Ljuba: Finanzierung mit Risikokapital, Stuttgart 1986.

Altmeppen, Holger: Der "atypische Pfandgläubiger" - ein neuer Fall des kapitalersetzenden Darlehens?, ZIP 1993, 1677 ff.

ders.: Anmerkung zu BGH, Urt. v. 28.11.1994 - II ZR 77/93, ZIP 1995, 26 ff.

ders.: Zur „finanzplanmäßigen Nutzungsüberlassung" als Kapitalersatz, ZIP 1996, 909 ff.

ders.: Verschlimmbesserungen im Kapitalersatzrecht, in: ZIP 1996, 1455.

ders.: "Dritte" als Adressaten der Kapitalerhaltungs- und Kapitalersatzregeln in der GmbH, in: Festschrift Bruno Kropff, S. 641 ff., Düsseldorf 1997.

ders.: Die Auswirkungen des KonTraG auf die GmbH, in: ZGR 1999, 291 ff.

ders.: Anmerkung zu BGH, Urt. V. 28. 6. 1999 - II ZR 272/98, NJW 1999, 2812 ff.

ders.: Kapitalersatz und Rangrücktritt unter Geltung der InsO, in: ZHR 164 (2000), S. 349 ff.

Arbeitskreis GmbH-Reform: Thesen und Vorschläge zur GmbH-Reform, Band II, bearbeitet von Götz Hueck; Marcus Lutter; Hans-Joachim Mertens u.a., Heidelberg 1972 (zit: *Arbeitskreis GmbH-Reform*, Bd. 2).

Bäcker, Roland: Die Vermietung von Betriebsmitteln an die GmbH durch einen Gesellschafter als kapitalersetzende Rechtshandlung gem. § 32 a Abs. 3 GmbHG, ZIP 1989, S. 681 ff.

Baetge, Jörg: Bilanzen, 3. Auflage, Düsseldorf 1994 (zit.: Bilanzen).

Ballerstedt, Kurt: Kapital, Gewinn und Ausschüttung bei Kapitalgesellschaften, Tübingen 1949, (zit: Kapital).

ders.: Gesellschaftsrechtliche Probleme der Reform des GmbH-Rechts, ZHR 135 (1971), 383 ff.

Baumbach, Adolf/Hueck, Alfred: GmbH-Gesetz, Kurzkommentar, 16. Auflage, München 1996 (zit: Baumbach/Hueck/*Bearbeiter*, GmbHG).

Beck'sches Handbuch der GmbH, hrsg. von Welf Müller und Burkhard Hense, 2. Auflage, München 1999, (zit: Beck GmbH-HB/*Bearbeiter*).

Beine, Frank: Eigenkapitalersetzende Gesellschafterleistungen, Düsseldorf 1994.

Berger, Kurt: Grundlagen des Eigenkapitalersatzrechts, Wien 1996.

Binz, Mark K.: Die GmbH & Co., 8. Auflage, München 1992.

Boujong, Karlheinz: Rechtsprechungsbericht: Die Entwicklung der Judikatur zum GmbH-Recht in den Jahren 1994-1996 - Teil 2: Eigenkapitalersatz, WiB 1997, 292 ff.

Brandes, Helmut: Die Behandlung von Nutzungsüberlassungen im Rahmen einer Betriebsaufspaltung unter Gesichtspunkten des Kapitalersatzes und der Kapitalerhaltung, ZGR 1989, 244 ff.

ders.: Die Rechtsprechung des Bundesgerichtshofs zur GmbH, WM 1998, 1 ff.

Bydlinski, Franz: Juristische Methodenlehre und Rechtsbegriff, Wien - New York 1982 (zit.: Juristische Methodenlehre).

ders.: Fundamentale Rechtsgrundsätze, Wien - New York 1988.

ders.: System und Prinzipien des Privatrechts, Wien - New York 1996 (zit: Prinzipien des Privatrechts).

von Caemmerer, Ernst: Unterkapitalisierung und Gesellschafterdarlehen, in: Quo Vadis, ius societatum - Liber amicorum Pieter Sanders, S. 17 ff., s´Gravenhage 1972.

Canaris, Claus-Wilhelm: Die Produzentenhaftpflicht in dogmatischer und rechtspolitischer Sicht, JZ 1968, 494 ff.

ders.: Die Vertrauenshaftung im deutschen Privatrecht, München 1971 (zit: Vertrauenshaftung).

ders.: Die Feststellung von Lücken im Gesetz, 2. Auflage, Berlin 1983 (zit: Feststellung von Lücken).

ders.: Handelsrecht, 22. Auflage , München 1995.

Casper, Matthias/Ullrich, Kristin: Zur Reichweite des Sanierungsprivilegs in § 32 a Abs. 3 S. 3 GmbHG, GmbHR 2000, 472 ff.

Castor, Bernd: Das Recht der eigenkapitalersetzenden Gesellschafterdarlehen unter besonderer Berücksichtigung der Rechtsfolgen nachträglicher Änderungen in den Tatbestandsvoraussetzungen, Frankfurt am Main 1997 (zit.: Eigenkapitalersetzende Gesellschafterleistungen).

Claussen, Carsten P.: Kapitalersetzende Darlehen und Sanierungen durch Kreditinstitute, ZHR 147 (1983), 195 ff.

ders.: Kapitalersatzrecht und Aktiengesellschaft, AG 1985, 173 ff.

ders.: Betriebswirtschaft und Kapitalersatzrecht, in: Festschrift Karl-Heinz Forster, S. 139 ff., Düsseldorf 1992.

ders.: Zeitenwende im Kapitalersatzrecht?, GmbHR 1994, S. 9 ff.

ders.: Die GmbH braucht eine Deregulierung des Kapitalersatzrechts, GmbHR 1996, 316 ff.

Coing, Helmut: Grundzüge der Rechtsphilosophie, 4. Auflage, Berlin/New York 1985, (zit: Grundzüge der Rechtsphilosophie).

Dauner-Lieb, Barbara: Unternehmen in Sondervermögen - Haftung und Haftungsbeschränkung, Tübingen 1998 (zit.. Unternehmen in Sondervermögen).

dies.: Die Freistellung geringfügig beteiligter Gesellschafter von der Kapitalersatzhaftung, DStR 1998, 609 ff.

dies.: Das Sanierungsprivileg des § 32 a Abs. 3 Satz 3 GmbHG, DStR 1998, 1517 ff.

dies.: Die BGB-Gesellschaft mit beschränkter Haftung - Phantom oder zulässige Spielart der GbR?, DStR 1998, 2014 ff.

dies.: Kurzkommentar zu BGH, Urt. V. 28. 6. 1999 - II ZR 272/98, EWiR § 32 a GmbHG 5/99, S. 843.

Dernburg, Heinrich: Pandekten, Band I, 7. Auflage, Berlin 1902 (zit: Pandekten, Bd. I).

Dette, Hans Walter: Venire contra factum proprium nulli conceditur, Berlin 1985 (zit: venire contra factum proprium).

Dörrie, Robin: Das Sanierungsprivileg des § 32 a Abs. 3 Satz 3 GmbHG, ZIP 1999, 12 ff.

Drukarczyk, Jochen: Finanzierung, 7. Auflage, Stuttgart 1996 (zit: Finanzierung).

ders.: Theorie und Politik der Finanzierung, 2. Auflage, München 1993 (zit.: Theorie der Finanzierung).

ders.: Gesellschafterdarlehen, Rechtsprechungsgrundsätze des BGH und § 32 a GmbHG - Einige kritische Anmerkungen, in: Festschrift Dieter Schneider, S. 171 ff., Wiesbaden 1995

Drygala, Tim: Der Gläubigerschutz bei der typischen Betriebsaufspaltung, Köln 1991 (zit.: Gläubigerschutz).

ders.: Die Rechtsfolgen eigenkapitalersetzender Nutzungsüberlassungen, BB 1992, 80 ff.

Ehricke, Ulrich: Das abhängige Konzernunternehmen in der Insolvenz, Tübingen 1998 (zit.: Konzernunternehmen in der Insolvenz).

Eichele, Hans: Die Reichweite des Kapitalerhaltungsgrundsatzes aus § 30 Abs. 1 GmbHG, die Finanzierungsverantwortung des Gesellschafters und das Eigenkapitalersatzrecht in der GmbH, Berlin 1999 (zit.: Kapitalerhaltungsgrundsatz, Finanzierungsverantwortung und Eigenkapitalersatz).

Eidenmüller, Horst: Unternehmenssanierung zwischen Markt und Gesetz - Mechanismen der Unternehmensreorganisation und Kooperationspflichten im Reorganisationsrecht, Köln 1999 (zit.: Unternehmenssanierung).

Eilers, Stephan/Sieger, Jürgen J.: Die Finanzierung der GmbH durch ihre Gesellschafter, Köln 1998 (zit.: Finanzierung der GmbH)

Erfurter Kommentar zum Arbeitsrecht, 1. Auflage, München 1998 (zit.: ErfK/*Bearbeiter*)

Erlinghagen, P.: Haftungsfragen bei einer unterkapitalisierten GmbH, GmbHR 1962, 169 ff.

Erman, Walter: Zur Frage der Haftung der Hintermänner überschuldeter Gesellschaften, KTS 1959, 129 ff.

Esser, Josef: Grundlagen und Entwicklung der Gefährdungshaftung, 2. Auflage, München 1969 (zit.: Grundlagen der Gefährdungshaftung).

ders.: Schuldrecht, Band I, Allgemeiner Teil, 4. Auflage, Karlsruhe 1970 (zit.: Schuldrecht I).

Esser, Josef/Schmidt, Eike: Schuldrecht, Band I, Allgemeiner Teil, Teilband 1, 8. Auflage, Heidelberg 1995 (zit.: Schuldrecht I/1).

Eucken, Walter: Grundsätze der Wirtschaftspolitik, 5. unveränderte Auflage, Tübingen 1975 (zit.: Wirtschaftspolitik).

Fabritius, Andreas: Vermögensbindung in AG und GmbH - tiefgreifender Unterschied oder grundsätzliche Identität, ZHR 144 (1980), 628 ff.

ders.: Die Überlassung von Anlagevermögen an die GmbH durch Gesellschafter, Heidelberg 1988 (zit.: Überlassung von Anlagevermögen an die GmbH).

Fastrich, Lorenz: Ketzerisches zur sogenannten Finanzierungsverantwortung, in: Festschrift Wolfgang Zöllner, Band I, S. 143 ff., Köln - Berlin - Bonn - München 1998.

Feddersen, Dieter/Knauth, Klaus-Wilhelm: Eigenkapitalbildung durch Genußscheine, 2. Auflage, Frankfurt a./M. 1992 (zit.: Eigenkapitalbildung).

Feine, Hans Erich: Die Gesellschaft mit beschränkter Haftung, Leipzig 1929 (zit.: Die GmbH).

Filthaut, Werner: Haftpflichtgesetz, Kommentar, 5. Auflage, München 1999 (zit.: HaftpflichtG).

Fischer, Curt: Die Gesellschaft mit beschränkter Haftung, Berlin - Göttingen - Heidelberg 1948 (zit.: Die GmbH).

Fischer, Robert: Anmerkung zu BGH, Urt. v. 14.12.1959 - II ZR 187/57 (BGHZ 31, 258 ff.), LM Nr. 4 zu § 2 GmbHG.

ders.: Die GmbH in der Rechtsprechung des Bundesgerichtshofs, in: Pro GmbH, Analyse und Perspektiven des Gesellschafts- und Steuerrechts der GmbH, S. 137 - 167, Köln 1980 (zit.: Pro GmbH).

Fischer, Roland: Die Bedeutung eines Rangrücktritts für den Überschuldungsstatus einer GmbH, GmbHR 2000, 66 ff.

Fischer, Thomas R.: Gläubigerschutz durch eigenkapitalersetzende Gesellschafterdarlehen?, in: Regulierung und Unternehmenspolitik, hrsg. v. Dieter Sadowski u. a., S. 179 ff., Wiesbaden 1996 (zit.: Gläubigerschutz).

Fleck, Hans Joachim: Das kapitalersetzende Bankdarlehen in der GmbH, in: Festschrift Winfried Werner, S. 107 ff., Berlin - New York 1984.

ders.: Der Grundsatz der Kapitalerhaltung - seine Auswirkung und seine Grenzen, in: Festschrift 100 Jahre GmbHG, S. 391 ff., Köln 1992.

Fleischer, Holger: Finanzplankredite und Eigenkapitalersatz im Gesellschaftsrecht, Köln - Berlin - Bonn - München 1993 (zit.: Finanzplankredite).

ders.: Eigenkapitalersetzende Gesellschafterdarlehen und Überschuldungsstatus, ZIP 1996, 773 ff.

ders.: Covenants und Kapitalersatz, ZIP 1998, 313 ff.

Flume, Werner: Allgemeiner Teil des Bürgerlichen Rechts, Erster Band, Zweiter Teil, Die juristische Person, Berlin - Heidelberg - New York 1983 (zit: Juristische Person).

ders.: Allgemeiner Teil des Bürgerlichen Rechts, Zweiter Band, Das Rechtsgeschäft, 3. Auflage, Berlin - Heidelberg - New York 1979 (zit: Allgemeiner Teil II).

Fränkel, Franz: Die Gesellschaft mit beschränkter Haftung, Tübingen 1915 (zit: GmbH).

Frankfurter Kommentar zur Insolvenzordnung: 1. Auflage, Neuwied - Kriftel 1999 (zit.: FK-InsO/*Bearbeiter*).

Gawaz, Klaus-Dieter: Bankenhaftung für Sanierungskredite - Eine Untersuchung zur Gläubigergefährdung nach § 826 BGB, Köln 1997 (zit.: Bankenhaftung für Sanierungskredite).

Gehde, Björn: Eigenkapitalersetzende Gesellschafterleistungen in Deutschland und den USA, Berlin 1997 (zit.: Eigenkapitalersetzende Gesellschafterleistungen).

von Gerkan, Hartwin: Schwerpunkte und Entwicklungen im Recht der kapitalersetzenden Gesellschafterleistungen, GmbHR 1986, 218 ff.

ders.: Die Rechtsfolgen der eigenkapitalersetzenden Nutzungsüberlassung - Fragen und Zweifel, Anmerkung zu BGH, Urt. v. 11.7.1994 - II ZR 146/92, ZHR 158 (1994), 668 ff.

ders.: Zur Umqualifizierung stehengelassener Gesellschafterkredite zu Eigenkapitalersatz, GmbHR 1996, 400 ff.

ders.: Das Recht des Eigenkapitalersatzes in der Diskussion, ZGR 1997, 173 ff.

ders.: Der Entwurf des „Kapitalaufnahmeerleichterungsgesetzes" und das Recht des Eigenkapitalersatzes, GmbHR 1997, 677 ff.

ders.: Aktuelle Schwerpunkte im Kapitalersatzrecht - Kurzstatement, in: RWS-Forum 10, Gesellschaftsrecht 1997, hrsg. v. Peter Hommelhoff und Volker Röhricht, S. 181 ff., Köln 1998 (zit.: Gesellschaftsrecht 1997).

ders./Hommelhoff, Peter: Kapitalersatz im Gesellschafts- und Insolvenzrecht, 5. Auflage, Köln 1997.

dieselben (Hrsg.): Handbuch des Kapitalersatzrechts, 1. Auflage, Köln 2000 (zit.: *Bearbeiter* in: v. Gerkan/Hommelhoff, Handbuch des Kapitalersatzrechts).

Geßler, Ernst: Probleme der GmbH-Reform, GmbHR 1966, 102 ff.

ders.: Grundfragen der GmbH-Reform, BB 1971, 665 ff.

ders.: Die GmbH-Novelle, BB 1980, 1385 ff.

ders.: Diskussionsbeitrag, in: Das neue GmbH-Recht in der Diskussion, hrsg. v. d. Centrale für GmbH Dr. Otto Schmidt, S. 77 f., Köln 1981 (zit.: GmbH-Recht in der Diskussion).

ders.: Zur Problematik bei Kapitalersetzenden Gesellschafterdarlehen, ZIP 1981, 228 ff.

Geßler, Ernst/Hefermehl, Wolfgang/Eckardt, Ulrich/Kropff, Bruno u. a.: Aktiengesetz, Kommentar:
Band I, §§ 1-75, München 1984;
Band III, §§ 148-178, München 1973
(zit.: Geßler/Hefermehl u. a./*Bearbeiter*, AktG).

Glahs, Heike: Die Finanzierung der GmbH unter besonderer Berücksichtigung der Gesellschafterfremdfinanzierung, WiB 1994, 257 ff.

GmbH-Handbuch, hrsg. v. der Centrale für die GmbH Dr. Otto Schmidt, I. Teil: Gesellschaftsrecht, 15. Auflage (Stand November 1999) , Köln 1998 (zit.: GmbH-Handbuch I/*Bearbeiter*).

Goette, Wulf: Die GmbH nach der BGH-Rechtsprechung, München 1997.

ders.: Der Stand der höchstrichterlichen Rechtsprechung zur Kapitalerhaltung und zum Rückgewährverbot im GmbH-Recht, DStR 1997, 1495 ff.

ders.: Die höchstrichterliche Rechtsprechung zur Behandlung eigenkapitalersetzender Leistungen im GmbH-Recht, DStR 1997, 2027 ff.

ders.: Einige Aspekte des Eigenkapitalersatzrechts aus richterlicher Sicht, ZHR 162 (1998), 223 ff.

Götz, Alexander/Hegerl, Hans-Jörg: Die Sanierungsfeindlichkeit des Eigenkapitalersatzrechts und die Sanierungsobjektgesellschaft als Ausweg, DB 1997, 2365 ff.

dies.: Die Begründbarkeit des Sanierungsprivilegs in § 32 a GmbHG und seine praktische Umsetzung, in: DB 2000, 1385 ff.

Groß, Wolfgang: Eigenkapitalersetzende Gesellschafterdarlehen in der KG, BB 1991, 2386 ff.

Großkommentar zum Aktiengesetz
Dritter Band, §§ 179-290, 3. Auflage, Berlin - New York 1973
(zit.: GroßKomm-AktG/*Bearbeiter*, 3. Auflage);
1. Lieferung: Einleitung A-D, 4. Auflage, Berlin - New York 1992;
11. Lieferung: §§ 92 - 94, 4. Auflage, Berlin 1999 (zit.: GroßKomm-AktG/*Bearbeiter*).

Gruhler, Wolfgang: Unternehmensrenditen und Eigenkapitalausstattung im internationalen Vergleich, AG 1984, 100 ff.

Grunewald, Barbara: Gesellschaftsrecht, 3. Auflage, Tübingen 1999.

dies.: Plädoyer für eine Abschaffung der Rechtsregeln für eigenkapitalersetzende Gesellschafterdarlehen, GmbHR 1997, 7 ff.

Haas, Ulrich: Geschäftsführerhaftung und Gläubigerschutz, München 1997 (zit.: Gläubigerschutz).

ders.: Fragen zum Adressatenkreis des Kapitalersatzrechts, DZWiR 1999, 177 ff.

Habersack, Mathias: Genußrechte und sorgfaltswidrige Geschäftsführung, ZHR 155 (1991), 378 ff.

ders.: Der Finanzplankredit und das Recht der eigenkapitalersetzenden Gesellschafterhilfen, ZHR 161 (1997), 457 ff.

ders.: Eigenkapitalersatz im Gesellschaftsrecht, ZHR 162 (1998), 201 ff.

Häuselmann, Holger/Rümker, Dietrich/Westermann, Harm Peter: Die Finanzierung der GmbH durch ihre Gesellschafter, Frankfurt am Main1992 (zit.: Finanzierung der GmbH).

Hachenburg: GmbH-Gesetz, Großkommentar
2. Band, §§ 13 - 52, 7. Auflage, Berlin - New York 1979 (zit.: Hachenburg/*Bearbeiter*, GmbHG, 7. Auflage);
1. Band, Allgemeine Einleitung; §§ 1-34, 8. Auflage, Berlin - New York 1992;
3. Band §§ 53 - 85, 8. Auflage Berlin - New York 1997 (zit: Hachenburg/*Bearbeiter*, GmbHG).

Handwörterbuch der Finanzwirtschaft, hrsg. v. Hans E. Büschgen, Stuttgart 1976 (zit.: *Bearbeiter* in: HWF (1976)).

Handwörterbuch des Rechnungswesens, hrsg. v. Erich Kosiol, Klaus Chmielewicz, Marcell Schweitzer, 2. Auflage, Stuttgart 1981, 3. Auflage, Stuttgart 1993 (zit.: *Bearbeiter* in: HWR (1981) bzw. (1993)).

Hansen, Herbert: Die unbefriedigende Kapitalstruktur deutscher Unternehmen, GmbHR 1996, 327 ff.

ders.: Die Insolvenzwelle erreichte einen Höhepunkt, AG 1999, R 229 f.

Henze, Hartwig: Handbuch zum GmbH-Recht, 2. Auflage, Köln 1997.

Hermann, Harald: Quasi-Eigenkapital im Kapitalmarkt- und Unternehmensrecht, Berlin - New York 1996 (zit.: Quasi-Eigenkapital).

Herrmann, Horst: Fremdfinanzierung durch Gesellschafter aus handelsrechtlicher und konkursrechtlicher Sicht, in: 50 Jahre Wirtschaftsprüferberuf, S. 151 ff., Düsseldorf 1981 (zit.: Fremdfinanzierung durch Gesellschafter).

Herzig, Norbert/Schiffers, Joachim: Wegfall der Vermögensteuer ab dem 1.1.1997 - Konsequenzen für unternehmerische Entscheidungen, DStR 1997, 341 ff.

Heymann: Handelsgesetzbuch, Kommentar, Band 2, Zweites Buch §§ 105 - 237, Berlin - New York 1989 (zit: Heymann/*Bearbeiter*, HGB).

Hildebrand, Uwe: Eigenkapitalersetzende Bankdarlehen, Frankfurt a./M. 1994, (zit.: Eigenkapitalersetzende Bankdarlehen).

Hill, Norbert/Schäfer, Berthold: Das Stehenlassen von GmbH-Gesellschafterdarlehen bis zum Eintritt der Krise, BB 1989, 458 ff.

Hirte, Heribert: Aktuelle Schwerpunkte im Kapitalersatzrecht, in: RWS-Forum 10, Gesellschaftsrecht 1997, hrsg. v. Peter Hommelhoff und Volker Röhricht, S. 145 ff., Köln 1998 (zit.: Gesellschaftsrecht 1997).

ders.: Das Kapitalersatzrecht nach Inkrafttreten der Reformgesetzgebung, ZInsO 1998, 147 ff.

ders.: Die Entwicklung des Unternehmens- und Gesellschaftrechts in Deutschland in den Jahren 1996 und 1997, NJW 1998, 3459 ff.

ders.: Bilanzierung kapitalersetzender Darlehen im Überschuldungsstatus, DStR 2000, 1829 ff.

Hofmann, Paul: Zum „Durchgriffs"-Problem bei der unterkapitalisierten GmbH, NJW 1966, 1941 ff.

ders.: Zum Referentenentwurf eines GmbHG, AG 1969, 337 ff.

Hommelhoff, Peter: Das Risikokapital der GmbH, in: Die Zukunft der GmbH, hrsg. von G.H. Roth, S. 15 ff., Wien 1983 (zit.: Risikokapital der GmbH).

ders.: Das Gesellschafterdarlehen als Beispiel institutioneller Rechtsfortbildung, ZGR 1988, 460 ff.

ders.: Gestaltungsfreiheit im GmbH-Recht, in: Gestaltungsfeiheit im Gesellschaftsrecht, Hrsg. v. Marcus Lutter und Herbert Wiedemann, S. 36 ff., Berlin - New-York 1998 (zit.: Gestaltungsfreiheit).

ders./Kleindiek, Detlef: Flexible Finanzierungsinstrumente im GmbH-Recht, in: Festschrift 100 Jahre GmbHG, S. 421 ff., Köln 1992.

Hopt, Klaus J.: Nichtvertragliche Haftung außerhalb von Schadens- und Bereicherungsausgleich - Zur Theorie und Dogmatik des Berufsrechts und der Berufshaftung, AcP (183) 1983, 608 ff.

Hueck, Alfred/Nipperdey, Hans Carl: Lehrbuch des Arbeitsrechts, Erster Band, 7. Auflage, Berlin - Frankfurt a. M. 1963 (zit: Arbeitsrecht, Band 1).

Hueck, Götz: Die Behandlung von Nutzungsüberlassungen im Rahmen einer Betriebsaufspaltung als Gesellschafterdarlehen?, ZGR 1989, 216 ff.

ders.: Eigenkapitalersetzende Nutzungsüberlassung, in: Festschrift Walter Odersky, S.823 ff., Berlin - New York 1996.

Hüffer, Uwe: Aktiengesetz, Kurzkommentar, 4. Auflage 1999 (zit: AktG).

Hunscha, Axel: Die Anwendung der §§ 30 Abs. 1, 31 GmbHG auf Zahlungen der GmbH & Co. KG an ihre Kommanditisten, GmbHR 1973, 257 ff.

Immenga, Ulrich Die personalistische Kapitalgesellschaft, Bad Homburg v. d. H. 1970 (zit.: Personalistische Kapitalgesellschaft).

ders.: Kapitalersetzende Aktionärsdarlehen als Haftkapital?, ZIP 1983, 1405 ff.

Jaeger, Ernst: Konkursordnung, Kommentar
Erster Band, §§ 1 - 42, Register, 9. Auflage, Berlin - New York 1997;
Zweiter Band, 2. Halbband §§ 208 - 244, 8. Auflage, Berlin - New York 1973
(zit: Jaeger/*Bearbeiter*, KO).

Jagusch, Heinrich/Hentschel, Peter: Straßenverkehrsrecht, Kommentar, 35. Auflage, München 1999 (zit.: Straßenverkehrsrecht).

Jarass, Hans D./Pieroth, Bodo: Grundgesetz für die Bundesrepublik Deutschland, 4. Auflage, München 1997.

Jauernig, Othmar (Hrsg.): Bürgerliches Gesetzbuch, Kommentar, 9. Auflage, München 1999 (zit.: Jauernig/*Bearbeiter*, BGB).

Joost, Detlev: Die Grundlagen und Rechtsfolgen der Kapitalerhaltungsregeln in der GmbH, ZHR 148 (1984), 27 ff.

ders.: Eigenkapitalersetzende Kommanditistenleistungen, ZGR 1987, 370 ff.

Jungmann, Carsten: Das Zusammentreffen von Zwangsverwaltung und eigenkapitalersetzender Nutzungsüberlassung, ZIP 1999, 601 ff.

Junker, Abbo: Das eigenkapitalersetzende Aktionärsdarlehen, ZHR 156 (1992), 394 ff.

Kaiser, Hans-Jürgen: Schuldrechtliche Gebrauchsüberlassungen durch den Gesellschafter an die GmbH als eigenkapitalersetzende Gesellschafterleistungen, Bamberg 1994 (zit.: Schuldrechtliche Gebrauchsüberlassungen durch den Gesellschafter).

Kallmeyer, Harald: Eigenkapitalersetzende Nutzungsüberlassung im Insolvenzverfahren, GmbHR 1999, 59 ff.

Kamprad, Balduin: Gesellschafterdarlehen an die GmbH als verdeckte Stammeinlagen, Köln 1972 (zit.. Gesellschafterdarlehen).

ders.: Gesellschafterdarlehen an die GmbH und GmbH & Co. KG, 2. Auflage, Köln 1980.

Karollus, Martin: Zur geplanten Reform des Kapitalersatzrechts, ZIP 1996, 1893 ff.

ders.: Probleme der Finanzierung im Konzern: Kapitalersatz und Treuepflicht, in: Festschrift Carsten P. Claussen, S. 199 ff., Köln - Berlin - Bonn - München 1997.

ders.: Gedanken zum Kapitalschutz bei der GmbH & Co. KG, in: Festschrift Bruno Kropff, S. 669 ff., Düsseldorf 1997.

Ketzer, Axel: Eigenkapitalersetzende Aktionärsdarlehen, Köln - Bonn - Berlin - München 1989.

Klausing, Friedrich: Die Neuordnung der Gesellschaft mit beschränkter Haftung, in: Arbeitsberichte der Akademie für Deutsches Recht, Heft 5, Frankfurt/M. 1938.

ders.: „Beteiligungsdarlehen" bei der GmbH, ZAkDR 1939, 79 ff.

Kilger, Joachim/Schmidt, Karsten: Insolvenzgesetze, KO/VglO/GesO, 17. Auflage, München 1997 (zit.: Insolvenzgesetze).

Kleindiek, Detlef: Deliktshaftung und juristische Person, Tübingen 1997 (zit.: Deliktshaftung).

Knobbe-Keuk, Brigitte: Bilanz- und Unternehmenssteuerrecht, 9. Auflage, Köln 1993.

dies.: Die Verpachtung von Anlagevermögen des Gesellschafters an die GmbH und § 32 a GmbH-Gesetz, BB 1984, 1 ff.

dies.: Die Verpachtung von Anlagevermögen und § 32 a GmbHG, in: Festschrift Alfred Kellermann, S. 227 ff., Berlin - New York 1991.

Kölner Kommentar zum Aktiengesetz, hrsg. v. Wolfgang Zöllner
Band 1, §§ 1 - 75 AktG, 2. Auflage, Köln - Berlin - Bonn - München 1988;
Band 2, §§ 76 - 117 AktG, 2. Auflage, Köln - Berlin - Bonn - München 1996;
(zit.: KölnerKomm-AktG/*Bearbeiter*).

Koller, Ingo: Sicherung des Eigenkapitals bei der gesetzestypischen Kommanditgesellschaft, in: Festschrift Theodor Heinsius, S. 357 ff., Berlin - New York 1991.

Kompendium der Betriebswirtschaftslehre, hrsg. v. Uwe Bestmann, 5. Auflage, München - Wien 1990 (zit: *Bearbeiter* in: Kompendium der Betriebswirtschaftslehre).

Koppensteiner, Hans-Georg: Kritik des "Eigenkapitalersatzrechts", AG 1998, 308 ff.

Kornblum, Udo: Rechtstatsachen zum Unternehmens- und Gesellschaftsrechts im Langzeitvergleich des Leonberger Handelsregisters 1980, 1988 und 1996, GmbHR 1997, 630 ff.

Kreis, Stefan: Finanzierungsverantwortung bei eigenkapitalersetzenden Gesellschafterdarlehen, Mannheim 1990 (zit.: Finanzierungsverantwortung).

Krey, Volker: Zur Problematik richterlicher Rechtsfortbildung contra legem (Teil I - III), JZ 1978, 361 ff., 428 ff., 465 ff.

Kriele, Martin: Kriterien der Gerechtigkeit, Berlin 1963.

Kübler, Bruno M./Prütting, Hanns (Hrsg.): Insolvenzordnung, Kommentar, Band I, Loseblatt (Stand August 1998), Köln 1998 (zit.: Kübler/Prütting/*Bearbeiter*, InsO).

Kübler, Friedrich: Gesellschaftsrecht, 5. Auflage, Heidelberg 1998.

ders.: Die Autorität der Sachnähe - Beobachtungen zum Verhältnis von Richter und Gesetz am Beispiel des kapitalersetzenden Gesellschafterdarlehens, in: Festschrift Walter Stimpel, S. 3 ff., Berlin - New York 1985.

Küting, Karlheinz/Kessler, Harald: Eigenkapitalähnliche Mittel in der Handelsbilanz und im Überschuldungsstatus, BB 1994, 2103 ff.

Kuhn, Georg/Uhlenbruck, Wilhelm: Konkursordnung, Kommentar, 11. Auflage, München 1994 (zit.: Kuhn/*Uhlenbruck*, KO).

Kuhr, Jan-Mathias: Eigenkapitalersatz bei Publikumspersonengesellschaften mit gesplitteter Einlage: ein Vergleich mit den Kapitalersatzregeln für die GmbH und die GmbH & Co. KG, Berlin 1996 (zit.: Eigenkapitalersatz bei Publikumspersonengesellschaften).

Kurth, Thomas/Delhaes, Wolfgang: Die Entsperrung kapitalersetzender Darlehen, DB 2000, 2577 ff.

Langenbucher, Katja: Die Entwicklung und Auslegung von Richterrecht, München 1996 (zit.: Auslegung von Richterrecht).

Larenz, Karl: Methodenlehre der Rechtswissenschaft, 6. Auflage, Berlin - Heidelberg - New York 1991 (zit.: Methodenlehre).

ders.: Richtiges Recht - Grundzüge einer Rechtsethik, München 1979 (zit.: Richtiges Recht).

ders.: Lehrbuch des Schuldrechts, Erster Band, Allgemeiner Teil, 14. Auflage, München 1987 (zit.: Schuldrecht I).

ders.: Lehrbuch des Schuldrechts, Zweiter Band, Besonderer Teil, 1. Halbband, 13. Auflage, München 1986 (zit.: Schuldrecht II/1).

ders./Canaris, Claus-Wilhelm: Lehrbuch des Schuldrechts, Zweiter Band, Besonderer Teil, 2. Halbband, 13. Auflage, München 1994 (zit.: Schuldrecht II/2).

dieselben: Methodenlehre der Rechtswissenschaft, Studienausgabe, 3. Auflage, Berlin - Heidelberg - New York 1995 (zit.: Methodenlehre).

Larenz, Karl/Wolf, Manfred: Allgemeiner Teil des Bürgerlichen Rechts, 8. Auflage, München 1997 (zit.: Allgemeiner Teil).

Lehmann, Michael: Das Privileg der beschränkten Haftung und der Durchgriff im Gesellschafts- und Konzernrecht, ZGR 1986, 345 ff.

ders.: Schranken der beschränkten Haftung, GmbHR 1992, 200 ff.

Leibholz; Gerhard/Rinck, Hans-Justus/Hesselberger, Dieter: Grundgesetz für die Bundesrepublik Deutschland, Kommentar anhand der Rechtsprechung des Bundesverfassungsgerichts, Band I, 7. Auflage (Loseblatt), Köln 1993.

Lieb, Manfred: Arbeitsrecht, 7. Auflage, Heidelberg 2000.

ders.: Anmerkung zum BGH, Urt. v. 3.6.1975 - VI ZR 192/73, JZ 1976, 526 ff.

ders.: Rückwirkung von (neuem) Richterrecht?, in: Festschrift Hans Friedhelm Gaul, S. 381 ff., Bielefeld 1997.

Limbach, Jutta: Theorie und Wirklichkeit der GmbH, Berlin 1966 (zit.: Theorie und Wirklichkeit).

Lutter, Marcus: Kapital, Sicherung der Kapitalaufbringung und Kapitalerhaltung in den Aktien- und GmbH-Rechten der EWG, Karlsruhe 1964 (zit.: Kapital).

ders.: Rechtsverhältnisse zwischen den Gesellschaftern und der Gesellschaft, in: Probleme der GmbH-Reform, S. 63 ff., Köln 1969 (zit.: Probleme der GmbH-Reform).

ders.: Die GmbH-Novelle und ihre Bedeutung für die GmbH, die GmbH & Co. KG und die Aktiengesellschaft, DB 1980, 1317 ff.

ders.: Vom formellen Mindestkapital zu materiellen Finanzierungsregeln im Recht der Kapitalgesellschaften, in: Festschrift Stefan Riesenfeld, S. 165 ff., Heidelberg 1983.

ders.: Neues zum Gesellschafterdarlehen?, ZIP 1989, 477 ff.

Lutter, Marcus/Hommelhoff, Peter: GmbH-Gesetz, Kommentar:
14. Auflage, Köln 1995 (zit.: GmbHG, 14. Auflage);
15. Auflage, Köln 2000 (zit.: GmbHG).

dieselben: Nachrangiges Haftkapital und Unterkapitalisierung in der GmbH, ZGR 1979, 31 ff.

dieselben/Timm, Wolfram: Finanzierungsmaßnahmen zur Krisenabwehr in der Aktiengesellschaft, BB 1980, 737 ff.

Maier-Reimer, Georg: Kreditsicherung und Kapitalersatz in der GmbH, in: Festschrift Heinz Rowedder, S. 245 ff., München 1994.

Maunz, Theodor/Dürig, Günter (Hrsg): Grundgesetz, Loseblatt-Kommentar, Band I, Lieferungen 1 - 35, Stand Februar 1999, 7. Auflage, München 1998 (zit.: Maunz/Dürig/*Bearbeiter*, GG).

Medicus, Dieter: Allgemeiner Teil des BGB, 7. Auflage, Heidelberg 1997 (zit.: Allgemeiner Teil).

ders.: Bürgerliches Recht, 18. Auflage, Köln - Berlin - Bonn - München 1999.

Menzel, Hans-Jürgen: Die Bedeutung der BGH-Rechtsprechung zu den Gesellschafterdarlehen für die Unternehmenssanierung, AG 1982, 197 ff.

Michalski, Lutz: Die neuere Entwicklung der Rechtsprechung im Bereich der eigenkapitalersetzenden Gesellschafterleistungen, DZWiR 1991, 285 ff.

ders.: Vermietung als eigenkapitalersetzende Nutzungsüberlassung, NZG 1998, 41 ff.

ders./de Vries, K.: Eigenkapitalersatz, Unterkapitalisierung und Finanzplankredite, NZG 1999, 181 ff.

Mincke, Wolfgang: Kreditsicherung und kapitalersetzende Darlehen - Zugleich ein Vorschlag zur dogmatischen Einordnung kapitalersetzender Darlehen, ZGR 1987, 521 ff.

Möschel, Wernhard: Eigenkapitalbegriff und KWG-Novelle von 1984, ZHR 149 (1985), S. 206 ff.

Mosthaf, Oliver: Die Reformen des Rechts der Gesellschaften mit beschränkter Haftung, Frankfurt am Main 1994 (zit.: Reformen des GmbH-Rechts).

Müller, Andreas: Regeln für eigenkapitalersetzende Gesellschafterdarlehen bei der GmbH und ihre Übertragbarkeit auf die AG, Frankfurt a./M. 1987 (zit: Ersatzkapitalregeln).

Müller, Klaus J.: Ausfallhaftung nach § 31 Abs. 3 GmbHG bei Rückgewähr eigenkapitalersetzender Leistungen, DB 1998, 1117 ff.

von Münch, Ingo (Hrsg.): Grundgesetz-Kommentar, Band 1 (Präambel - Art. 20), 4. Auflage, München 1992 (zit.: v. Münch/*Bearbeiter*, GG)

Münchener Handbuch zum Arbeitsrecht, Band 1, Individualarbeitsrecht I, München 1992 (zit.: MünchHdB.ArbR I/*Bearbeiter*).

Münchener Handbuch des Gesellschaftsrechts
Band 3, Gesellschaft mit beschränkter Haftung, hrsg. v. Hans-Joachim Priester und Dieter Mayer, München 1996 (zit: MünchHdb.GesR III/*Bearbeiter*);
Band 4, Aktiengesellschaft, hrsg. v. Michael Hoffmann-Becking, 2. Auflage, München 1999 (zit.: MünchHdb.GesR IV/*Bearbeiter*).

Münchener Kommentar zum BGB
Band 1, Allgemeiner Teil (§§ 1 - 240), 3. Auflage, München 1993;
Band 2, Schuldrecht Allgemeiner Teil (§§ 241 - 432), 3. Auflage, München 1994;
Band 4, Besonderer Teil II (§§ 607 - 704), 3. Auflage, München 1997
(zit.: MünchKomm/*Bearbeiter*, BGB).

Mundry, Thomas: Darlehen und stille Einlagen im Recht der Kommanditgesellschaft, Köln 1992 (zit.: Darlehen und stille Einlagen).

Neuner, Jörg: Die Rechtsfindung contra legem, München 1992 (zit.: Rechtsfindung contra legem).

Noack, Ulrich: Kapitalersatz nach geltendem und künftigem Recht, in: RWS-Forum 9, Insolvenzrecht 1996, hrsg. v. Hanns Prütting, S. 195 ff., Köln 1997 (zit.: Insolvenzrecht 1996).

ders.: Neues Insolvenzrecht - neues Kapitalersatzrecht?, in: Festschrift Carsten P. Claussen, S. 307 ff., Köln - Berlin - Bonn - München 1997.

ders.: Gesellschaftsrecht, Sonderband 1 zur Insolvenzordnung, hrsg. von Bruno M. Kübler/Hanns Prütting, Köln 1999 (zit.: Gesellschaftsrecht).

Obermüller, Manfred: Insolvenzrecht in der Bankpraxis, 5. Auflage, Köln 1997 (zit.: Insolvenzrecht).

ders.: Patronatserklärungen und kapitalersetzende Darlehen, ZIP 1982, 915 ff.

ders.: Änderungen des Rechts der kapitalersetzenden Darlehen durch KonTraG und KapAEG, ZInsO 1998, 51 ff.

Odenwald, Gerhard: Abgrenzungskriterien kritisch betrachtet - zur Abgrenzung von Eigen- und Fremdkapital in betriebswirtschaftlicher Sicht, bilanz und buchhaltung 1990, 229 ff.

Oelrich, Fritz/Stocker, Georg: Die Kreditportfoliosteuerung - mehr als eine Risikoanalyse von Einzelgeschäften, BB 1998, 37 ff.

Oppenländer, Frank: Die Finanzplanüberlassung - eine Herausforderung für die Beratungspraxis, GmbHR 1998, 505 ff.

Orth, Robert: Die Gesellschafterstellung im Sinne des Eigenkapitalersatzrechts, Köln 1998 (zit.: Geselschafterstellung).

Ostheim, Rolf: Eigenkapitalersetzende Gesellschafterdarlehen in der Unternehmenskrise (I), GesRZ 1989, 122 ff.

ders.: Probleme eigenkapitalersetzender Gesellschafterdarlehen, in: Festschrift Walther Kastner, S. 347 ff., Wien 1992.

ders.: Zu Rechtsgrund und Reichweite der Regeln über eigenkapitalersetzende Gesellschafterdarlehen, wbl 1995, 217 ff.

Pape, Gerhard: Die Umqualifizierung stehengelassener Gesellschafterbürgschaften in Eigenkapitalersatz, ZIP 1996, 1409 ff.

ders./Voigt, Joachim: Einladung zur Umgehung der Eigenkapitalersatzregeln?, DB 1996, 2113 ff.

Pentz, Andreas: Zur Anwendbarkeit der GmbH-Eigenkapitalersatzregeln auf Leistungen geringfügig beteiligter Gesellschafter, BB 1997, 1265 ff.

ders.: Die Änderungen und Ergänzungen der Kapitalersatzregeln im GmbH-Gesetz, GmbHR 1999, 437 ff.

Perridon, Louis/Steiner, Manfred: Finanzierung der Unternehmung, 9. Auflage, München 1997 (zit.: Finanzwirtschaft).

Pichler, Jens: Unternehmenssanierung auf Grundlage des abgeänderten § 32 a GmbHG, WM 1999, 411 ff.

Pleyer, Klemens: Anmerkung zu BGH Urt. v. 14.12.1959 - II ZR 1987/57 (BGHZ 31, 259 ff.), GmbHR 1960, 44 f.

ders.: Zur Haftung des Gesellschafters einer unterkapitalisierten Strohmann-GmbH, GmbHR 1963, 206 ff.

Priester, Hans-Joachim: Die Erhöhung des Stammkapitals mit kapitalersetzenden Gesellschafterdarlehen, in: Festschrift Georg Döllerer, S. 475 ff., Düsseldorf 1988.

ders.: Sind eigenkapitalersetzende Gesellschafterdarlehen Eigenkapital?, DB 1991, 1917 ff.

ders.: Eigenkapitalersetzende Finanzierung durch Quasigesellschafter, in: Festschrift Herbert Helmrich, S. 721 ff., München 1994.

Raiser, Thomas: Recht der Kapitalgesellschaften, 2. Auflage, München 1992.

Reiner, Günter: Der deliktische Charakter der „Finanzierungsverantwortung" des Gesellschafters: Zu den Ungereimtheiten der Lehre vom Eigenkapitalersatz, in: Festschrift Karlheinz Boujong, S. 415 ff., München 1996.

Reinhardt, Rudolf: Gedanken zum Identitätsproblem bei der Einmanngesellschaft, in: Festschrift Heinrich Lehmann, II. Band, S. 576 ff., Berlin 1956.

Reske, Winfried/Brandenburg, Achim/Mortsiefer, Hans-Jürgen: Insolvenzursachen mittelständischer Betriebe, Göttingen 1976 (zit.: Insolvenzursachen).

Reuter, Dieter: Der Partzipationsschein als Form der Mitarbeiterbeteiligung, in: Festschrift Robert Fischer, S. 605 ff., Berlin - New York 1979.

RGRK - Das bürgerliche Gesetzbuch mit besonderer Berücksichtigung der Rechtsprechung des Reichsgerichts und des Bundesgerichtshofes, Kommentar, Band I (§§ 1 - 240), 12. Auflage, Berlin - New York 1982 (zit.: RGRK/*Bearbeiter*, BGB).

Röhricht, Volker: Die Rechtsprechungsregeln zum Eigenkapitalersatz bei der GmbH und GmbH & Co. KG, in: Eigenkapitalersetzende Leistungen bei GmbH und GmbH & Co. KG im Zivil- und Steuerrecht, S. 1 ff., hrsg. v. Norbert Herzig, Köln 1992 (zit.: Eigenkapitalersetzende Leistungen).

ders./Graf von Westphalen, Friedrich u. a.: Handelsgesetzbuch, Kommentar, Köln 1998 (zit.: Röhricht/v. Westphalen/*Bearbeiter*, HGB).

Rolland, Walter: Produkthaftungsrecht, Kommentar, München 1990.

Roth, Günter H.: Unterkapitalisierung und persönliche Haftung, ZGR 1993, 170 ff.

ders./Altmeppen, Holger: GmbH - Gesetz, Kurzkommentar, 3. Auflage, München 1997 (zit.: GmbHG).

Rowedder, Heinz (Hrsg.) u. a.: Gesetz betreffend die Gesellschaften mit beschränkter Haftung, Kommentar, 3. Auflage, München 1997 (zit.: Rowedder/*Bearbeiter*, GmbHG)

Rümker, Dietrich: Bankkredite als kapitalersetzende Gesellschafterdarlehen unter besonderer Berücksichtigung der Sanierungssituation, ZIP 1982, 1385 ff.

ders.: Überlegungen zur gesellschafterlichen Finanzierungsverantwortung, Koreferat ZGR - Symposium 1988, ZGR 1988, 494 ff.

Schacht, Volker: Gesellschafterdarlehen und Sachmittelüberlassungen als verdecktes Eigenkapital, Köln 1988 (zit.: Gesellschafterdarlehen).

Schaub, Günter: Arbeitsrechts-Handbuch, 8. Auflage, München 1996.

Schiffers, Joachim: Minderung des Solidaritätszuschlags und Wegfall der Gewerbekapitalsteuer - Neue Belastungssituation ab 1998, GmbHR 1998, 126 ff.

Schimmelpfeng GmbH (Hrsg.): Markforschung, Ergebnisse der Befragung von Konkursverwaltern über Konkursursachen, in: Aktuelle Beiträge über Insolvenzen, 2. Auflage, Frankfurt a./M. 1977, (zit.: Schimmelpfeng, Konkursursachen).

Schlegelberger: Handelsgesetzbuch, Kommentar, Band III/2. Halbband, §§ 161 - 177 a, §§ 335 - 342 (§§ 230 - 237 n. F.), 5. Auflage, München 1986 (zit.: Schlegelberger/*Bearbeiter*, HGB).

Schmidt, Karsten: Gesellschaftsrecht, 3. Auflage, Köln - Berlin - Bonn - München 1997.

ders.: Handelsrecht, 5. Auflage, Köln - Berlin - Bonn - München 1999.

ders.: Zur Stellung der OHG im System der Handelsgesellschaften, Bonn 1972 (zit.: Stellung der OHG).

ders.: Fortschritte und Abstimmungsprobleme im Recht der kapitalersetzenden Gesellschafterdarlehen, ZGR 1980, 567 ff.

ders.: Gesellschafterdarlehen als Insolvenzrechtsproblem, ZIP 1981, 689 ff.

ders.: Möglichkeiten der Sanierung von Unternehmen durch Maßnahmen im Unternehmens-, Arbeits-, Sozial- und Insolvenzrecht, in: Verhandlungen des 54. DJT, Band I (Gutachten), München 1982 (zit.: Gutachten D, 54. DJT 1982).

ders.: Kapitalersetzende Bankkredite?, ZHR 147 (1983); 165 ff.

ders.: Kapitalersetzende Gesellschafterdarlehen: ein Rechtsproblem nur der GmbH und der GmbH & Co.?, AG 1984, 12 ff.

ders.: Die Eigenkapitalausstattung der Unternehmen als rechtspolitisches Problem, JZ 1984, 771 ff.

ders.: Der Aufstand der Makulatur - oder: Da irrte Julius von Kirchmann! - , JZ 1984, 880 f.

ders.: Kapitalersetzende Kommanditistendarlehen, GmbHR 1986, 337 ff.

ders.: Quasi - Eigenkapital als haftungsrechtliches und als bilanzrechtliches Problem, in: Festschrift Reinhard Goerdeler, S. 487 ff., Düsseldorf 1987.

ders.: § 32 a GmbHG: ein Allheilmittel gegen unerwünschten Eigenkapitalersatz?, ZIP 1990, 69 ff.

ders.: Eigenkapitalersatz und seine Behandlung in Österreich, GesRZ 1993, 8 ff.

ders.: Nutzungsüberlassung, Eigenkapitalersatz und materielle Unterkapitalisierung, ZIP 1993, 161 ff.

ders.: Zwerganteile im GmbH - Kapitalersatzrecht, ZIP 1996, 1586 ff.

ders.: Kapitalersatz und kein Ende, in: RWS-Forum 14, Insolvenzrecht 1998, hrsg. v. Wolfram Henckel und Gerhart Kreft, S. 287 ff., Köln 1999 (zit.: Insolvenzrecht 1998).

ders.: Zurechnungsprobleme um das Zwerganteilsprivileg des § 32 a Abs. 3 S. 2 GmbHG, GmbHR 1999, 1269 ff.

ders.: Finanzplanfinanzierung, Rangrücktritt und Eigenkapitalersatz, ZIP 1999, 1241 ff.

ders.: Die Rechtsfolgen der "eigenkapitalersetzenden Sicherheiten", ZIP 1999, 1821 ff.

ders.: Rechtsfortbildung im Unternehmens- und Gesellschaftsrecht durch die Rechtsprechung des BGH, in: NJW 2000, 2927 ff.

ders./Uhlenbruck, Wilhelm (Hrsg.): Die GmbH in Krise, Sanierung und Insolvenz, 2. Auflage, Köln 1999 (zit.: *Bearbeiter* in: K. Schmidt/Uhlenbruck, Die GmbH in Krise, Sanierung und Insolvenz).

Schneider, Dieter: Investition, Finanzierung und Besteuerung, 7. Auflage, Wiesbaden 1992.

ders.: Messung des Eigenkapitals als Risikokapital, DB 1987, 185 ff.

Schnelle, Ulrich: Haftung des Nur-Kommanditisten nach §§ 30, 31 GmbHG, GmbHR 1995, 853 ff.

Schönle, Herbert: Nochmals: Zur Haftung bei einer Strohmann-GmbH - 2. Anmerkung zu BGH, Urt. v. 14.12.1959 - II ZR 187/57 (BGHZ 31, 259 ff.), GmbHR 1960, 63 ff.

Scholz: GmbH - Gesetz, Kommentar
I. Band, §§ 1 - 44, 8. Auflage, Köln 1993;
II. Band, §§ 45 - 85, 8. Auflage, Köln 1995;
(zit.: Scholz/*Bearbeiter*, GmbHG, 8. Auflage);
I. Band, §§ 1 - 44, 9. Auflage, Köln 2000 (zit.: Scholz/*Bearbeiter*, GmbHG).

Schubert, Werner: Entwurf des Reichsjustizministeriums zu einem Gesetz über Gesellschaften mit beschränkter Haftung von 1939, Heidelberg 1985 (zit.: Entwurf zu einem GmbHG 1939).

Schulze - Osterloh, Joachim: Gläubiger- und Minderheitenschutz bei der steuerlichen Betriebsaufspaltung, ZGR 1983, 123 ff.

Schummer, Gerhard: Das Eigenkapitalersatzrecht - Notwendiges Rechtsinstitut oder Irrweg?, Wien 1998 (zit.: Eigenkapitalersatzrecht).

Schwark, Eberhard: Anmerkung zu BGH, Urt. v. 26.03.1984 - II ZR 171/83 (BGHZ 90, 381 ff.), JZ 1984, 1036 ff.

Schwenk, Walter: Handbuch des Luftverkehrsrechts, Köln - Berlin - Bonn - München 1981 (zit.: Luftverkehrsrecht).

Seibert, Ulrich: Einschränkung des Kapitalersatzrechts bei nichtunternehmerischer Beteiligung - zum Entwurf eines Kapitalaufnahmeerleichterungsgesetzes, DStR 1997, 35 f.

ders.: Der Bundestag greift in die Diskussion zum Eigenkapitalersatz ein, GmbHR 1998, 309 f.

ders./Köster, Beate-Katrin/Kiem, Roger: Die kleine AG, 3. Auflage, Köln 1996 (zit.: *Bearbeiter* in: Seibert/Köster/Kiem, Die kleine AG).

Seidl, Otto: Richterliche Rechtsfortbildung und Verfassungsrecht, ZGR 1988, 296 ff.

Siebel, Ulf R.: Eigenkapital und Quasi - Eigenkapital von Kreditinstituten, Frankfurt a./M. 1980 (zit.: Eigenkapital und Quasi - Eigenkapital).

Sieger, Jürgen J./Aleth, Franz: Finanzplankredite: Stand der Rechtsprechung und offene Fragen, GmbHR 2000, 462 ff.

Sieker, Susanne: Eigenkapital und Fremdkapital der Personengesellschaft, Köln 1991. (zit.: Eigenkapital und Fremdkapital).

Singer, Reinhard: Das Verbot widersprüchlichen Verhaltens, München 1993 (zit.: Verbot widersprüchlichen Verhaltens).

Soergel, Bürgerliches Gesetzbuch, Kommentar
Band 2, Schuldrecht I (§§ 241 - 432), 12. Auflage, Stuttgart - Berlin - Köln 1990;
Band 5/2, Schuldrecht IV/2 (§§ 823 - 853), Produkthaftungsgesetz, Umwelthaftungsgesetz, 12. Auflage, Stuttgart - Berlin - Köln 1999;
Band 2, Allgemeiner Teil 2 (§§ 104 - 240), 13. Auflage, Stuttgart - Berlin - Köln - Mainz 1999
(zit.: Soergel/*Bearbeiter*, BGB).

Sonnenberger, Hans-Jürgen: Das Darlehen des GmbH - Gesellschafters als Mittel der Gesellschaftsfinanzierung, NJW 1969, 2033 ff.

Spremann, Klaus: Wirtschaft, Investition und Finanzierung, 5. Auflage, München - Wien 1996.

Staub: Großkommentar zum HGB
17. Lieferung: §§ 123 - 130 b, 4. Auflage, Berlin - New York 1997;
9. Lieferung: §§ 161 - 177 a, 4. Auflage, Berlin - New York 1987
(zit.: Staub/*Bearbeiter*, HGB).

Staub's Kommentar zum Gesetz betreffend die Gesellschaften mit beschränkter Haftung, 2. Auflage, Berlin 1906 (zit.: Staub/Bearbeiter, GmbHG, 2. Auflage 1906).

Staudinger: Kommentar zum bürgerlichen Gesetzbuch
Zweites Buch, Recht der Schuldverhältnisse, §§ 581 - 597, Landpacht, §§ 598 - 610, 12. Auflage Berlin 1989;
Erstes Buch, Allgemeiner Teil, §§ 134 - 163, 13. Auflage, Berlin 1996;
Zweites Buch, Recht der Schuldverhältnisse, §§ 255 - 292, 13. Auflage, Berlin 1995;
Zweites Buch, Recht der Schuldverhältnisse, §§ 826 - 829, Produkthaftungsgesetz, 13. Auflage, Berlin 1998;
Drittes Buch, Sachenrecht, § 903 - 924, Anhang zu § 906: Umwelthaftungsrecht, 13. Auflage, Berlin 1996
(zit.: Staudinger/*Bearbeiter*, BGB).

Swoboda, Peter: Betriebliche Finanzierung, 3. Auflage, Heidelberg 1994.

ders.: Der Risikograd als Abgrenzungskriterium von Eigen- versus Fremdkapital, in: Festschrift Waldemar Wittman, S. 343 ff., Stuttgart 1985.

Thiel, Jochen: Im Grenzbereich zwischen Eigen- und Fremdkapital - Ein Streifzug durch die ertragsteuerrechtlichen Probleme der Gesellschafterfremdfinanzierung, GmbHR 1992, 20 ff.

Tillmann, Bert: Eigenkapitalersetzende Gesellschafterdarlehen und verdecktes Stammkapital, GmbHR 1981, 17 ff.

Tipke, Klaus/Lang, Joachim: Steuerrecht, 15. Auflage, Köln 1996.

Todtenhöfer, Frank: Die Übertragbarkeit der Grundsätze über Kapitalaufbringung und Kapitalerhaltung auf Genußrechte, Lohmar - Köln 1997 (zit.: Kapitalaufbringung und Kapitalerhaltung).

Uhlenbruck, Wilhelm: Privilegierung statt Diskriminierung von Sanierungskrediten de lege lata und als Problem der Insolvenzrechtsreform, GmbHR 1982, 141 ff.

Ullrich, Hanns: Gesellschafterdarlehen der Banken in der Finanzkrise der GmbH, GmbHR 1983, 133 ff.

Ulmer, Peter: Gesellschafterdarlehen und Unterkapitalisierung bei GmbH und GmbH & Co. KG, in: Festschrift Konrad Duden, S. 661 ff., München 1977.

ders.: Die neuen Vorschriften über kapitalersetzende Darlehen und eigene Geschäftsanteile der GmbH, in: Das neue GmbH-Recht in der Diskussion, hrsg. v. d. Centrale für GmbH Dr. Otto Schmidt, S. 55 ff., Köln 1981 (zit.: GmbH-Recht in der Diskussion).

ders.: Diskussionsbeitrag, in: Das neue GmbH-Recht in der Diskussion, hrsg. v. d. Centrale für GmbH Dr. Otto Schmidt, S. 82 f., Köln 1981 (zit.: GmbH-Recht in der Diskussion).

ders.: Umstrittene Fragen im Recht der Gesellschafterdarlehen (§ 32 a GmbHG), ZIP 1984, 1163 ff.

ders.: Richterrechtliche Entwicklungen im Gesellschaftsrecht 1971 - 1985, Heidelberg 1986 (zit.: Richterrechtliche Entwicklungen).

ders.: Die gesellschaftsrechtlichen Aspekte der neuen Insolvenzordnung, in: RWS - Forum 3, Neuordnung des Insolvenzrechts, hrsg. von Bruno M. Kübler, S. 119 ff., Köln 1989 (zit.: Neuordnung des Insolvenzrechts).

ders.: Gebrauchsüberlassung an die GmbH als Eigenkapitalersatz - Voraussetzungen und Rechtsfolgen nach § 32 a Abs. 3 GmbHG, in: Festschrift Alfred Kellermann, S. 485 ff., Berlin - New York 1991.

ders.: Entwicklungen im Kapitalgesellschaftsrecht 1975 bis 1999, ZGR 1999, 751 ff.

Unger, Klaus: Die Inanspruchnahme des verdeckten Kapitalgebers, KTS 1959, 33 ff.

Vollmer, Lothar/Smerdka, Ute: Neuorientierung im Eigenkapitalersatzrecht, DB 2000, 757 ff.

Vonnemann, Wolfgang: Sinn und Zweck des § 32 a GmbHG und der Rechtsprechungsregeln zu den sog. eigenkapitalersetzenden Gesellschafterdarlehen, GmbHR 1989, 145 ff.

ders.: Gebrauchsüberlassung als eigenkapitalersetzende Leistung, DB 1990, 261 ff.

Vormbaum, Herbert: Finanzierung der Betriebe, 9. Auflage, Wiesbaden 1995 (zit.: Finanzierung).

Wahlers, Henning W.: Konkurrenz zwischen Zwangsverwalter und Insolvenzverwalter bei der eigenkapitalersetzenden Gebrauchsüberlassung von Grundstücken, GmbHR 1999, 157 ff.

Wank, Rolf: Richterliche Rechtsfortbildung und Verfassungsrecht, ZGR 1988, 314 ff.

Wassermeyer, Franz: Eigenkapitalersetzende Leistungen im Steuerrecht, in: Eigenkapitalersetzende Leistungen bei GmbH und GmbH & Co. KG im Zivil- und Steuerrecht, S. 33 ff., hrsg. v. Norbert Herzig, Köln 1992 (zit.: Eigenkapitalersetzende Leistungen).

ders.: Eigenkapitalersetzende Leistungen aus der Sicht des Steuerrechts, ZGR 1992, 639 ff.

Weisz, Konrad: Kapitalersetzende Gebrauchsüberlassung, GesRZ 1998, 14 ff.

Weitbrecht, Cornelius: Haftung der Gesellschafter bei materieller Unterkapitalisierung der GmbH, Köln 1990 (zit.. Haftung bei materieller Unterkapitalisierung).

Wellkamp, Ludger: Haftung und Haftungsbeschränkung im Gesellschaftsrecht, Bonn 1998 (zit.: Haftung und Haftungsbeschränkung).

Westermann, Harm Peter: Vertragsfreiheit und Typengesetzlichkeit im Recht der Personengesellschaften, Berlin - Heidelberg - New York 1970 (zit.: Vertragsfreiheit und Typengesetzlichkeit).

ders.: Gläubigerschutz bei der Neuordnung der GmbH, Tübingen 1971 (zit.: Gläubigerschutz bei der GmbH).

ders.: Banken als Kreditgeber und Gesellschafter, ZIP 1982, 379 ff.

ders.: Probleme mit der Rechtsrückbildung im Gesellschaftsrecht, in: Festschrift Wolfgang Zöllner, S. 607 ff., Köln - Berlin - Bonn - München 1998.

ders.: Die gesetzlichen Neuregelungen im Kapitalersatzrecht, DZWiR 2000, 1 ff.

Wiedemann, Herbert: Haftungsbeschränkung und Kapitaleinsatz in der GmbH, in: Wiedemann, Herbert/Bär, Rolf/Dabin, Léon, Die Haftung des Gesellschafters in der GmbH, S. 5 ff., Frankfurt/M. - Berlin 1968 (zit.: Haftungsbeschränkung)

ders.: Gesellschaftsrecht, Band 1 - Grundlagen, München 1980.

ders.: Gesellschaftsrechtlilche Probleme der Betriebsaufspaltung, in: ZIP 1986, 1293 ff.

ders.: Eigenkapital und Fremdkapital - Eine gesellschaftsrechtliche Zwischenbilanz, in: Festschrift Karl Beusch, S. 893 ff., Berlin - New York 1993.

Wieling, Hans Josef: Venire contra factum proprium und Verschulden gegen sich selbst, AcP 176 (1976), 334 ff.

ders.: Rezension von Dette, Venire contra factum proprium nulli conceditur, Berlin 1985, AcP 187 (1987), 95 ff.

Wilhelm, Jan: Die Vermögensbindung bei der Aktiengesellschaft und der GmbH und das Problem der Unterkapitalisierung, in: Festschrift Werner Flume, Band II, S. 337 ff., Köln 1978.

Winkler, Karl: Die Haftung der Gesellschafter einer unterkapitalisierten GmbH, BB 1969, 1202 ff.

Wittig, Arne: Financial covenants im inländischen Kreditgeschäft, WM 1996, 1381 ff.

Wolany, Josef: Rechte und Pflichten des Gesellschafters einer GmbH, Köln 1964 (zit.: Rechte und Pflichten des GmbH-Gesellschafters).

Wöhe, Günter/Bilstein, Jürgen: Grundzüge der Unternehmensfinanzierung,8. Auflage 1998, (zit.: Unternehmensfinanzierung).

Wolf, Thomas: Nochmals: Zur Passivierung eigenkapitalersetzender Gesellschafterdarlehen ohne Rangrücktritt, DB 1997, 1833 ff.

Wrede, Klaus C.: Besteuerung der GmbH, München 1992.

Wüst, Günther: Gläubigerschutz bei der GmbH, Stuttgart - Berlin - Köln - Mainz 1966.

ders.: Unterkapitalisierung und Überschuldung bei Beschränkthaftern, JZ 1985, 817 ff.

Ziegler, Klaus: Kapitalersetzende Gebrauchsüberlassungsverhältnisse und Konzernhaftung bei der GmbH, Baden - Baden 1989 (zit.: Kapitalersetzende Gebrauchsüberlassungsverhältnisse).

Zippelius, Reinhold: Juristische Methodenlehre, 5. Auflage, München 1990.